CSSCI 来源集刊

语言研究集刊

Bulletin of Linguistic Studies

第十七辑

复旦大学汉语言文字学科
《语言研究集刊》编委会

上海辞书出版社

《语言研究集刊》网址：http://yjjk.chinajournal.net.cn/

《语言研究集刊》编委会

目　录

汉语史观和汉语史研究方法论

——纪念高本汉《中国音韵学研究》出版100周年*

陈忠敏

提要 文章通过比较马伯乐与高本汉研究的异同,来全面、系统总结高本汉的汉语史观与研究方法。然后深入剖析高氏的史观和研究方法,指出他的缺陷,并提出相应的修改方案。

关键词 高本汉;《切韵》;《中国音韵学研究》;中古音;原始汉语

一

瑞典学者高本汉(Bernhard Karlgren,1889—1978)是世界著名的汉学家,也是中国现代语言学的开创者。他的《中国音韵学研究》(原书于1915年至1926年分四次出版,中译本由赵元任、李方桂、罗常培翻译,1940年商务印书馆出版,以下简称中译本)全面、系统阐述他的汉语史观和汉语史研究的方法,其思想和研究方法对后世的汉语史研究产生过巨大的影响。高本汉所著的《中国音韵学研究》开始出版已经有100年了,我们需要总结高氏的思想、研究方法,回顾从《中国音韵学研究》以来一个世纪汉语史研究所走的路,在思想上和方法论上更上一层楼,提出适合研究汉语史的新路子,把汉语史研究推向一个新的高度。

二

与高本汉同时期或略早于高氏的汉学家有法国的沙畹(Emmanuel

* 本研究获国家社科基金重点项目"上海市方言地图集"(批准号15AYY005)、国家社科基金重大项目"汉语方言自然口语变异有声数据库建设"(批准号12&ZD177)支课题"上海方言自然口语变异有声数据库建设"资助,特此鸣谢。

Edouard Chavannes,1865—1918)、伯希和(Paul Pelliot,1878—1945)、马伯乐(Henri Maspéro,1883—1945)等,其中马伯乐是高本汉较为敬重的,也是高氏一生的诤友。高本汉认为中国的语言"只有一个有效的起点,就是古音",以往的研究"除去上面所讲的马伯乐的工作外,没有能够给多少有意义的结果",只有"马伯乐曾用古音做起点,又用一个谨严的方法,作了一部很有趣的第一流的单刊来研究中国境外一种方言,就是安南译音"(中译本:7)。虽然他对马伯乐的一些观点并不认同,并加以辩驳,"但是在马伯乐其他的说法当中有几件是绝对可信的,我对于那些就放弃我自己的旧说改从他的说法"(中译本:537)。跟沙畹、伯希和相比,确实马伯乐的汉语语音研究更为全面和系统。不过,在汉语史观和研究方法论方面,高本汉跟马伯乐具有质的差异,我们比较两者的不同,可以看出高氏的高明之处。

高本汉最早对汉语史做了系统而完整的分期,在中译本第一卷"古代汉语"第20—21页里他把汉语发展史分为四个阶段:

第一阶段:"上古汉语"跟"太古汉语"

第二阶段:"中古汉语"——"纪元500年到600年之间以《切韵》为代表的音"

第三阶段:"近古汉语"——"就是韵表的音"(宋元时期的韵图)

第四阶段:"老官话"——"就是《洪武正韵》的音"

同时期的汉学家马伯乐(1920/2005:3)在他的《唐代长安方言考》中则把汉语史分成三个阶段:

上古汉语	早期:先秦	
	晚期:汉和三国	
中古汉语	早期:六朝和初唐	
	晚期:晚唐和宋	
官话	早期:金、元和明初	
	晚期:明末、清	

马伯乐的分期晚于高本汉,显然也受高氏分期的影响。因为马氏在自己的书里比较了高本汉的分期与他的分期的异同,认为他的分期与高本汉的分期并没有多少区别,只是名称有点不同,且每个阶段再分出早晚两期(马伯乐1920/2005:3)。

《切韵》的性质一直是音韵学家争议的焦点,直至今日还是音韵学的一个热门话题。高本汉和马伯乐都认为《切韵》代表唐长安音系。马伯乐的书名就是《唐代长安方言考》,《切韵》音系等于唐长安音不言自明,他在书里也阐明了这一观点(马伯乐 1920/2005:3):

这部字典通常被看作南京地区长江下游方言的佐证,但是这种看法却并不正确:所有的证据都倾向于说这部字典是依据北方方言编成的,最有可能是依照长安话编成。

高本汉也认为《切韵》是一时一地的音系,他说(高本汉 1954/1987:2):

我们用"中古汉语"(Ancient Chinese)指代《切韵》纂集的公元600年左右的语言,这实质上就是陕西长安方言,这一方言在唐朝成为一种共同语(Koine),除沿海的福建省以外,全国各州县的知识界人士都说这种语言。

他在这一段的注文里更为详尽地解释了这个"共同语"的性质:

有理由说,各地的底层民众在很大程度上保存了本地区的方言俗语,许多地方土话里仍可以分辨出中古方言的痕迹。但共同语却极为广泛地传播开来,并且被从最高级官吏到中下阶层的绝大多数人所接受了,从而成为几乎是全部方言的母语(福建与毗邻地区的闽方言除外)。《切韵》韵类和各个现代方言韵类之间的严整对应关系确凿地表明,《切韵》描写了一种实际存在过的、单一的语言,而不是像许多近来的学者所论述的那样,《切韵》是一种人造的、由各方言中的参差成分所构成的折中混合的语言。

如果说对汉语史的分期、《切韵》的性质这两点高氏和马氏还有相同点的话,那么他们的汉语史观和研究方法就显示出较大的不同。高氏的汉语史研究有他的终极目标,这一点在马伯乐的研究里是缺乏的。高氏在他的《中国音韵学研究》"绪论"第3页十分明确地阐述了汉语史要研究的三个问题:

1. 考证中国语言学的祖先跟来源
2. 考清楚这个语言的历史
3. 考明白现代中国语言的各方面

"绪论"的第4页他又说:

要想一个古音的拟测能够成立,当然先得费好多功夫使它跟这个语言的历史上的旧材料相合;其次,还要能够把中国全部方言(不只一两处方言),解释到一种可信的程度,就是在每个方言必得能找出一套声音演变的历程,从语音学的观点看都得成可能的变化。

"绪论"第13页再一次强调了这个工作程序:

中国语言学现在还不过刚在起头的时候,这是得要承认的。在我一方面,我愿意对于这个新科学的建树有所贡献,我就想开始:

1. 把中国古音拟测出来,要想做系统的现代方言研究的起点,这一层是很必要的;

2. 把中国方言的语音作一个完全描写的说明,作过这层之后然后可以;

3. 用音韵学的研究指明现代方言是怎样从古音演变出来的。

构拟原始母语,解释从原始母语到各子语言(方言)的演变,这显然是西方历史比较法的程序。高本汉熟悉历史比较法,是第一个系统地用比较法来研究汉语史的人。按比较法的程序,构拟原始母语后必须得解释从原始母语到各子语言(方言)的音变途径,而原始语的构拟必须比较子语言(方言)的同源词语音形式,找出合理的音变步骤。所以高氏在"绪论"第4页中说:

要想一个古音的拟测能够成立,当然先得费好多功夫使它跟这个语言的历史上的旧材料相合;其次,还要能够把中国全部方言(不只一两处方言),解释到一种可信的程度,就是在每个方言必得能找出一套声音演变的历程,从语音学的观点看都得成可能的变化。

在"绪论"第13页又说:

要得到可靠的结果,我以为要把我的研究放在一个很宽广的基础上。每一条语音定律只有少数的几个例是不行的,因为少数的例不能作充分的保障。所以我拿来作基础材料的就有三千一百上下语言中常用的字(不过有些很常用的字倒是没有收,因为未能确定考出它们在古音中的地位)。这么多的材料我觉得已经够把我要找的结论确定到相当的重要地位了。

由于高本汉熟谙历史比较法的真谛,他的研究的起点一开始就比同时期的其他人高。比如他和马伯乐都是以《切韵》为研究汉语史的切入点,但高氏构拟《切韵》音类的音值是比较了汉语33个方言点(其中4种为域外译音)的3 000多汉字的读音,而马伯乐用的主要是藏文对音、域外对音、译音材料,如日译汉音、越南译音等。与汉语方言材料相比,对音、译音材料的弱点是显而易见的:1. 对音、译音的种类、材料远没有汉语方言多和整齐。2. 域外对音、译音都会受到本语言语音格局的制约,做出调整,如果不经过一番梳理是无法直接用来比较的。3. 更为重要的是构拟出来的音值首先必须满足能解释子语言(方言)的各种演变而不是去解释域外对音、译音。所以从方法论上说，用汉语方言的材料应该优于用译音和对音材料。正因为高氏比较了33个方言点的语音材料，他的中古音构拟比马伯乐更合理。

我们可以举出一个典型的例子来说明高氏与马氏在上述三点上的不同。高氏的中古音韵母的韵腹构拟方法是找一个具有代表的韵摄，分析它的元音，然后用这个模式来类推其他韵摄。高氏分析的代表韵摄就是山摄，因为山摄开合及四等都齐全。他说（中译本：455）：

这一摄从许多方面看都是很可以作代表的。如果弄清楚了山摄的古代的元音，我们同时就得到可以共同应用的结果来帮助我们解释别的摄了。

马伯乐等人根据对音和译音把山摄的一、二等的主元音构拟为相同的a，高氏则发现山摄一、二等字的韵腹在汉语某些方言里存在着区别，一般的情形是一等元音较高较后，二等的较低较前。于是高氏得出结论（中译本：461）：

在现代方言里，一等字最为常读的是o，二等字最常读的是a。别的语言的经验告诉我们，深ɑ最容易变为o。这两等在古代汉语既然严格地分成不同的韵，所以我们完全有理由定一等为深ɑ，二等为浅a。

现在，同韵有一、二等不同的分设两个韵腹元音已为共识。表1是各家中古山摄一、二等拟音（仅列韵腹和韵尾）：

表1

韵摄	等别	韵	高本汉	董同龢	李荣	王力	邵荣芬	郑张尚芳
山摄	一等	寒	ɑn	ɑn	ân	ɑn	ɑn	ɑn
	二等	删	an	an	an	an	ɐn	an
		山	ăn	æn	än	æn	æn	ɛn

用前a后ɑ来区别二等与一等的元音，奠定了中古音韵母系统的基础，而且也能很好地解释现代各方言的对应。高氏的这一研究结果从方法论上告诉我们，汉语方言材料远比译音、对音材料丰富、整齐和重要；更为重要的是，中古音的构拟必须首先要满足能合理解释现代汉语方言的分化和不同，因为现代汉语方言是中古音的“子语言”，而不是对音和译音。高本汉自己也说：“对音的材料固然很重要，不过最好是先从本国的材料得了结果，然后再拿对音当一种试金石来对一对”（中译本：15）。正因为有这样的思想，高本汉得出了他自己的汉语演变史观。他（1954/1987：2，8—9）在《中上古汉

语音韵纲要》(以下简称《纲要》)中说:

现代汉语方言的声韵分类都是显示出他们全是(闽方言除外)从《切韵》语言派生出来,而《切韵》语言在唐朝曾作为一种共通语传遍了中国国土上的所有重要的城镇。

其实这一史观的形成在《中国音韵学研究》已经具有雏形。《中国音韵学研究》第三卷"历史上的研究"中讨论"声母9—16:知彻澄照穿床审禅"时(第324页)说:

在中国境内的方言里,福州话跟厦门话是把古代汉语爆发音和塞擦音的分别保存的最好。关于古塞擦音,它们只有塞擦音。古代爆发音知澄两母总是读成爆发音,彻母中有些字读成爆发音。所以在这方面上头,这两种方言是很古的。

高本汉认为《切韵》代表唐长安标准读音,也是现代各方言的原始母语,因为现代各方言读音都可以从《切韵》语音系统得到解释,运用《切韵》"可以把中国全部方言(不只一两处方言)解释到一种可信的程度"(中译本:4)。至于《切韵》以前的汉语,现代的方言就记不到了,只能通过《切韵》联系上古文献往上推。所以高本汉汉语史观是一种直线条的演变模式,如图1。

上古汉语
↓
中古汉语(《切韵》为代表的音系)
↓
现代汉语各方言(闽语除外)

图1

现在我们来总结一下高本汉的汉语史研究成果。高本汉把当时业已成熟的历史语言学研究方法,如历史比较法、内部拟测法引进到汉语语音研究中来,为汉语史研究,特别是中古音的构拟奠定了坚实的基础,引领后人往这条科学的路子上走下去,这是他最为重要的成就。他的具体研究方法是以《切韵》为汉语史研究的切入点,认为《切韵》是一时一地的音系,代表公元600年左右唐长安音系,然后通过比较现代方言语音和域外译音来全面、系统地构拟《切韵》音类,并以此为起点,上推上古汉语,下联现代汉语方言,提出他的汉语史观。高氏的研究方法和他的汉语史观深深地影响以后的学者,他的这些观点也为后世的主流汉语史学者所遵行。

三

高本汉《中国音韵学研究》出版至今正好是一个世纪,随着汉语史研究的不断深入,我们可以用新材料、新认识来全面审视高氏汉语史研究的方法和汉语史观。下面我们分三点来全面检讨高氏的上述观点: 第一,《切韵》性质的再认识;第二,高氏的研究方法再探讨;第三,高氏的汉语史观再认识。

(一)《切韵》性质再认识

《切韵》的性质一直是汉语音韵学界的讨论话题。因为中古音的依据是《切韵》,它的性质的不同直接关系到是否可以把它作为坐标上推上古音,下联现代方言。高本汉认为它代表唐长安音系,不过他的这一观点曾遭别人的质疑,质疑的理由是: 1.《切韵》一书收有方言和古音成分,作者在切韵序里也有明确的交待;2.《切韵》的写作目的是制定读书人作诗押韵的标准,并不是也不可能像后世那种语言(方言)的音系描写;3. 根据研究,《切韵》音系的声母有37个,韵母有160个(林焘、耿振生2004),声母韵母总数接近200个,这么庞大的数量,特别是韵母的数量,在它的子语言——现代方言中是找不到的。所以,持综合说的学者根据上述三点理由认为《切韵》是一部兼顾古今南北的语音特点而写成的韵书,不是代表一时一地的音系。持单一音系的学者则认为《切韵》体系严密而完整,很难想象这样严密、完整的体系是由古今南北之音凑合而成的,更为重要的是,《切韵》是上推上古音,下联现代方言的枢纽,上古音的构拟成功与否跟是否能解释以《切韵》为代表的中古音的分类有直接的关系,一旦承认《切韵》是综合音系,就会严重动摇上古音构拟的根基。周祖谟《切韵的性质和它的音系基础》对此作了新的解释。他认为《切韵》是代表六世纪前后金陵、洛阳一带的读书音(周祖谟1966)。此观点被后世多数学者所接受。不过周的观点仍有不完备之处。如果是单一的读书音,也无法解释上述2、3两个疑点。丁邦新先生(1995)提出一个新设想,他根据颜之推《颜氏家训》及《切韵》序里记载的南北方言差异,认为《切韵》蕴含着邺下(洛阳)、金陵为代表的南北两个语音系统,所以可以为《切韵》构拟一南(金陵)一北(邺下)两个音系统。丁先生(1995)根据他的设想作了一个练习(见表2),以此来说明两个韵类叠加而成的《切韵》系统。《切韵》(王三)韵目下有小注:“愿,夏侯与慁别,与恨同,今并别。……慁,吕、李与恨同,今并别。”

表 2

夏侯该	愿		慁
吕静、李季节	(愿)	慁	
《切韵》	愿	恨	慁

结果是《切韵》的分类都比夏侯该和吕静、李季节的多。丁邦新先生(2015:57)根据颜之推(讨论《切韵》语音九人之一)《颜氏家训·音辞篇》里所说的"南人以钱(从母)为涎(邪母)","以溅(从母)为羡(邪母)"的记录,为《切韵》的邺下和金陵拟测了两套相关语音(见表 3),其中邺下音系设立从母,金陵则从邪合流,只拟测邪母。

表 3

邺下音系						金陵音系					
精	清	从		心	邪	精	清			心	邪
ts	ts^h	dz/dz^h		s	z	ts	ts^h			s	z

笔者曾撰文证明北部吴语白话层只有读浊擦音 z 的邪母,没有读浊塞擦音 dz 的从母,可见北部吴语是金陵音系的直接继承者。今从母字读浊擦音 dz 是文读层,这种文读的来源是早期的杭州话(邺下音系的继承者)。随着杭州话的影响力在整个江南地区式微,文读层 dz 在各地吴语里保留的程度不一,呈现"一处一个样"的局面(陈忠敏 2015)。用金陵音系的直接继承和以后邺下音系的渗透可以很好说明北部吴语 dz/z 混用的情形。"邺下-金陵说"也可以完美解释上述 2、3 两个疑点。把表 3"邺下音系"与"金陵音系"两个音系叠架套合也不违背《切韵》"精清从心邪"的声母分类。从高氏的唐长安音系,到周祖谟的金陵、洛阳一带的读书音,再到丁邦新先生的"邺下-金陵说"可以看出高本汉以后学术的进步。

(二)对高本汉研究方法的再探讨

毋庸讳言,高氏比较方言语音的方法,也即历史比较,是移植历史比较法的。第一个缺陷早有人指出,高氏的汉语方言材料偏重于北方官话,缺乏南方方言。《中国音韵学研究》书中提及的汉语方言达 33 种,不过第四卷"方言字汇"只罗列 26 个方言点 3 125 个汉字的读音,其中 4 个是域外汉字读音(高丽、汉音、吴音、安南),除去域外汉字读音,汉语方言有 22 个点,但是只有6个点是属于南方方言的。这种材料的欠缺直接影响高氏的中古音构拟,因为一般来说中古音的痕迹在南方方言里保留得更为齐全。比如,《切韵》的反切系统里四等韵的反切上字与一、二等属同一类,而与三等不同,所以高氏认为四等韵的声母属于非j化类。但是在高氏所列的20多个方言里四等字往往带i介音,这又与三等韵的情况相同,于是他认为四等韵在中古是带有介音的,三等是j化的介音,那么四等就是元音性的i。其实在高氏没有看到的南方方言里四等韵不带介音的还真不少,现代方言中的介音i是后起的,是前高元音前的增生。笔者曾研究过闽语齐韵的读音层次,四等齐的白读在很多闽语里都没有i介音,有i介音的倒是晚起的(陈忠敏2006)。如果把四等拟测为不带介音的韵母就能很好解释《切韵》系统里的声母韵母的搭配关系,如一等、四等声韵配合同,都有端组没有知组,而二等、三等正好相反,有知组没有端组。再比如高本汉认为汉语方言里不存在脂之两韵的分别(高本汉1948:492),后来罗杰瑞发现在福建有些地方的闽语里其实存在着两类韵读音不同的现象(罗杰瑞1988)。这些都是因为高氏所收集的材料有限,才会得出错误的结论。

历史比较法发轫于对印欧语的历史研究,中西方语言演变的背景不同,直接移植历史比较法来研究东方语言也有可能会水土不服。历史比较法最为重要的步骤是确定各亲属语言里的同源词,然后排比同源词的语音形式,按照自然音变来构拟原始读音,并解释各子语言的各种演变。汉语方言相互间的亲属关系毋庸置疑,而相同的汉字可以认为是同源语素,所以在汉语方言里确定同源语素从来都是一件容易的事情。高本汉在《中国音韵学研究》一书第547页到731页排列了26个方言点3 125个汉字的读音,这些字当然是同源语素。但是天下没有这么便宜的买卖,汉字不是表音文字,某些字可能有几种读音,到底拿哪个音作为比较对象来建立语音对应关系并不是一件很容易解决的事。只有建立方言间的语音对应关系,才能正确推导出音变的途径和方向。语音对应关系的建立看似简单,其实并非易事。Fox(1995:61)曾指出语音比较中所比较的项目必须是来自原始母语的(排除语言接触因素),而且还必须是对等形式:

> We have noted, however, that in order to be eligible for use in correspondence sets, languages or their forms must be not merely genetically related, but genetically equivalent.

Fox 在这里所说的发生学上的对等是指参与比较的语音项目必须是在同一层次上的,换句话说,比较的项目是同一层次上的同源词。如果语音比较不是建立在对等形式基础上,语音比较和语音构拟就会步入歧途,从而也无法正确阐明语言演变的历史。历史比较法没有一套现成的方法来告诉研究者如何做。由于汉字不是表音文字,某些字可能有一字多音现象。对于这些一字多音,高本汉有他自己的处理方式。原书第 547 到 731 页每页字都有正表,正表下都有附注,高氏就用正表和附注把一字多音分列开来,只有正表里的字才用于方言语音比较。哪些字放入正表,哪些字列入附注,高氏在表前有文字说明(中译本:540):

常常有一个方言对于古某字音有两种或几种读音:有时候古同音字中这几个字读甲那几个字读乙,有时候在同字上有甲乙两种读法。这种不同的读法最多的是文言白话的不同,但也常有在同一体当中有两种读法的,那就只好拿方言的混合(因迁移等等原因)来解释了。为印刷上的方便,我只能把几种中的一读排入正表,其余的就放在注里(有时候把文言音有时候把白话音放在注里——看把哪一方面提出来说是最省篇幅)。

可见正表里的字音有文读音也有白话音。那么,为什么文读音和白读音可以放在一起比较呢?换句话说决定放在正表和注里的原则是什么?高氏书中有解释(中译本:539):

现在这个字汇既然同时也要当作各韵母的一个系统表用,那么在表的正文里头所记下的音就非得限于照规则变化的字不可。要知道怎么样读法才算照规则的读法是这么样求的:在某方言读音中,把古音的某韵母在某系的声母的字全部查一道,如果多数是一种读法,这就是这个方言对于这韵在这系的规则的读法(例如见系后的古[ɑ]音为一类,看方言中所有的古 kɑ, $k^hɑ$, ɣɑ, ŋɑ 等的 a 是怎样读法)。所以在字汇正文表里头每竖行当头第一个代表字总是想法子选一个能在处处方言都是照规则读的字,例如古音 kɑ 有歌,哥,个三字,其中歌字在处处方言都是规则的,所以把歌字放在竖行当头第一字。次之若有“不规则”的读音,就是说古音虽同而某处今音不跟被选的代表字(如这个例中的歌字)同音者,就在注里标出(如哥字大同 kɯ)。

通过上述的引文,我们可以清楚地看出高本汉方言语音比较的特点:

第一,方言语音比较是以中古音(即《切韵》的音类)为纲的。历时的语音比较就是以《切韵》的音类为出发点看方言语音的音类分合,共时的语音比较也是以《切韵》为中介来看不同方言语音音类的对应。

第二,3 125 个是字音(汉字读音),而不是词音。换句话说高氏选字音注重是否能覆盖中古音类的分别,而不管是否在口语里常用和是否成词。

第三,把《切韵》每个韵中的多数读音作为"规则读音"看待,附注的读音则为例外读音。所以方言间或方言与中古音比较其实就是"规则读音"的比较。

高本汉这种语音比较的方法显然跟 19 世纪历史语言学家的做法是一致的——排列规则的音变,同时把认为不合规则的例子作为注解罗列出来。格里姆(Jacob Grimm)在他的《日耳曼语法》一文里就是首先排列规则音变的例子,然后在附注里罗列不合规则的例子。在解释这些不合规则的例外时,他也说是借词或者是纯偶然的巧合:"有些字停留在古老阶段,而音变的洪流越过它们,滚滚向前。"(Grimm 1822,据 Lehmann 1967: 57 英译本翻译)

那么用高氏的方法是否可以建立正确的语音对应关系呢?我们来检查一下他的具体做法。我们发现高氏书中的"方言字音"正表里的字音取舍是有倾向性的,即所比较的现代汉语方言字音只是为既定的《切韵》音类做拟音参考。如果方言字音与《切韵》音类的格局发生矛盾,前者要服从后者。换句话说《切韵》的分类是第一位的,现代方言的读音是第二位的。比如高本汉已经注意到当时上海话里从母邪母很多字都有 dz/z 两读,有的字只有 z 一读(中译本: 376):

在上海有些人老读 z。可是另外些个人能分 dz 和 z。能分 dz 和 z 的人在"蚕槽曹造皂贼凿座坐族前墙净字自匠嚼"这些字只读 z;在"曾层材裁錾漕杂昨蹲情齐潜静就截全聚"这些字里 z,dz 两读。

同书第四卷"方言字汇"列有从母 42 个字,它们上海话的读音在正表里是(高氏原书的记音不标声调):

A 类: 座 zu、自 zɿ、字 zɿ、蚕 ze、前 zie、墙 ziaŋ、匠 ziaŋ、曹 zɔ、皂 zɔ、贼 zə、嚼 zia、族 zo

B 类: 慈 dzɿ、材 dze、在 dze、齐 dzi、罪 dzœ、錾 dzɛ、惭 dzɛ、残 dzɛ、贱 dzie、全 dzie、秦 dziŋ、尽 dziŋ、存 dzəŋ、曾 dzəŋ、赠 dzəŋ、情 dziŋ、静 ziŋ、藏 dzɔŋ、樵 dziɔ、就 dziə、聚 dzy、丛 dzoŋ、从 dzoŋ、杂 dze、集 dzi、截 dzi、绝 dzi、疾 dzi、寂 dzi、昨 zɔ

A 类字是高本汉说的只有一种摩擦音 z 的读法,所以他只能列 z 读音,但是 B 类 30 个从母字是高本汉自己说有 dz/z 两种读法的,可在他的正表里几乎全列塞擦音 dz(只有两个记为 z,28 比 2,太悬殊了!),想必这样一来更符合他对从母 * dz 的构拟。

还有一例,更能说明他选读音的倾向性。中译本第 323 页举了一个例子说明当时的上海话有 dz/z 的异读:

我们在上海方言里证实了一个近代的倾向,就是把塞擦音 dz 变成摩擦音 z,例如:“泽”(澄母)上海 dzəʔ 又读 zəʔ。

可是在同书卷四“方言字汇”第 712 页正表里“泽”的上海话读音是 dzə(上海话入声韵高氏在正表里统统省去喉塞音韵尾),正表下的附注也没有列出“泽”的摩擦音的另读。

如果说高氏选字作比较有倾向性的话,那正表里的比较更有问题。举一个鱼韵的例子就能说明问题。高本汉《中国音韵学研究》第 673 至 676 页鱼韵正表列有 25 个汉字读音对比表。表 4 列出了其中属闽语的汕头(闽南)和福州(闽东)的读音,“古音”行则是高氏构拟的中古音。

表 4

	居	去	渠	巨	语	虚	于	余	猪	除
古音	kjǐwo	k^{h}jǐwo	g^{h}jǐwo^{2}	g^{h}jǐwo^{4}	ŋjǐwo	xjǐwo	ʔjǐwo	ǐwo	ȶǐwo	ȡ^{h}ǐwo^{2}
汕头	kɯ	k^{h}ɯ	k^{h}ɯ	k^{h}ɯ	gɯ	hɯ	ɯ	ɯ	tsu	ts^{h}u
福州	ky	k^{h}œy^{5}	k^{h}y	k^{h}œy^{6}	ŋy	hy	y	y	ty	ty

	箸	阻	初	锄	助	梳	诸	处	书	署
古音	ȡ^{h}ǐwo^{6}	tʂǐwo	tʂ^{h}ǐwo	dʐ^{h}ǐwo^{2}	dʐ^{h}ǐwo^{6}	ʂǐwo	tɕǐwo	tɕ^{h}ǐwo	ɕǐwo	ʑǐwo
汕头	tsu	tso	ts^{h}o	ts^{h}o	tso	so	tsu	ts^{h}u	su	su
福州	tœy	tɕu	tɕ^{h}u	t^{h}y	tɕou	su	tɕy	tɕ^{h}œy	sy	sy

	如	女	吕	胥	序
古音	ȵʑǐwo	njǐwo	ljǐwo	sǐwo	zǐwo
汕头	dzu	dzɯ	lɯ	su	su
福州	y	ny	ly	sy	sœy^{6}

从表 4 所列的字和读音我们可以看出高氏语音比较的特点:

第一,高氏鱼韵正表共有 25 个汉字读音,所收字覆盖鱼韵各声母组。如“居去渠巨语虚于余”属见系声母;“猪除箸”属知组声母;“阻初锄助梳”属庄组声母;"诸处书署"属章组声母;"如"属日母;"女吕"属泥来组声母;"胥序"属精组声母。其用意是看在不同的古声母组后韵母读音是否有差别。

第二,高氏择字的考虑因素是能覆盖古音各声母组,也即考虑字音的历史音韵因素。至于是否常用、属口语、成词则不加考虑。像"巨语于阻诸署如胥"等字在口语里基本不说,也不成词。

第三,高氏在读音的选择上是有他的标准的。我们知道闽语有复杂的文白异读现象,有的字还有多层文白异读。在高氏的正表上他只选择一种读音,他的标准正如他在第四卷"绪论"里所说的:"选择每组声母后多数字的韵母读音。"

根据高氏正表所列字的读音,我们总结如下,见表5。

表5

	见系	泥来组	精组	知组	章组	日母	庄组
汕头	ɯ		u				o
福州	y(œy)						u(ou)

汕头话里见系、泥来组后鱼韵多数字的韵母读音是 ɯ,精组、知组、章组和日母是 u,庄组则是 o;福州话庄组声母后多数字的韵母读 u(ou 是去声时的变韵读法),其他声母组后则是 y(œy 是去声时的变韵读法)。唯一的一个例外是福州话的"锄",属庄组声母,但韵母读音是 y。

高氏正表读音的选择标准是"选择每组声母后多数字的韵母读音",这个选择标准有很大的问题。汉字不表音,在一字多音的方言里,不同声母组后的多数字的韵母读音不见得是语音比较的对等形式。因为字(词)的口语/非口语、常用/非常用、文读/白读等因素跟声母组的分布并没有直接的关系。换句话说,在有些声母组后文读层读音的字多点,有的声母组后也可能白读层读音的字多点。根据各声母组多数字的读音来比较很有可能是层次错乱的比较。表5 鱼韵字的读音在福州话里恰好都是文读层的读音,但是汕头话却有很大问题。汕头话鱼韵见系、泥来组声母后的白读形式是 ɯ,其实精组、知组、章组、日母、庄组也有相同的白读形式,尽管字数较少,但是都是常用字(据林伦伦、陈小枫 1996),如:

精组:蛆 $ts^hɯ^1$、徐 $ts^hɯ^2$

知组:猪 $tɯ^1$、除 $tɯ^2$、箸 $tɯ^6$

章组：书 tsɯ^1、薯 tsɯ^2、煮 tsɯ^3、鼠 ts^{h}ɯ^3

日母：汝 lɯ^3

庄组：锄 tɯ^2

上列都是鱼韵字，也都是白读，而且韵母读音也相同。我们认为这些字的韵母读音才具有可比性，才是对等形式。我们再根据音韵的分合关系发现汕头话鱼韵的 ɯ 读音层是鱼虞有别的层次，因为在汕头话的虞韵里找不到读 ɯ 的，而福州话鱼韵读 y(œy)(庄组后读 u〔ou〕)则是鱼虞相混的层次，见表 6。

表 6

猪$_{\text{鱼}}$	株$_{\text{虞}}$	梳$_{\text{鱼}}$	数$_{\text{虞}}$	煮$_{\text{鱼}}$	主$_{\text{虞}}$	舒$_{\text{鱼}}$	输$_{\text{虞}}$	锯$_{\text{鱼}}$	具$_{\text{虞}}$	举$_{\text{鱼}}$	矩$_{\text{虞}}$
ty^1	t^{h}y^1	su^1	su^3	tsy^3		sy^1		kœy^5	kœy^6	ky^3	

根据音韵的分合特点，可以把高氏汕头、福州鱼韵正表里的读音(表 4)总结成表 7：

表 7

	汕头	福州
鱼虞有别层读音	ɯ	
鱼虞相混层读音	u/o(庄组后)	y(œy)/u(ou)(庄组后)

把汕头话鱼韵的鱼虞有别层读音跟福州话鱼韵的鱼虞相混层读音放在一起比较，显然是层次错乱的比较。所以无论从汕头话内部，还是从汕头话与福州话之间的比较都可以看出表 4 所列的读音不是对等形式，换句话说，高氏的比较是错误的、不对等的。

客观地说，层次错乱、非对等形式的比较，并不能全部怪罪于高本汉，高氏是第一位引进历史比较法在汉语方言里做系统语音比较的学者。历史比较法本身没有一套程序和方法来处理汉语方言，尤其是东南沿海方言里纷繁复杂的语音层次现象。再加上在高本汉那个年代，所知的汉语方言材料不多，人们也缺乏对汉语方言具有复杂层次的认识，所以直接移植历史比较法来研究汉语的历史也是情理之中的事情。

（三）高本汉汉语史观再认识

高氏的汉语史观并非在一个假设的前提下提出的，而是经过研究所谓的中古音——《切韵》音类与现代汉语方言的对应后得出的。他认为,《切韵》反映的语言“几乎是全部现代方言的母语(福建与毗邻地区闽语以外)”,因为《切韵》音类和各个现代方言音类之间存在着严整对应关系。(高本汉1954)

《中国音韵学研究》卷四“方言字汇”的正表中确实可以看出《切韵》音类与现代方言音类间的严整对应关系。不过这种对应的建立是由几种因素造成的。

第一,《切韵》音类的分类本来就细,如上所说,声母加韵母共有200类左右,这个数目远远超出任何现代方言音系中声母加韵母的总和。用过细的分类来对应较少的分类,对应规律的显示度、覆盖率就会较高。

第二,《中国音韵学研究》卷四“方言字汇”正表里只列汉字的一种读音,把各种异读都作为例外排除在语音比较之外,而且如上所说,高氏正表里对字的选择有一定的倾向性,尽量挑选符合他《切韵》拟音的那些字。这样更增强了《切韵》音类与方言字音的对应性。

第三,“方言字汇”正表中的读音其实是汉字读音,不包括口语词或口语语素的读音。例如高氏只注重歌韵中福州话的“规则”韵母读音 ɔ,福州话歌韵的其他“非规则”读音(如“鹅”读 ŋie,“我”读 ŋuai,“舵”读 tuai)只列在附注里,不参与方音比较,这样就能显示《切韵》与福州话对应严密而整齐。其实这些“非规则”读音反而是常用的读音,正表里的字很多都是方言里不说的,或非常罕见的字音。为了顾及《切韵》音类所有的分类,高氏也在方言里折合出一个文读音来放入正表里。比如正表中戈韵影母只列了一个“踒”字,这个字上海话根本不说,但为了照顾到《切韵》音类的分布,硬性给这个汉字注上读音 u,这样就显得《切韵》戈韵与上海话的 u 韵有对应关系。

根据以上讨论,我们可以看出《切韵》与现代方言间的对应是相当复杂的。我们承认《切韵》音类与现代方言的语音有对应,但是这种对应是多层次的,复杂的,而不是如图1高本汉所说的那种简单的、直线条式的对应。这种复杂的多层次对应跟汉语特有的演变史有关。

语言演变的模式长期以来独尊谱系分化。谱系树说(Stammbaum or family tree)是19世纪中叶语言学家研究印欧语历史提出来的语言演变模式,这种语言演化模式强调语言分化,从单一的原始母语逐渐分化为语族、语支、语言、方言等,犹如生物学上由一个祖宗繁衍出后代众多子孙那样。

高本汉认为汉语演变是从上古汉语到中古汉语再演化为现代各方言,这种单线条语言演变模式显然是谱系树理论在汉语里的翻版。一般来讲,从原始母语分化出来的各语言(方言),如果没有大规模的战争、饥荒等因素引起的移民,它们间的接触不会很深,所以语言演变的速率大概比较均衡。但是汉语各方言间、汉语跟周边语言间并不是这样的演变模式。周边语言由于与汉语深度接触,语言演变的轴线会突然断裂,变为汉语的一种方言。比如长江以南的广大地区秦以前说的是一种非汉语的百越语,它后来受汉语的深度渗透,自身语言演变中断而转化为汉语方言。秦汉时期的"楚语"跟当时中原地区通行的汉语也大不相同,今湖北、江西等地的方言并非是古代"楚语"的发展,我们很难从今天的湖北话、江西话里找出当时"楚语"的蛛丝马迹,可以说历代中原地区的汉语方言完全覆盖了这一地区的"楚语"。换句话说,我们无法通过比较江西赣语、湖北的官话来构拟当时的"楚语"。同理,我们比较今天的山东话也无法构拟出以前的"齐语",比较今天的四川话无法构拟出以前的"蜀语"。汉语方言在分化的过程中也始终伴随着紧密的深度接触,从而造成向历代中原官话趋同的一面。南方方言自身不断分化演变,与此同时,中原地区的权威官话始终对南方方言、周边语言渗透,产生强有力的影响,使得区域语言趋同,造成汉语方言官话化,民族语言汉语化。据此,笔者(2008,2013)曾提出汉语发展的另一模式——"一中心多层次"演变模式,其基本思想是:历代的中原权威官话通过移民和文教习传向四周传播,由于传播的时间和方式不同,造成今天汉语方言,特别是东南沿海汉语方言语言层次叠架的局面。大致上可以说现代汉语方言的形成,是多层次叠架的结果。由于汉字不直接表音,相同的汉字可以对应不同的读音,所以从汉字的异读上最能反映语言层次叠架的情况。

一般认为各地汉语方言的文读跟《切韵》一系的韵书、字典的注音(即各时代的权威官话读音),有较严整的对应关系。其实各地方言的白读音跟《切韵》一系的韵书、字典的注音也有一定的渊源关系,理由如下:

第一,《切韵》的撰写目的是为了制定文人作诗押韵的标准,韵书里的字音肯定是汉字的读书音,不过这些读书音一定有方言的依据。如果说《切韵》依据的基础方言是当时中原地区的权威话——邺下(洛阳)话和金陵(南京)话,那么当时的读书音与白话音的距离还不是太远,因为大量的文白之异应该是随着科举盛行(公元609年开始科举,即《切韵》成书后8年)才产生的现象。(丁邦新2003)历史上由北向南三次大的移民潮奠定了现代汉语方言的基本格局。第一次移民潮的末尾(公元6世纪前后)相去《切韵》成书不远,由那波移民潮带到南方来的中原口语音相信跟《切韵》音类是较吻合的,王福堂(2011)对此曾有论述。

第二,汉语的权威官话始终在中原地区,而《切韵》一系的韵书、字典中的各种形式的音注很大程度上要依据各时期的中原地区权威方言的语音,所以由北向南的各层次移民所带来的口语不能不说也跟《切韵》一系的韵书、字典里的读音有关系。

第三,跟韵书、字典注音有严密对应关系的读书音在方言里随权威官话的势力增强,会进入口语层,取代原有的白读音,从而跟新来的文读音组成新一轮的文白异读关系。这种文白读之间相互取代的进程会一轮轮重复。这样也使方言里白读音的音类跟《切韵》一系的韵书、字典中的音类关系密切。

我们说《切韵》与现代汉语方言语音有密切关系,并不等同于高本汉所认为的单层次直线条的对应关系,同时我们更关注以《切韵》一系韵书为代表的历代权威方言对方言的多次渗透而造成的层次叠架现象。我们也承认有些方言确实有《切韵》前的语音层次,不过这只是这些方言中的某一个层次而已,并不是这些方言的全部。并且,即使如此,也必须跟《切韵》语音特点比较以后才能知道哪些是前《切韵》层次的特点,哪些是后《切韵》层次的特点。所以我们认为《切韵》音系分类及中原权威官话语音演变历史可作为方言语音层次分类的参照系,并以此为基点来看层次的音韵分合。

闽语的性质及其来源在高本汉的一系列著作中有特别的关注,如高本汉在他的《中上古汉语音韵纲要》里说:现代汉语方言的"各自的声韵分类都是显示出它们全是(闽方言除外)从《切韵》语言派生出来"。意思是只有闽语是超越《切韵》系统,不是从《切韵》系统衍生的。有些学者受高本汉这一汉语史观的影响,认为可以完全撇开《切韵》而直接比较现代闽语方言口语词的语音就能构拟出原始闽语。如秋谷、韩哲夫(2012)说:

> 闽语与上古音或者《切韵》音系之间差异很大,因此参照这两个音系分析闽语中的音韵现象往往会导致不正确的结论,而只有通过原始闽语才能得到合理的结论。

这种观点大有商榷余地。一般认为知组声母读如端组声母,读音为t,t^h

是闽语的一大特征,也是闽语的前《切韵》成分。《切韵》是否已经区分端知组仍是有疑问的。类隔切说明《切韵》时期的端知很可能只是音位变体而非对立的音位。王力曾根据《经典释文》(成书于陈后主至德元年癸卯,即583年)、《玄应一切经音义》(成书于唐贞观年间)等材料说明,从南北朝到中唐时期,北方音系仍然是端知混而不分的,而《切韵》和《广韵》又音还有不少端知组混切现象,因此,王力将端知分立定于晚唐五代时期(王力1985),时间晚于《切韵》成书年代。又知组声母读如端组声母这一特点并非闽语专有,吴语处衢片、丽水片,赣语抚广片也有一些口语词端知不分。

闽语的形成是多层次的,它固然有一些前《切韵》的成分,但更多的是中古及中古以后中原移民带来的语言特征。这些语言特点整合在一起形成今天的闽语。所以研究闽语及闽语的发展历史应该比较《切韵》的音类分合来看哪些特点是前《切韵》的,哪些是《切韵》以后的变化。李荣(1983)曾在汉语方言学会成立大会上论述闽语与《切韵》的关系,很有启示意义:

我们建议拿闽语和《广韵》比较,并不是说闽语是直接从《广韵》传下来的,也不是说古代没有方言差别。颜之推早就说过:"夫九州之人,言语不同,生民以来,固常然矣。"只有这样做才能区分闽语内部文白的层次,才能发现闽语声韵调的哪些方面在分类上跟《广韵》一致,因而可以假定闽语的母语在声韵调的哪些方面跟《广韵》一致,哪些方面跟《广韵》不同。

笔者(2002)曾撰文分析吴语开化方言,闽语福州、厦门方言的虞韵字韵母读音。这些方言里虞韵的韵母读音都可以分为三个层次,iɯ读音层最早,是前中古层,u: ə读音层其次,为中古层,y读音层最晚,是晚近的文读层,见表8。

表8

	开化话	福州话	厦门、泉州(潮州)
第一层	iɯ	ieu	iu
第二层	u: ə,y: ə	uɔ	ɔ(ou)
第三层	u,y	u,y(øy)	u

表8中,第一层的语音特点是其主元音尚未从上古侯部分化为中古侯韵和虞韵的情形,福州、厦门的"珠(目珠,眼睛)"跟"周""招"都同韵。第二层、第三层都是中古或中古以后的音变。可见,《切韵》音类是一个很好的参照系,比较《切韵》可以看出闽语语音层次的各个阶段。

四

一百年前汉学家高本汉开创汉语语音史的研究，他引进历史比较法和内部拟测法来比较现代方言语音和中古音构拟。他提出的上古汉语—中古汉语—现代汉语方言（除闽语以外）的汉语演变史观，其实是语言谱系树说的翻版。他的汉语史观及研究方法整整影响一个世纪，而且这种影响还在延续。高氏筚路蓝缕，开创之功不可没。语言研究必须紧密联系该语言形成和发展的历史人文背景。汉语的发生、发展历史与西方印欧语的情况不同，理论和方法不能简单照搬。我们承认世界语言的发展有其共性，研究方法和理论也可相互借鉴，不过必须根据本民族语言的实际提出自己的汉语史观，并根据新的汉语史观提出一套相应的研究方法和理论。

《切韵》性质关系到汉语史观的不同。"邺下-金陵说"虽然走出单一系统还是综合系统争论的怪圈，但是现代方言哪些是继承邺下话的，哪些则是金陵话的延续，还有很多值得继续研究的地方。更为重要的是它们跟上古音的关系，即上古音如何分别演变为邺下和金陵两个语音系统？换句话说，"邺下-金陵说"对现有的各家上古音系统是一大挑战，这是今后研究中无法回避的研究课题。20世纪八九十年代以后，越来越多的学者认识到东亚语言里语言接触的特点，从语言横向接触与纵向演变这一角度来重新审视汉语发展史，也提出各种不同的汉语史观，包括笔者提出的"一中心多层次说"。具体来说，这一时期的方言历史层次研究就是体现这种研究趋势。方言历史层次研究要处理好纵向演变与横向接触的关系，包括如何鉴定自然音变与接触激发的音变的区别，层次的时间先后，层次的对应等问题。横向接触研究还必须跟语言发展的历史人文背景紧密联系，比如历史上移民、文化传播与方言大层次的关系。提出适合东亚语言、汉语的演变模式，还必须配有相应的研究方法。只有这样，语言演变模式才有生命力，才是对整个历史语言学的贡献。

参考文献

陈忠敏（2002）方言间的层次对应——以吴闽语虞韵读音为例，载丁邦新、张双庆编，《闽语研究及其与周边方言的关系》,香港:香港中文大学出版社,73—84。
——(2005)有关历史层次分析法的几个问题,载浙江大学汉语史研究中心编,《汉语史学报》第五辑,上海:上海教育出版社,207—229。
——(2006)论闽南话齐韵的读音层次,载何大安等编,《语言暨语言学》专刊外编之六,台北:"中央研究院"语言学研究所,785—800。
——(2008)汉语演变的一中心多层次说及其历史层次比较法,载浙江大学汉语史研究中心编,《汉语史学报》第七辑,上海:上海教育出版社,48—62。
——(2013)《汉语方言语音史研究与历史层次分析法》,北京:中华书局。
——(2015)论160年前上海话声母[dz]/[z]变异——兼论北部吴语从邪澄崇船禅等母读音变异现象,《方言》第4期:340—345。
丁邦新(1995)重建汉语中古音系的一些想法,《中国语文》第6期:414—419。
——(2003)汉语音韵史上有待解决的问题,载何大安编,《古今通塞:汉语的历史与发展》,台北:"中央研究院"语言学研究所,1—21。
——(2015)《音韵学讲义》,北京:北京大学出版社。
高本汉(1915—1926)《中国音韵学研究》(中译本),长沙:商务印书馆,1940年。
葛剑雄主编(1997)《中国移民史》(第一卷),福州:福建人民出版社。
李　荣(1983)《切韵》与方言,《方言》第3期:161—165。
林　焘、耿振生(2004)《音韵学概要》,北京:商务印书馆。
罗杰瑞(1988)福建政和话的支脂之三韵,《中国语文》第1期:40—43。
马伯乐(1920/2005:3)《唐代长安方言考》(Le dialecte de Tch' ang-ngan sous les T' ang),BEFEO,XX,2,1920,中译本据聂鸿音2005年版,北京:中华书局。
秋谷裕幸、韩哲夫(2012)历史比较法和层次分析法,载北京大学汉语语言学研究中心《语言学论丛》编委会编,《语言学论丛》第45辑:277—335。
王福堂(2011)原始闽语拟测与历史比较法,载北京大学汉语语言学研究中心《语言学论丛》编委会编,《语言学论丛》第43辑:101—113。
王　力(1985)《汉语语音史》,北京:中国社会科学出版社。
周祖谟(1966)《切韵》的性质和它的音系基础,载周祖谟著,《问学集》,北京:中华书局,434—473。
Fox, A. (1995) *Linguistic Reconstruction: An Introduction to Theory and Method.* Oxford University Press.
Grimm, J. (1822) Germanic Grammar. In Lehmann, W. P. (ed.) *A Reader in 19th Century Historical Indo-European Linguistics*. Indiana: Indiana University Press, 1967.

(200433　上海,复旦大学中国语言文学系　zhongminchen@fudan.edu.cn)

高本汉论汉语汉字特征的启发

李如龙

提要 高本汉提出,汉语的“单音节、孤立”是从早期具有复杂的形式变化演变过来的,比英语更先进。汉语的特征是词义繁复、句法灵活、缺乏形态,单音词可用作名词、动词、形容词,修辞上多省略和隐喻。他把“六书”归纳为单体象形、复体会意、借音和半表声半表意,如果理解造字法,认得少数象形字,学会一两千字并不难。汉语和汉字“辗转循环”,互动发展。由单音词到复合字,为别同音加偏旁,无语缀则造语助词。文言书面语超越方言并可与古人交谈,使人热爱古代文化。对新文化提倡白话文他热情肯定,但指出汉字拼音化办不到,因为汉语和汉字“非常适合”,废弃汉字,文言就难以保存。由于熟知印欧语和汉语,又无偏见和成见,所以能把“他者”看得透彻。

关键词 高本汉;汉语;汉字;特征

一、引　言

高本汉的《中国音韵学研究》发表 100 年了。这部巨著对建立中国现代语言学有不可磨灭的贡献。在研究汉语语音史的基础上,高本汉还有许多关于汉语汉字特征的精辟论述,几十年来的实践检验证明他的许多见解都是正确的、富于启发意义的。本文试就以往大家关注比较少的他的三本普及性小册子所涉猎的内容,谈谈学习这些有关论述的体会。这三本书是:

《中国语与中国文》,1923 年作,张世禄译,1931 年商务印书馆出版。

《中国语言学研究》,1926 年作,贺昌群译,1933 年商务印书馆出版。

《中国语之性质及其历史》,1945 年作,杜其容译,中华丛书委员会(台北)1963 年出版。

下文引用时分别按照他的写作时间简称“1923”、“1926”和“1945”。

二、关于汉语的“单音节孤立语”及其评价

用惯了多音节的、富于形态变化的语言的西方人一接触到汉语,很快就觉察到汉语的“单音节的孤立语”的特征。关于汉语的单音节孤立语特征,很早就有西方的学者提出来了,正如高本汉(1945:67)所说,直到19世纪,“许多人都相信,中国语缺少语词的形式变化,便表示中国语言是一种相当原始的语言,它还保持在一个幼稚的阶段,还没有产生出高雅的表达法……可是,这种说法不久就动摇了”。他提到19世纪末叶的德国汉学家 Wilhelm Grube 和 Leipzig 的论著已经对此提出质疑,而第一次以全面论证来纠正这个错误结论的正是高本汉。他说:“散布于全世界,如非洲、澳洲以及美洲各区域的原始野蛮部落民族,他们的语言里,大部分都拥有非常复杂的形式变化系统。没有形式变化与转成语并不是原始的表示,而且甚至于恰恰相反。……印欧语言的发展,也是向正好相反的方向走的,它们的形式变化,一个一个在逐渐消失。大家都逐渐在变向中国语的型式。”(1945:67)他强调:中国语的“复合语词(composita)是很丰富的”,只是“单纯语词”(simplicia)“总是包含着——有几个例外,可是不很重要——单个的音缀”(1923:22—23);“没有一种单纯语词是由转成上的附添语所构成的”;“没有应用附添语来表示文法上的各种范畴……中国语正和印度欧洲语言演化的轨迹相同,综合语上的语尾渐渐亡失了,而直诉于听受者(或诵读者)纯粹的论理分析力。现代的英语,在这方面,或者是印欧语系中最高等进化的语言;而中国语已经比他更为深进了”。(1923:26—27)可以说,高本汉是为汉语的单音节孤立语摘去“原始落后”帽子的第一人。

为了说明汉语的孤立语是从更早期的复杂的形态变化中走过来的,高本汉就现代汉语和上古汉语进行了大量的对比研究。他说:“孤立性是现在通行的中国语的最重要的特性;而它所指的是:语词没有形式变化,没有转成作用,不同的词类在文法形式上没有区别;可是凡是这些并不是中国语本来的和原始的特性。……上古中国语在人称代名词上还有典型的格的变化。……上古中国语中有很多的词族;每一个词族里面的语词都是从一个

共同的语干孳乳而来的，它们形式上的不同有时可以很清楚地表示出文法上的范畴，如名词与形容词的对立，名词与动词的对立……这些个有趣的迹象都显示出原始中国语的特性……具有相当丰富的形态变化。中国语言具有孤立性的特点是经过转变而来的。”（1946：100—101）

在做出这个结论之前，他已经论证过，“中国语在原始的时候是有一个主格与所有格的‘吾’，同时也有一个间接受格与目的格的‘我’；不过，在孔子时代，这个体系便已经开始演变”（1946：70），他还列举了许多“词干是如何的由音的转变，孳乳出不同的词来”（1946：75）：官—宦，窟—掘，帚—扫，参—三，弗—勿，迎—逆，能—耐。后来他还编了《汉语词族》的专书，用更多的语料来论证上古汉语的这种构词法。

也是在1946年，周祖谟在《四声别义释例》（1946：112—113）一文中提出了：“籍四声变换以区分字义者，亦即中国语词孳乳方式之一端矣。其中固以变字调为主，然亦有兼变其声韵者……汉语古代书音以四声区分词性及词义，颇似印欧语言中构词上之形态变化。”

后来周法高（1962）也用形态学眼光来解释上古汉语的变读现象。王力（1982：46）晚年研究古汉语这类变换字音以区分字义的“滋生词”时说：“欧洲语言的滋生词，一般是原始词加后缀，往往是增加一个音节。汉字都是单音节的，因此，汉语滋生词不可能是原始词加后缀，只能在音节本身发生变化，或者仅仅在声调上发生变化，甚至只有字形不同。这是汉语滋生词的特点。”他在《同源字典》中收了上古汉语音义相近、相关的同源字3 000多个，可见当时的这种滋生手段是很能产的。把上古汉语中词的滋生认为是具有汉语特色的构词形态，顺理成章。

此后，上古汉语的研究和汉藏语的比较又发掘了大量的事实，做出了有力的论证。尤其是近30年来，中外语言学家共同努力，得出了许多新结论。例如，上古汉语有不少复合辅音，有多种词头或词尾的辅音，后来这些辅音的脱落就成了区分声调的依据（带紧喉音的成了上声、带-s尾的成了去声）。有的学者还提出，除了连绵词，上古汉语还有一些纯语音的词头，“谐声反映上古汉语的形态”“有些异读反映古代的形态现象”。（潘悟云2000：122—124）看来，从远古汉语到上古汉语经历过一番类型的演变，有越来越多的语料可做佐证，因而也有越来越多的人相信这一类型的演变。高本汉的前述说法是很有启发性的。

三、关于汉语的语法、修辞的特征

在本文介绍的三本书里,高本汉都用了整章的篇幅来讨论汉语的语法。他曾经用自己所理解的“广义语法”把汉语的语法特性概括为三句话:“语词意义的繁复错综,语句组织的空漠无定,书写上种种辅助记号的缺乏。”(1923:134)这主要是针对文言文说的。所谓“语词意义的繁复错综”,主要是指常用的单音词分裂出许多不同的意义,在复合词和句子之中有复杂的组合,例如“上”可说“上边、上马、上有天”,如今还有“基本上、组织上”;“生”可以组成“学生、生肉、生子”。这类情况包含着词义的展延、词性的变换和词句中语素的多种组合关系,既有词的语法意义问题,也有构词法的问题。对于外国人学习汉语来说,这是一种综合性的难点。“语句组织的空漠无定”则是对于汉语语法的全部特征的巧妙概括。高本汉在三本书里经常提起“没有形式变化和附添语”(指形态变化和语缀),“没有各种相当的词品”(即词类,有时也称“没有正式的词品”),使用“独立的语词演化成的助语词”,“应用一种井然不紊的语词序次”,而只有最后的两条,才是他认定的“语法特征”。他说:“中国文法,事实上最简单:主要的只有几条语词在句中的位置的若干法则,此外也就是若干文法上的助词的功用的主要规则。”(1945:66)所谓书写记号的缺乏,指的是没有标点符号、不分大小写,其实还应该包括没有按词分写。标点符号后来的白话文是有了,专有名词的大小写至今也没有被汉语接受,似乎并不是大问题,倒是词与词没有分写,使得汉语的词、语、句之间没有明确的界限,造成了外国人阅读中文的严重困难。这个问题不但至今没有解决,可以说人们还没有把它当成一个大问题来研究。湖南的彭泽润教授曾经作文出书、奔走呼号过,也没有引起注意。这些广义的语法问题,正是外国人学习汉语的难点。现在研究汉语语法的很少把它作为研究内容了,但事实上是高本汉自己学习汉语的经验之谈,也确实是外国人学习汉语所存在的困难。尤其是对外汉语教学工作者应该从中得到一点启发、做好必要的研究。

有几分奇怪的是,不仅是高本汉,好多用惯了富于形态变化的印欧语的语言学家,都说汉语是没有形态的孤立语,并且还认为这并非“原始落后”的标志,可是有些中国的语言学家却总是不放心,老在发掘“广义的”或是“中国式”的“形态”,一旦有人说,汉语没有词类,就要受围攻。连只能用在几条语词前后的词汇意义十分显著的成分也要认定为“词尾”或“语缀”,好像这是个光彩的帽子。

在再三说明汉语语法的简单之后,高本汉更多地强调,外国人学习汉语最困难的是语用修辞(“藻饰,文辞的修饰”)。在这方面,他罗列了这样几项:第一,自由。“大多数中国语的语词意义的应用极端自由。”这对于学习的人“实在是个最严重的困阻”(1923:119)。“中国语的语句里,语词彼此的关系,没有形式上的表明,只有他一种主要的措辞方法,语词的序次,也不过在某种程度上略资补救。”(1923:120)后来又说:“同一个不变的单音节的词可以分别当作名词、形容词或动词去用。”(1945:60)第二,简略。“中国语的语句比较欧洲语言实在是一种‘简略的辩论法’(brachylogical)……主辞和述辞,假使其中的一个可以从上下文里看懂的,就无需把它们表示出来。”(1923:121)第三,隐喻。“中国人的修辞法,经常特别有趣……要了解它,需要费许多心思。”(1945:62)他举的例子是“蒙泽”——受恩惠,“雪耻”——洗刷耻辱。第四,引证(quotation)。他举的例子是:“以德报怨、坐井观天、唇亡而齿寒、塞翁失马、伐柯、当媒人、东床、而立之年、贵姓、令爱”等。这就包括了成语、典故和谦称。他说:“能用一个有历史依据的隐喻语,中国人最所欢迎。……依这种方法,渐渐集合成为专门名词的宝藏。”(1923:137—141)可见,他对汉语的语法修辞的理解是很到位的。中国关于语言表达的古典传统不就是集中于研究修辞吗?“语法”只是百年来的“舶来品”罢了。

四、关于汉字的性质、流变及学习汉字的难与易

在向西方人介绍汉字的时候,高本汉一开始就强调了两点:“从它的字形上只能够看出它的字义,而不能看出它的字音”(1946:12),“中国文字的构造原则是永远不变的,发音的变化,完全不能从字形上反映出来”(1946:17)。前者说的是汉字的共时的表意而不表音的性质,后者则是说明汉字字形的历时不变的特征。可谓简明扼要。

关于汉字发展过程中经历的演变,高本汉并没有拘泥于历来的“六书”的说法,而是重新归纳为“四个发展的阶段”:“最初有单体象形字,其次有复体会意字,再次有借音字,最后有改进了的借音字,也就是半表声、半表意的

复体字。”(1945：16)这种概括是很科学的。象形、会意是完全不表音的,“借音字”就是“假借字”,表述更明确;“半表声、半表意”也比“形声字”的说法更准确。从字形上说,会意和形声都是两个部件合成的“合体字”。拿原来的“六书”来说,“指事、会意”其实并无大的区别,“转注”历来就说不清楚。将汉字发展过程概括为四个阶段,既准确明白,又符合一切文字演进的由形到意、由意到音、由单体到合体的一般规律。

关于汉字的“六书”,中国学者到了20世纪的30年代才提出要修正。唐兰提出了“象形、象意、形声”的“三书”说,陈梦家的“三书”改为“象形、假借、形声”。前者缺了借字表音的假借,后者所缺的“表意”也并不是其他造字法可以代替的,都没有高本汉的“四书”的说法准确。

更难得的是高本汉还分析了汉字的自源性和它的文化个性。他说:“中国文字是真正的一种中国精神创造力的产品,并不像西洋文字是由古代远方的异族借得来的……中国文字有了丰富悦目的形式,使人能发生无穷的想象,不比西洋文字那样质实无趣,所以对于中国文字的敬爱,更是增进。中国文字好像一个美丽可爱的贵妇,西洋文字好像一个有用而不美的贱婢。中国文字常常因为艺术上的目的而写作。书法学是绘画术之母……因为书和画有密切的关系,所以中国的艺术家常为书法家而兼绘画家……文学和书法又发生了密切的关系。”(1923：84—85)一个外国人能够理解汉字背后的社会历史文化的深刻意味,实在是不容易。

一般的西洋人对方块汉字总是一味惧怕三分,却不知道学习的难处究竟在哪里。高本汉由于摸透了汉字,很善于开导汉字学习的难与易。他说:“如果只求能读一点现代的教科书和报章杂志的话,则记熟两三千字也就足够应付了……只要能明了造字的方法,学习起来并不会感到太大的困难。因为你一旦认识了几百个简单的象形字之后,剩下主要的问题就只在辨认它的合体字。……依照这种简单的、合理的方法去学,一年内记熟两千个字,也没有什么问题。”(1945：16)真正的困难是字音跟着时代逐渐改变,“中国文字的构造原则是永远不变的;发音的变化完全不能从字形上反映出来”。(1945：17)如“侈”从多得声,“的”从勺得声,后来语音变了,声旁就不能表音了。“只有完全机械地去记住某字即是口语里的某词,字体是由某两个成分构成。”(1945：20)

在《中国语之性质及其历史》的末尾,高本汉语重心长地提醒人们要充分“估计学习中国语的困难”,他接着说:“困难完全看我们对于‘学习中国语’如何解释而定。如果一个人的目的只在能以官话或其他的现代方言会话，那么学起来自然非常简单容易；如果有更大的野心，希望能把文字也学好，那必须做到的工作当然就有很多，不过，也仍然没有什么出奇的难处；如果再进一步，有更高的抱负，希望能精通文言，同时能了解三千年来中国文学的各方面，那么，工作可就惊人了。我们已知的那些可能，大部分都只有靠长久的经验与广泛的阅读才能解决。”(1945：127)

汉字的总量多达数万，常用的不过两三千。在汉字汉语的教学中应该注重频度，常用先学、多学。这在汉语教学界早已引起关注，但是许多教材(尤其是对外汉语教材)，还是经不起检验。至于如何在教学中为学习者尽量提供各种认知汉字的造字理据，掌握便捷地认记汉字的方法，依然没有引起注意，至少应该把声旁还可以类推的字、会意还可以分析的字罗列出来，编进初级课本和读物。高本汉所说的学习汉语的三种不同困难的境界，对于我们当今的对外汉语教学就还有重大的指导意义。我们应该按照不同的需求去编写不同的教材，采取不同的教法。如果不加区别地“一锅煮”，初学者不是一下子就被汉字的拦路虎顶回去，也会陷入说不清楚的“语法点”不能自拔，到了接触许多带着古汉语的成语典故，就彻底丧失信心了。

五、关于汉语和汉字的关系及其互动的结果

为什么汉语会采用表意的方块汉字，而这种不便表音的文字又能存活数千年？高本汉用他的睿智做出了很有说服力的解释。他说：“中国文字的刚瘠性，不容有形式上的变化，遂直接使古代造字者因势利导，只用一个简单形体，以代替一个完全的意义。”(1926：15)接着又说：“在纪元前的年代，中国语的形式与声音已经达到极单纯的局势，遂使其文字的结构具有一种特别的性质，辗转循环，又影响后来语言的发展，至深且钜。”(1926：17)

关于“极单纯的局势”，他指的是“单音制，无形式变化，缺少仆音群(按即‘复合辅音’)，语尾运用仆音很有限制：这些现象都是使中国文字成为方块头，发生许多形体类似，笔画紧密的原因，所有这种方法应用于中国文字，不特能够通行，而且极其自然，没有什么障碍。”(1926：32)

至于汉语和汉字怎样“辗转循环”，高本汉后来还有许多论述，例如单音词不够用，便造出“复合字”(compound words，即多音词)，为区别同音字，就

加上表意的偏旁,没有语缀,便造出语助词,等等。

关于汉字的长盛不衰,后来有中国学者周有光(1992：120)很精练、又很准确的说法:“汉字适合汉语,所以3 000年只有书体的外形变化,没有结构的性质变化。”

至于汉字的“影响后来语言的发展”,高本汉着重分析了汉语的文言和口语的关系:“因为中国的文字是一种习惯上的表意字,只能适用于眼看,一究起古代的音读,则人皆茫然不知,泰然不问,不管是非,大家都只用着自己的方言去读就是了……许多世纪以来,文言和口语各自独立,分道扬镳。”(1926：44—45)但是文言和口语又会相互影响,正如他所描写的:“新增的语词,是不绝的凭空发生而融入于语言之中,旧有的语词多被废弃而摒逐于语言之外。”(1926：46)“在中国学问的旧领域中,文言还可以施展很大的势力于一般受教育者的口语中,成千累万的单字和成语,从文言直接应用于口语,在高等社会或教育界极其流行,应用愈多,则愈有文质彬彬的风度。”(1926：58)

关于汉语的文言和白话的对立和融合,在中国早就成了热门的话题,20世纪初叶甚至还掀起了一场大风浪,白话取代了文言的统治地位,但文言和白话的相互作用并没有停止,而是用新的方式在继续较量、调和、融合。

对于文言和俗语的分离,高本汉还分析了它的另一个效用。他说:“中国地方有许多种各异的方言俗语,可是全部人民有了一种书本上的语言,以旧式的文体当作书写上的世界语。熟悉了这种文体,就于实用方面有很大的价值。中国人要感谢这种很精巧的交通工具,不但可以不顾方言上一切的分歧,彼此仍能互相交接……而且可以和以往的古人亲密的交接,这种情形在西洋人士是很难办到的……中国人对于本国古代的文化,具有极端的敬爱和认识,大都就是由于中国文言的特异性质所致。”(1923：45—46)

这就是人们后来常说的,汉字使汉语的书面语具备了超越时空的功能,让不同方言区的人能得到沟通,现代人能读懂古人的作品。事实证明,只要是个智者,就必能“旁观者清”。高本汉的这些说法,直至今天还留给我们宝贵的启发。

六、关于汉字的拼音化改革

在1923年写的《中国语与中国文》中,高本汉提出了这样一个尖锐的问题:“中国人为何不废除中国奇形老朽的文字,而采用西洋简单实用的字母呢?”他肯定,采用拼音文字,学童们“可以减省了一二年的苦工”,但是要付出两个代价:第一,“中国人因为要采用字母的文字,就不得不废弃了中国四千年来的文学,又因此而废弃了中国全部文化的骨干……中国的文书一经译成了音标文字,就变为绝对的不可了解了……中国的文书,卷帙繁多,为世界最……这种翻译工作是完全不能实现的”。(1923:49)第二,“这个大国里,各处地方都能彼此结合,是由于中国的文言,一种书写上的世界语做了维系的工具,假使采取音标文字,那这种维系的努力就要摧破了……历代以来,中国所以能保存政治上的统一,大部分也不得不归功于这种文言的统一势力”。“中国人果真不愿废弃这种特别的文字,以采用需要的字母,那绝不是由于笨拙顽固的保守主义所致。中国的文字和中国的语言情形非常适合,所以他是必不可少的;中国人一旦把这种文字废弃了,就是把中国文化实在的基础降服于他人了”。(1923:49—50)后来,在《中国语言学研究》一书,他又说:“文字的改革,是一种打破传统势力的勾当……在中国改革上两条途径是很需要的……其一,便是废除旧式刻意雕琢的文言文,而采用直接根据口语的白话文,其二,便是根本推翻旧式的表意字,而采取音标文字。……文言文如果用音标文字转录出来,势必不易领会,有了一大批同音异义的字,只有用中国字写出了才能区别得出。但是,前者的改革不必定要包括后者,因为现时口语上流行的中国语仍是用中国字口语写出来的……所以中国人如要废弃表意字而用罗马字母,必须弃绝文言文才行,虽然即使把文言文废弃了,仍不足以阻止中国文字的保存。”(1926:171—172)

20世纪上半叶,不但中国掀起了文字改革运动,在日本也有人提出废除汉字。对此,高本汉说:“日本语与没有形式变化的中国语,是绝然不同的两种,日语动词的形式变化有很丰富繁复的系统,因此中国文字不能适用于日本语,故当第九世纪时,日本已创制了一种拼音文字,即所谓假名……把日本文统改为拼音文字,势必过激,引起反感,终或无从实现,何况又非必要的呢?”(1926:161—163)他还说:“日本人在最近五十年中,已经茫然走入歧途,到了‘此路不通’的境地。他们想把那种不易听懂的日译汉字的羁绊摆脱,自1868年以来,尽是努力挣扎着。而最近几十年来,一般文化上、学术上,现代新名词仍用日译的汉字构成,输入于日本书中,却把这种羁绊反而增剧。”(1926:169)他曾经用一段优美的散文描写他对汉字的崇敬:“好像苍凉荒旷的古境中,巍然耸峙着一座庄严的华表,那倒影普映着东亚全部的文化,虽然是一片残败的墟址,而那华表却依旧完全保持着它的尊严,这便是中国文字与书籍上所表现着的中国的精神。中国的文化与书籍为亿万的生灵深深地敬爱着,占得这么一个强固的地位,除非是绝大的能力,休想把它动摇。"(1926：157)

虽然高本汉只是辛亥革命前后在中国住了两年,但作为一个汉学家,他是一直关注着中国的发展的。他也看到了五四新文化运动为了清除旧礼教、建设平民文学,"反对文言文、提倡白话文的声浪,高响入云。他们高呼着：用简单明白、不加藻饰的口语文来代替那刻意雕琢的古文,一切文学的、科学的论文杂志以至于诗歌,都需应用通俗的文体"。(1926：178)对于思想文化的改革,他是赞成的,看了一些白话文,他也觉得"确是很有生气","有些读来是很可以听懂的,但一涉及抽象的或科学的术语,或普通文化的名词,便完全失败了。因为这些术语和名词的构成,都极其简赅,听起来自然不会明了……关于高深的学理及科学上的事情,我们也必须拒绝这种表意字所铸成的术语,因为它们是在说话的时候不能听懂的"。(1926：180—181)他还说："至于现时以中国字译外国的人名地名,便实在无法翻译了！……这种笨拙的联合中国字以代外国的专名,如 Verdun 之译为'凡尔登'……谁也没有把握猜着所指是什么,至于报章杂志,一涉及外国字的音译,便疑难丛生,使人如堕五里雾中。如果采用音标文字,这种困难,便立即可以消磨,所有外来的专名,都可以译得很周全了。"(1926：183)在当年的新文化运动的影响下,他还很热情地思考共同语的建设,提倡"创造一种完美的标准口语,不应带了地方色彩过于浓厚,……须得与口语十分密切……沟通各种密近的方言……能尽量的采用最通行最普遍的语词"(1926：185—186)。在展望"中国文学的将来"时,就在日本人气势汹汹地侵占东北的时候,他就表示深信："中国无论何处何时何事是常有伟大的艺术家的;当此风潮激荡,国难在前的时代,中国文学将如在荒漠中竖立起一座金字塔,放射出灿烂的光芒,含着新生的力与美。如果已经理解及赞许过去与现在的中国的人,这是谁也不能怀疑的。"(1926：190)

可见,这位难得的欧洲汉学家对于中国的文学革命、汉字的改革不但是满腔热情地支持,而且做过深入的思考。高本汉提到的问题,正是20世纪上半叶中国的语文运动中提出的关于推行国语、改革汉字、实行拼音化所讨论的课题。现在看来,他的许多观点都是正确的,有重要参考价值的。

单就汉字拼音化改革这一项来说,从清末的“切音字”运动开始,一百年间,百花齐放、百家争鸣,风起云涌、高潮迭起;从国民党到共产党,从政府到民间,不论是在烽火连天的抗日战场上,或是在和平年代文化建设的原野中,从学术界、教育界到文化界,不论是主张“北方话拉丁化”或“国语罗马字”的,抑或是反对拼音化的,都曾经做过认真的研究,贡献过自己的意见。到如今,“汉语拼音方案”已经在10多亿人民中普及,并成为国际公认的拼写汉语的国际标准。今天,我们必须为一百年的汉语拼音运动做一个历史的总结,哪些是有益的经验,哪些是失误和教训?对于传承数千年的汉字,我们是否应该对它做一番历史的定性和定位?未来的时代,汉字要不要继续走拼音化的道路,究竟汉字能不能拼音化,要不要拼音化?如果不实行拼音化,还需要做哪些必要的改革,如何进一步发挥汉语拼音的作用?所有的这些问题都是现实无法回避的,也是炎黄子孙必须回答的。

在讨论这些问题的时候,高本汉及许多探讨过有关问题的先人发表过的意见都值得我们参考。如上文提到,高本汉认为,汉字改为拼音,文言就废弃了,所有的古籍是无法翻译成现代口语保存下来的。这就是值得研究的问题。许多文言文只能留给专门研究的少数人去读了,许多古文献也未必都需要翻译成白话保存;然而还有大量的已经进入现代汉语的文言词、书面语词,在改用拼音后能否保存下来?这也值得研究。试以带“然”字的词为例。“必然、不然、固然、果然、忽然、虽然、偶然、自然”,这些已经是现代口语的常用词,改用拼音照样能听懂;“既然、寂然,豁然、霍然、或然,默然、漠然,未然、蔚然”这些完全同音的词和同声韵、不同调的“安然、黯然、岸然,盎然、昂然,当然、荡然,恍然、惶然,释然、使然、实然,依然、已然、怡然、毅然、易燃”,等等,就有点麻烦了,即使加了调号也不那么容易辨别;还有那些口语很少用的,就基本上都要淘汰了,如“铿然、栗然、歉然、卓然、酣然、迥然、诧然、蔼然、森然、恬然”等。如果改用拼音之后,把数以万计的书面语词(包括口语里少用的成语)都抛弃了,是不是成本太高的“以文害语”了?

七、余　　论

世界上有形形色色的语言和文字,其中必定有共同的规律,也必定有不同的类型,还一定有各自的特征。共同的规律和不同类型的特征都是值得研究的,然而不论是理论上或是应用方面,语言文字的特征研究都应该是最重要的。汉语和汉字在世界上都显然是"特立独行"的,研究它的与众不同的特征显得尤其重要。

为了了解特征,就要和不同的语言做比较,这是常理。如果有熟悉别种语言的大学者来研究我们的汉语,分析其特征,应该特别引起我们的关注。因为"旁观者清"是很难得的。自从西方人来到东方,中国成为奇异的"他者"。几百年来他们不断考察着这奇异他者的方方面面,在语言文字方面也曾经有过各种各样的分析和讨论。应该说,高本汉就是其中最杰出的一位。

高本汉之所以能够在汉语的特征问题上贡献出好意见,是因为他具备两个条件——一是对印欧语和汉语都做过深入研究,有真切的理解,而不是一般的感想或印象;二是不存在政治上的偏见或文化上的成见,真正能凭语言文字的事实说话,按语言学的一般原理分析问题。也正因为如此,他的有关汉语汉字的特征的种种论述,都很值得我们去研究。当然,这些著作已经发表七八十年了,所以在研究这些问题的时候,不但要考虑当年的历史背景,还应该参考半个多世纪的后续研究,并用相关的社会实践来检验。

参考文献

高本汉(1923)《中国语与中国文》,张世禄 1930 年译,上海:商务印书馆。
——(1926)《中国语言学研究》,贺昌群 1933 年译,上海:商务印书馆。
——(1945)《中国语的性质及其历史》,杜其容 1963 年译,台北:中华丛书委员会。
李如龙(2013)汉语特征研究论纲,《语言科学》第 9 期。
——(2015)汉字的发展脉络和现实走向,《新疆师范大学学报》第 6 期。
潘悟云(2000)《汉语历史音韵学》,上海:上海教育出版社。
王　力(1982)《同源字典》,北京:商务印书馆。
周法高(1962)《中国古代语法·构词篇》,台北:"中央研究院"历史语言研究所。
周有光(1992)《新语文的建设》,北京:语文出版社。
周祖谟(1966)《问学集(上)》,北京:中华书局。

(361005　福建厦门,厦门大学人文学院中文系　lirulongchina@ 126. com)

高本汉对汉语方言学的贡献及相关问题探讨

游汝杰

提要 文章认为高本汉的《中国音韵学研究》对汉语方言学的贡献主要有六方面：首创用现代方言语音拟测古音；首创舌尖元音音标ɿ，ʅ，ʮ，ʯ；始用ɦ音标；首倡用ʔ表示喻母和影母，或者音节的喉塞尾；确立宽式标音和严式标音的概念；确认穆德麟首倡的吴语的地理范围。文章还探讨与之相关的方言学问题。

关键词 高本汉；《中国音韵学研究》；汉语方言学；舌尖元音；浊喉擦音

瑞典语言学家高本汉(Karlgren, Klas Bernhard Johannes)的划时代巨著《中国音韵学研究》(*Etudes sur la phonologie chinoise*, Leyde, Stockholm, and Gotembourg, 1915—1926)对中国语言学的贡献是多方面的，本文仅讨论此书对汉语方言学的贡献，并且探讨相关问题。

一、首创用现代方言语音拟测古音

首创用现代方言语音拟测古音，大大提高了方言研究的学术价值。高本汉按中古音的系统排列3 125个方言字音表，并每字都注他拟测的中古音，以方便查阅某字在某方言里的读音，及其与中古音的关系，便于方音异同的比较和古今语音演变研究，创立了"方音字汇"的范式。内容包括"方言点、字目、中古音、方音"四部分，但方音不标调类或调值，如图1所示。

当代的"方音字汇"如北大的《汉语方音字汇》，内容也是包括"方言点、字目、中古音、方音"四部分，与高著有所不同的只是中古音仅列出音

果攝平上去 547

歌

	1	4	5	10	14	16	20	21	23
例字	歌	可	蛾	何	挪	羅	多	拕	駝
古音	kɑ	k'ɑ	ŋɑ	ɣɑ	nɑ	lɑ	tɑ	t'ɑ	d'ɑ
高麗	ka	ka	a	ha	na	na	ta	ta	t'a
漢音	ka	ka	ga	ka	da	ra	ta	ta	ta
吳音	ka	ka	ga	ga	na	ra	ta	ta	da
安南	ka	k'a	ŋa	ha	ɳa	la	ɖa	t'a 另	ɖa
廣州	ko	ho	ŋo	ho	no	lo	to	t'o	t'o
客家	ko	k'o	ŋo	ho	no	lo	to	t'o	t'o
汕頭[1]	ko	k'o	ŋo	ho	no	lo	to	t'o	t'o
福州	kɔ	k'ɔ	ŋɔ	hɔ	nɔ	lɔ	tɔ	t'ɔ	tɔ
溫州	ku		ŋ	ɦu		lu	tu	t'u	du
上海	ku	k'u	ŋu	ɦu		lu	tu	t'u	du
北京	kə	k'ɵ	ɵ	xɵ	no	lo	to	t'o	t'o
開封	kɯ	k'ɯ	ɣɯ	xɯ	no	lo	to	t'o	t'o
懷慶	kɯ	k'ɯ	ɣɯ	xɯ		lo	to	t'o	t'o
歸化	kɔ	k'ɔ	ŋgɔ	xɔ		lɔ	tɔ	t'ɔ	t'ɔ
大同	ko	k'o	no	xo		lo	to	t'o	t'o
太原	kɵ	k'ɵ	ɣɵ	xɵ	no	io	to	t'o	t'o
興縣	kɵ	k'ɵ	ŋgɵ	xɵ		lɵ	tɵ	t'ɵ	t'ɵ
太谷	kɵ	k'ɵ	ŋgɵ	xɵ	no	lo	to	t'o	t'o
文水	kɯ	k'ɯ	ŋgɯ	xɯ	ndɯ	lɯ	tɯ	t'ɯ	t'ɯ
鳳台	kɯa	k'ɯa	ɣɯa	xɯa		lo	to	t'o	t'o
蘭州	ko	k'o	no	xo	no	lo	to	t'o	t'o
平涼	ko	k'o	ŋo	xo	no	lo	to	t'o	t'o
西安	ko	k'o	ŋo	xo	no	lo	to	t'o	t'o
三水	kɵ	k'ɵ	ŋɵ	xɵ	lo	lo	to	t'o	t'o
四川	ko	k'o	o	xo	lo	lo	to	t'o	t'o
南京	ko	k'o	o	xo	lo	lo	to	t'o	t'o

歌。[kɑ]: 2 哥, 3 箇; '歌' 文 ku*; '哥' 同 kɯ, 文 ku; '箇' 客* 汕* 溫* kai, 麗 kɛ(拼作 kăi)。——[k'ɑ]: '可' 溫滬* k'o。——[ŋɑ] 6 俄, 7 鵝, 8 我, 9 餓; '鵝' 汕 go, 福 ŋie*; '我' 福 ŋuai*, 北* 封懷鳳 uo, 川 ŋo; '餓' 汕 go。——[ɣɑ]: 11 河, 12 荷, 13 賀; '何荷' 汕 o*; '河' 福 ɔ; '賀' 客 fo。——[nɑ]: 15 那; '挪' 溫 no, 滬 nɔ, 懷歸同鳳滬溫 na, 興 nda; '那' 字到處讀 -a (官話專讀 -a, 餘爲又讀)。——[lɑ]: 17 籮, 18 蘿, 19 鑼, '羅' 滬 lɔ* [相當於國音 lau]。——[tɑ]: '多' 滬 ta*。——[t'ɑ]: 22 他; 安另 '他'; '拕' 福 t'ua*, 安未詳; '他' 全國大都讀 t'a, 北 t'o* 限於文言。——[d'ɑ]: 24 舵; '舵' 廣 t'ai*, 汕 tua, tai, 福 tuai*, 文 tuɯ, 谷 tyɛ (參考合口), 北川京 to (其餘官話讀送氣)。

图 1 《方言字汇》第 1 页

韵地位和反切,并不标中古音的构拟音值,但每一字音都标出调类,如表 1 所示。

表 1

字目 / 中古音 / 方言点	巴	*疤	八	拔	把把握	爸③	*坝堤坝	把刀把
	伯加 假开二 平麻帮	*邦加 假开二 平麻帮	博拔 山开二 入黠帮	蒲八 山开二 入黠並	博下 假开二 上马帮	捕可 果合一 上果並	*必驾 假开二 去祃帮	必驾 假开二 去祃帮
北京	꜀pa	꜀pa	꜀pa	꜁pa ꜂pa	꜂pa ꜂pai口	pa꜄	pa꜄	pa꜄
济南	꜀pa	꜀pa	꜀pa	꜁pa	꜂pa pa꜄	pa꜄	pa꜄	꜂pa pa꜄
西安	꜀pa	꜀pa	꜀pa	꜁pa	꜂pa ꜀pa	pa꜄	pa꜄	pa꜄
太原	꜀pa	꜀pa	paʔ꜆	paʔ꜇	꜂pa	pa꜄	pa꜄	pa꜄
武汉	꜀pa	꜀pa	꜁pa	꜁pa	꜂pa	꜁pa	pa꜄	pa꜄
成都	꜀pa ꜁pʻa俗	꜀pa	꜁pa	꜁pʻa	꜂pa	꜁pa	pa꜄	pa꜄
合肥	꜀pa	꜀pa	pɐʔ꜆	pɐʔ꜆	꜂pa	꜁pa	pa꜄	pa꜄
扬州	꜀pa ꜁pʻa俗	꜀pa	pæʔ꜆	pæʔ꜆	꜂pa	pa꜄	pa꜄	pa꜄
苏州	꜀po ꜁bo俗	꜀po	poʔ꜆	baʔ꜇	꜂pɒ文 ꜂po白	꜀pɒ	po꜄	꜂po
温州	꜀po ꜁bo俗	꜀po	po꜆ puɔ꜆	bo꜇	꜂po	꜀pa	po꜄	꜂po
长沙	꜀pa	꜀pa	pa꜆	pʻa꜆ pa꜆	꜂pa	pa꜆	pa꜄	pa꜄
双峰	꜀po po꜄	꜀po	꜁pa ꜀po	pʻa꜄	꜂po	꜀po	po꜄	po꜄
南昌	꜀pa	꜀pa	pat꜆	pʻat꜇	꜂pa	pak꜆④	pa꜄	pa꜄
梅县	꜀pa	꜀pa	pat꜆	pʻat꜇	꜂pa	꜀pa	pa꜄	꜂pa
广州	꜀pa ꜁pʻa俗	꜀pa	pat꜀	pɐt꜇	꜂pa	꜀pa	pa꜄	꜂pa
阳江	꜀pa ꜁pʻa俗	꜀pa	pat꜀	pat꜇文 pa꜅白	꜂pa	pa꜄	pa꜄	꜂pa
厦门	꜀pa	꜀pa	pat꜆文 pueʔ꜆白	puat꜇文① puiʔ꜇白	꜂pa文 ꜂pe白	pe꜅ ꜀pa	pa꜄文 pe꜄白	pa꜄
潮州	꜀pa	꜀pa	poiʔ꜆	puek꜇文 poiʔ꜇白	꜂pa文 ꜂pe白	꜃pe ꜀pa	pa꜄	pa꜄
福州	꜀pa ꜁pa俗	꜀pa	paiʔ꜆	paʔ꜇文 peiʔ꜇白	꜂pa	pa꜅ ꜀pa	pa꜄	꜂pa
建瓯	꜀pa ꜂pa俗	꜀pa	pai꜆	pa꜆文② ꜀pai白	꜂pa	pa꜅	pa꜄文 puɛ꜄白	pa꜄

① puaʔ꜇白。② ꜀pi 俗。③ 又＊必驾切，假开二去祃帮。④“伯”训读，博陌切。

高本汉之前的中国学者基本上只是利用古文献和古文字研究古音,很少有人利用方言语音材料。不过他们确实编制过用汉字填写的方言声韵调配合表,即韵图,相当于后来的单音字表。例如闽南音《拍掌知音》,如图2所示。

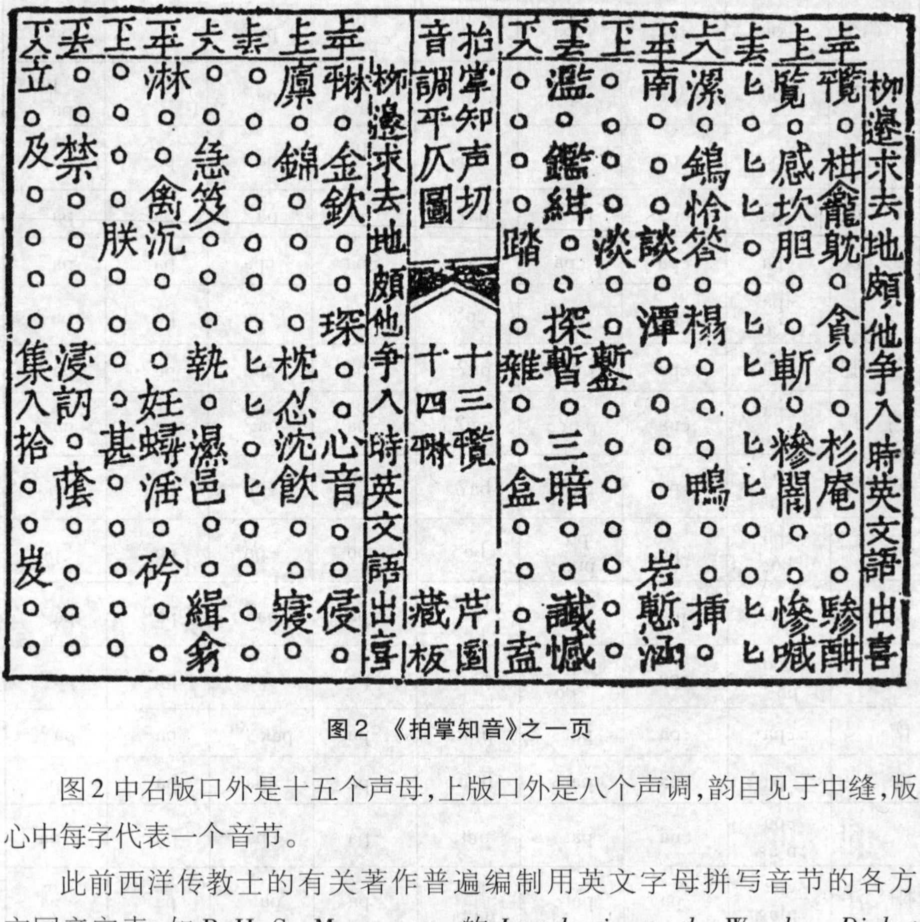

图2 《拍掌知音》之一页

图2中右版口外是十五个声母,上版口外是八个声调,韵目见于中缝,版心中每字代表一个音节。

此前西洋传教士的有关著作普遍编制用英文字母拼写音节的各方言同音字表,如 P. H. S. Montgomery 的 *Introduction to the Wenchow Dialect*(《温州方言入门》,1893,见图3),但是方言与古音的结合研究很少见,也不成系统。

图3中表的左端是音节,上端是声调,表心列出读这个音节的汉字。

要言之,高本汉之前还没有人做过"方音字汇"。后出的《方言调查表格》(1930年)和各种"方言字汇"即是参照高本汉的韵表和古代等韵图制定的。

SOUND TABLE.

音切反

[* *Means that the Sound in that Tone is in use but has no Character.*]

	平聲 *Bing-sing.*	上聲 *Zie-sing.*	去聲 *Ch'ü-sing.*	入聲 *Zaih-sing.*
1. *a*	挨	矮	…	阿押鴨壓
2. *ha*	哈	喊蟹	…	喝瞎
3. *'a*	閑骸鞋鹹	限	陷	匣狹
4. *cha*	…	…	…	酌著脚爵
5. *ch'a*	…	…	…	却鵲
6. *dja*	…	…	…	若着
7. *fa*	番蕃翻繙	歹	泛販	…
8. *va*	凡煩藩攀	犯	飯萬	…
9. *ia*	…	…	…	約
10. *ya*	*	…	…	藥
11. *ka*	奸街間姦堦艱	減揀解	芥戒界解監艦	甲夾革隔嘎鉀膈
12. *k'a*	慳	卡楷檻	嵌	恰客
13. *ga*	啣	*	*	*
14. *kwa*	關	拐	怪慣	…
15. *kw'a*	寬	…	快	…
16. *gwa*	懷	*	甩	…
17. *la*	拉藍攔蘭籃欄	懶攬欖	賴濫爛癩纜	辣蠟

图3 《温州方言入门》音节表第1页

二、首创舌尖元音音标ɿ,ʅ,ʮ,ʯ

高本汉说:“有几个代表中国特别音的新字母,也是同 Lundell 商量之后才加上去的,这种方言字母是用斜体字写的。”(中译本 142—143 页,下文中引此书略去“中译本”)。第 143 页译者有一条脚注:“高氏为中国音特别增加的 ɿ,ʅ,ɥ,ʮ 四个字母,译文还照用,但不用斜体。又以后凡书中提到‘方言字母’,译文即改称‘严式音标’。”

高本汉指出:“舌尖元音在欧洲语言里很少见,而在中国语言里却很发达。有一种舌尖跟齿龈前部的元音(apico-gingivales)最容易的读法就是在发辅音 z 的时候,把舌和齿龈中间的通路稍微放宽,到可以减去口部的摩擦为度。还有一种是舌尖和齿龈后部的元音(apico-alveolaires),读法是在读辅音 ʐ 的时候,把它的通路作同样的放宽。”(197 页)这段话的意思似乎是说,舌尖元音的发音部位和发音方法与前面的辅音的发音姿势相关。

因为舌尖元音在欧洲语言里很少见,故当时西洋传教士对如何记录这类语音莫衷一是,不得要领。各家分歧可见表 2。

表 2　舌尖声母音标比较表(199 页)

传教士	ɿ	ʅ
Vissiere(跟 BEFEO)	eu	e
Couvreur	eu	eu
四川传教士	e	e
俄文拼法	Ы	Ы
Mateer	ï	ï
Parker	z	ï
Kühnert	y	i
Wade	ü	ih

Davis 和 Silsby 等人则把 sɿ,tsɿ 写成 s,ts,即舌尖元音是零标记,换言之,认为舌尖元音是前面辅音自然延长的结果。

高本汉说:“ɿ 是舌尖跟齿龈前部的元音,高而紧,唇开(0 号)或宽(1 号),在官话、扬州、吴语、粤语都有,汕头、日本也许有。见例限于纯口元音并只见于开音节 s,z 的后面,例如:死,北京 sɿ。”(197 页)对这段话译者有一个脚注:“芜湖无此限制,例如米 mɿ,李 lɿ。”译者认为:“还有一个语音学上的理由使得这舌尖元音的设立更有承认的理由。在绩溪仁里,一般方言所用 i 韵成为 ɿ,低、梯读成 tsɿ,tshɿ,与兹、雌同音,跟皖北好些方言一样。但在同县的城内,低、梯虽与 ɿ 韵拼而仍保存 t,th 声母,成为 tɿ,thɿ,不跟兹、雌

同音,可见 ɿ 之为韵并不就是辅音。”(33—34 页)

译者还指出:“ʮ,是介乎 ɥ 和 ʯ 之间而唇向外噘圆唇元音,就像英德法文的 tʃ,tʃ‘,ʃ 唇往外噘作用似的。我们在苏州跟咸阳曾经发现过这个元音,例如知苏州 tʂʮ”(199—200 页)。

这里讨论一下这四个舌尖元音的性质,看它们是否声母发音延长的结果。

赵元任在后出的著作《音位标音的多能性》(Chao 1934)中说:“汉语音节[tʂʅ][tʂ‘ʅ][ʂʅ][ʐʅ][tsɿ][ts‘ɿ][sɿ]中的元音是前面的辅音发音延长的结果,当这些音节用注音符号ㄓㄔㄕㄖㄗㄘㄙ写下来的时候,这些符号是表示辅音的,但是人们也能意识到元音的存在。所以这也是一种用零符号表示实际语音的方法。”

如果这四个舌尖元音只是前面辅音延长的结果,那么如何解释芜湖的“米 mɿ,李 lɿ”和绩溪仁里的“低 tɿ,梯 thɿ”这类音在皖北、苏北和苏南都有,兰银官话的金城片更有成系列的此类音,例如永登方言有“弊 $pɿ^5$、皮 $phɿ^2$、历 $lɿ^5$、米 $mɿ^3$、泥 $nɿ^1$、帝 $tɿ^5$、体 $thɿ^3$”(钱曾怡 2010)。各家标写不同,以“低”为例,有 ti,tɿ,tij,ti^z等。t 是爆破音,不可能延长。笔者调查过的苏南溧水话和高淳话,单元音 i 和 y 后面都有此类音,如连 li^{11}、举 $tɕy^{33}$。如果说 li^{11} 还可以勉强写成 lɿ,那么 tɕy 无论如何也不能写成 tɕɿ 或 tɕʮ,因为这样一来会抹杀 y 的音色。笔者的标法是“$li:^z$”和“$tɕy:^z$”。: 表示长音,z 表示摩擦。其他同类音也可如法炮制,如 $mi:^z$,$ti:^z$等。Parker 也曾用 z 表示 ɿ,赵元任在《常州方言》一文中也曾认为 ɿ 即成音节的 z(赵元任 1970)。zɿ 也可以用 j 表示语音的延长,美国的 L. Bloomfield 就是用 ij 来表示英语长音的 i。

如果认为舌尖元音是独立的元音,那么应如何描写它们的发音方法和发音部位呢?

三、始用 ɦ 音标

这个音标法文版原作右侧为直线的圆圈,标在音节的左上角。中译本改为现在通用的歪头 h。高本汉说:“ɦ,是喉部浊音。这个音同元音的分别只在呼气时较强而显。因为它只见于元音前头,所以有人写中国方言的时候就把它写作一种用元音起头的‘重音’(stress)而用‘号来表明,例如,‘a。

不认 ɦ 为元音的一个成素而当作另外一个音,换言之,就是当作一个喉头浊擦音,那也是又方便又完全合乎逻辑的办法。这同 h 预作后面元音音彩的口势而不把它当作耳语时的元音是一样的。所以对于 ɦ 的第一个成素,我认为它的要点只在呼吸的片刻的力量,这一点力量可以使这个成素有了辅音的性质,我们可以把起头儿所有的元音音彩不算,而认为这个音彩是后面元音 a 的音彩预先作势。"(195 页)从这一段话来看,高本汉究竟认为 ɦ 是浊辅音呢,还是元音的成素?似乎不很明确。

后来赵元任这样论述 ɦ 的性质,他说:"吴语里的[ɦ]音位其特征是气流比通常的发音更强,至于在口腔和鼻腔方面,它并无发音特征,发音人可以自由地在发任何音的同时带上[ɦ],所以就有 ɑ 型的[ɦ],e 型的[ɦ]等等。甚至还有[m]型的[ɦ],如[ɦm̩](口 + 无)和[m̩-ma](妈妈)中的[m̩]对立。然而所有这一切都不妨碍我们在理论上把[ɦɑ]中的[ɦ]和[ɑ]看作两个不同的音位。"(Chao 1934)他还说:"上海匣母字的读音,照平常的写法是先写一个辅音,再写一个元音,如[ɦæ],但是倒过来听还是像[ɦæ],并不是一个普通元音[æ]加一个中性的[ɦ]。可见这个[ɦ]是元音的一种相容性而不是一个元音前的声母。"(赵元任 1930)他似乎认为[ɦ]是一个超音段音位。李荣后来做了一个简单的听辨实验进一步证实赵元任的上述观点。(李荣 1986)

ɦ 的性质和用法可以讨论一下。

自高本汉以来,对吴语零声母的标法相当混乱。高本汉《中国音韵学研究》的《方音字汇》对开合的零声母用 ɦ 标写。但对齐撮,有时候用 ɦ 标写,如"贤",温州音和上海音都是 ɦie,"县"温州音是 ɦye,上海音是 ɦiœ(604 页);有时候为零标志,如"夜",温州音标为 i,上海音标为 ia[5],零声母都是零标记(550 页),而"移",温州音和上海音都是 i,为零标记。赵元任《现代吴语的研究》对匣喻(齐撮)两母有五地(靖江、江阴、常熟、昆山、宝山霜草墩)用 j 标写,其余地点用 ɦ 标写。同是宝山,霜草墩用 j 标写,罗店却用 ɦ。自《江苏省与上海市方言概况》(1960 年)以后,在研究北部吴语的著作里,零声母不管开齐合撮一律都用 ɦ 标写。《浙江吴语分区》(傅国通等 1985 年)也如此。但《汉语方音字汇》(2003 年)开合用 ɦ-,齐撮用 j,例如苏州音"鞋 ɦɒ[2]、移 ji[2]、湖 ɦəu[2]、余 jy[2]"。郑张尚芳的《温州音系》(1964 年)以来的温州话著作开口用 ɦ-,齐撮用 j(温州无合口零声母)。对吴语零声母的描写内部不一致。

ɦ 在语音学上的性质及用法还有必要进一步研究。

ɦ 在国际音标表的辅音表上列为浊喉擦音，与清喉擦音 h 相配，是作为音段音位处理的。汉语方言带浊流的零声母严式标音，在“开齐合撮”前，通常可以分别标为 ɦ-（开口）、j-（齐齿）、w-（合口）、ɥ-（撮口）。后三个都是半元音，第一个 ɦ 却是一个浊擦音或超音段音位，两者性质不同。如果认为用 ɦ 可以替换其他三个半元音，这在逻辑上是说不通的。

赵元任和李荣用语音实验证明，ɦ 不是元音前的声母，但是他们所用的实验材料都是开口呼韵母，不能说明 ɦ 和合口呼、齐齿呼和撮口呼结合时情况也相同。英语里的 weed，yield 这两个词的词首辅音明显不同，互相不能替换，也不能用 ɦ 代替。广州话里 w 和 j 是两个不同的声母，影 $\text{jɪŋ}^3 \neq$ 永 wɪŋ^3；吴语里的 wu^2（河）和 ji^2（移）情况也一样。

在温州方言里 ɦ-和 j-是两个独立的声母音位，互相不能替换，如：猴 $\text{ɦau}^{31} \neq$ 游 jau^{31}；狭 $\text{ɦa}^{212} \neq$ 药 ja^{212}。温州方言的 i 介音很短，归纳音位的时候，可以忽略 i 介音。如果采用这一音位归纳法，这两个字不同音明显是声母不同所致。

笔者认为，不管开齐合撮，零声母一律用 ɦ-是不对的，较合理的处理办法是将 ɦ-（开口）、j-（齐齿）、w-（合口）、ɥ-（撮口）看作四个不同的声母。如果采用宽式标音，ɦ-可以用于开口呼和合口呼，j-可以用于齐齿呼和撮口呼。

四、首倡用 ʔ 表示影母和喉塞尾

首倡用 ʔ（无下横线）表示影母，或者音节的喉塞尾。不过在此书的“方言字汇”中不管是前置或后置，实际上并没有使用这个音标。

对于 aʔ 这样的音节，当时的传教士，或者认为是开音节，用 ă 来表示；或者认为是闭音节，但是只是用 ah 来表示，或者用 ap，at，ak 来代替，例如艾约瑟（J. Edkins）等人的上海话著作。

关于 ʔ 的性质和用法，高本汉的论述可以说已经十分到位，他说：“ʔ，喉塞音。在发音的（爆音）声母的地位，像在德文的 eeke，这个音当然会常见于汉语‘用元音起头儿’的字里，说得更精确一点，就是在元音前头不另有口部辅音的那些字里。这个爆发音在汉语里绝对不重要，因为它的存在与否完全由于个人的,所以我们总不记它。但是收音的塞音就是跟上面那个音相当的闭音,在汉语里却占一个重要地位。ʔ 就像韵尾的闭音 p,t,k 似的实际上是一个发音的停顿,这个非得接在一个元音后才听得见。声带是忽然合拢的,使空气的通路完全成阻塞的状态,然后再轻轻的放开并不生爆发作用。英国的语音学家曾经管这个喉部塞音叫做'glottal stop'。"(195 页)

后来的方言学著作沿用了高本汉关于这个喉塞音的观念、写法和用法。音节前头的 ʔ 一般可以不标写,也就是方言中的零声母可以是零符号而不写,或写作 ø。但是也会有例外,例如译注提到的"但台山的 ʔ 很明显,例如,厌 iem,店 ʔiem"。再如说明吴语两套次浊声母时,带紧喉的一套常常写成 ʔm,ʔn,ʔŋ,ʔȵ,ʔl。音节末尾的 ʔ,却是一定要写出的,因为它是表示不同于以-p,-t,-k 结尾的入声。再者,在同一种方言里,-ʔ 是有音位价值的,如不写出,会造成音位混乱。例如上海话的"李"[li^6]和"立"[$liʔ^8$]是不同音也不同义的,两者不能都写成 li。《中国音韵学研究》的《方音字汇》并没有写出韵尾 ʔ,例如上海话"杰"dʑi。同时粤语和闽语的韵尾-p,-t,-k 却是一律标写,这显然是不合理的。这可能是因为当时方言界和音韵学界对吴语入声带喉塞尾的问题认识未能深入所致。赵元任《现代吴语的研究》(1928)一书也没有用 ʔ 这个音标,在韵母表上,入声韵尾无标记。这样就不能区别有-ʔ 的吴语和无-ʔ 的吴语的某些入声字(例如"甲",昆山话读 $kɑʔ^7$,温州话读 $kɑ^7$)。这显然是不合理的。不过在"吴音单字表"一节中,他用英文字母-q 表示入声,不管是不是带喉塞尾。后出的方言学著作一律用-ʔ 表示喉塞尾,而且形体与高本汉所写一致,即不加下横线的 ʔ。例如袁家骅《汉语方言概要》(1960)和《江苏省和上海市方言概况》(1960)。从 1951 年的版本开始,这个音标在《国际音标表》上的形体是下加横线的 ʔ。目前方言学著作通用的即是下加横线的 ʔ,而不带下加横线的 ʔ 可以用于喉塞较轻的 ʔ。

五、确立宽式标音和严式标音的概念

高本汉之前的传教士描写汉语方言所用的都是宽式音标,他所用的是瑞典方言学的创始人 Lundell 所创造的"瑞典方言字母",即严式音标。他说:"我曾经从本地人的口音里研究过二十四种(中国方言),所以我能够用这严式音标来代表它们的音。""所以这种宽式的符号(用粗体字母写的)是非科学的,是无确定性的。其中每一个字都代表好些种实在很容易分别的音。例如一个 a 包含很多不同的元音 a A 跟 ɑ,法文的开 a 中的 a 跟关 a。”(143 页)

此前的传教士的汉语方言学著作不分宽式和严式,基本上是用宽式标音。

《现代吴语的研究》是采用严式标音法的,例如靖江和江阴都有 æ 和 ɒ 韵母,但靖江的这两个韵母开口度略高,与江阴有所不同,作者用严式音标描写两者的差异。如果只用宽式的音位标音,两者的差异就会被掩盖。笔者所见,当代方言学著作,不包括单篇论文,只有《当代吴语的研究》和《江淮官话和吴语边界的方言地理学研究》较好地继承了赵元任的严式标音传统。

对音标的宽严问题也可讨论一下。

宽式标音(broad transcription)只标出各种方言的音位,可以用较少的音标和附加符号。严式标音(narrow transcription)不仅要求标出一种方言的音位,而且要求仔细地标出它的音位变体,需要使用较多的音标和附加符号。记录和分析语音最好是用严式标音,只有严密、周详地标记和描写每一个音位变体,随后才能据此整理音位系统。区别差别较小的邻近方言语音尤其需要用严式标音。

声韵调表上的音标符号应代表音位,而不是音位变体。所谓声韵调表就是方言的音位系统。同一个音位可能有不同的音位变体,同韵字有的演变较快,有的演变较慢。字音是根据实际发音记的,音系是经音位归纳的。

例如上海金山方言:

声母 ɸ,β 各有两个变体,即 ɸ(ɸ,f),β(β,v)。与 e 韵、əŋ 韵和 əʔ 韵相拼时,读双唇音 ɸ,β,如父 βu、灰 ɸe、昏 ɸəŋ、忽 ɸəʔ;与其他韵相拼时读唇齿音 f,v,如飞 fi、房 vɑ̃。写在声韵调表上的只有音位 ɸ,β。

声母 c,c^{h},ɟ,ç,ɲ 各有两个变体,即 c(tɕ,c),c^{h}(tɕ^{h},c^{h}),ɟ(dʑ,ɟ),ç(ɕ,ç),ɲ(ȵ,ɲ)。与撮口呼和齐齿呼中的 iɛ̃ 韵、i 韵、iɪʔ 韵相拼时,读舌面前音 tɕ,tɕ^{h},dʑ,ɕ,ȵ^{h},如鸡 tɕi、区 tɕ^{h}、权 dʑø、戏 ɕi、桔 tɕyøʔ;与其他韵相拼时读舌面中音 c,c^{h},ɟ,ç,ɲ,如斤 ciɐŋ、吃 c^{h}iʌʔ、桥 ɟiɔ、宪 çe。写在声韵调表上的只有音位 c,c^{h},ɟ,ç,ɲ。

音位变体可以保留在同音字表里。

用严式标音的方法记录下来的每一个字的实际读音(音位变体),可以保留在同音字表里。例如上海莘庄方言的 e 韵有多种变体,可以保留在同音字表里。如表 3(游汝杰 2014:313—314)所示。

表 3　上海莘庄方言同音字表中的 e 韵(节选)

e/ɪ/ɪ^{i}/e^{i}/ei

pe^{53}	杯悲/搬 ʔb 边鞭编 pɪ^{53}
pe^{55}	扁匾蔽 pɪ^{55}
pe^{35}	变贝$_{新派}$背$_{\sim诵}$/半 ʔb
p^{h}e^{53}	潘坯$_{土\sim、毛\sim房}$偏
p^{h}e^{35}	配判片骗 p^{h}ɪ^{35}
be^{23}	陪培赔裴倍备伴拌叛绊
be^{31}	盘
ʋe	(匣母字)
ʋe^{31}	完
me^{31}	瞒馒棉绵 mɪ^{31}
me^{23}	梅枚媒每煤妹满面$_{\sim条}$
te^{53}	堆(/ʔd/)
te^{35}	对店(/ʔd/)典点抵 tɪ^{35}(/ʔd/)
t^{h}e^{53}	推贪天
t^{h}e^{55}	舔
de^{31}	甜田填
de^{23}	贷代袋队电
ne^{23}	内
le^{23}	雷累$_{积\sim、连\sim}$类廉镰敛恋(这组听感上有非常明显的 ɪ^{i}、e^{i}感觉)

当前许多研究者在实地调查时即用宽式标音法(或可称为“音位标音法”)记音。这样一来,归纳声韵调表和同音字表当然简便许多,但描写是不准确的,做法是不严谨的。有的研究者虽然用严式记音,但声韵调表和同音字表统统用音位标音。这样做会掩盖了许多字音的实际差别,虽然可以用

文字说明来补救,但效果还是明显不及直接写在同音字表上。

六、确认穆麟德首倡的吴语的地理范围

《中国音韵学研究》并没有专论方言的分类问题,不过在作者列举他所研究的方言时,可以看出他对方言分类的见解,即官话方言为"北京、山西、甘肃、陕西、河南、四川、汉口、南京等处的总名;吴语:上海(松江府)、温州(温州府)、宁波(宁波府);闽语:福州(福州府)、厦门(泉州府)、汕头(潮州府);粤语:广州(广州府)、客家(特别嘉应州)"(149页)。他继承了穆麟德(P. G. Von Möllendorff)的汉语方言系属观,确认温州话属吴语的观点。

在东西方言学者中,德国人穆麟德首先以语言学的眼光将中国的汉语方言进行全面的、系统的分类和分区。

穆麟德所著《现行中国之异族语及中国方言之分类》(穆麟德1896)将汉语方言分为四大类(括号中数字为使用人口数):A粤语——广东(1 500万),客家(500万);B闽语——漳州(厦门、福建话[①])(1 000万),潮州(汕头、福佬)(500万),福州(500万);C吴语——温州(100万),宁波(2 500万)(分绍兴、台州),苏州及上海(1 800万)(分徽州);D官话——北部、中部、西部(30 000万)。

高本汉虽然不同意穆麟德用"难懂易懂的标准"来区分方言,但是实际的方言分类上,他还是继承了穆麟德的分类法,即上海话、温州话和宁波话归属吴语;客家话和广州话归属粤语。

值得注意的是,公认的划分吴语和非吴语的主要标准——是否保留古浊音,即是穆麟德最早提出来的。他给吴语下的定义是"这种话可以代表鞑靼势力入侵以前的官话。他们有五声,没有收声k,t,p和m,间或有一种不明的k,并存b,d,g。为语言学上的研究,他们是特别的重要。尤其是他们作成日本所谓吴音之基础。"赵元任在30年后,"以帮滂并、端透定、见溪群三级分法为吴语的特征",来划定吴语的地理范围,其标准与穆麟德一致。今天所谓吴语的地理范围最初是由穆麟德划定,后经高本汉等西儒继承,赵元任最后确认的。赵元任之后,吴语的地理范围仅对局部地带有所修正。(游汝杰2008)

如果说赵元任是现代意义的汉语方言学的祖师爷,那么,我们可以说高

本汉是先行者。

附注

① 这里的"福建话"指厦门、福州外的福建闽语。

参考文献

北京大学中文系语言学教研室(2003)《汉语方音字汇》,北京:语文出版社。

傅国通等(1985)《浙江吴语分区》,《杭州大学学报》增刊。

江苏省方言调查指导组(1960)《江苏省与上海市方言概况》,南京:江苏人民出版社。

李　荣(1986)《温岭话"咸淡"倒过来听还是"咸淡"》,《方言》第2期:106。

穆麟德(1896)《现行中国之异族语及中国方言之分类》,原文载 *China Mission Year Book*,译文载《歌谣周刊》89号,1925年5月3日。

钱乃荣(1992)《当代吴语的研究》,上海:上海教育出版社。

钱曾怡(2010)《汉语官话方言研究》,济南:齐鲁书社。

游汝杰(主编)(2014)《上海地区方言调查研究》,上海:复旦大学出版社。

游汝杰(2008)《早期西儒的汉语方言分类和分区研究》,载复旦大学汉语言文字学科《语言研究集刊》编委会编,《语言研究集刊》(第五辑),上海:上海辞书出版社,89—101。

袁家骅(1960)《汉语方言概要》,文字改革出版社,1960年2月。

赵元任(1928)《现代吴语的研究》,清华学校研究院丛书第四种。

——(1930)《听写倒英文》,载《史语所集刊》第二本第二分:205—223。

郑张尚芳(1964)《温州音系》,《中国语文》第1期。

P. H. S. Montgomery (1893) *Introduction to the Wenchow dialect*, Shanghai: Kelly & Walsh, 294.

R. V. Simmons、石汝杰、顾黔(2006)《江淮官话与吴语边界的方言地理学研究》,上海:上海教育出版社。

Yuen-ren Chao (1934) The Non-uniqueness of Phonemic Solutions of Phonetic Systems. In *Bulletin of the Institute of History and Philology Academia Sinica*. Vol. 4. Part 4: 363 - 397.

——(1970) The Changchow Dialect, *Journal of American Oriental Society*. 90. 1.

(200433　上海,复旦大学中文系　rjyou@fudan.edu.cn)

汉语唐代四声的声调特征与全浊上归去的产生

郑张尚芳

提要 高本汉中古汉语音系对声调未作具体拟值,惟猜测舒收三调:平为横调,上为升调,去为降调,入为促收调。但上既然为升,唐中期为何浊上并去?本文从传统记录证明上声短升、去声长降的合理,又指出温州上声短升调有强调式升降调,故浊上24赵元任记241,永康浊去有24、241自由变读,结合日本所传唐代四声惟正浊上24、浊去341正相似,即以此等现象解释浊上变去产生的机制。

关键词 中古四声;升降;浊上变去;强调式;拉长调

高本汉所拟汉语中古音系影响巨大,奠定了汉语语音史研究的基础。但声调方面没作具体拟值,《中国音韵学研究》中译本437页只讲了四声的收声及依名称所作的调形猜想:

1. 平声(横调,舒收)
2. 上声(升调,舒收)
3. 去声(想来大概是降调,舒收)
4. 入声(促收)

"每一声分高低两种,清声母字归高的,浊声母字归低的,所以实在就有八声"(译注表示:还不知古音到底何时开始按清浊分调,但依古声母清浊分"阴阳类",对研究现代调类有用)。

在其书《方言字汇》所列的中古拟音,都未标调。后《修订汉文典》则中古音平声无标记,上声末加冒号[:],去声末加短横[-],入声自有[-p-t-k]尾,仄声都有了标记,就明晰多了。

但光凭以上知识,难以明白有些声调变化是怎样形成的,如唐代出现全浊上归并浊去现象,而上声既然是升调,怎么会倒过来变降调而并入去声呢?

近年汉语方言研究、域外文献研究、上古音研究都取得可观进展,声调方面也比高本汉时代有着更好的资料基础,现在可以试图解释此疑难问题。

通过海内外学界汉语上古音研究,我们现在知道上古本无声调,平声来自响音尾,上声来自紧喉尾-ʔ,去声来自擦音尾-s > h,入声来自-g-b-d 尾。至中古前期六朝初声调产生后应尚与弱化的-ʔ,-h 并存一段时期,故在我主编的《汉字字音演变大字典》中古拟音里,仍也标为上声加-ʔ、去声加-h 尾。在今方言中,山西孝义话犹存相似格局。这个方言浊上已归去,入声塞尾也已变喉塞尾,但平去都未两分,最难得的是上声还夹带喉塞,去声犹带弱-h(郭建荣 1987: 13 记的母语,法国沙加尔先生去山西当面核对过,见沙加尔 2004: 146 注①),所以它还能保留附尾未失时的调形升降大略格局:

平声 11　上声 $3^{ʔ}12$　去声-^{h}53　阴入-ʔ 2(阳入-ʔ $\underline{3^{ʔ}12}$ 中折调)

实际这种调形格局与北京话、沈阳话比也很相似(北京上声读紧喉乃赵元任、傅懋勣所定):

阴平 55　上声 $\underline{214}$　去声 51

并与温州话 8 调中的阴调四声也相似:

阴平 33　阴上 ^{ʔ}45　阴去 42　阴入 323(连调变短: 在前 3、后 23)
(阳平 31)　阳上 ^{ʔ}34　(阳去 22)　阳入 212(连调变短: 在前 2、后 12)

它们的上声都带紧喉顿升痕迹,去声都念降调,这与高本汉的调形猜想也正相合,惜温州阳调平去调形却已互换了。不过温州以北的永康也清浊分调,但阴阳调形仍相似而分高低:

阴平 44　阴上 35(445)　阴去 52　阴入 = 阴上
阳平 22　阳上 13(223)　阳去 241/24　阳入 = 阳上

这情形正合高本汉所讲的四声为平升降调并各按清浊分高低两种假设。那么中古是否也有当时的资料证明其时声调就是这个格局呢? 可以分两个问题来说: (1) 四声表现为"平升降促"四调形的格局;(2) 四声按清浊再分高低两调形成四声八调。

对唐人四声的最早描写大家都知道是唐释处忠《元和韵谱》"平声者哀而安,上声者厉而举,去声者清而远,入声者直而促"(见《宋本玉篇》附神珙《四声五音九弄反纽图序》,1682,日释净严《悉昙三密抄》解云:"平谓不偏,哀而安之声。上谓上升,励而举之声。去谓去逝,清而远之声。入谓收入,直而促之声。")。后出口诀一直沿袭。明释真空《贯珠集·玉钥匙歌诀》:"平声平道莫低昂,上声高呼猛烈强,去声分明哀远道,入声短促急收藏。”明王骥德《曲律·论平仄》云:“盖平声声尚含蓄,上声促而未舒,去声往而不返,入声则逼侧而调不得自转。”意思也都相似。这都说明从唐到明,四声口诀依然同一格局,他们都把上声说成上升调并像入声似的,有着高昂猛厉突促的特点,看来似对强烈紧喉特征的描述。今温州话上声紧喉猛烈高升,听来十分尖厉,比其他各调高出一个调域,很像其他吴语的入声,正与上述“高促厉举”的这些描述相合。罗常培《绩溪方音述略》也以上声带喉塞作为徽州方言的特点之一,指出“休宁和婺源两县的上声特别短促,并附有喉塞声[ʔ],很像别地方的入声”,去声则“去逝、往而不返”,说明其拉长到杳无踪迹,不可回复,那只能是长降调,因平调是尽管拉长再回复也不变的。

据李荣《切韵音系》附录一《圆明字轮译文表》,梵文短元音 a,i,u,长元音 ā,ī,ū,从东晋至梁三家对音都写作“短阿、短伊、短憂”,“长阿、长伊、长憂”,唐不空、智广、慧琳、空海四家则短阿、伊、坞加注“上、上声、上声-短呼”或上声反切,而长阿、伊、污加注“引去、引、去声兼引、去声长引呼、(瓯)长呼”等或去声反切。这充分表明当时声调特点是上声短、去声长相对,而且去声还能拉引够长。在平声占据横平调形的环境下,能长引的那只能是个高降调。不空用上声表短调,其前义净则用入声“恶、益、屋”,玄应参用上声入声“袔乌可反、壹、塢乌古反”。智广“短阿”注“上声,短呼,音近‘恶’引”(芳按:注意此“短呼”系说明上声皆短呼,而非上声更加以短呼,所以下二例“上声”后未再加短呼字),“短伊”注“上声,声近‘於翼反’”,“短瓯”注“上声,声近‘屋’”。说明当时入声上声都是短促调,但上声比入声还稍长点,应该是紧喉尾比塞尾原要松点。

从以上对音看平上去三声,其声调特征应是平声不短不长、可短可长,上声短呼接近入声,去声长引长呼,表示是一个能用力拉长的调。如果上声变去,那就必然要把短调拉长作为重要条件。

周祖谟(1958)《关于唐代方言中的四声读法》更介绍了日释安然 880 年作《悉昙藏》卷五“定异音”教吴音金礼信、汉音表信公两人所授四声,及 847 年惟正法师、877 年智聪法师留唐带回的新唐音(笔者据平山久雄 1987《日僧安然〈悉昙藏〉里关于唐代声调的记载》补充):

我日本国元传二音。表则【平声】直低,有轻有重;【上声】直昂,有轻无重;【去声】稍引,无轻无重;【入声】径止,无内无外。【平】中怒声,与重无别,【上】中重音,与去不分。

金则声势低昂与表不殊,但以【上声】之重稍似相合平声轻重,始重终轻呼之为异。唇舌之间,亦有差舛。

承和之末,**正**法师来,初习洛阳,中听大原,终学长安,声势大奇。四声之中,各有轻重。【平】有轻重,轻亦轻重,轻之重者,金怒声也。【上】有轻重,轻似相合金声平轻上轻,始平终上呼之;重似金声上重,不突呼之。【去】有轻重,**重长轻短**。【入】有轻重,重低轻昂。

元庆之初,**聡**法师来。久住长安,委搜进士,亦游南北,熟知风音。四声皆有轻重着力。**【平】【入】**轻重,同正和上。【上声】之轻,似正和上上声之重;上声之重,似正和上平轻之重。平轻之重,金怒声也,但呼着力为今别也。【去】之轻重,似自上重,但以角引为去声也。音响之终,妙有轻重,直止为轻,稍昂为重。此中着力,亦怒声也。

轻重就是清浊或阴阳,这说明当时已经出现清浊声母的阴阳分调。金的平上都分阴阳,表则浊上已经“与去不分”。正、聡则四声皆分阴阳。而且平去声里,怒声(次浊)读阴读阳还有特殊表现。

金浊上与正、聡上声都很特别,像两个平声的叠合,说明是拉成凹调。且正法师“重似金声上重,不突呼之”,则暗示金声浊上、正声清上是突呼的,当带有喉塞。其去声以浊上34为起点角引,结尾清去直到底止341,浊去结点稍高342,都拉成凸调。

据《悉昙藏》以上描述,郑张尚芳1992/2002将四种日传唐代四声调值构拟如表1(表内对正法师阳上阳去略有改。怒声表次浊):

表1

	平		上		去		入	
	重(阴)	轻(阳)	轻(阴)	重(阳)	轻(阴)	重(阳)	轻(阴)	重(阳)
表	33	11	?45	53(42)			4	
金	33	11	?45	?223	53		4	
正	44(怒33)	22	?335	24	53	341	4	2
聡	44	22	225	?34	341	342	4	2

正法师去声“重长轻短”,则浊去与清去比,成为更长调。一个非平调要拉成长调,一般是拉成凹凸调(调头放低成凹调,调头上升成凸调)。永康阳去241与24自由变读,温州阴上阳上是45、24紧喉短调,因太短了,单读时

一强调常常也会被拉成 453、241，末后的降调长尾本是个增生成分，没有音位意义。但赵元任《现代吴语的研究》76 页作 53、241，却就正是记的强调形式。短升一旦拉长改为长降，紧喉也不大显著了。当浊上和浊去都成为长曲调时，就为浊上归去创造了条件。看上列表内 ʔ45 同 53 之间、ʔ34 与 341 之间的关系，正可与温州、永康上述自由变调相比。这样，对理解这一音变产生的机制自可思过半矣。

全浊上拉长并归阳去，清上保留上声，多数方言次浊同样留读阴上，邵雍《皇极经世·声音图》次浊再分清浊，清类只收上声“五马武乃老耳”等字，即已如此归类。李荣(1956)曾以“吴语黄岩、温岭的鼻音字边音字平去入三声带浊流，上声字声门紧缩，不带浊流，可以引为旁证”解释邵图。郑张尚芳(1992/2002)指出温州平阳话次浊也都读阴上，正由上声紧喉作用影响元音并响音声母发声状态。这也是上声原带紧喉硬证，否则难解释次浊上何以独不归去。

参考文献

丁邦新(1975)平仄新考，载丁邦新著，《丁邦新语言学论文集》，北京：商务印书馆，1998 年。

高本汉(1995)《中国音韵学研究》，赵元任、罗常培、李方桂译，北京：商务印书馆。

——(1997)《汉文典》(修订本)，潘悟云等译，上海：上海辞书出版社。

郭建荣(1987)《孝义方言志》，北京：语文出版社。

李　荣(1956)《切韵音系》，北京：科学出版社。

罗常培(1936)绩溪方音述略，《北京大学普通语言学讲义、普通语音学纲要附录》及手稿。

平山久雄(2002)安然《悉昙藏》里关于唐代声调的记载，载《纪念王力先生百年诞辰学术论文集》编辑委员会编，《纪念王力先生百年诞辰学术论文集》，北京：商务印书馆。

——(2005)《平山久雄语言学论文集》，北京：商务印书馆。

沙加尔(2004)《上古汉语词根》，龚群虎译，上海：上海教育出版社。

赵元任(1956)《现代吴语的研究》，北京：科学出版社。

郑张尚芳(1992/2002)汉语方言声韵调异常语音现象的历史解释，《语言》3 卷，2002。

——(2012)《汉字字音演变大字典》，南昌：江西教育出版社。这是与林连通合编《汉字形音义演变大字典》之首部，其余两部为《字形》《字义》，待出。

周祖谟(1958)关于唐代方言中的四声读法，载周祖谟著，《文字音韵训诂论集》，北京大学出版社，2000 年。

(100027　北京，中国社会科学院语言研究所　zhengzhshf@ cass. org. cn)

《切韵》音系元音音位构拟研究述评

董建交

提要 以高本汉为代表的传统学者对《切韵》音系的构拟，主要是参照现代方言及域外借音等材料，为《切韵》所分的音类寻找合适的音值。这种构拟方法没有考虑音值的分布情况和系统性，导致构拟出的音系过于复杂。20 世纪下半叶以来，学者认识到音位构拟的必要性，从不同学术背景出发对《切韵》元音系统做了不同程度的音位化构拟。文章尝试对各家构拟《切韵》元音音位系统的方法和结论进行概括综述，并对各家构拟的得失进行讨论。

关键词 《切韵》音系；元音；音位构拟

自高本汉《中国音韵学研究》（1915—1926）开始出版以来，《切韵》音系的构拟走过了百年的历程。高本汉对《切韵》音系的构拟以音值构拟为主，主要是通过比较现代方言及域外借音的字音为《切韵》音类赋值。高本汉拟测中古音的方法在当时具有开创性，但也存在一定的问题，因而后来受到了一些学者的批评。其中很重要的一个方面，是他没有运用音位学的原则对构拟的音值进行音位处理，只要看到《切韵》中存在音类对立，就设立不同的语音符号来表示它们，这样导致构拟出的《切韵》音系过于复杂。

1941 年赵元任发表《中古汉语的语音区别》，从音位学角度对高本汉的构拟作了若干修订，如取消 j 化声母与单纯声母的区别，取消三四等两种前腭介音的对立，取消元音性的 u 介音和辅音性的 w 介音的区别。后来陆志韦、董同龢、李荣等先生对高本汉拟音的修订大体都是运用音位原则的成果。不过，他们的修订多集中于声母和介音，对《切韵》元音音位构拟的讨论则尚未全面开展。1953 年，美国学者马丁（Samuel Matin）在赵元任的指导下完成《古汉语的音位》（*The Phonemes of Ancient Chinese*）一文，运用音位学原则讨论了《切韵》的元音音位，提出了六元音音位系统，这是最早的《切韵》元音音位构拟的尝试。此后,周法高(1954,1984)、赖惟勤(1956)、平山久雄(1967)、河野六郎(1968)、桥本万太郎(1972)、蒲立本(1984)、薛凤生(1985,1995)、黄笑山(1991,2003)、麦耘(1995)、余迺永(1993,1995)等学者从不同的学术背景出发,对《切韵》元音系统作了不同程度的音位构拟。

本文尝试对各家构拟《切韵》元音音位系统的方法和结论进行综述,并对各家构拟的得失进行讨论。

一、音值构拟和音位构拟

高本汉认为,《切韵》分韵的原则是主要元音的异同,他在《中国音韵学研究》中说:"只有主要元音(当然,韵尾也在内)可以决定韵部的分合。"即:同韵的,主要元音必然相同;同摄同等不同韵的,主要元音一般不同(如多数重韵);同摄不同等又不同韵的,主要元音必然不同。这是传统音值构拟派学者构拟《切韵》元音的基本假设。在研究的初期,这个假设对于确定各韵元音的音值及重纽的语音区别等是有必要的。但《切韵》分韵是基于元音音位区别还是音值差异,这还是个未经证明的问题。黄笑山(2002a)指出,韵书分出的音类许多情况下是字音声韵的对立,不是最小语音成分的对立,《切韵》的元音分韵实际上不是音位层次的,其元音区别也不是音位性的,对《切韵》的音类直接赋值,只能是音值层面的构拟。

这种音值层面的构拟造成元音系统过于复杂,如高本汉构拟的《切韵》音系共有 i,ɑ,ɑ̣,a,ạ,ɛ,ɐ,ə,e,ẹ,æ,ɔ,o,u 等 14 个元音,连介音一起计算则共有 18 个符号。一方面,这些元音分布上并不都存在对立,如效摄"高"[kɑu]、"交"[kau]、"骄"[ki̯ɛu]、"骁"[kieu],其中"高"[kɑu]、"交"[kau]元音 ɑ/a 最小对立,但它们和 ɛ、e 元音,及 ɛ、e 元音之间就都不构成最小对立。另一方面,系统中元音和韵尾的配合不平衡,如马丁(1953)曾批评高本汉的系统中元音 u 只出现在舌根鼻音韵尾和零韵尾之前,即东韵 uŋ 和虞韵 i̯u,而跟舌尖鼻音韵尾和双唇鼻音韵尾没有配合关系;ɔ 元音只和舌根鼻音韵尾相拼,即江韵 ɔŋ,不与其他韵尾相拼,在系统中处于畸零地位。另外,即便高本汉采用了精细的音值构拟,也不能显示《切韵》中所有的语音差别,如《中国音韵学研究》把脂/之、佳/夬韵分别拟为相同的韵母。

近年来,薛凤生、黄笑山、麦耘等学者大力提倡在汉语音韵史研究中贯彻音位原则,并从理论上对音位构拟的必要性作了论证。音位构拟就是以音位学的理论来对历史音系进行构拟(黄笑山 2005),即考虑构拟音值的分布情况,按照条件互补、语音相似、符合语感、符号可逆、经济简明、类型普遍等原则进行一定的归并。

大体而言,音位构拟的必要性可以总结为这样几个方面:(1) 音位描写不是仅仅改变标音法,而是反映说话人内在语言能力的描写系统,具有类型学意义。(2) 历史音系是历史上存在过的共时音系,不可能也没有必要把古代所有细微语音重建起来。对于活的共时语言或方言适用的音位原则在历史音系研究中也同样适用。(3) 汉语音韵学传统跟音位学观念相吻合,韵书的分韵、反切及韵图的分析等第开合是以音位对比为基础的,与现代音位学的观念不谋而合(薛凤生 1996)。(4) 历史音变往往表现为音位对比的转变,音变在导致音系结构改变之前只是一种共时变异。历时的音系变化及其总体规律要在音位层面上才能更好地把握。(5) 不同时期历史音系的比较必须在音位层面进行。目前汉语上古音的构拟大都是音位性质的,而中古音的构拟多是音值构拟,这就造成两个系统不能衔接的问题。为了与上古音相衔接,中古音的构拟也必然要音位化。(6) 音位分析也是对音值构拟工作的检验和完善的过程。通过音位分析可以检验原来构拟的音值是否合适。

因此,历史音系的研究不能止步于音值的探讨,不论是文献音系的拟测还是纯粹方言历史比较的构拟,音位分析的原则应该都是适用的。

强调音位构拟的重要性并不是否定音值构拟的意义。一方面,音位分析应当在音值构拟的基础上进行(麦耘 2005);另一方面,两者目标不同,前者是“音值的描述”,后者是“音系的诠释”(薛凤生 1996)。但应该认识到,对于已经消失的历史音系来说,音位构拟比音值构拟更能反映音系的本质和历史演变。

二、《切韵》元音音位构拟的原则和方法

《切韵》元音音位分析以音值构拟为起点,在对所有音类的音值进行构拟的基础上,考察其中元音的分布情况,进行音位归纳。元音的互补分布不外乎两种情况,一是以介音为条件互补,一是以韵尾为条件互补。

黄笑山(2002a)详细推演了以介音为条件归并元音音位的过程。他首先统计了《切韵》(王三)所有 195 韵 58 个韵系在各韵尾和四等分布的数量,

从韵尾角度看，收-i 韵尾的蟹、止摄韵系最多，有 13 个，其次是收-ŋ 韵尾和-n 韵尾的韵摄，都有 12 个韵系。如果把止摄的一个韵系拟为零韵尾，那么如果《切韵》各韵确实是以主元音的不同来区别的话，最少需要 12 个元音。从元音分等的角度看，各等需要的元音数是一等韵 3 个、二等韵 3 个、三等韵 6 个、四等韵 1 个。按照高本汉以来的传统学者所遵循的元音分韵假设，即同摄不同韵的主要元音不同，要展现《切韵》所有韵的区别，所需的最少元音数为 12 个（分韵最低数）或 13 个（分韵、分等最低数）。他提出了一个 13 元音的暂拟系统，作为讨论音位构拟的框架，见表 1。

表 1

	i	ɨ	u	ə	o	ɔ	e	ɛ	ɐ	æ	a	ɑ	ɒ
	三	三	一/三	一	一	三	三	四	二	二	二/三	一	三
-ŋ	蒸		东	登	冬	钟	清	青	江	耕	庚	唐	阳
-m	侵			覃		凡	盐	添		咸	衔	谈	严
-n	真	殷	文	痕	魂	元	仙	先	臻	山	删	寒	
-u	幽		尤	侯			宵	萧			肴	豪	
-i	脂	微		咍	灰		祭	齐		皆	夬	泰	废
-Ø	脂	之	尤		模	虞	支			佳	麻	歌	鱼

黄笑山接受重纽区别在于介音的学说，把三等腭介音分为-i-（寅 A 类韵）和-ɨ-（寅 B 类韵）两类，而一、二、四等韵则无介音（仅举开口）。这个暂拟系统是参考了学界大多数学者的研究以后所做的音值构拟，具体各韵元音分配和音值构拟可能有不同意见，但基本上是大同小异。

这 13 个元音并不构成最小对立。首先，以是否与三等腭介音（-i-/-ɨ-）相拼为条件，[e]和[ɛ]、[ɔ]和[o]、[ɒ]和[ɑ]元音分别互补，前者只出现在三等腭介音后，后者不与三等腭介音相拼。这样，可以作如下音位合并：

（1）外转同摄三等韵和纯四等韵“清”和“青”“盐”和“添”“仙”和“先”“宵”和“萧”“祭”和“齐”分别可拟为相同的主元音，区别在于三等有腭介音而四等无介音。音值构拟派学者如陆志韦（1947/1985）、葛毅卿（2003）等早已提出此说，只是在支、齐相配还是祭、齐相配的问题上有分歧。邵荣芬（1982）从押韵等材料证明了纯四等韵与相配的三等韵元音相同，但囿于韵图等的分别，认为韵图外转摄的分等是元音不同，仍把四等主元音写作 ɛ，相配的三等主元音写作 æ,而把它们之间的通押解释为押韵不够严格。

(2)"冬"和"钟""魂"和"元""模"和"虞"主元音分别可以合并,区别在于前者无介音而后者有腭介音。"冬/钟"拟为相同主元音,音值构拟派学者也大都赞同。韵图以"模/虞"相配,多数音值构拟派学者也拟为同主元音。潘悟云、朱晓农(1982)根据《隋韵谱》押韵情况的统计,认为模虞韵主元音应有区别,潘悟云(2000)把它们的音值拟为模-uo、虞-iʊ,但还是把它们归为一个 o 音位。元韵的情况比较特别,历来是《切韵》音系构拟中争议较多的问题。元韵字源于上古元部,《诗经》中与山摄字通押,隋代和初唐主要和魂、痕押韵,有时也与先、仙押韵(李荣 1961—1962、鲍明炜 1986)。为了解释押韵,多数音值构拟派学者把元韵拟为[ə],[ɛ]之间的[ɐ]元音。黄笑山(1995)把元韵和山韵元音都拟为/ɐ/音位,但元韵和山韵并不押韵,这不好解释,他(2002a)的方案是把元韵和魂、痕韵合并为/o/音位。

(3)"唐"和"阳""谈"和"严""泰"和"废"主元音分别可合为一类。唐、阳两韵实际音值略有不同,一般认为带腭介音的阳韵主元音更圆唇些,但音位上可合并,多数音值构拟派学者也是这样处理的。"谈"和"严""泰"和"废"同韵腹,存在争议。黄笑山(1995)提出,只有喉牙唇音字的三等子类韵"元""严(凡)""废"韵与三等丑类/ɒ/"阳""歌三"韵是互补的,即/ɒ/元音三等韵没有收-m,-n,-i韵尾的韵;如果考虑它们跟/ɒ/元音韵一样,唇音字后来都变轻唇,似乎可以把它们并入/ɒ/类;但由于等子类韵和三等丑类韵与声母的拼合关系不同,它们的元音性质可能也是不同的。他把"元""严(凡)""废"韵归/ɐ/音位,分别与"山""咸""皆"同韵腹,但这样的构拟不好解释它们之间不能押韵的问题。他(2002a)的方案把元韵归/o/音位(见上),把严(凡)、废韵归/ɒ/音位,分别与谈韵、泰韵同韵腹,即回到了他(1995)设想的方案。根据是否与合口-u-介音相拼,[o]和[ə]元音形成互补,所有的[o]元音韵都是合口,所有的[ə]元音韵都不是合口。这样"痕"和"魂""咍"和"灰"元音分别可以合成一个音位,诗歌中"痕""魂"是互相押韵的,"咍""灰"也是互相押韵的。对于不能押韵的"登""冬"韵则构拟为不同的元音。江韵仿效周法高(1954)的做法,与冬、钟韵主元音合并为/o/。江 oŋ、冬 uoŋ 为开合口关系,这样可以减少一个元音,并使江韵摆脱孤立地位,押韵材料也支持这样的构拟。另外,黄笑山采纳了陆志韦(1947)的观点,认为鱼韵和虞韵是开合口的关系,遇摄模、虞、鱼三韵主元音相同,模、虞一三等相配,虞、鱼为开合口关系,拟为模-uo、虞-uɨo、鱼-ɨo。

经过合并，元音音位数量减少为9个，这是在不增加特殊韵尾和介音的情况下，所得到的《切韵》元音音位系统。黄笑山（1995）提出的9元音音位系统构拟大致是这样操作的结果，他（2002a）对原来的9元音拟音有所修改。表2是他（2002a）的方案。

表2

	i	ɨ	u		ə		o			e		æ	a		ɒ	
	三	三	一	三	一	二	一	二	三	四	三	二	二	三	一	三
-ŋ	蒸		东	东	登		冬	江	钟	青	清	耕	庚	庚	唐	阳
-m	侵						覃			添	盐	咸	衔		谈	严凡
-n	真	殷|文				臻	痕魂		元	先	仙	山	删		寒	
-u	幽		侯	尤						萧	宵		肴		豪	
-i	脂	微					咍灰			齐	祭	皆	夬		泰	废
-Ø	脂	之	侯	尤			模		鱼虞		支	佳	麻	麻	歌	歌

注：重纽四等（三A类）韵有-i-介音，重纽三等（三B类）韵和普通三等韵（三丑、三子类）韵有-ɨ-介音，一二四等开口无介音，合口介音-u-，重纽四等（三A类）韵合口介音-ui-，重纽三等（三B类）韵和普通三等韵（三丑、三子类）韵合口介音-uɨ-。

可见，《切韵》元音音位构拟的基本前提是，《切韵》分韵代表的元音区别是音位变体层面的而非音值层面的。不同介音（或韵尾）会造成不同的元音音位变体，在审音严格的情况下，会出现元音音位相同而不同韵或不押韵的现象。音位构拟主要就是对一些由于介音（或韵尾）不同造成分韵的主元音进行归并，把它们构拟成相同的音位，而把区别放在介音（或韵尾）上。《切韵》分韵是考虑了介音（或韵尾）造成的元音差异，经过严格审音之后做出的，这也是其“剖析毫厘，分别黍累”宗旨的体现。因此，可以说同韵的主元音一定相同。但不同韵的主要元音不一定不同；具体哪些分立的韵有相同的主元音，则要根据诗歌押韵、现代方言和域外译音等材料决定。

三、各家《切韵》元音音位构拟方案

在不扩大介音的范围、不增加特殊韵尾的前提下，《切韵》元音音位数量可以减少到9个或8个。最近几十年，在《切韵》介音和韵尾构拟上陆续有学者提出新说，这样，元音音位构拟的问题也就需要重新考虑。

1. 二等韵介音与《切韵》元音音位构拟

麦耘(1992)在前人研究基础上,把《切韵》各韵母按介音不同分为四类(只举开口):甲类-Ø-介音,包括一等和纯四等韵;乙类即二等韵有翘舌化的后腭介音-rɰ̯-(简写作-r-);丙类有翘舌化的前腭介音-ri̯-(简写作-rj-),包括重纽韵B类喉牙唇音字、普通三等韵的喉牙唇音字及重纽韵和普通三等韵的知组、庄组、来母和喻三声母字;丁类有普通前腭介音-i̯-(简写作-j-),包括重纽韵A类喉牙唇音字、重纽韵和普通三等韵的章组、精组、日母和喻四声母字。算上合口介音,他的中古音系统有八类介音或介音组合:

类	开口	合口
甲类	-Ø-	-w-
乙类	-r-	-rw-
丙类	-rj-	-rjw-
丁类	-j-	-jw-

麦耘(1995:97)把这个介音系统作为《切韵》音系的枢纽,分析元音的分布情况,对元音音位作了简化,提出了7元音音位的构拟方案,可整理如表3。

表3

	i	u		ə			o			e			a		ɒ	
	-rj-/-j-	-w-	-jw-	-Ø-	-r-	-j-	-Ø-	-r-	-j-	-Ø-	-r-	-rj-/-j-	-r-	-j-	-Ø-	-j-
-ŋ		东	东	登		蒸	冬	江	钟	青	耕	清	庚	庚	唐	阳
-m	侵			[覃]			覃		凡[严]	添	咸	盐	衔	严	谈	
-n	真	魂	文	痕	臻	殷			元	先	山	仙	删		寒	
-u	幽			[侯]		[尤]	侯		尤	萧	[肴]	宵	肴		豪	
-i		灰	[微合]	[咍]		微	咍		废	齐	皆佳	祭	夬		泰	
-Ø	脂	模	虞			之			鱼		[佳]	支	麻	麻	歌	歌

注:1. 方括号[ ]表示可能的音韵位置。2. 除《切韵》独立的合口韵以外,不单独列合口音。3. -rj-介音和-j-介音只在重纽韵的喉牙唇音字中有对立,在其他韵类中可以合并为一类,只写作-j-。

由于麦耘为二等韵构拟了-r-介音,这样就可以把二等耕、咸、山、肴、皆、佳韵与三四等清/青、盐/添、仙/先、宵/萧、祭/齐、支韵的元音处理为相同音位，/æ/元音和/e/元音可以合并，区别可以由不同介音承担。另外，他的/ə/音位大致与 9 元音系统的/ɨ/，/ə/两元音相当。

黄笑山(2002b)分析了以往学者提出的中古二等韵介音的证据，并提出了梵文译音加注反切的证据，认为《切韵》时代二等韵可能仍然保留早期的 -r-介音(音色也许是[-ɽ-])，到中唐五代以后，这个介音可能发展为/-ɨ-/。接受二等介音假设以后，他提出了新的 7 元音构拟，可整理如表 4。

表 4

	i	ə			u		ɔ			e			a		ɒ	
	三	一	二	三	一	三	一	二	三	四	二	三	二	三	一	三
-ŋ	蒸	登			东	东	冬	江	钟	青	耕	清	庚	庚	唐	阳
-m	侵						覃			添	咸	盐	衔		谈	严凡
-n	真		臻	殷文			痕魂		元	先	山	仙	删		寒	
-u	幽									萧		宵	肴		豪	
-i				微			咍灰			齐	皆	祭	夬		泰	废
-Ø	脂			之	侯	尤	模		鱼虞		佳	支	麻	麻	歌	歌

黄笑山(2002b)和麦耘(1995)两位先生的 7 元音方案大致有以下几点分歧：

(1)“痕”和“殷”“登”和“蒸”“魂”和“文”是否分别同主元音。麦耘把痕殷、登蒸分别构拟为相同韵基。黄笑山认为刘梁陈隋以至初唐时代，痕殷、登蒸两两并不押韵，既然是音位构拟，就要在音位层面上说明押韵，不能用音值层面“痕”[ən]/“殷”[iɨn]、“登”[əŋ]/“蒸”[iɨŋ]音色的不同来解释。麦耘把魂、文韵都拟为 u 元音，但同时也指出它们通押不多，他的解释是，大约文韵的元音由于受前腭介音和舌尖辅音的影响，读为[ʉ]，所以不和“魂”[un]押韵，但[ʉ]仍属 u 音位。这样的解释同样面临音位和押韵矛盾的问题。

(2)“咍”和“灰”“痕”和“魂”“殷”和“文”是否分别同主元音。黄笑山把这三对韵分别拟为开合口关系，主元音相同，与押韵情况相符。麦耘认为韵书分韵说明它们元音不同，把它们分别构拟为咍 oi(əi)/灰 ui、痕 ən/魂 un、殷 jən/文 jwun，押韵不一定非要同韵腹不可，《切韵》开合分韵是由于韵腹不同。

(3)“鱼”韵和“模虞”韵是否同主元音。黄笑山认为鱼韵和虞韵是开合口的关系，遇摄模、虞、鱼三韵主元音相同，拟为模-uo、虞-uɨo、鱼-ɨo。麦耘把鱼韵拟为-jo,与模-wu、虞-jwu 韵腹不同。但他构拟的鱼韵和虞韵开合互补,鱼韵无-w-介音,虞韵有-w-介音,两韵元音似可合为一类。

(4)“元”“严(凡)”“废”韵的元音。元、严(凡)、废韵都是只有喉牙唇音字的三等韵,唇音字后来都变轻唇音。麦耘(1995)把它们都归 o 元音(严韵可能有 a 元音)。黄笑山(1995)的 9 元音方案把它们都归 ɐ 元音,7 元音方案把元韵拟为 ɔ 元音,严凡韵和废韵归 ɒ 元音,与外转一等韵同主元音。

这些分歧在传统音值构拟中也存在,如“王三”咍、灰两韵唇音字存在对立,而一般认为《切韵》系统中唇音字没有开合对立。它们究竟是开合口关系还是主元音圆唇与否的不同,一直存在争议。总体而言,黄笑山的构拟更能反映押韵的情况。

黄笑山(2002b)又提出,如果按有些学者的处理,高元音 i,u 只作介音和韵尾,不作主元音,那么为了减少元音音位,可以把《切韵》所有的韵安排在 5 个元音的框架下。他的 5 元音方案可整理如表 5。

表 5

	ɨ	ə		ɔ			e			a		
	一/三	一	三	一	二	三	二	三	四	一	二	三
-ŋ	东	登	蒸	冬	江	钟	庚	庚/清	青	唐	耕	阳
-m	侵			覃		严凡	咸	盐	添	谈	衔	
-n	真臻		殷文	痕魂		元	山	仙	先	寒	删	
-u	幽	侯	尤		肴			宵	萧	豪		
-i	脂		微	咍灰		废	皆	祭	齐	泰	夬	
-Ø	之		鱼	模		虞	佳	支		歌	麻	麻

5 元音方案把 7 元音方案的 i 元音改为 ɨ 元音,同时取消 u 元音音位,把 u 元音的东韵改为 ɨ 元音,尤、侯韵改为 ə 元音。把 a、ɒ 两元音合并,但把庚韵 a 和耕韵 e 互换,这是为了避免庚三和阳韵的冲突,庚三和清韵可以处理为一组重纽韵。这是一个实验性的方案,存在很多问题。黄笑山本人也指出了 5 元音系统与押韵的矛盾:《切韵》时代“阳唐”和“耕”不押韵,挤在一个格子里不合适;同样“登”“蒸”也不押韵,把它们摆在一个格子里,也不好解释用韵的问题。另外,同样是/ɨ/和/ə/的关系,《切韵》时代“真臻”和“殷文”、“幽”和“尤侯”有一定数量的押韵比例,而“东”和“登蒸”、“脂”和

“微”、“之”和“鱼”通常不押韵,这也是需要解释的。

潘悟云(2013)把他之前构拟的《切韵》元音归纳为6音位,包含15个音位变体。介音方面,以开口而言,一四等-Ø-介音,二等-ɣ-介音,重纽三等-ɣi-介音,重纽四等-i-介音,重纽韵舌齿音和普通三等韵-i-介音。这个6元音系统可整理如表6。

表6

音位	i	ə		u		o				e			a			
等	三	一	三	一	三	一	二	三	三	四	二	三	一	三	二	三
介音	ɣi/i	Ø	i	Ø	i	u	ɣ	i	i	Ø	ɣ	ɣi/i	Ø	i	ɣ	i
音值	i	ɨ		u		o	ɔ	o̜	ɤ	e	ɛ	ᴇ	ɑ	a	æ	
-ŋ		登	蒸	东	东	冬	江	钟		青	耕	清	唐	阳	庚	庚
-m	侵	覃								添	咸	盐	谈	严凡	衔	
-n	真臻	痕	殷		文	魂			元	先	山	仙	寒		删	
-u	幽		尤							萧		宵	豪		肴	
-i		咍	微			灰				齐	皆	祭	泰	废	夬	
-Ø	脂		之	侯		模		虞	鱼		佳	支	歌		麻	麻

潘悟云构拟的这个6元音音位系统可以与他的上古6元音系统相衔接,可以说,从上古至中古一直是a,i,u,o,e,ə六个元音,只是各元音所辖的音系内容变了。在照顾押韵方面,他的构拟与麦耘接近。从音位上看,痕殷、登蒸都分别归同韵腹,只是魂文不同韵腹;咍灰、痕魂、殷文都分别拟为不同韵腹。另外,模、虞、鱼三韵构拟为同元音音位,这与麦耘的构拟不同。这个构拟系统也有一些可商之处,如:(1)咍韵和微韵都归ə元音音位,韵基相同,这与押韵情况不符,隋唐时期两韵很少通押;(2)尤、侯韵主元音不同,也不符合押韵;(3)庚三韵和阳韵存在对立,不能合为一个/a/音位。

庚三韵和阳韵的对立是妨碍《切韵》元音系统进一步简化的关键。黄笑山(2002b)的办法是把庚韵与耕韵位置互换,这样也有解释不通的地方,如“阳唐”和“耕”不押韵的问题。另外,二等重韵元音的拟音一般都是耕韵与咸山等韵为一类,庚韵与衔删等韵为一类。如不能妥善处理庚三韵和阳韵的对立,似应在音位层面保留前a(庚)和后ɑ(阳)两个元音。

2. 特殊韵尾与《切韵》元音音位构拟

日本学者《切韵》音位构拟的特点是增加特殊韵尾，使韵尾复杂化，在此基础上对元音进行合并。根据他们构拟的不同韵尾可分为两派。

一派是构拟圆唇舌根音韵尾。三根谷彻(1956)采用赖惟勤(1953)的圆唇舌根音韵尾说，为通、江摄构拟了圆唇舌根音-uŋ/-uk 韵尾，来解决江韵地位孤立的问题。蒲立本(Pulleyblank 1984)为早期中古汉语和晚期中古汉语通、江两摄都构拟了圆唇舌根音-wŋ/wk 韵尾。其后平山久雄(1967)接受了圆唇舌根音韵尾的构拟。他还为蟹摄佳韵和止摄之韵构拟了-ɰ韵尾，来区分一些重韵，如皆-æi/佳-æɰ、微-iʌi/之-iʌɰ。这样，他构拟的《切韵》系统算上零韵尾就有八种韵尾。在此基础上，他把《切韵》音系元音精简为5个。一、二、四等韵开口无介音合口有-u-介音，三等韵有-i-/-iu-介音。平山久雄(2010)的构拟方案可整理如表7。

表7

	æ	ʌ		e		a		ɑ	
	二	一	三	三	四	二	三	一	三
-ʷŋ		东	东			江		冬	钟
-ŋ	耕	登	蒸	蒸	青	庚	庚清	唐	阳
-m	咸	覃	凡	侵	添	衔	盐	谈	严
-n	山	痕魂	殷文	真臻	先	删	仙	寒	元
-u		侯	尤	幽	萧	肴	宵	豪	
-i	皆	哈灰	微	脂	齐	夬	祭	泰	废
-ɰ	佳		之						
-ø		模	鱼虞	支		麻	麻	歌	戈

他在音位层面把重纽区别解释为声母是否腭化的不同，重纽三等声母不腭化，重纽四等声母腭化，所以在《切韵》韵母的音位构拟中不体现重纽区别。在元音分配上，这个方案与三根谷彻(1972)的方案大致相同，只是增加了-ɰ韵尾。

平山久雄增加圆唇舌根音韵尾以后，通摄东韵与曾摄登、蒸韵，东、钟韵与宕摄唐、阳韵，江韵与梗摄庚、清韵分别共用主元音，只靠韵尾是否圆唇化来区别,因此这个5元音系统中没有圆唇元音,把圆唇元音视为圆唇舌根音韵尾影响下的变体。以此减少元音数量,同时把韵母系统安排在一个紧凑的格局中。他举了敦煌《毛诗音》反切等材料来证明此说,但是接受这个方案的学者并不多。

另一派是构拟硬腭音韵尾。硬腭音韵尾的构拟也是日本学者最早提出的。赖惟勤(1956)认为中古曾、梗为-ŋ́/ḱ韵尾,以此来说明有些现代方言曾、梗摄韵尾变-n,与臻摄相混的现象。河野六郎(1964—1967)也假定中古曾、梗为-ŋ́/ḱ韵尾,他明确说明这个-ŋ́/ḱ就是硬腭音。桥本万太郎(1978)在-ŋ/-k韵尾之外,也增加了硬腭音韵尾-ɲ/-c,但它出现的范围只限于梗摄。他举了汉越语、日本汉音、朝鲜译音、汉藏对音及汉语福州方言等材料来证明此说。后来,Pulleyblank(1984)也为早期中古汉语和晚期中古汉语梗摄诸韵构拟了-jŋ/-jk 韵尾。平山久雄(2005)认为,就狭义的中古汉语来讲,在音位层次不宜构拟硬腭音韵尾,但到唐代某一时期以后,假定有硬腭音韵尾-ɲ/-c是合适的,而且是必要的。-ŋ/-k 韵尾受前舌主要元音的同化前移,发展成-ɲ/-c 韵尾。

在增加硬腭音韵尾-ɲ/-c 的框架下,桥本万太郎(1978)为《切韵》构拟了7个元音音位。介音方面,开口一、二、四等无介音,三等-ǐ-介音,合口一、二、四等-ŭ-介音,三等-ў-介音。具体如表8所示。

表8

	ɛ		u		ə		o		e	a		ɑ	
	二	三	一	三	一	三	一	三	四	二	三	一	三
-ɲ	耕	清							青	庚	庚		
-ŋ		蒸	东	东	登		冬	钟		江		唐	阳
-m	咸	侵			覃				添	衔	盐	谈	严凡
-n	山	真臻			痕魂	殷文			先	删	仙	寒	元
-ǔ		幽							萧	肴	宵	豪	
-ǐ	皆	脂			咍灰	微			齐	夬	祭	泰	废
-Ø	佳	支	侯	尤		之	模	鱼虞		麻	麻	歌	

桥本万太郎对重纽的处理与平山久雄基本一致,所以他的《切韵》韵母音位构拟也不体现重纽区别。他为梗摄构拟了硬腭音韵尾-ɲ/-c,使梗摄清

韵与曾摄蒸韵共用主元音/ɛ/,梗摄二等庚韵与江摄江韵共用主元音/a/。这个7元音音位系统中高元音只有一个/u/,除独立成韵外,只与-ŋ韵尾相拼。黄笑山(2005)对此提出批评:"在音位构拟里,由于一些抽象的分析允许把单元音分析成复合的音,也可能没有单元音/i/。但是如果把单元音i分析成复合音,那么同样的分析会使系统中也没有单元音/u/,因为音位分析的原则要求对同样性质的元音作同样的处理。所以在拟有后元音/u/的音位系统里没有构拟前元音/i/是令人生疑的。"这样的批评是中肯的。

中国学者魏建功早年也有与桥本万太郎类似的特殊韵尾构拟,葛毅卿在20世纪60年代完成的《隋唐音研究》为梗摄诸韵构拟了复元音韵腹——耕-aiŋ/-uaiŋ、庚二-aː iŋ/-uaː iŋ、庚三-ɯɛː iŋ/-ɯuɛː iŋ、清-iɛː iŋ/-iuɛː iŋ、青-ɛː iŋ/-uɛː iŋ。如果把其中的-iŋ看作韵尾,也是为梗摄增加特殊韵尾的构拟,-iŋ尾和-ŋ尾只在江韵和庚韵二等开口存在对立,庚二-aː iŋ/江-aː ŋ,二者主元音相同,仅靠不同韵尾区别。

上述诸家构拟特殊韵尾的一个重要原因,是中古收舌根音-ŋ/-k尾的韵摄有宕、江、曾、梗、通5个之多,而收其他韵尾的摄至多不过3个。这样的音系不平衡。因为收-ŋ/-k的韵摄过多,势必要增加元音来表示它们的区别,就会使有的元音(如江韵)地位孤立。如果承认这5摄有两种韵尾,把部分区别置于韵尾上,就可以减少主元音的数量,也可以使主元音和韵尾的拼合更整齐。另一方面,是出于声母和韵尾对称性的考虑,如桥本万太郎(1970)认为《切韵》音系有四个平行的塞音/鼻音声母——帮/明、端/泥、见/疑、知/日,从语音的系统性来看就很有可能有4类与之相对应的韵尾,但常见的构拟却只有-p/-m、-t/-n、-k/-ŋ 3种,与音系的一般形态不相合。所以,曾、梗摄应有腭化韵尾与知/日声母相对。日母在中古后期失去了鼻音成分,知母在韵图时代之后也变为塞擦音,所以与之相应的硬腭音韵尾在现代方言中也消失,或仅保留残迹,如曾、梗摄入声字在《中原音韵》中归入收噫-j的齐微韵和皆来韵,这显示这类字韵尾与其他入声字的韵尾不同,可能含有腭化成分,因此在丢掉了阻塞成分以后,就剩下-j韵尾代表的腭化成分。

唇化舌根音韵尾或硬腭音韵尾的假设虽然巧妙,但是国内学者大多不接受这种构拟。一方面是因为现代方言中几乎找不到这种特殊韵尾的遗迹,另一方面汉越语和日语汉音、朝鲜译音等其他方面证据也可以由-ŋ/-k韵尾出发得到解释。黄笑山(1995)认为:"梗摄的舌面音韵尾很可能是存在的,但不一定具有音位的性质。”阮廷贤(2007)分析了汉越语及古汉越语中的硬腭音韵尾,认为汉越语中梗摄字的硬腭音韵尾是-ŋ/-k受前元音的影响而产生的,是晚起现象,不能作为中古汉语有硬腭音韵尾的证据。至于唇化舌根音韵尾则可看作圆唇元音影响的结果。目前看来,特殊韵尾的构拟还需要更多证据的支持。

另外,在解释押韵方面,日本学者的构拟似乎有所欠缺,如相互押韵的外转三四等韵“清”和“青”“盐”和“添”“仙”和“先”“宵”和“萧”“祭”和“齐”等,桥本万太郎、平山久雄都构拟为不同的音位。另一方面,平山久雄把“咸”和“侵”“山”和“真”“皆”和“脂”分别构拟为相同的韵基。黄笑山(2005)已指出这些韵在中古根本不押韵,韵图也分属内外传。

薛凤生(1979)接受了硬腭音韵尾的假设,为曾、梗摄都构拟了硬腭音韵尾-ɲ/-c,后来他(2004)把这两个韵尾的音值改为-ɲ/-ȶ,通、江、宕摄为-ŋ/-k韵尾。薛凤生(1979)为早期等韵音系构拟了/ɨ e a ɔ/4元音音位系统,三等有-j-介音,外转诸摄二等和三等主元音同为/a/。他(1996)把早期等韵音系上推,提出了《切韵》7元音的系统,选择复杂的“收噫”韵摄即止、蟹两摄为代表,推测7元音在各韵的分配。薛凤生(2004)又提出了具有舌上音-ɲ/-ȶ韵尾的曾、梗两摄的元音构拟。综合起来,他提出的蟹、止摄和曾、梗摄的构拟如表9所示。

表9

	ɨ	e		ə		o		ɛ		a	ɔ	
	三	三	四	二	三	一	三	二	三	二/三	一	三
-j	之	支	齐	夬	脂	咍灰	微	皆	祭	佳	泰	废
-ɲ			青					耕	清	庚	登	蒸

薛凤生认为,“重纽”是《切韵》以前遗留下来的现象,重纽区别在于元音或韵尾的不同,到《切韵》所代表的方言中这种区别已经不复存在,在重纽问题上《切韵》所据的方言较其他方言超前,《切韵》为了照顾保存这种区别的方言而作了妥协,把它们归为同韵,但不同音。实际上是不承认《切韵》有重纽,这样他构拟的《切韵》音系中就没有体现重纽的区别。

薛凤生坚守“摄”的定义,把止摄和蟹摄诸韵都构拟为收-j韵尾,传统音值构拟派大多不这样构拟,只有陆志韦(1947)、葛毅卿(2003)是这样处理的。止摄、蟹摄韵系特多,如果同时坚持元音分韵的原则,则需要 13 个元音才能区别所有的韵。他把一些韵进行了合并,但有些合并与押韵情况不符。如他把齐/支、夬/脂、咍(灰)/微这几对韵拟为相同的韵基,麦耘(2005)指出,在隋代的诗文中,支与齐从不通押,微与咍灰几乎没有通押的例子,这与薛凤生强调的同韵基押韵原则相悖。他本人对此的解释是方言的不同,在《切韵》所代表的方言中它们韵基分别相同,但在另外某一个或几个方言中发生了三等韵非高元音(e,ə,o)变高元音(ɨ)的音变——e,ə,o > ɨ/j(w)__j,经过这个音变,支、脂、微三韵与之韵合并。《切韵》所据方言和其他方言的区别如表 10。

表 10

	ɨ	e		ə		o	
《切韵》方言	之	支	齐	夬	脂	咍灰	微
其他方言	支脂之微	齐		夬		咍灰	

以齐、支、脂三韵为例,《切韵》所据的方言"齐、支"不当分,而"支"与"脂"必须分;而另外有方言是"齐、支"必须分,而"支"与"脂"等不当分,《切韵》的编者为了照顾两种方言,就"从分不从合",把齐、支、脂三韵分立,实际上没有方言能同时区分三韵,而支、齐分韵是综合进《切韵》的外来成分。他对"重纽"的解释也是这个路子。由此观点来看,则《切韵》的综合成分就太多了,这基本上还是用"综合"观来看待《切韵》,这与薛凤生本人所持的《切韵》整体上基本应代表一个单一音系的观点相矛盾。《切韵》所据的支、齐合韵的方言何以在押韵中没有反映,这也是需要解释的。另外,从清、青韵的构拟看,他也不把互相押韵的外转三四等韵构拟为相同韵基。

薛凤生构拟系统的另一个特点是,把所有高元音归纳为一个/ɨ/音位,而把它们的区别放在介音上。他(1986)把现代北京话的高元音[ï(ɿʅ)],[i],[u],[y]分别分析为/ɨ/,/jɨ/,/wɨ/,/jwɨ/等复合形式,认为/ɨ/,/jɨ/,/wɨ/,/jwɨ/构成开齐合撮的关系,与其他具有开齐合撮关系的韵母一样体现在介音的不同上。为了与现代北京音系衔接,他构拟的《切韵》音系、早期等韵音系及《中原音韵》音系都贯彻了这个做法,如他构拟的早期等韵音系止摄为-j(w)ɨj、遇摄为-wɨ/-jwɨ、通摄为-wɨŋ/-jwɨŋ。这种分析把单元音[ï(ɿʅ)],[i],[u],[y]等分析为复合形式,显得过于抽象,所以接受的学者不多,如黄笑山(2002)就认为这可能不是一种适于历史语言研究的方案。但在现代北京话的音系分析中,高元音的地位问题还是无法回避的。对此还有更为抽象的处理方案,如王志洁(1999)提出:在北京话的词汇底层形式中根本没有高元音音位,也没有高元音自己单独的特征表达式。北京话的高元音单韵母只出现在与其发音部位相同的声母或介音之后,它们完全可以和声母(包括C^e形式的声介合母)共用部位特征。高元音和它前面的声母或介音特征完全一样,二者仅靠在音节中的位置来区分。如何把现代北京话的音系分析运用于历史音系研究,与历史音系相衔接,这还是需要深入探讨的问题。

目前我们未见薛凤生本人对整个《切韵》音系的完整构拟,他的学生赵芳艺(1998)运用他的音系分析方法,对《切韵》音位系统进行了全面分析。最近王为民(2012)在薛凤生和赵芳艺的基础上,对他们的构拟作了若干修订,提出了一个新的完整的7元音构拟方案。他的构拟可整理如表11。

表 11

	ɨ		ə			o		e		ɛ		a		ɔ	
	一	三	一	二	三	一	三	三	四	二	三	二	三	一	三
-ɲ			登		蒸				青	耕	清	庚	庚	唐	阳
-ŋ	东	东		江		冬	钟								
-m		侵				覃			添	咸	盐	衔		谈	严凡
-n		真			殷文	痕魂	元		先	山	仙	删		寒	
-w	侯	尤			幽				萧		宵	肴		豪	
-j		脂		夬	之	咍灰	微	支	齐	皆	祭	佳		泰	废
-Ø	模	虞					鱼					麻	麻	歌	歌

他把舌面鼻/塞音韵尾-ɲ/-c 的范围扩大到宕摄。按照这个元音和韵尾分配的方案,-ɲ 尾和-ŋ 尾仅在登韵和江韵构成最小对立,登-əɲ/江-əŋ,而登韵和江韵又有一等和二等的不同,这样就是互补的。其他学者构拟的-ɲ 韵尾系统中,-ɲ 韵尾和-ŋ 韵尾一般是在同等的韵之间形成最小对立,如桥本万太郎(1978)的庚二-aɲ 与江韵-aŋ 对立,清韵-ĭɛɲ 与蒸韵-ĭɛŋ 对立。薛凤生构拟的早期等韵音系也是曾摄一三等与宕摄一三等以-ɲ/-ŋ 尾不同分别对立,江韵-aŋ 与梗摄二等-(w)aɲ 对立。登-əɲ/江-əŋ 这样的对立显然是不太合理的。

四、总结与讨论

综上所述,从目前的研究看,《切韵》元音的音位构拟有两种截然不同的路径。一派为二等韵构拟介音,介音系统复杂化,让介音承担更多的语音区别,在此基础上对元音音位进行归纳;另一派增加唇化舌根音韵尾或硬腭音韵尾等特殊韵尾,以韵尾为条件,合并元音音位。两派构拟都对《切韵》音系的音位研究有启发意义。

如果评判这两派构拟方案的优劣,除了音位学的一般原则外,大致还应该从以下角度考虑:(1)构拟的《切韵》音系是一套解释系统,必须能够解释各种材料中反映的现象,解释力越强就越可信。(2)构拟的《切韵》音系应该能与上古音系、近代音系乃至现代方言音系相衔接。如果承认《切韵》所代表的语音是汉语语音史的一环,那么就要合理解释构拟音系在后来的演变,以及从上古到《切韵》音系的演变。(3)构拟的《切韵》音系应能与方言历史比较构拟的结果相印证。(4)音位构拟应该遵循符号可逆的原则,应该对音位变体产生的条件作合理的解释,能够从音位形式按一定规则还原出语音形式。

如能从以上方面检讨,则可以使构拟结论更接近历史音系的面貌,避免随意性。

在《切韵》音系的音位构拟中,尚待深入探讨的问题还有很多,如音位分析是"多能性"的还是具有唯一合理性的,抽象的音位分析能够在多大程度上运用于历史音系的构拟,各种证据的权重问题等。

参考文献

鲍明炜(1986)初唐诗文的韵系,《音韵学研究》第二辑,北京:中华书局。

葛毅卿(2003)《隋唐音研究》,南京:南京师范大学出版社。

河野六郎(1964—1967)《朝鮮漢字音の研究》,载河野六郎著,《河野六郎著作集 2 中國音韻學論文集》,东京:平凡社。

黄笑山(1995)《〈切韵〉和中唐五代音位系统》,台北:文津出版社。

——(1999)汉语中古音研究述评,《古汉语研究》第3期。

——(2002a)《切韵》元音分韵的假设和音位化构拟,《古汉语研究》第3期。

——(2002b)中古二等韵介音和《切韵》元音数量,《浙江大学学报》第32卷第1期。
——(2004)语音史研究中的音位原则,载中国音韵学研究会编,《音韵论丛》,济南:齐鲁书社。
——(2005)音位构拟的原则及相关问题,载董琨、冯蒸主编,《音史新论——庆祝邵荣芬先生八十寿辰学术论文集》,北京:学苑出版社。
李 荣(1956)《切韵音系》,北京:科学出版社。
——(1961—1962)隋韵谱,载李荣著,《音韵存稿》,北京:商务印书馆,1982年。
陆志韦(1947)古音说略,《燕京学报》专号之二十,又载陆志韦著,《陆志韦语言学著作集》(一),北京:中华书局,1985年。
麦 耘(1990)论重组兼论《切韵》和韵图的介音系统及其演变,载麦耘著,《音韵与方言研究》,广州:广东人民出版社。
——(1995b)《切韵》元音系统试拟,载麦耘著,《音韵与方言研究》,广州:广东人民出版社。
——(2005)汉语历史音韵研究中的一些方法问题,《汉语史学报》第五辑。
潘悟云(2000)《汉语历史音韵学》,上海:上海教育出版社。
潘悟云、朱晓农(1982)汉越语与《切韵》唇音字,载吴文祺主编,《中华文史论丛增刊:语言文字研究专辑(上)》,上海:上海古籍出版社。
潘悟云、张洪明(2013)汉语中古音,《语言研究》第33卷第2期。
平山久雄(1967)《中古漢語の音韻》,载平山久雄著,《中國文化叢書①言語》,东京:大修馆书店。
——(1998)隋唐音系里的唇化舌根音韵尾和硬腭音韵尾,载平山久雄著,《平山久雄语言学论文集》,北京:商务印书馆,2005。
——(2010)敦煌《毛诗音》反切中的“开合一致原则”及其在韵母拟音上的应用,《中国语文》第3期。
阮廷贤(2007)从汉越语研究质疑汉语中古音有舌面音韵尾,《中国语文》第6期。
三根谷徹(1972)《越南漢字音の研究》,东京:東洋文庫。
王为民(2012)《上古汉语元音音位研究——兼论〈切韵〉的元音音位系统》,太原:三晋出版社。
薛凤生(1986)《北京音系解析》,北京:北京语言学院出版社。
——(1996a)也谈几个汉语音韵史的理论问题,载薛凤生著,《汉语音韵史十讲》,北京:华语教学出版社,1999年。
——(1996b)《切韵》音系的元音音位与重纽、重韵等现象,《语言研究》第1期。又载薛凤生著,《汉语音韵史十讲》,北京:华语教学出版社,1999年。
——(2004)“梗、曾”两摄的韵尾与《切韵》音系,载中国音韵学研究会编,《音韵论丛》,济南:齐鲁书社。
周法高(1954)论古代汉语的音位,载“中央研究院”历史语言研究所编,《历史语言研究所集刊》,第二十五本。
Fang yi, Chao(1998) *The sound system of the Qieyun: A Phonemic Interpretation*, Dissertation for the Degree Doctor of Philosophy of The Ohio State University.
Hashimoto, M. J. (1970) Internal Evidence for Ancient Chinese Palatal Endings. *Language* 46(2).
Pulleyblank, E. G. (1984) *Middle Chinese: A study in Historical Phonology*, Vancouver: University of Columbia Press.

(200433 上海,复旦大学中国语言文学系 djianjiao@fudan.edu.cn)

东南方言几个古知组二等字特殊今读的性质*

庄初升　万　波

提要　中古知章庄精组声母在现代汉语方言中的分合类型歧异多样，进行汉语方言声母的共时和历时的比较研究应特别关注这四组古声母，尤其是当中知组二等和三等的分合问题。中古知组二等字"摘拆择啄"在东南地区的闽、吴、赣、客等方言中偶尔有特殊的今读表现，文章对其性质逐一进行分析，认为特殊今读其实都另有来源，并对闽中方言、明溪方言和湘西乡话的古知章庄精的今读类型和历史层次进行重新检讨。

关键词　古知章庄精组声母；知组二等；历史层次；闽中方言；明溪方言；湘西乡话

一

中古知章庄精四组声母在现代汉语方言中语音形式歧异，分合类型多样，语言层次复杂，为汉语方言研究中最受瞩目的问题之一。中古知、章、庄、精四组声母的分合类型及其反映的历史层次，不但是汉语方言分区的重要条件，也是考察各大方言历时演变及历史关系的重要视角。就共时的分合类型而言，整体上可以分为三分型、两分型和不分型三大类型。

三分型的方言比较罕见，如湖南安仁方言（陈满华 1995）、粤北长来等地土话（庄初升 2004）、粤北连州"四会声"粤语（庄初升 2011）、江苏赣榆方言

---

* 本文获国家社科基金重大项目"海内外客家方言的语料库建设和综合比较研究"（项目编号 14ZDB103）、香港特区政府研究资助局优配研究金资助项目"汉语方言中古知庄章精组声母的今读类型与历史层次研究"（项目编号 CUHK451480）资助。

(蒋希文 1961)和山东平度县城方言(钱曾怡等 1985)等,最为引人注目的是古知组二等和三等都具有不同的读音形式。以安仁方言为例。知三的白读层读如端组 t 类,如"砧 tien^{44}、长~花 tioŋ^{51}、胀 tioŋ^{31}、涨 tioŋ^{51}、帐~子 tioŋ^{31}、中~间 teŋ^{44}、竹 tiɯ^{313}";知三的文读层及章组读 ʧ 类,如"中 ʧuen^{44}、猪 ʧy^{44}、赵 ʧ^{h}ɔ^{31}、书 ʃy^{44}、章 ʧoŋ^{44}、吹 ʧ^{h}y^{44}、上 ʃoŋ^{31}";知二庄精读 ʦ 类,如"泽 ʦ^{h}e^{313}、茶 ʦa^{35}、罩 ʦɔ^{31}、桌 ʦo^{313}、查 ʦa^{35}、沙 sa^{44}、炒 ʦ^{h}ɔ^{51}、资 ʦɿ^{44}、齐 ʦi^{35}、七 ʦ^{h}i^{313}、租 ʦu^{55}"。关于三分型的方言,我们将另外进行深入探讨。

两分型的方言最为复杂,主要包括三类:(1) 沿海闽语古知组与精庄章组两分,其中知组白读层不论二三等都读如端组(张双庆、万波 2002),即所谓"古无舌上音"的遗存;(2) 客、赣、湘、吴、徽等多数东南方言及为数不少的熊正辉(1990)所说的"昌徐型"方言(北方方言),古知二庄精组与知三章组两分;(3) 部分粤语和部分熊正辉(1990)所说的"昌徐型"方言(北方方言),古精组与知章庄两分。其中第(2)类在方言地理上的覆盖面最广,古知组二三等今读有别是其重要特点。

基于以上的分合类型,我们在从事汉语方言声母的共时和历时的比较研究时,要特别关注古知组二等和三等的分合问题。古知组二等字较少,常用字包括"茶、搽、蛇水母、罩、站、赚、绽、桩、桌、卓、啄、琢、涿、戳、撞、浊、撑、掌椅子掌儿、拆、澄、择、泽、宅、摘、橙橙子"等。其中,"摘拆择啄"在东南地区的闽、吴、赣、客等方言中偶尔有特殊的今读表现,其性质到底如何?以前鲜有人进行系统的思考,可这直接关系到多种东南方言中古知组二三等今读是否有别的原则性问题,因此需要特别加以关注。下文逐字分别加以讨论。

二

1. 摘

摘,《广韵》麦韵陟革切:"手取也。"是一个知母的二等字。表 1 是吴、闽、赣语的一些方言点中"摘"字的读音(调值或其他标调法改标为调类,字音下加"‗"表示文读,加"_"表示白读,下同)。为了便于说明,另外举麦韵和锡韵各两字以资比较,其中崇明、杭州、海口据李荣(2002),邵武据笔者 2007 年调查,其余据北大中文系语言学教研室(2003)。

表 1

	苏州	崇明	温州	杭州	厦门	潮州	海口	福州	建瓯	邵武
摘	tsɒʔ⊃ tiɪʔ⊃	tiəʔ⊃	tsa⊇ tei⊃	tiəʔ⊃	tɪk⊇ tiaʔ⊃	tiaʔ⊃	ʔdia⊃	teiʔ⊇ tieʔ⊃	tia⊃	tsə⊇ tia⊃
麦	mɒʔ⊇	ɦmɑʔ⊇	ma⊇	mɑʔ⊇	bɪk⊇ beʔ⊇	beʔ⊇	vε$^{⊇}$	meiʔ⊇ maʔ⊇	ma⊇	mə$^{⊇}$ ma$^{⊇}$
隔	kɒʔ⊃ kaʔ⊃	kɑʔ⊃	ka⊃	kɑʔ⊃	kɪk⊃ keʔ⊃	keʔ⊃	kε⊃	kaiʔ⊃ kaʔ⊃	kε⊃ ka⊃	kə⊃ ka⊃ ①
壁	piɪʔ⊃	piəʔ⊃	pi⊃ ②	piəʔ⊃	pɪk⊃ piaʔ⊃	piaʔ⊃	③	peiʔ⊃ pieʔ⊃ piaʔ⊃	pi⊃ pia⊃	pi⊃ pia⊃
锡	siɪʔ⊃	ɕiəʔ⊃	sei⊃	④	sɪk⊃ siaʔ⊃	siaʔ⊃	tia⊃	seiʔ⊃	si⊃ sε⊃	si⊃

在表 1 的 10 个方言点中，苏州、温州、厦门、福州和邵武的“摘”字都有文白异读，其白读音的韵母形式与同为麦韵的“麦、隔”不同，而与锡韵的“壁、锡”相同；其他方言点没有文白异读，但从语音对应关系来看显然属于白读层，其韵母形式也是与“麦、隔”不同而与“壁、锡”相同。吴语方面具有上述表现的方言点还有嘉善 tiɪʔ^{7}、平湖 tiəʔ^{7}、海盐 tieʔ^{7}、桐乡 tiεʔ^{7}、安吉 tieʔ^{7}、长兴 tieʔ^{7}（徐越 2007）、金华 tiəʔ$^{7}_{掐}$、汤溪 tei$^{7}_{掐}$、遂昌 tiɪʔ^{7}、庆元 ʔdiʔ^{7}（曹志耘 2002）等；闽语方面除了闽中的沙县、永安等方言点之外，绝大多数的方言点都具有上述的表现，包括浙南泰顺的“蛮讲”（秋谷裕幸 2005）。至于苍南的“蛮话”，“摘”读 ta^{5}（秋谷裕幸 2005），则符合麦韵陟革切。

另外，根据李荣（2002），表示“捏住猛然一拽”，武汉⊆ti、丹阳 tiʔ⊃、南昌 tiaʔ⊃；表示“用拇指尖和另一指尖使劲捏或截断”，宁波 tiɪʔ⊃、温州 tei⊃，词典上都写为“扚”。扚，《广韵》锡韵都历切：“引也。”音合义通。尽管这个字在传世文献中很少使用，是否上述各方言的本字尚难定论，但至少有一点可以肯定：上述武汉等方言点的读音与表 1 各方言点“摘”字的白读层具有语音对应关系，语义上也密切相关，我们有理由相信它与“扚”具有相同的来源；并且正如上面所分析的，它不可能出自麦韵陟革切的“摘”，而只能来自梗摄四等锡韵的都历切。

以上推论有个旁证。刘镇发（2006）根据 Montgomery 于 1893 年编写的

《温州方言导论》(*Introduction of the Wenchow Dialect*),指出一个世纪以来温州方言梗开四入声的韵母由 i 变成了 ei。这样看来,表 1 中温州方言 tei꜆ 的早期形式应该是 ti꜆,汤溪方言的情形有可能类似。总之,上述各方言点的韵母或者以-i-为介音,或者是 i/iʔ꜆,而声母都是 t,这就使我们更有理由相信它不可能来自二等麦韵的陟革切,而只可能来自四等锡韵的都历切。

“啇”上古属于锡部,以“啇”得声的字中古分别属于麦、昔、锡三韵,参看表 2。

表 2

上古	《广韵》
锡部:啇	麦韵:摘謫讁樀$_{\text{陟革切}}$、謫讁$_{\text{丈厄切}}$
	昔韵:適嫡$_{\text{施隻切}}$、適$_{\text{之石切}}$、擿䵂蹢$_{\text{直炙切}}$、䵂$_{\text{竹益切}}$
	锡韵:適嫡甋鏑滴蹢樀鷉碻啇啇$_{\text{都历切}}$、敵䵂 樀犕$_{\text{徒历切}}$、摘$_{\text{他历切}}$、樀$_{\text{丑力切}}$

如表 2 所示,“摘”在《广韵》中还有锡韵他历切一读:“发也,动也。《说文》曰:‘拓果树实也。一曰:指近之也。’”上述各方言点的声母 t 与透母也显然不合。综合上表诸多的异读来看,中古时期“摘”字可能还有锡韵端母都历切的异读,只是《广韵》漏收了而已。

类似的情形如“鼻”字和“喊”字。“鼻”在上古属于质部,而上古的质部到中古以后演变为入声的质、屑韵和去声的至韵等,但在《广韵》中“鼻”唯有至韵毗至切一读。李荣(1982:39)指出:“‘鼻’字苏州读 bəʔ꜇ 阳入,是从古入声来的。北京没有入声,‘鼻’字读꜁pi 阳平,也表示这是古入声字。《切韵》系韵书‘鼻’字没有入声读法。可是孙奕《示儿编》卷十八‘声’条有‘以鼻为弼’的说法,可见‘鼻’字古代有入声读法,不过《切韵》系韵书没有收这个读音而已。”“喊”字《广韵》有上声敢韵呼览切,和上声豏韵呼豏切、下斩切三读,庄初升(2004:236)指出:“据《汉语方音字汇》,‘喊’字在苏州、梅县、广州、阳江、厦门(白读)、潮州等地也读阴去或去声,说明这个字在古代可能有一个清声母去声的又读,只不过《广韵》等韵书没有收录而已。”

2. 拆

“拆”是“㨯坼㡾”的后起字,《广韵》只收“㨯坼㡾”而未收“拆”。㨯,《广韵》陌韵丑格切:“裂也,亦作坼。”《集韵》陌韵耻格切:“《说文》:‘裂也。'或从手,亦作坼、拆。"㡿,《广韵》陌韵丑格切:"㡿开。"《玉篇》片部:"今作坼。""拆"是一个彻母的二等字,在闽语和邵武方言中有特殊的今读表现,如表3所示。为了便于说明,表3中还举陌韵和锡韵各两字以资比较,其中海南乐东据笔者2003年调查,建阳、石陂据笔者2007年调查,泰顺据秋谷裕幸(2005),永安、沙县据李如龙2003年调查,邵武据笔者2007年调查,其余据北大中文系语言学教研室(2003)。

表3

	厦门	潮州	乐东	福州	泰顺	建瓯	建阳	石陂	永安	沙县	邵武
拆	t‘ɪk꜆ t‘iaʔ꜆	t‘iaʔ꜆	t‘ieʔ꜆	ts‘aiʔ꜆ t‘ieʔ꜆	t‘ia꜄	ts‘ɛ꜆ t‘ia꜆	hia꜆	t‘ia꜆	t‘iɒ꜆	ts‘ai꜆ t‘ia꜆	tsʰə꜆ tʰia꜆
百	pɪk꜆ paʔ꜆	peʔ꜆	ʔbɛʔ꜆	paiʔ꜇ paʔ꜆	pa꜄	pa꜆	pa꜆	pa꜆	pɒ꜆	pa꜆	pə꜆ pa꜆
宅	t‘ɪk꜆ t‘eʔ꜇	t‘eʔ꜇	tsaiʔ꜇	t‘eiʔ꜆ t‘aʔ꜇	t‘a꜅	tɛ꜇	le꜇	ʣe꜇	꜃ʧia	꜃tsai	tsə꜆
壁	pɪk꜆ piaʔ꜆	piaʔ꜆	ʔbieʔ꜆	peiʔ꜆ pieʔ꜆ piaʔ꜆	pia꜄	pi꜆ pia꜆	pia꜆	pia꜆	pi꜆ piɒ꜆	pe꜆ pia꜆	pi꜆ pia꜆
锡	sɪk꜆ siaʔ꜆	siaʔ꜆	tieʔ꜆	seiʔ꜆	sɪʔ꜆	si꜆ sɛ꜆	se꜆	se꜆	si꜆ sa꜆	se꜆ sai꜆	si꜆

在表3的11个方言点中,厦门、福州、建瓯、沙县和邵武的"拆"字都有文白异读,其白读音的韵母形式都带有-i-介音,与同为陌韵的"百、宅"不同,而与锡韵的"壁、锡"相同(福州、建瓯、沙县、永安和邵武的"锡"没有对应的白读层);其他方言点没有文白异读,但从语音对应关系来看显然属于白读层,其韵母形式也都带有-i-介音(建阳的hia꜆是从t‘ia꜆演变而来的),也是与"百、宅"不同而与"壁、锡"相同(泰顺、建阳和石陂的"锡"没有对应的白读层)。因此,我们相信上述厦门等地"拆"的白读层并非来自陌韵的"拆"字(连《广韵》都未收的字,其读音逻辑上来说不可能是"古无舌上音"的遗存),而是来自锡韵,最有可能的是透母的"剔"字。

剔,《说文》:"解骨也。从刀、易声。"《广韵》锡韵他历切:"解骨。"《集韵》锡韵他历切:"解也。"所谓"解骨"就是把肉从骨头上分离开来,在"分离"这个意义上与后起的"拆"字相关。《南齐书》本纪第七"东昏侯"说南齐的皇帝萧宝卷为了修建仙华、神仙、玉寿诸殿,“繁役工匠,自夜达晓,犹不副速,乃剔取诸寺佛刹殿藻井、仙人、骑兽以充足之。”这里的“剔取”就可以理解为“拆取”。

据李荣(2002),至今有些方言把“剔骨肉”说成“拆骨肉”,如:

徐州:拆骨肉 tsʻe$^{213/35}$ ku$^{213/21}$ ʐou^{51} 从煮熟的骨头上剔下来的食用肉

长沙:拆骨肉 tʂʻə^{24} ku^{24} ʐəu^{24} 从煮熟的骨头上剔下来的食用肉

武汉:拆骨肉 tsʻɤ$^{212/21}$ · ku nou^{212} 从猪骨上剔下的残附的肉

黎川:拆骨肉 tʻaʔ^{3} kuəiʔ^{3} niuʔ^{5} 剔去骨头的猪肉

既然上述 4 种方言可以把“剔”说成“拆”,那么我们就更加有理由相信厦门等地闽语是与之相反地把“拆”说成“剔”。从词汇的历史层次来看,“剔”显然比“拆”来得更早,这与闽语存古特征比较明显正相吻合。

3. 择

择,《广韵》陌韵场伯切:“选择。”是一个澄母二等字。表 4 是客、赣、吴、徽、闽、粤语的一些方言点中“择”字的读音。为了便于说明,表 4 还举陌韵和铎韵各两字以资比较,其中于都据李荣(2002),绩溪据李荣(2002)和平田昌司(1998),邵武据笔者 2007 年调查,开化据曹志耘等(2000),永安、沙县据李如龙 2003 年调查,其余据北大中文系语言学教研室(2003)。

表 4

	梅县	于都	南昌	邵武	开化	绩溪	厦门	福州	永安	沙县	建瓯	阳江
择	tsʻɛt⊇ tʻɔk⊇	tʻɤ$^{⊇}$	tsʻɛt⊇ tʻɔk⊇	tsə⊃ tʻo$^{⊇}$	dʑʌʔ⊃ dɔʔ⊇	tɕʻiaʔ⊃ tʻoʔ⊃	tɪk⊃ toʔ⊇	teiʔ⊃ taʔ⊇	ʧia⊃ $^{⊆}$taɯ	$^{⊆}$tsai $^{⊆}$to	tsɛ⊃ tɔ$^{⊇}$	ʧak⊃ tɔk⊇
百	pak⊃	paʔ⊃	pɛt⊃ pak⊃	pə⊃ pa⊃	pʌʔ⊃	pɔʔ⊃	pɪk⊃ paʔ⊃	paiʔ⊃ paʔ⊃	pɒ⊃	pa⊃	pa⊃	pak⊂
宅	tsʻɛt⊇		tsʻɛt⊃	tsə⊃	dʑʌʔ⊇	tɕʻiaʔ⊃	tʻɪk⊃ tʻeʔ⊇	tʻeiʔ⊃ tʻaʔ⊇	$^{⊆}$ʧia	$^{⊆}$tsai	tɛ⊇	ʧak⊇
落	lɔk⊇	lɤ$^{⊇}$	lɔk⊇	lo$^{⊇}$	lɔʔ⊇	noʔ⊃	lɔk⊇ loʔ⊇ ⑤	louʔ⊇ lɔʔ⊇	$^{⊆}$naɯ	$^{⊆}$lo	lɔ⊇	lɔk⊇
鹤	hɔk⊇	hɤ$^{⊇}$	hɔk⊇	xo$^{⊇}$	ɔʔ⊇	xoʔ⊃	hɔk⊇ hoʔ⊇	xouʔ⊇	$^{⊆}$xaɯ	$^{⊆}$xo	xɔ$^{⊇}$	hɔk⊇

在表 4 的 12 个方言点中,“择”字除了于都唯有白读层读音之外,其他

11 个方言点都有文白异读。福州的白读 taʔ꜇ 与“百宅”相同，说明它确实来自陌韵场伯切。根据李荣(2002)，福州话口语词“择日子”、“择亲”的“择”都读 taʔ꜇。福州之外的 11 个方言点中，“择”的白读层都与陌韵的“百宅”不同而与铎韵的“落鹤”相同，说明其来源应该是铎韵。

谢留文(2003：111—112)比较了 34 处南方方言“择”字的读音，包括客家方言 28 处、闽语 4 处、粤语 1 处和赣语 1 处，他认为各地说法有一个共同的来历——中古宕摄铎韵定母徒落切，并说：“笔者认为，这个徒落切的本字就是‘择’字。广韵徒落切、集韵达各切都不收‘择’字。‘择’字上古属铎部，中古的陌韵字和大部分铎韵字上古均属铎部，上古‘择’与‘铎’同部。中古‘择’字在广韵只有陌韵澄母场伯切一读，这个场伯切就是现在北京、广州等许多汉语方言‘择’字读音的源头。汉语有方言的差别，自古已然。‘择’字读徒落切可能是中古某些方言的读法，只是韵书失收。”谢留文认为“檡”字在《广韵》中有场伯切和徒落切两读，“檡蠌泽”字在《集韵》中都有直格切(相当于场伯切)和达各切(相当于徒落切)两读，可以作为“择”字另有徒落切一读的旁征。另外，谢留文注意到《康熙字典》在解释“择”字时说“择”字有两读，一读“丈伯切”，即相当于《广韵》的场伯切，另一读是“达各切，音铎”，即相当于《广韵》的徒落切。

4．啄

啄，《广韵》觉韵竹角切：“鸟啄也。”又屋韵丁木切：“啄木鸟。”都是从上古的端母屋部分化而来的。从中古音的角度来说，北方方言、湘语、吴语、徽语中“啄”字的读音多来自竹角切，如“北京꜁tʂuo/꜀tʂuo、济南꜁tʂuɤ、西安꜀tsuo/꜀pfo、太原tsuəʔ꜇/tsuaʔ꜆、武汉꜁tso/꜀tso、成都꜁tso/꜁tsua、合肥 tʂuɐʔ꜆、苏州 tsoʔ꜆、温州 tɕyo꜆、长沙tso꜇/tsa꜆、双峰꜁tsʊ/꜁tsua”(北大中文系语言学教研室 2003)，“绩溪 tsoʔ꜆、歙县 tsɔʔ꜆、休宁 tso꜆、黟县 tʃau꜅、祁门꜀tʂuː ə、婺源 tsɒ꜅”(平田昌司 1998)。闽语中“啄”字的读音也可能来自竹角切。我们注意到，大部分方言点的今读带有 t 声母，似乎符合“古无舌上音”的特征，但韵母形式多对应于觉韵的文读层(厦门的 teʔ꜆ 是一个口语词，应该另有来源)而不是白读层，可能跟这个字不是非常口语化的用字有关。表 5 列举“啄”字在 8 个闽语方言点中的今读，还列举 3 个觉韵字以资比较，其中建阳、石陂据作者 2007 年调查，永安、沙县据李如龙 2003 年调查，其余据北大中文系语言学教研室(2003)。

表 5

	厦门	潮州	福州	建瓯	建阳	石陂	永安	沙县
啄	tɔk꜆ teʔ꜆	toʔ꜆	tauʔ꜆	tɔ꜆	tɔ꜆	tɔ꜆	tsauɯ꜆	tɔ꜆
桌	tɔk꜆ toʔ꜆	toʔ꜆	tɔʔ꜆	tɔ꜆	tɔ꜆	tɔ꜆	tsauɯ꜆	tsɔ꜆
剥	pɔk꜆ pak꜆	pak꜆	puɔʔ꜆	pɔ꜆ pu꜆	pɔ꜆ po꜆	pɔ꜆ pu꜆	pauɯ꜆ pu꜆	pɔ꜆ po꜆
角	kak꜆	kak꜆	kauʔ꜆ kœyʔ꜆	kɔ꜆ ku꜆	kɔ꜆ ko꜆	kɔ꜆ ku꜆	kɯ꜆ ku꜆	ko꜆

在东南地区江淮官话、吴语、赣语、客家的一些方言点,“啄”不是来自竹角切,而是来自丁木切,如表 6 所示。为便于说明,表 6 还举觉韵和屋韵各两字以资比较,其中南京据李荣(2002),扬州据北大中文系语言学教研室(2003),桐庐据浙江省桐庐县县志编纂委员会等(1992),常山据曹志耘等(2000),横峰、万载、东乡、南丰据刘纶鑫(1999),梅县据北大中文系语言学教研室(2003),台湾桃园海陆话据杨时逢(1957),武平、宁都据李如龙、张双庆(1992)。

表 6

	南京	扬州	桐庐	常山	横峰	万载	东乡	南丰	梅县	海陆	武平	宁都
啄	tuʔ꜆	tsuaʔ꜆ tɔʔ꜆ [6]	tɕyəʔ꜆ təʔ꜆ [7]	toʔ꜆	tuʔ꜆	tuʔ꜆	tuʔ꜆	tuk꜆	tɔk꜆ tuk꜆	tuk꜆	tək꜆	tuk꜆
桌	tʂoʔ꜆	tsuaʔ꜆	tɕyəʔ꜆	tiʌʔ꜆	tsɔʔ꜆	tsoʔ꜆	tsoʔ꜆	tok꜆	tsɔk꜆	tsok꜆	tsɔuʔ꜆	tsɔk꜆
角	koʔ꜆	kaʔ꜆	kʌʔ꜆	kʌʔ꜆	kɔʔ꜆	koʔ꜆	koʔ꜆	kok꜆	kɔk꜆	kok꜆	kɔuʔ꜆	kɔk꜆
木	muʔ꜆	mɔʔ꜆	məʔ꜇	moʔ꜇	muʔ꜆	muʔ꜆	muʔ꜆	muk꜆	muk꜆	muk꜆	mək꜆	muk꜆
读	tuʔ꜆	tɔʔ꜆	dəʔ꜇	doʔ꜇	t‘uʔ꜆	t‘uʔ꜇	t‘uʔ꜇	t‘uk꜆	t‘uk꜇	t‘uk꜇	t‘ək꜇	t‘uk꜇

在表 6 的 12 个方言点中,“啄”读 t 声母的除了梅县的 tɔk꜆ 之外(详见下文),其他的读音从韵母形式来看都与觉韵的“桌角”不同而与屋韵的“木读”相同,可见其来源是丁木切,这里无须再赘言。

另外,根据李荣(2002),宁波方言的“啄”字有 3 个读音,表示“禽类用嘴取食”读 toʔ꜆ 或 tɐʔ꜆,前者来自丁木切,后者与厦门方言的 teʔ꜆ 具有语音对应关系,属于训读;“啄木鸟”的“啄”则读 tsoʔ꜆,来自竹角切。

表6中梅县的tɔk$_{\supset}$黄雪贞(1995)记为tok$_{\supset}$,用于“啄木鸟tok$_{\supset}$muk$_{\supset}$$_{\subset}$tiau”一词,其还特别指出“啄”在这里读tok$_{\supset}$而不读tuk$_{\supset}$。另外,南昌tɔʔ$_{\supset}$(李荣2002)从韵母形式来看也与丁木切不合。最值得注意的是抚州toʔ$_{\supseteq}$(付欣晴2006)、黎川tɔʔ$_{\supseteq}$(颜森1993)[⑧]、安义tɔʔ$_{\supseteq}$[⑨],阳入调与不送气声母t配合,超出了赣语的音节组合关系。无独有偶,广州“啄”读tœk$_{\subset}$/$_{\subset}$tœŋ,$_{\subset}$tœŋ可能是tœk$_{\subset}$通过“阳入对转”派生而来的,而tœk$_{\subset}$从韵母形式来看对应于药韵,也与丁木切不合。我们注意到,上述各方言的语音形式(梅县是tok$_{\supseteq}$,阳入与不送气声母t配合,超出了客家方言的音节组合关系;安义是tɔʔ$_{\supset}$)还同时用于表示与“剁”或“砍”相关的动词,详见表7。

表7

<table>
<tr><th></th><th>梅县</th><th>南昌</th><th>抚州</th><th>黎川</th><th>安义</th><th>广州</th></tr>
<tr><td>啄木鸟</td><td>tɔk$_{\supset}$</td><td rowspan="2">tɔʔ$_{\supset}$</td><td rowspan="2">toʔ$_{\supseteq}$</td><td rowspan="2">tɔʔ$_{\supseteq}$</td><td>tɔʔ$_{\supseteq}$</td><td rowspan="2">tœk$_{\subset}$</td></tr>
<tr><td>剁肉/砍柴</td><td>tɔk$_{\supseteq}$</td><td>tɔʔ$_{\supset}$</td></tr>
</table>

综上所述,表7中各方言的语音形式并不具备严整的语音对应关系,但内在的联系是显而易见的。啄木鸟长着又硬又尖的长嘴,敲击树干笃笃作响,与用刀剁肉或砍柴所发出的声母接近,因此,我们认为这些语音形式来自摹声的可能性最大,其实与本字问题无关。根据黄雪贞(1995),梅县方言中类似的音节组合还有“pok$_{\supseteq}$打～:打更”“tiok$_{\supseteq}$用刀砍”“kuok$_{\supseteq}$碰撞”等,我们也都认为来自摹声。

三

上文分析了中古知组二等字“摘拆择啄”在一些东南方言中今读t类声母的性质,整体上可以归纳为如下3种类型:

第一是“摘择”。上古的端组到中古一四等仍然为端组,二三等演变为知组。“摘择”从上古音的角度来看都应该是端组字,到了中古时期“摘”字分化为麦韵知母陟革切和锡韵端母都历切,“择”字分化为陌韵澄母场伯切和铎韵定母徒落切,但《切韵》系韵书分别漏收了都历切和徒落切的异读。从中古音的角度来看,今天东南方言中“摘择”读为t类声母,正分别来自都历切和徒落切,而不是来自陟革切和场陌切。

第二是“拆”。属于“墒坼斥”的后起字,今读 t 类声母的主要见于闽语和邵武方言。从各方言点的韵母形式来看显然不可能是陌韵字,其真正的来源有可能是“剔”字。因此,这一类可以视之为训读。

第三是“啄”。属于上古的屋部字,到中古分化为觉韵知母竹角切和屋韵端母丁木切。东南方言中今读 t 类声母的“啄”多来自丁木切,而有的方言点尽管声母是 t,但韵母形式与丁木切对不上,则来自摹声的可能性最大。

弄清“摘拆择啄”在一些东南方言中今读 t 类声母的性质,有助于我们进一步认识中古知章庄精组声母在某些方言中的分合类型。下面举 3 个例子略作分析,其中闽中方言详见庄初升、万波(2012),湘西乡话详见庄初升、邹晓玲(2013)。

1. 闽中方言

李如龙(1991:197)以“中竹抽池”为例,说明闽中永安、三元和沙县方言“古知彻澄今读多为 t t‘”。张双庆、万波(2002:106)认为闽中永安、三元和沙县方言属于“知章庄组三分类型”,即“知组不论二三等也都读同端组,音值为 t,t‘,庄组也读同精组,音值为 ʦ,ʦ‘,s,但章组独立,音值为 ʧ,ʧ‘,ʃ。这是闽中方言区别于其他闽方言的特点”。该文列举的知组字共有 3 个,包括二等字“拆”和三等字“竹橱”。说上述闽中方言属于知章庄组三分类型固然不错,并且该文注释[五]也特别指出:“‘桌茶’在闽中各点读 ʦ,引人注目,因两字都属知二组常用字”(张双庆、万波 2002:113),可惜当时只根据李如龙(1991)所提供的有限材料,便认为闽中方言“知组不论二三等也都读同端组”,不能不说是失之粗疏,不够严密了。项梦冰(2004a)考察了闽语古知章庄精组字今读的分合,也认为闽中方言属于三分型的闽语,他说:“考虑到‘啄择’在许多客家话里都归 t 组,‘拆’字也有一些客家话和赣语归 t 组,可以说二等字在三分型闽语里已主要派入 ʦ 组和 ʧ 组(含有口语用字),跟三等字已经分开。”为此他还强调说:“三分型闽语就整体情况而言,古知二、知三组已经明显分化,古知二组字今读主要归 ʦ 组和 ʧ 组,古知三组字多数方言今读主要归 t 组。”这个结论无疑是正确的,非常值得重视。不过,在另一篇论文中,项梦冰(2004b:259)又指出:“更为重要的是闽中方言古知组二等字今读 t- t^h-的在客赣方言里也读 t- t^h-(啄择;拆)。我们认为这可能跟闽西客家话的影响有关。”从这里可以看出作者并没有认识到“啄拆择”今读 t 组声母的实质,可谓美中不足。为了更为全面地观察闽中方言知组二等字今读的面貌,表 8 列举最为主要的 13 个字为例,其中永安、沙县据李如龙

2003 年调查,三元据李如龙(2001)。

表 8

	茶	罩	站	桌	卓	啄	戳	浊	撑	拆	择	宅	摘
永安	꜀tsɒ	tso꜂	tsõ꜂	tsaɯ꜃		tsaɯ꜃	꜁tsaɯ	꜁tsaɯ		tʻiɒ꜃	ʧia꜅ ꜁taɯ	꜁ʧia	ʧia꜃
三元	꜀tsɒ	tsɒ꜂	tsɔ̃꜂	tsaɯ꜃	tsaɯ꜃	tsaɯ꜃		꜁tsaɯ	tsʻɔ̃꜂	tʻiɒ꜃	꜁ʧia	꜁ʧia	ʧiɛ꜃
沙县	꜀tsia	tsau꜂	tsɔ̃꜂	tsɔ꜃	tsɔ꜃	tɔ꜃	꜁tso	꜁tso	tsʻɔ̃꜂	tsʻai꜃ tʻia꜃	꜁tsai ꜁to	꜁tsai	tsai꜃

表 8 中“啄拆择”具有今读 t 组声母的表现,其性质已如上文所述,因此不应该视为一般的知组二等字。除此之外,闽中方言知组二等字,包括口语中常用的“茶桌”等,都是今读塞擦音声母。其中,永安、三元逢洪音读 ʦ 组,逢细音读 ʧ 组(庄组逢细音也读 ʧ 组);沙县一律读 ʦ 组。总之,中古知组二等、三等字在闽中方言中的今读具有不同表现,与其他声组也具有不同的分合关系,整体上大致可以概括为:知组三等读如端组,音值为 t,tʻ;知组二等和庄组读如精组,音值为 ʦ,ʦʻ,s(其中永安、三元逢细音读如章组,音值为 ʧ,ʧʻ,ʃ);章组(包括知组三等的文读层)一般今读 ʧ,ʧʻ,ʃ。

2. 明溪方言

明溪县位于福建省西北部,《中国语言地图集》将明溪方言划归客家方言汀州片。项梦冰(2004b)根据李如龙《明溪县方言志》(2001)的材料,深入地讨论了明溪方言的几个音韵现象。其中,在讨论古知章庄精的分合类型时,作者认为古知组字今读 t,tʻ 音的字 45 个,虽然只是今读 ʦ,ʦʻ,s 音的字的一半略多,但“性质却非常重要”。项梦冰在文中“表八”所列举的知组今读 t 的有“啄 tɤ^{7} | 镇 teŋ^{5} | 摘 tia^{3} | 竹 tiu^{7} | 账 tioŋ^{5} | 箸 ty^{5}”,今读 tʻ 的有“择 tʻɤ^{6} | 直 tʻe^{6} | 拆 tʻia^{3} | 郑 tʻiaŋ^{6} | 锤 tʻue^{7} | 苎 tʻy^{1}”。根据语音对应规律,我们认为当中的“摘拆择啄”也明显不是来自知组二等,那么剩下的 8 个字就全都属于三等字了。除了“摘拆择啄”之外,被项梦冰认定为知组二等今读 t 组声母的还有“琢”字,这正如他所说的:“明溪方言古知组二等字今读 t- tʰ-的只有 5 个(啄琢摘拆择,约占二等字的 22%),辖字跟客赣方言相当接近。”实际上,“琢”是一个非口语用字,它与“啄”声旁相同,其读 t 声母有可能根据声旁类推而来。

综上所述,我们可以明确地断定明溪方言属于知组二三等今读有别,而知组三等读如端组的类型。

3. 湘西乡话

湘西乡话以前也被称为“瓦乡话”,是在湘西苗语、土家语、仡佬语和西南官话包围中的一种汉语方言。一般认为乡话中保留了不少现代方言中不常见的上古音特点,如“古无舌上音”。鲍厚星、伍云姬(1985:40)就说沅陵乡话“知彻澄一般读如端透定”,我们翻检其同音字汇,归纳出知组读如端组的字,共39个,即尘灰~꜀ti、池꜁di、迟꜁li、锤槌꜁dy、爹꜀tia、绸꜁tia、抽꜀t‘ia、柱꜂t‘ia、驰꜀t‘ua、桌꜁do、椽陈~米꜁diɛ、赚 duɛ꜄、沉澄꜂dæ、转 tuɪ꜄、朝~代 重~叠꜁diaɔ、虫꜁liaɔ、蛛猪株꜀tiəɯ、驻住 tiəɯ꜄、直值꜀t‘iəɯ、厨꜁diəɯ、张꜀tioŋ、长生~涨꜂tioŋ、丈꜂t‘ioŋ、长~短场꜁dioŋ、肠꜁lioŋ、摘 tiʔ꜆、侄 t‘iʔ꜆、筑戳 tiaʔ꜆。这39个字中,知组二等字有“桌赚摘戳”4个。其中,“桌”读꜁do,与“台抬”同音,当是“台”的训读,原来湘西乡话把桌子称为“台”,与粤语和吴语相同;“摘”读 tiʔ꜆,与锡韵的“踢”同韵,其来源已如上述;“赚”读 duɛ꜄,与《集韵》陷韵直陷切的韵母不合;“戳”读 tiaʔ꜆,声母、韵母都与彻母觉韵敕角切不合,二字可能都另有来源。除去这4个字,剩下35个读如端组的都是知组三等字。伍云姬(2000:354)也说古丈乡话“知组和端组的词均为[t][tʰ][d],很少有例外”,她在文中“表1”所列举的例字包括29个,即爹꜀tia、猪蜘蛛꜀tiəʊ、株꜀ta、朝꜀tiau、张꜀ten、涨꜂ten、账胀 tiɛn꜄、摘 tiɛ꜆、住箸 tiəʊ꜄、戳 tia꜆、著 tu꜆、重~量꜂t‘iaʊ、驰꜀t‘ua、抽꜀t‘ia、拄꜂t‘ia、侄꜀t‘i、丈꜂t‘en、直꜀t‘iəʊ、澄沉꜂dai、槌锤꜁duei、陈꜁diɛ、长~短场꜁den。这29个字中,知组二等字只有“摘戳”这两个。其中,“摘”读 tiɛ꜆ 带有-i-介音,其来源已如上述;“戳”读 tia꜆ 与沅陵接近,声母、韵母也都与彻母觉韵敕角切不合,怀疑另有来源。除去这两个字,剩下27个读如端组的都是知组三等字。杨蔚(2004:34)以11个方言点的材料为例,进一步阐述了湘西乡话知组读如端组的特点,她说:“湘西乡话的情形与闽语相似,首先知组无论二等三等多读如端组,而且都是常用口语字,虽然二等字不多。”曹志耘(2007:44)在总结乡话语音特点的时候也说“知组字一般读[t]组声母”。由此可见上述各家的观察都不够细致,结论也都需重新讨论。

通过上面的分析,我们可以明确地断定闽中方言、明溪方言和湘西乡话都属于知组二三等今读有别,而知组三等读如端组的类型。属于这种类型的方言还有莲花、吉安、安仁、邵武等地的赣语(张双庆、万波1996,万波1998,万波、张双庆2006,庄初升2007),粤北土话、湘南土话和桂北平话(庄初升2004)及粤北连州“四会声”粤语(庄初升2011)。上述知二组与知三组今读有别的方言，若庄组与章组也今读有别，那么知二组一般与庄组合流，而知三组的文读层则与章组合流。

附注

① “隔壁”在邵武方言中读 kia꜆pia꜆，kia꜆ 乃是 ka꜆ 受到 pia꜆ 的逆同化而发生的语流音变。

② 温州方言口语中不说“壁”，故“壁”字唯有文读层的读音 pi꜆。

③ 根据陈鸿迈先生提供的字音资料，“壁”在海口文读 ʔbek꜆，白读 ʔbia꜆。

④ 根据钱乃荣《杭州方言志》（日本：好文出版，1992），杭州“锡”字读 ɕiɪʔ꜆。

⑤ 厦门“落”字还有 5 个白读音：lak꜆，lak꜇，lo꜄，lauʔ꜇，lau꜄。

⑥ 北大中文系语言学教研室（2003）把扬州“啄”字的两个读音 ʦuaʔ꜆，tɔʔ꜆ 视为文白读，实际上前者来自竹角切，后者来自丁木切。

⑦ 浙江省桐庐县县志编纂委员会等（1992）把桐庐“啄”字的两个读音 tɕyəʔ꜆，təʔ꜆ 视为文白读，实际上前者来自竹角切，后者来自丁木切。

⑧ 颜森《黎川方言研究》啄木鸟记为“□木鸟 tɔʔ꜇muʔ꜇ ꜀tiau”，tɔʔ꜇ 属阳入而声母不送气，与“啄”不吻合，故作者用“□”表示。

⑨ 安义话是本文作者之一万波的母语。

参考文献

鲍厚星、伍云姬（1985）沅陵乡话记略，《湖南师大学报》增刊“湖南方言专辑”。

北大中文系语言学教研室（2003）《汉语方音字汇》（第二版重排本），北京：语文出版社。

曹志耘（2002）《南部吴语语音研究》，北京：商务印书馆。

——（2007）湘西方言概述，《语文研究》第 1 期。

曹志耘、秋谷裕幸、太田斋等（2000）《吴语处衢方言研究》，日本：好文出版。

陈满华（1995）《安仁方言》，北京：北京语言学院出版社。

付欣晴（2006）《抚州方言研究》，北京：中国社会科学出版社，文化艺术出版社。

黄雪贞（1995）《梅县方言词典》，南京：江苏教育出版社。

蒋希文（1961）赣榆方言的声母，《中国语文》第 9 期。

李　荣（1982）陆法言的《切韵》，载李荣著，《音韵存稿》，北京：商务印书馆。

李　荣主编（2002）《现代汉语方言大词典》，南京：江苏教育出版社。

李如龙（1991）闽中方言，《闽语研究》，北京：语文出版社。

——（2001）《福建县市方言志 12 种》，福州：福建教育出版社。

李如龙、张双庆主编（1992）《客赣方言调查报告》，厦门：厦门大学出版社。

刘纶鑫主编(1999)《客赣方言比较研究》,北京:中国社会科学出版社。

刘镇发(2006)温州方言在过去一个世纪的元音推移,《语言研究》第2期。

平田昌司主编(1998)《徽州方言研究》,日本:好文出版。

钱曾怡、曹志赟、罗福腾(1985)平度方言内部的语音差异,《方言》第3期。

秋谷裕幸(2005)浙南的闽东区方言,载《语言暨语言学》专刊甲种之十二,台北:"中央研究院"语言学研究所。

万　波(2009)《赣语声母的历史层次研究》,北京:商务印书馆。

万　波、张双庆(2006)论宋代以来邵武方言的演变,载《语言暨语言学》专刊外编之六,台北:"中央研究院"语言学研究所。

伍云姬(2000)湖南古丈瓦乡话的音韵初探,载丁邦新编,《语言变化与汉语方言——李方桂先生纪念论文集》,"中央研究院"历史语言学研究所筹备处。

项梦冰(2004a)闽语古精庄知章组字今读的分合(描写篇),载项梦冰著,《闽西方言调查研究》,韩国:新星出版社。

——(2004b)从若干音韵现象看明溪方言的性质,载项梦冰著,《闽西方言调查研究》,韩国:新星出版社。

谢留文(2003)《客家方言语音研究》,北京:中国社会科学出版社。

熊正辉(1990)官话区方言分 ts tʂ的类型,《方言》第1期。

徐　越(2007)《浙北杭嘉湖方言语音研究》,北京:中国社会科学出版社。

颜　森(1993)《黎川方言研究》,北京:社会科学文献出版社。

杨时逢(1957)《台湾桃园客家方言》,"中央研究院"历史语言研究所单刊甲种之二十二。

杨　蔚(2004)《湘西乡话音韵现象研究》,暨南大学博士论文。

张双庆、万　波(1996)从邵武方言几个语言特点的性质看其归属,《语言研究》第1期。

——(2002)知庄章组声母在闽语及周边方言里的今读类型考察,载丁邦新、张双庆编,《闽语研究及其与周边方言的关系》,香港:香港中文大学出版社。

浙江省桐庐县县志编纂委员会、北京师范学院中文系方言调查组(1992)《桐庐方言志》,北京:语文出版社。

庄初升(2004)《粤北土话音韵研究》,北京:中国社会科学出版社。

——(2007)论赣语中知组三等读如端组的层次,《方言》第1期。

——(2011)连州"四会声"中古精庄知章组今读的类型和层次,《暨南学报》第6期。

庄初升、万　波(2012)闽中方言中古知组字今读的类型和性质,载北京大学中国语言文学系汉语语言学研究中心编,《语言学论丛》第46辑,商务印书馆。

庄初升、邹晓玲(2013)湘西乡话中古知组读如端组的类型和性质,《中国语文》第5期。

(庄初升　510275　广州,中山大学中文系　zhuangcs@263.net;
万　波　香港沙田,香港中文大学中文系　wanbo@cuhk.edu.hk)

晋语蟹效摄一等开口字锐钝分韵现象及其意义*

王为民

提要 晋语蟹效摄与山咸摄一样存在一等开口字依声母锐钝分韵现象。山咸蟹效平行的演变特征不仅在晋语存在,在其他非官话南方方言也存在。这种现象说明,一等开口字依声母锐钝分韵是外转摄一、二等合并过程中的重要环节,因为其伴随特征是一等开口舌齿音字与二等合并,一等开口牙喉音字(及唇音字)与二等有别。这表明在四等俱全的外转摄一、二等合并的过程中,一等开口舌齿音字先行与二等合并,这是一等的后圆唇元音受舌齿音声母的舌前特征影响而前移的结果,然后才是一等开口牙喉音字与二等合并。晋语和非官话南方方言典型外转摄的演变特征为我们了解官话方言一、二等合并的过程提供了现代方言的证据。

关键词 蟹摄;效摄;外转摄;晋语;官话

一、引 言

王洪君(1999,2004,2014)、鲁国尧(2003)、董建交(2009)、郑伟(2011)等都曾讨论过南方方言山摄一等开口舌齿音字与牙喉音字的分韵即锐钝分韵现象。王为民(2014)认为这种现象是典型外转摄特有的现象,不仅在南

---

* 本研究得到国家社科基金重点项目(项目编号 16AYY010)、中国博士后基金特别资助(项目编号 2015T80235)、中国博士后基金一等资助(项目编号 2014M550150)、山西省"山西省留学回国人员科研资助项目"(项目编号 2014—006)和"山西省回国留学人员科技活动择优资助项目"(项目编号 2015058003)的资助,特表谢忱!

方方言中存在，而且在晋语中也存在。王为民（2016）进一步提出山摄一等开口字的锐钝分韵是一、二等韵合并过程中的第一环，其伴随特征是一等开口舌齿音字与二等合并，一等开口牙喉音字与二等有别。与山摄平行演变的是咸摄，咸摄也存在类似山摄的演变特征，这是以往学者所共知的。山咸摄的上述特征在晋语和非官话南方方言中都有所体现。

蟹效摄与山咸摄类似，都是四等俱全典型外转摄。蟹效摄是否也具备山咸摄的上述特征，值得我们关注。本文即讨论晋语蟹效摄一等开口字的锐钝分韵现象及其在非官话南方方言中的表现。

二、晋语蟹摄和效摄一等开口字锐钝分韵现象

1. 蟹摄一等开口字的锐钝分韵现象

(1) 相关研究

王洪君（1999/2014）指出核心晋语蟹摄一、二等的音韵格局是哈$_{白}$泰$_{白}$为一类，哈$_{文}$泰$_{文}$皆佳为另一类。王为民（2014）提出晋语尤其是核心晋语蟹摄主体层次的演变特征是一等开合口不分韵。这种演变特征实际上预示晋语尤其是核心晋语主体层次中不可能存在蟹摄一等开口字锐钝分韵现象，因为一等开口字锐钝分韵的伴随特征是一等开口舌齿音字与二等合并，一等开口牙喉音字与二等有别。这一伴随特征与一等开合口不分韵在逻辑上是冲突的。再者，晋语尤其是核心晋语吕梁片是一、二等有别的方言。既然晋语尤其是核心晋语蟹摄主体层次的演变特征是一等开合口不分韵，那么这一主体层次必然与二等有别。

王琼（2012：97—98）指出，蟹摄在并州片多数方言点已经合并，但在开口一等有文白异读的文水、孝义、祁县三地，白读与二等对立，文读不对立。她将这种韵类的分合格局归结为“蟹摄开口一二等有别，哈泰韵的非见系字读同皆佳夬韵，与哈泰韵见系字对立”，如表1所示。

表1　王琼对文水、孝义、祁县蟹摄的分析

哈韵$_{见系}$泰韵$_{见系}$	皆韵佳韵夬韵
哈韵$_{非见系}$泰韵$_{非见系}$	

然而王琼（2012：58）在分析蟹摄开口一、二等字的韵母时，指出“文

水、孝义、祁县等地，蟹摄开口一等字有文白异读，文读为 ai，与开口二等字读音相同，白读为 ei 类，孝义、祁县为 ei，文水的音值为 e”①，具体如表 2 所示。

表 2　王琼所录文水、孝义、祁县蟹摄一、二等读音状况

等		一等										二等
例字		逮	材	改	开	孩	爱	态	带	盖	害	派
文	文读	tai^{423}	tshai^{22}	kai^{423}	khai^{22}	xai^{22}	ŋai^{35}	thai^{35}	tai^{35}	kai^{35}	xai^{35}	phai^{35}
水	白读	te^{423}	tshe^{22}	ke^{423}	khe^{22}	xe^{22}	ŋe^{35}	the^{35}	te^{35}	ke^{35}	xe^{35}	
孝	文读	tai^{312}	tshai^{11}	kai^{312}	khai^{11}	—	ŋai^{53}	—	tai^{53}	kai^{53}	xai^{53}	phai^{53}
义	白读	tei^{312}	tshei^{11}	kei^{312}	khei^{11}	—	ŋei^{53}	—	tei^{53}	kei^{53}	xei^{53}	
祁	文读	—	—	—	khai^{33}	—	ŋai^{35}	—	—	—	xai^{35}	phai^{35}
县	白读	—	—	—	khei^{33}	—	ŋei^{35}	—	—	—	xei^{35}	

由表 2 可以看出，文水和孝义蟹摄一等开口字不论锐钝都有文白异读，其中 ai 为文读，ei/e 为白读。祁县则不同，只有钝音字有文白异读。但根据杨述祖、王艾录（1984）的记录，这只是表面现象，因为祁县方言锐音声母字也有文白异读，如“耐”字有文读 nai^{35}、白读 nei^{35}，“腮”字只有白读 sei^{33}。“逮、材、改、孩、态、带、盖”只有文读 ai 类韵母，并不是这些字没有记录。因此可以说，祁县方言蟹摄一等开口字与文水和孝义一样都是不分锐钝有文白异读。文水、孝义和祁县方言不存在表 1 所展示的音韵结构类型。

（2）蟹摄一等开口字的锐钝分韵现象

根据我们的调查，②目前山西境内晋语中，只发现五台片偏关方言不仅存在山咸摄一等开口字的锐钝分韵现象，而且也存在蟹摄一等开口字的锐钝分韵现象，如表 3、表 4 所示。

表 3　偏关方言蟹摄一等字读音状况

例字 / 读音 / 方言点	才	奈	开	爱	艾	对	雷	崔	最
	蟹开一平咍从	蟹开一去泰泥	蟹开一平咍溪	蟹开一去代影	蟹开一去泰疑	蟹合一去队端	蟹合一平灰来	蟹合一平灰清	蟹合一去泰精
偏关	tsʰᴇi^{44}	nᴇi^{52}	kʰi^{214}	ŋi^{52}	ŋi^{52}	tuᴇi^{52}	luᴇi^{44}	tsʰuᴇi^{214}	tsuᴇi^{52}

表4　偏关方言蟹摄二等字读音状况

例字 读音 方言点	埋 蟹开二 平皆明	豺 蟹开二 平皆崇	晒 蟹开二 去卦生	界 蟹开二 去怪见	崖 蟹开二 平佳疑	槐 蟹合二 平皆匣	拐 蟹合二 上蟹见	歪 蟹合二 平佳晓	快 蟹合二 去夬溪
偏关	mᴇiˑ^{44}	ʦ^{h}ᴇiˑ^{44}	sᴇiˑ^{52}	tɕiˑ^{52}	nᴇiˑ^{44}	xuᴇiˑ^{44}	kuᴇiˑ^{214}	uᴇiˑ^{214}	k^{h}uᴇiˑ^{52}

由表3、表4可以看出,偏关方言蟹摄一、二开口等除了见系字之外已经完全合并,这是五台片方言的主体特征,只不过偏关方言蟹摄一等开口字还保持锐钝有别的特征,这是五台片其他方言所不具备的。偏关方言蟹摄一等开口见系字,韵母与一等开口非见系字有别,同时其声母也与二等见系字不同。由音值来看,偏关方言蟹摄一等见系字i韵母的形成时间要晚于二等见系字i韵母的形成时间,这说明早期一等见系的韵母与二等见系的韵母是不同的。如果一等见系字的韵母在二等见系字腭化之前就与二等见系字的韵母合并,那么一等见系字也必然随着二等见系字一起腭化。虽然从韵母来看,偏关方言蟹摄一、二等已经完全合并,但其仍然保持蟹摄一等开口字锐钝有别的特征。

2. 效摄一等开口字的锐钝分韵现象

(1) 相关研究

刘勋宁(1998:136—137)在讨论《中原音韵》的萧豪时指出,陕西吴堡,山西兴县、岚县、汾阳、祁县等地还完整地保留着萧豪韵一、二、三等的区别,如表5所示。

表5　刘勋宁所录吴堡、兴县、岚县、汾阳、祁县效摄一、二、三等的读音

	吴堡	兴县	岚县	汾阳	祁县
一等	堡 pu	pu	pu	pu	pu
	抱 pu	pu	pu	pu	pu
	毛 mu	mu	mu	mu	
	高 kɔ	kɷ	kɑo		ko
	靠 k^{h}ɔ	k^{h}ɷ	k^{h}ɑo	k^{h}ɯ	k^{h}o
	熬 ŋɔ	ŋɷ	ŋɑo	ŋɯ	ŋo

（续表）

	吴堡	兴县	岚县	汾阳	祁县
二等	包 pɔ	pɒɔ	pɑo	pɑo	pau
	猫 mɔ	mɒɔ	mɑo	mɑo	mau
	闹 nɔ	nɒɔ	nɑo	nɑo	nau
	交 tɕiɔ	tɕiɒɔ	tɕiɑo	tɕiɑo	tɕiau
	巧 tɕʰiɔ	tɕʰiɒɔ	tɕʰiɑo	tɕʰiɑo	tɕʰiau
	咬 ȵiɔ	ȵiɒɔ	ȵiɑo	ȵiɑo	ȵiau
三等	膘 piɤ	piɷ	piɤu	piɯ	pio
	苗 miɤ	miɷ	miɤu	miɯ	mio
	跳 tʰiɤ	tʰiɷ	tʰiɤu	tʰiɯ	tʰio
	浇 tɕiɤ	tɕiɷ	tɕiɤu	tɕiɯ	tɕio
	桥 tɕʰiɤ	tɕʰiɷ	tɕʰiɤu	tɕʰiɯ	tɕʰio
	舀 iɤ	iɷ	iɤu	iɯ	io

由表5来看，就区别效摄的一、二等来说，吴堡与岚县基本一致，其一等牙喉音字与二等无别；兴县、汾阳和祁县基本一致，其一等牙喉音字与二等字有别。表5中没有列出相应的舌齿音字，如果列出，则我们会发现这5点效摄一等舌齿音字与二等完全没有区别，详见下文。关于这一点，王琼（2012）在讨论并州片效摄字的音韵格局时给予了部分正确的补充。

王琼（2012：97）指出："效摄在并州片晋语多数方言点已经合流，但在孝义、文水两地一等见系有文白异读，文读一二等无对立，白读一等见系与二等有对立，同时与一等非见系也有对立。"同时，王琼（2012：64）也指出："效摄在并州片多数方言点一般没有文白异读，主元音一致为 au 类元音，洪音读为开口呼，细音读为齐齿呼。仅在孝义、文水效摄存在文白异读，孝义一等见系、三等知系，文读 aɔ，白读 ɤ，三四等，文读 iaɔ，白读 yɔ；文水一等见系、三等知系，文读 au，白读 əɪ，三四等，文读 iau，白读 i。"具体如表6所示（双下划线表示文读，下同）。

表6　王琼所录孝义、文水效摄字读音

	早$_{\text{精}}$	抱	高$_{\text{见}}$	好$_{\text{晓}}$	熬$_{\text{疑}}$	照$_{\text{章}}$	少$_{\text{书}}$	表$_{\text{帮}}$	笑$_{\text{心}}$	桥$_{\text{群}}$	条$_{\text{透}}$	叫$_{\text{见}}$
孝义	tsaɔ^{312}	paɔ^{53}	kaɔ^{11}	xaɔ^{312}	ŋaɔ^{11}	tʂaɔ^{53}	ʂaɔ^{312}	piaɔ^{312}	ɕiaɔ^{53}	tɕʰiaɔ^{11}	tʰiaɔ^{11}	tɕiaɔ^{53}
		pu^{53}	kɤ^{11}		ŋɤ^{11}	tʂɤ^{53}	ʂɤ^{312}	pyɔ^{312}	ɕyɔ^{53}	tɕʰyɔ^{11}	tʰyɔ^{11}	tɕyɔ^{53}
文水	Tsau^{423}	paɔ^{35}	Kau^{22}	Xau^{423}	ŋau^{22}	tʂau^{35}	ʂau^{423}	Piau^{423}	ɕiau^{35}	tɕʰiau^{22}	tʰiau^{22}	tɕiau^{35}
		pu^{35}	kəɪ^{22}	xəɪ^{423}		tʂəɪ^{35}	ʂəɪ^{423}	Pi^{423}	ɕi^{35}	tɕʰi^{22}	tʰi^{22}	tɕi^{35}

王琼(2012)没有展示一等非见系字即锐音字的读音。为了讨论方便,表中加上了非见系字——锐音字“早”和唇音(钝音)字“抱”——的读音,如阴影部分所示。

就王琼(2012：64)所展示的材料来说,其所指出的孝义和文水的效摄字的音韵格局是完全正确的。但是若我们参考刘勋宁(1998)的研究,再仔细考察这两个方言的音韵系统,就会发现其实孝义和文水效摄一等字的音韵格局是唇音字白读 u 韵母/舌齿音字白读 aɔ(au)韵母/牙喉音字白读 ɤ(əɪ)韵母,也就是说,孝义和文水效摄一等字文白异读,不是见系和非见系即锐钝的对立,而是唇音、舌齿音和牙喉音的对立,但仍然属于锐钝分韵的范畴。

(2) 效摄一等开口字的锐钝分韵现象

① 并州片

并州片除了孝义和文水方言之外,太谷和祁县方言也存在效摄一等开口字的锐钝分韵现象,其音韵格局与孝义和文水基本一致,如表7所示,其中材料分别来自杨述祖(1983)《太谷方言志》和杨述祖、王艾录(1984)《祁县方言志》。

表7　太谷、祁县效摄一二等字的读音状况

例字	堡	菢	刀	糟	高	熬	饱	抄	交
读音	效开一上晧帮	效开一去号並	效开一平豪端	效开一平豪精	效开一平豪见	效开一平豪疑	效开二上巧帮	效开二平肴初	效开二平肴见
太谷	pu^{323}	pu^{45}	taɯ^{22}	tsaɯ^{22}	kuo^{22}	ŋuo^{22}	paɯ^{323}	tsʰaɯ^{22}	tɕiaɯ^{22}
祁县	pu^{213}	—	tau^{33}	tsau^{33}	ko^{33}	ŋo^{33}	pau^{213}	tsʰau^{33}	tɕiau^{33}

并州片太谷、祁县、文水、孝义4点不仅存在山咸摄一等开口字的锐钝分韵现象，而且也存在效摄一等开口字的锐钝分韵现象，这是一种平行的演变。

② 吕梁片

吕梁片效摄一等开口字的锐钝分韵现象主要表现在兴县和汾阳，如表8相应的前二行所示。表8中，兴县、汾阳、柳林、中阳、隰县材料主要来自白静茹(2009)《吕梁方言语音研究》，部分参考了刘勋宁(1998)《现代汉语研究》；岚县材料来自沈明(2014)《山西岚县方言》；吴堡材料来自邢向东、王兆富(2014)《吴堡方言调查研究》。

表8　吕梁片方言效摄一二等字的读音状况

例字 / 读音 / 方言点	抱 效开一上晧並	毛 效开一平豪明	桃 效开一平豪定	早 效开一上晧精	高 效开一平豪见	熬 效开一平豪疑	包 效开二平肴帮	吵 效开二上巧初	交 效开二平肴见
兴县	pɑu^{51} pu^{51}	mɑu^{44}	tʰɑu^{44}	tsɑu^{314}	kʊ^{24}	ŋʊ^{44}	pɑu^{24}	tsʰɑu^{314}	tɕiɑu^{24}
汾阳	pu^{55}	mau^{55} mu^{55}③	tʰau^{22}	tsau^{412}	kɯ^{314}	ŋɯ^{22}	pau^{314}	tsʰau^{412}	tɕiau^{314}
柳林	pu^{53}	mou^{55} mu^{55}	tʰou^{55}	tsou^{412}	kou^{24}	ŋou^{55}	pou^{24}	tsʰou^{412}	tɕiou^{24}
中阳	pu^{53}	mo^{44} mu^{44}	tʰo^{44}	tso^{412}	ko^{35}	ŋo^{44}	po^{35}	tsʰo^{412}	tɕio^{35}
隰县	pʰu^{55}	mɔ^{24}	tʰɔ^{24}	tsɔ^{21}	kɔ^{41}	ŋɔ^{24}	pɔ^{41}	tsʰɔ^{21}	tɕiɔ^{41}
岚县	pu^{53}	mau^{44}	tʰau^{44}	tsau^{312}	kau^{214}	ŋau^{44}	pau^{214}	tsʰau^{312}	tɕiau^{214}
吴堡	po^{53} pu^{53}	mo^{33} mu^{33}	tʰo^{33}	tso^{412}	ko^{214}	ŋo^{33}	po^{214}	tsʰo^{412}	tɕio^{214}

由表8来看，吕梁片方言效摄字一等字与并州片太谷、祁县、孝义、文水方言具有共同的特征，就是其唇音字白读为u韵母，与模韵合并；兴县和汾阳方言与并州片太谷、祁县、孝义和文水方言一样，效摄一等字舌齿音字韵母与二等字韵母合并但与牙喉音字韵母和唇音字韵母有别，形成唇音、舌齿

音和牙喉音韵母对立的格局。就吕梁方言来看,效摄一、二等合并的过程是,一等舌齿音字率先与二等合并,一等牙喉音字次之,唇音字不与二等合并,而是与遇摄模韵合并。这是早在舌齿音字与二等合并之前就已经发生的现象,详见下文的分析。

3. 豪韵唇音字与模韵字同韵现象的分析

乔全生(2008:176—178)曾以“古萧豪与鱼模同韵的残留”一节讨论过晋语及其毗连的中原官话古萧豪与鱼模同韵的现象,并认为这是早期西北某支方言的现象。我们认为这一现象发生的时间较早,但它所涉及的范围、与现代晋语及其毗连的汾河片中原官话之间的关系,还有值得进一步申论的余地。我们首先看一下乔全生(2008)所引用的材料:

唐末李匡乂《资暇集》“俗谭”记载:“熨斗为酝,剪刀为箭,帽为慕,礼为里,保为补,褒为捕,暴为步,触类甚多,不可悉数。”钱大昕评价“今北人读‘堡’为‘补’,唐时盖已然”。

晋语及其毗连的汾河片中原官话“堡”“菢”“暴”读 pu,“毛”“峁”读 mu。

首先,从李匡乂《资暇集》所记录的有关材料来看,所涉及的字分别是效摄一等豪韵唇音字及模韵唇音字,与效摄其他韵母字和鱼韵字无关,因此显然不能以《中原音韵》古“萧豪”韵和“鱼模”韵为基础进行讨论。

其次,从现代晋语及其毗连的汾河片中原官话所涉及的字音来看,全都是豪韵唇音字,不夹杂一个肴韵唇音字。其实在现代晋语及其毗连的汾河片中原官话中除豪韵唇音字外其他效摄字与模韵无涉。

第三,豪韵帮组字读同模韵帮组字并不局限于晋语及其毗连的汾河片中原官话,其分布相当广泛,是一种全国性的现象。秋谷裕幸(1999:116)就曾指出:“个别豪韵帮组字读同模韵帮组字这一现象是一种全国性的现象,例如山东省博山话的‘抱’pu^5与‘布簿步’等字同音(钱曾怡 1993)、山西太原话里的‘抱’pu^5也与‘布簿步’等字同音(北京大学 1989)。”

这说明,这种现象是一等豪韵与二等肴韵未合并之前的现象。同时也说明,这群方言在豪韵与肴韵合并之前,豪韵唇音字已经变入了模韵。正是由于这个原因,等到效摄一等豪韵非唇音字与二等合并时所展示出来的锐钝分韵现象,实际上并不包括唇音字在内。但值得注意的是,并不是所有存在效摄一等开口字锐钝分韵的方言都有如此音韵格局,如下文谈到的粤北土话三溪方言就不是这样,它的唇音字并未并入模韵。

4. 小结

由上述考察来看，晋语蟹效摄都存在一等开口字依声母锐钝分韵的层次，而且其伴随特征是一等开口舌齿音字与二等合并，牙喉音字与二等有别，这与山咸摄是完全平行的。蟹摄一等开口字锐钝分韵的特征由于与晋语(尤其是核心晋语)主体层次的特征互斥，故只在边缘晋语五台片发现了痕迹。

三、蟹效摄一等开口字锐钝分韵在非官话南方方言中存在的痕迹

1. 蟹摄一等开口字

(1) 蟹摄一等开口重韵有别的方言

王洪君(1999/2014)在讨论开口一等重韵在现代方言中的反映时指出，吴赣徽粤湘客蟹摄开口一、二等的音韵格局如表9所示。

表9　吴赣徽粤湘客蟹摄开口一等重韵的音韵格局

哈$_{\text{白}}$泰$_{\text{白(见系)}}$	泰$_{\text{(非见系)}}$
哈$_{\text{文}}$泰$_{\text{文(见系)}}$	皆佳

由表9可以看出，吴赣徽粤湘客等方言蟹摄一、二等开口的音韵格局，是一等开口哈韵白读和泰韵白读见系为一类，一等开口哈韵文读、泰韵文读见系、泰韵非见系和二等开口皆韵及佳韵为另一类。也就是说，在这些蟹摄一等开口重韵有别的方言中，蟹摄一等开口泰韵非见系字已经与二等合并，从而与泰韵见系及哈韵有别，这也是哈韵和泰韵见系字文白有别的原因。但是上述方言在蟹摄一等开口重韵的表现上是存在内部分歧的，尤其是湘语和赣语表现得更为突出，其内部存在哈泰无别且依声母锐钝分韵的方言。

(2) 蟹摄一等开口重韵无别的方言

① 湘方言部分点

瞿建慧(2009：117)指出，湘语辰溆片“武溪、浦市、巴什坪、兴隆场、石榴坪、潭溪、辰阳、田湾、伍家湾、火马冲、黄溪口等地蟹摄开口一二等混同的字数要多些，非见系字一等韵和二等韵文读[ɛi/ai]，白读[a]，已经没有区别。见系二等字韵母文读[ɛi/ai]，白读[a]，而一等韵只有一读[ɛi/ai]，显

出一二等韵的区别来”,“湘语辰溆片部分方言点蟹摄开口一等见系字韵母曾与蟹摄合口一等韵相混。《[民国]溆浦县志》‘四区人语器皿有盖之盖曰桂’。蟹摄开口一二等见系字的区别不仅表现在主要元音的不同,还表现在介音[u]的有无上。如今的四区人(指溆浦县低庄、花桥等地)‘盖’与‘桂’已经不同音了,是受强势方言的影响”。

蟹摄一等咍韵开口字没有唇音字,泰韵开口常用字只有“贝、沛”两字。从瞿建慧(2009)的描写来看,湘语辰溆片“武溪、浦市、巴什坪、兴隆场、石榴坪、潭溪、辰阳、田湾、伍家湾、火马冲、黄溪口”方言的白读非见系字已经与二等完全混同,而见系字仍然保持着一、二等的差别。这种音韵格局实际上就是蟹摄一等开口字依声母锐钝分韵的表现。

关于这一点,周赛红(2005：92)在讨论湘方言蟹摄一、二等字的合并过程时指出:“方言点一等韵并入二等不是所有字同时发生的,‘戴、带、泰、态、乃、耐、奈、赖、猜’等字可能很早就并入了二等字,而其他字的速度要慢一些。”“从大体上情况看,牙喉音字在一等并入二等的轨道上走得较慢。”周赛红所说的很早就并入二等的一等开口字如“戴、带、泰、态、乃、耐、奈、赖、猜”等都是舌齿音字即锐音字,不夹杂一个钝音字,同样说明舌齿音字较牙喉音先并入二等。

更为值得注意的是,湘方言辰溆片蟹摄一等开口字依声母锐钝分韵的格局与咸山摄一等开口字的格局是完全平行的。瞿建慧(2009：118—119)指出:“湘语辰溆片咸山摄舒声开口一二等韵的区别保留在见系中。”

② 赣语部分点

根据陈昌仪(1990)和刘纶鑫(1999)的调查以及《中国语言地图集》(第2版)的分区,赣语鹰弋片余干方言和抚广片黎川方言存在蟹摄开口一等字依声母锐钝分韵的现象,如表10所示。

表10　余干、黎川方言蟹摄一二等开口字的读音状况

例字 / 读音 / 方言点	戴	太	财	改	盖	贝	拜	柴	街
	蟹开一去代端	蟹开一去泰透	蟹开一平咍从	蟹开一上海见	蟹开一去泰见	蟹开一去泰帮	蟹开二去怪帮	蟹开二平佳崇	蟹开二平佳见
黎川	tai^{53}	hai^{53}	t^hai^{35}	koi^{44}	koi^{53}	poi^{53}	pai^{53}	sai^{35}	kai^{22}
余干	tai^{53}	t^hai^{53}	ts^hai^{25}	koi^{213}	koi^{53}	pi^{53}	pai^{53}	sai^{25}	kai^{33}

由表10可以看出,黎川、余干方言蟹摄一等开口舌齿音字与二等同韵,牙喉音字和唇音字则与二等有别。这显然属于蟹摄一等开口字依声母锐钝分韵现象。

2. 效摄一等开口字

根据张双庆(2000)和庄初升(2004:171—172)的调查与研究,粤北土话24个点中有20个效摄一、二等字已经完全合流,但东北部的乌迳、雄州和西北部的三溪、丰阳还保留区别的痕迹。在这还保留效摄一、二等区别痕迹的4个点中,乌迳、雄州和丰阳效摄一等唇音字、舌齿音字和牙喉音字都有文白异读,而三溪则不同。在三溪方言中,效摄一等白读为 æ 韵母,但存在文白异读的只有唇音字和牙喉音字,舌齿音字没有文白异读,已经完全与二等合并。不过一等牙喉音字也有个别与二等合并的现象。如表11所示。

表11　粤北土话三溪方言效摄一二等字的读音状况

例字 / 读音 / 方言点	保	抱	帽	告	靠	灶	饱	貌	搞
	效开一上晧帮	效开一上晧並	效开一去号明	效开一去号见	效开一去号溪	效开一去号精	效开二上巧帮	效开二去效明	效开二上巧见
三溪	pæ^{35}	pæ^{35}	mæ^{33}	kæ^{52}	k^{h}æ^{52}	tʃɔu^{52}	pɔu^{35}	mɔu^{33}	kɔu^{35}

四、晋语蟹效摄一等开口字锐钝分韵现象的意义

何大安(1988:101—102)指出:"一二等韵的分别,在中古音里,表现在蟹、山、效、咸四个摄的元音对比上。这种元音的对比,至少从唐代以后,就在不同的方言里,沿着不同的方向逐渐省并。以今天各大方言的反映而论,只有吴、粤两种方言还大体保留了这种分别,官话、湘方言便省并得很多,只在蟹摄和山、咸的入声,保留了元音的对比;而闽方言则更只保留了效摄的分别。下面是一个简单的比较表,'+'表示保留一二等元音的区别,'(+)'表示仅入声有别:

表12[④] 汉语方言一二等韵的分别

	吴(温州)	粤(广州)	赣(南昌)	客(梅县)	闽(厦门)	湘(溆浦)	官话(国语)
蟹	+	+	+	+	–	+	+
效	+	+	–	+	+	–	–
山	+	+	+	+	–	(+)	(+)
咸	+	+	+	–	–	(+)	(+)

一、二等元音对比的消失,是从中古到现代汉语韵母发展上一个重要的演变。在一个可以用‘摄’架构起来的中古音系里,正是由于一二等和三四等的分别合并,才能由开合四等,进而为官话的开齐合撮四呼,大大地简化了韵母系统。官话既然能由此而分,其他方言自然也可以借以分别。在这里我们就可以看到,赣是一个效摄没有分别的方言,而客是一个咸摄没有分别的方言。”

由于材料的限制,何大安(1988)没有讨论晋语一、二等韵的分别,而且表12的这种概况还仅仅是一个大致的描写,因为有不少方言能区别一、二等的只有见系字。后来,王洪君(1999/2014)对此进行了更为深入准确的分析。不过值得注意的是,正如何大安所说“一二等元音对比的消失,是从中古到现代汉语韵母发展上一个重要的演变”,而这个重要演变的具体过程如何、细节如何,并没有引起学术界的关注。

田希诚(1993)、沈明(1999)、乔全生(2008)、白静茹(2009)、王琼(2012)、韩沛玲(2012)从存古性角度对晋语一、二等韵的分别进行了比较充分的探索。

然而,晋语山咸摄能区别一、二等的字都是见系字,舌齿音字不能区别一、二等。王为民(2014)指出,晋语山摄主体层次的演变特征是一等开口字依声母锐钝分韵。绝大多数晋语山咸无别,咸摄一等开口字的演变特征也是一等开口字依声母锐钝分韵,而且晋语山咸摄一等开口字依声母锐钝分韵的伴随特征是一等开口舌齿音字与二等合并,一等开口牙喉音字与二等有别。王为民(2016)提出,晋语山摄一等开口字依声母锐钝分韵是北方方言一、二等合并的先声,是一、二等合并的重要一环,这是外转摄一、二等合并的细节。这一细节的含义是在外转摄一、二等合并的过程中,首先是一等开口舌齿音字与二等合并,其次是一等开口牙喉音字与二等合并。

现在我们看到这一细节又在蟹摄和效摄的演变上得到了验证。之所以这一细节有这样的含义,是因为一等字的主元音为后圆唇元音,二等字的主元音为前元音,在一、二等字合并的过程中,由于舌齿音声母具有舌前特征,故引起后圆唇元音前移变为前元音,因此舌齿音字率先与二等合并。

外转摄除了山咸蟹效这四个四等俱全的韵摄之外,还有四个四等不全的韵摄即假摄(二、三等)、臻摄(二等)、江摄(二等)和梗摄(二、三、四等),它们的共同特点是没有一等,是故这些韵摄不可能表现出一等开口字依声母锐钝分韵的现象。在官话方言中,臻摄后来"由外转内",假摄、江摄和梗摄分别与果摄、宕摄和曾摄发生了"内外混等"。在非官话方言中,有没有发生类似官话方言的"内外混等",或者即便发生了"内外混等",其表现又如何,都还值得进一步探讨。

在地处北方山地的晋语和地处南方的非官话方言中,同时存在官话方言所没有的山咸蟹效一等开口字依声母锐钝分韵现象,这不是偶然现象。在官话方言中外转摄一、二等字已经完全合并,几乎看不出其合并的过程及痕迹了,而在晋语和非官话南方方言中我们依然可以看到一、二等合并的过程及其痕迹。

五、结　论

与山咸摄一样,晋语蟹效摄一等开口字也存在依声母锐钝分韵现象;而且更为重要的是,山咸蟹效摄的这种现象在非官话南方方言也存在,形成南北的呼应。这不是偶然现象。山咸蟹效等典型外转摄一等开口字依声母锐钝分韵现象的伴随特征是一等开口舌齿音字与二等合并,而牙喉音(和唇音字)则与二等有别,这是汉语方言一、二等合并过程中的重要一环。在官话方言中,这种现象消失殆尽,而在非官话方言中依然存在痕迹。通过对现代方言的深入挖掘,我们可以从中窥探汉语语音史上,尤其是宋元时期官话方言语音史上的若干细节。

附注

① 原文为"文水、祁县为 ei,孝义的音值是 e",误,当为"孝义、祁县为 ei,文水的音值是 e"。

② 我们的调查人为张宝玉,男,33岁,山西省偏关县城关人,山西大学汉语方言学硕士毕业,现为忻州市政协公务员,能说家乡话和普通话。崔秀婵,女,20岁,山西省偏关县老营镇岩头村人,能说家乡话和普通话。同时,这里也参考了张宝玉对偏关方言音系的调查结果。

③ 汾阳"毛"字的白读音参考了刘勋宁(1998:137)。

④ 原文为"表10",这里为了方便称说改为"表12"。

参考文献

白静茹(2009)《吕梁方言语音研究》,北京大学博士学位论文。

陈昌仪(1990)余干方言同音字汇,《方言》第3期:180—191。

董建交(2009)《集韵》寒桓韵系开合混置的语音性质,《语言研究》第4期:53—56。

韩沛玲(2012)《山西方言音韵研究》,北京:商务印书馆。

何大安(1988)《规律与方向——变迁中的音韵结构》,台北:"中央研究院"。

刘纶鑫(1999)《客赣方言比较研究》,北京:中国社会科学出版社。

刘勋宁(1998)《现代汉语研究》,北京:北京语言文化大学出版社。

鲁国尧(2002)"颜之推谜题"及其半解(上),《中国语文》第6期:536—549。

——(2003)"颜之推谜题"及其半解(下),《中国语文》第2期:137—147。

乔全生(2008)《晋方言语音史研究》,北京:中华书局。

秋谷裕幸(1999)也谈吴语处衢方言中的闽语成分,《语言研究》第1期:114—120。

瞿建慧(2009)《湘语辰溆片语音研究》,陕西师范大学博士学位论文。

沈　明(1999)山西方言韵母一二等的区别,《中国语文》第6期:428—435。

——(2014)《山西岚县方言》,北京:中国社会科学出版社。

田希诚(1993)山西方言古二等字韵母略说,《语文研究》第4期:41—48。

王洪君(1999)从开口一等重韵的现代反映形式看汉语方言的历史关系,《语言研究》第1期:61—75。

——(2004)也谈古吴方言覃谈寒桓四韵的关系,《中国语文》第4期:358—363。

——(2014)《历史语言学方法论与汉语方言音韵史个案研究》,北京:商务印书馆。

王　琼(2012)《并州片晋语语音研究》,北京大学博士学位论文。

王为民(2014)晋语山蟹两摄的不平行演变研究,《语言学论丛》第49辑,北京:商务印书馆。

——(2016)北宋寒韵系字的锐钝分化及其与元代北方方言"寒山"与"桓欢"分韵之间的关系,Journal of Chinese Linguistics 待刊。

邢向东、王兆富(2014)《吴堡方言调查研究》,北京:中华书局。

杨述祖(1983)太谷方言志,《语文研究》增刊。

杨述祖、王艾录(1984)《祁县方言志》,《语文研究》增刊。

张双庆(2000)《乐昌土话研究》,厦门:厦门大学出版社。

郑　伟(2011)《切韵》寒韵字的演变特征与现代吴语,《中国语文》第4期:352—363。

中国社会科学院语言研究所等(2012)《中国语言地图集》(第2版),北京:商务印书馆。

周赛红(2005)《湘方言音韵比较研究》,湖南师范大学博士学位论文。

庄初升(2004)《粤北土话音韵研究》,北京:中国社会科学出版社。

(030006　太原,山西大学语言科学研究所暨高本汉研究中心　wangwmwang@sxu.edu.cn)

中古鼻音与擦音声母字在早期汉语中的语音交替*

郑 伟

提要 战国秦汉的楚系(及秦、齐等系)出土文献资料显示,来自中古汉语的明、泥、日、疑等鼻音声母字和喉擦音 h-声母字有明显的语音交替关系,该音变也见于侗台语(包括固有词与汉借字)、闽南方言的白读音,是早期汉语中较为普遍的自然音变。考虑到闽方言、侗台语和古楚语之间的密切联系,前两种语料里的这种发音习惯的直接来源应为古楚语,而不是传世文献中的谐声字或楚系以外的出土文献,进而也可以将该音变看作是秦汉以后的南方语言的区域性特征之一。

关键词 鼻音声母;喉擦音声母;区域特征;出土文献;侗台语;闽方言

本文旨在从战国中晚期的出土文献材料出发,以楚地文献为主,兼及其他区系的出土文献材料,指出中古明 m-、泥 n-、疑 ŋ-等鼻音声母字和晓 x-/h-、匣 ɣ-/ɦ-、心 s-等擦音声母字之间存在语音交替;这种语音交替既是一种音变,也反映了早期汉语的某种发音习惯,而此种发音习惯在传统文献中以谐声字为主要表现形式。它不仅见于楚、齐、秦等系出土文献,还见于与战国秦汉楚方言具有密切关系的闽方言(闽南话的白读层)、侗台语(固有词与汉借字)。

---

* 本文初稿曾在"汉语史观暨汉语史研究方法论研讨会"(2015 年 11 月 14—15 日,复旦大学中文系)上宣读,承蒙与会学者指教。《语言研究集刊》的匿名审稿人提供了细致的修改意见,特别是在古文字资料的使用与鉴别方面赐教尤多。若仍有谬误,责任在于作者。

需要强调,m-/n-/ŋ- > h-之类的音变从生理/声学/感知语音学的角度来看,是比较容易发生的(黄典诚1986;张光宇1989),所以可以理解为何它会见于不同时代、地域性质的语言材料之中。另外,我们将侗台语、闽语中的该音变的历史来源追溯至战国楚方言,主要基于三点考虑:第一,已有的研究表明,与闽语、侗台语有着最直接的历史渊源关系的早期文献,不是秦、齐系,而是楚系文献。闽方言在词汇、音韵等方面与古楚语的关系密切(李如龙1996;徐芳敏2002;赵彤2006;郑伟2008),古楚语的音韵、词汇、语法等不同层面的特征在侗台语中也有不同程度的反映(林虹瑛等2003;毕鹗〔Behr〕2005;郑伟2007,2010)。第二,楚系出土文献在鼻音与擦音相交替这一语音问题上,其实是有倾向性的,亦即往往是传世文献的鼻音声母字,在楚系文献中用晓母字表示。当然,相反的通假情况也是存在的,但是从数量对比上看,前者是占绝对多数的。第三,对传世文献中的谐声字无法做此种观察,某个谐声系列中鼻音、擦音声母字兼具,演变到中古,要么鼻音,要么擦音,看不出倾向性。至于齐、秦系文献,也没有类似楚系文献的晓母字对应于传世文献的鼻音声母字的这种倾向。

一、出土文献所见鼻音与擦音声母字的交替

通过具体的一些例子,可以说明中古鼻音声母字在楚系出土文献中的特殊反映形式。先看中古明母字在楚系出土文献里读作中古晓、匣母字的情况。[①](所注出处中,《郭简》[②]指《郭店楚墓竹简》,《上博二》指《上海博物馆藏战国楚竹书二》,《马帛》指《马王堆汉墓帛书》,《包简》指《包山楚简》)

(1) 故君子多<u>䎽(闻)</u>,齐而守之。(《郭简·缁衣》简38,刘钊〔2003:65〕指出,"䎽"为"闻"字古文)

(2) 道亦其字也,青(请)<u>昏(问)</u>其名。(《郭简·太一生水》简10)

(3) 郾(燕)客臧嘉<u>䎽问</u>王于纪郢之岁。(《楚燕客铜量》,释文可参看李零〔2015:259—263〕,该铜器的其他引文出处同此。)

(4) 吾<u>昏(闻)</u>夫舜其幼也,每(敏)以□寺,其言……。(《上博二·子羔》简4;释文参看李学勤〔2004:13〕。)

(5) "五至"既<u>𦖞(闻)</u>之矣,敢<u>𦖞(问)</u>何谓"三无"?(《上博二·民之父母》简5)

(6) 易(狄)之餌(闻)之於先王之灋也。(《长台关1号墓简册》,简1-07,释文参看武汉大学简帛研究中心、河南省文物考古研究所〔2013:135—160〕)

(7) 逃人不得,无昏(问)。(《九店楚简》简31,释文参看湖北省文物考古研究所、北京大学中文系〔2000:48〕)

(8) 起帀(师)以伐昏(岷)山是(氏)。(《上博二·容成氏》简38)

上举数例,都含中古明母字在楚简中被写作从"昏"声的字。根据赵彤(2006:163)的统计,战国楚简的这类现象至少有五十多例。

再看其他中古明母字在楚地帛书中写作中古晓母字的例子。

(9)〔黄帝〕令力黑(牧)浸行扶匿。(《马帛·经法》)

(10) 言阳黑(默)阴。(《马帛·称》)

(11) 多恶薨(梦),埄(涂)床下方七尺。(《马帛·杂禁方》,释文参看马王堆汉墓帛书整理小组〔1985:159〕)

马王堆汉墓帛书整理者在例(9)下注曰:"(力黑)即黄帝臣力牧,传说中的黄帝四辅之一。敦煌所出汉简作'力墨',古书中也有作'力墨'和'力黑'的。"(马王堆汉墓帛书整理小组1976:50)帛书本《经法》大概是战国时代的作品,"力牧"在该书基本都写作"力黑",可见战国楚方言"黑、牧"读音相同或相近。

不但中古疑母字在楚系文献中可以用中古擦音声母字来写,反过来,中古的晓、心等擦音声母字在楚系文献(以及其他区系的出土古文献材料)中还可以用中古鼻音声母字来写。如:

(12) 蘩(贲)茹(如)蕃(皤)茹(如),白马榦(翰)茹(如),非寇闽(婚)诟(媾)。(《马帛·六十四卦》,释文参看马王堆汉墓帛书整理小组〔1984:3〕)

(13) 为之合坐,阙(蹶)尻畀(鼻)口,各当其时,物(忽)往物(忽)来,至精将失,吾奚以止之?(《马帛·天下至道谈》,释文参看马王堆汉墓帛书整理小组〔1985:163〕)

(14) 吴子余观周(舟),闽(閽)人杀之。(《马帛·春秋事语》)

(15) 默(晦)日,利坏垣、彻屋、出寄者,毋歌。(睡虎地秦简日书甲种《反枳》)

需要说明的是:第一,从数量上看,传世文献的晓母字在楚系文献中写作明母字的例子要明显少于传世文献的心母字在楚系出土文献中写作明母字的例子；第二，从两种相反的通假字的地域分布来看，楚系出土文献中将传世文献的明母字写作晓母字的例子也明显多于秦、齐等其他系的出土文献。

中古疑母字在楚系出土文献里常读作中古晓、匣母字。比如，第一人称代词“吾”，在楚系出土文献中往往都写成从“虍”得声的“虐”字：

(16) 未知其名，字之曰道，虐(吾)强为之名曰大。(《郭简·老子甲》简21、22)

(17) 多士，秉文之德，虐(吾)敬之。(《上博一·孔子诗论》简6)

除了与“吾”字相通，楚系文献中的“虐”或同声符的字也跟其他疑母字有语音交替，如：

(18) 遂逃，去之苍虐(梧)之野。(《上博二·容成氏》简41)

此外，楚地官职名、传世文献写作“连敖”“莫敖”的“敖”字在楚地出土文献常写作晓母字“嚣”，如：[3]

(19) 䀁莫嚣(敖)臧系、连嚣(敖)屈走(让)以命攻(工)尹穆丙。(《楚燕客铜量》)

(20) 新官连嚣(敖)郙趡奔得受之。(《包简》简6)

除了官职名，还有一些从“嚣”得声的字与从“敖”得声的字相通的例子，如：

(21) 鬻(熬)鸡一箕……嚣(熬)鱼一箕……。(《包楚》简257)

(22) 令金伤毋痛，取荠孰(熟)乾实，爊(熬)令焦黑。(《马帛·五十二病方》)

再举几例中古疑母字跟匣母字相通的例子，如：

(23)《大虽(雅)》云：白珪之石，尚可磨也。(《郭简·缁衣》简35、36)

(24) 则民言不陒(危)行，不陒(危)言。(《郭简·缁衣》简31、32)

传世文献写作“大雅”的“雅”(疑母字)，楚系简帛写作与匣母字“夏”同声符的字形，如例(23)。传世文献的疑母字“危”，在楚系文献中写作从匣母字“禾”得声的字形。

泥、日母字在楚系出土文献里还有和中古擦音声母字相通的现象，相较而言，用例不及明、疑母字与中古擦音声母字相通那么多，如：

(25) 秦大夫信之，君杀晓朝。(《马帛·春秋事语》)

故绕朝之言当矣,其为圣人于晋而为戮于秦地也。(《韩非子·说难》)

马王堆汉墓帛书本的"晓朝"在传世文献写作"绕朝",帛书本的"襄子"在传世文献写作"冉子":

(26) 绕朝赠之以策,曰子无谓秦无人,吾谋适不用也。(《左传·文公十三年》)

(27) 襄子亲因(姻)也。(《马帛·战国纵横家书》)

冉子亲姻也。(《战国策·楚策四》)

另外,日母字"仁"在楚系简帛文献中经常写作从心、从身的字形,如:

(28) 上好息(仁),则下之为息(仁)也争先。(《郭简·缁衣》简10、11)

上孖(好)息(仁),则下之为息(仁)也静(争)先。(《上博一·紂衣》简6)

此外,还有些谐声字、通假字、异文等材料,在楚、秦系等简帛文献中写作心母字,而应该解读为日母、泥娘母的谐声字,包括需(儒/懦)、襄(釀/攘)、璽(爾)、司(饵)、信(仞)等例。

(29) 夫立(位)下而心需(懦)□□□也。(《马帛·春秋事语》)

(30) 是胃(谓)行无行,襄(攘)无臂,执无兵,乃无敌矣。(《马帛·老子甲》)

(31) 襄(曩)之昌(唱)善者皆欲若鱼者也。(《银雀山汉墓竹简·晏子》)

(32) 綼(皋),敢告璽(爾)宛奇。(睡虎地秦简日书乙种《诘》)

(33) 饮药约(灼)灸以致其气,服司(饵)以辅其外。(《马帛·天下至道谈》)

(34) 人之生也柔弱,其死也萑仞贤(坚)强。(《马帛·老子甲》)

人之生也柔弱,其死也觛信坚强。(《马帛·老子乙》)

二、侗台语中鼻音与擦音声母的交替

学界对侗台语与汉语的关系已经有不少研究,一部分学者认为汉、台语有同源关系,也有学者认为汉、台语之间只有接触关系。从本文的角度考虑,不管同源还是接触,都表明汉语和侗台语之间在先秦时期便有密切的联系。我们看到,侗台语不同的方言反映出鼻音声母和擦音声母的共时变异,比如 h-/m-、h-/n-和 h-/ŋ-之间的语音交替。下面先看侗台语各方言中同个词的舌根鼻音 ŋ-声母与擦音 h-/ɦ-声母两种类型的读音相交替的例子。④

五：(a) 泰语、老挝、版纳、德宏、傣拉、龙州、邕宁、武鸣、柳江、布依 ha^{3}；(b) 五色话 ŋ̊a^{3}；(c) 临高、琼山 ŋa^{3}。

鹅：(a) 泰语、版纳、武鸣等 ha: n^{5}，邕宁 ha: n^{6}，布依 ɦa: n^{5}，拉珈 ɦã^{2}；(b) 侗南、仫佬、锦语 ŋa: n^{6}，侗北 ŋan^{6}，黎语 ŋa: n^{5}（五色话"鹅"ŋɔ^{2}/ha: n^{5}、"雁"ŋa: n^{6}）。

上腭：(a) 版纳 hək^{9}，布依 ɦɯ^{5}，柳江 hɯk^{7}，毛南、锦语 hək^{7}；(b) 泰语 ŋɯək^{9}，临高 ŋak^{8}，水语 ʔȵa: k^{7}，黎语 ŋe: k^{7}。

芝麻：(a) 柳江 hja^{2}，布依 za^{2}，武鸣 ɤa^{2}；(b) 泰语、德宏等 ŋa^{2}，侗北 ŋe^{2}，侗南 me^{2}（?），水语、毛南等 ʔȵa^{1}，锦语、莫语 ŋa^{1}，标语 ŋa^{4}，拉珈 ȵie^{2}，黎语 keɯ^{1}（?）。

鸡冠：(a) 老挝 hɔ: n^{1}，版纳、德宏 hɔn^{1}，龙州 ho: n^{1}，邕宁 hlən^{2}；(b) 泰语 ŋɔ: n^{1}，布依 vɯ: n^{1}，拉珈 kuon^{1}，标语 ka: n^{3}。

蛇：(a) 侗北 hi^{2}，黎语 za^{2}；(b) 泰语 ŋu^{2}，傣拉 ȵu^{2}，武鸣 ŋɯ^{2}，布依 ŋɯə^{2}，临高 ŋia^{2}。⑤

听见：(a) 仫佬 hai^{5}，毛南、佯僙 hai^{5}；(b) 水语 ŋ̊ai^{5}；(c) 拉珈 ɛ^{5}，邕宁 ŋi^{1}，布依 ȵie^{1}。

掩$_{\sim门}$：(a) 版纳、德宏、龙州 hap^{7}，布依 ɦa: p^{7}，临高 haʔ^{7}，琼山 ha^{2}；(b) 侗南、水语 ŋap^{8}。

月亮：(a) 龙州 ha: i^{1}，邕宁 ha: i$^{1'}$；(b) 泰语 ŋa: i^{1}。

汗：(a) 老挝 hɯə^{5}，版纳、德宏 hə^{5}，傣拉、龙州 hɯ^{5}；(b) 五色话 l̥ɔ^{5}；(c) 泰语 ŋɯə^{5}。

点$_{\sim头}$：(a) 琼山 xuak$^{7'}$，龙州、武鸣 vak^{7}，傣拉 vɔp^{7}；(b) 仫佬 ŋ̊wak^{7}，拉珈 ȵak^{7}；(c) 版纳、德宏 ŋɔk^{7}，邕宁、锦语 ŋak^{7}，布依 ŋap^{7}（< *-k），侗南 ȵap$^{7'}$，侗北 ŋet$^{7'}$，水语 ʔŋwat^{7}，标语 nak^{7}，黎语 ŋɯk^{9}。

影子：(a) 柳江 hjau^{2}，黎语 hjau^{3}；(b) 泰语、龙州、邕宁等 ŋau^{2}，锦语 nau^{1}，拉珈 ȵau^{1}。

黄牛：(a) 版纳 ho^{2}，傣拉 vo^{2}，五色话 hwa: i^{1} çia^{1}；(b) 泰语 wuə^{2}，老挝 ŋuə^{2}，德宏 ŋo^{2}，龙州 mo^{2}，标语 mɔ^{4}。

果核:(a) 仫佬 hɤui¹;(b) 龙州 mu: i⁵(<*ŋw-),柳江 ŋvi⁶,侗南 ȵui⁶,水语 ȵui⁶,锦语 ŋwəi⁶,莫语 ŋui⁶,标语 ȵoi⁶。

天$_{日}$:(a) 黎语 hwan¹,泰语 wan²,老挝、德宏等 van²,傣拉 vɛn²,标语 jan²,水语、毛南等 van¹;(b) 邕宁 ŋon²,柳江 ŋvan²,五色话 ʔmen¹。

咬:(a) 邕宁、武鸣、柳江 hap⁷,布依 ɦap⁸,版纳 xop⁷;(b) 五色话 ŋ̊ap⁷;(c) 临高 kap⁸,琼山 kɐp⁸,泰语、老挝 khop⁷,德宏 ka: p⁸。

第一,先说声母。从上面的例子可以看出,ŋ-、h-交替的音韵现象在侗台语的方言里呈零星状态分布,而且并不是只出现在侗台语的某个方言中,而是在不同的方言里都会表现出来。这说明这种音韵变化不是单个方言点的特点,而是早期演变特征的残留。舌根鼻音 ŋ-与舌根或喉擦音 h-/x-相交替有个中间状态,那就是清化的舌根鼻音 ŋ̊-,这在上面所列的侗台语的部分方言中,也能观察得到。我们将鼻音、擦音、清鼻音三种不同的声母形式分开,从中可以窥探语音交替的面貌。有的方言缺少清鼻音的形式,是跟该方言的音系性质有关,并不影响侗台语整体上鼻音、擦音、清鼻音三者有语音交替的结论。

第二,有些声母的方言变化值得注意,比如:(1) 鼻音 ŋ-受合口介音或主元音的影响变作 m-,如龙州的"果核"、五色话的"天"、龙州及标语的"黄牛"等;(2) ŋw-会弱化为 w-声母,或者继续变作 v-,如泰语的"黄牛"、傣拉、武鸣的"点(头)"等;(3) 通过方言间的比较,可知有些方言的舌根塞音 k-,应该来自同部位鼻音 ŋ-,如临高和泰语等的"咬"、黎语的"芝麻"等。

第三,关于声调。以上这些词在侗台语各方言中,读 h-、ŋ-声母的形式大多数为阴调类,按照声母清浊与声调阴阳之间的配合关系,说明该词为阴调,即便可读鼻音声母。当然,也并不绝对,也有读阳调的 h-或 ŋ-声母字,如"芝麻""黄牛";有的词是部分方言读阴调,部分方言读阳调,如"影子";有些方言用前喉塞辅音 ʔ-表明其声调特性,如水语的"芝麻""点(头)"等。

侗台语中有些词可能是固有词,有些词则可能是汉语与侗台语的关系词。"五""鹅(雁)""芝麻(苏)""上腭(颚)"大概是汉、台关系词。从汉语本身来看,有些为中古疑母字,有些则为中古擦音声母字。再看侗台语的材料,则是鼻音、擦音声母的读音都有。也就是说,不管汉语中属于鼻音还是擦音声母,在侗台语中鼻音、擦音的读法都有。

下面再看 m-、h-交替在侗台语各方言的例子。

回来：(a) 泰语、老挝、龙州 ma^{2}，武鸣、布依 ma^{1}，临高 mia^{2}，琼山 nia^{2}；(b) 水语、仫佬、锦语 m̥a^{1}；(c) 拉珈 ha^{5}。

新：(a) 泰语、版纳、毛难 mai^{5}；(b) 锦语、仫佬、水语 m̥ai^{5}；(c) 拉珈 ɦwãi^{6}。

苦马菜：(a) 邕宁 mo: k^{9}，武鸣 miək^{9}，柳江 mjɯ: k^{7}，仫佬 mja: k^{7}；(b) 标语 hø: k^{9}。

痣：(a) 龙州、布依 mai^{1}，毛南 mɛ^{1}，侗南 phui^{1}，拉珈 phu: i^{1}；(b) 水语 m̥ui^{1}；(c) 泰语、老挝、德宏 fai^{1}，武鸣 ɣai^{1}，临高 hɔi^{1}，琼山 zɔi^{2}。

疙瘩$_{\text{皮肤上的}}$：侗南 man^{6}，仫佬 mun^{1}/mwa: n^{3}，毛南、柳江 nun^{3}，拉珈 fẽn^{3}。

从例子数量本身来看，m-、h-交替不如 ŋ-、h-交替来得丰富，另一方面，侗台语各方言中，有 h-声母的方言显然也比上面所述的 ŋ-、h-交替的例子中读 h-的方言少得多，其中的道理也容易解释。后者鼻音与擦音的部位更近，语音性质上自然也相对地更接近，也就更容易相互转化。这种类型仍有清鼻音 m̥-作为中间阶段，足见将 m-、h-交替与 ŋ-、h-交替放在一起讨论是合适的。声母的变化，比如 m- > ph-而不是 m- > p-，如侗南、拉珈的“痣”想必跟该类型的声母与送气成分密切相关；m- > n-，如琼山的“回来”，则跟后接的-i-介音不无关系；唇齿擦音 f-是 h-的一种变体，对于 m-而言，擦化后读 h-固然可以理解，而 f-则离 m-更近一步。下面再看鼻音 n-/ȵ̥-与 h-交替的例子。

渣滓：(a) 柳江、莫语、锦语 ȵ̥a^{5}；(b) 邕宁、武鸣 ja^{5}，龙州 jɯ^{2}；(c) 拉珈 hjã^{5}。

粗糙：(a) 老挝 ȵ̥a: p^{9}，侗南 ȵ̥a: p$^{9'}$，毛南 ȵ̥a: p^{7}；(b) 锦语 ȵ̥a: p^{7}，水语 ȵ̥a: k^{7}(-k < *-p)，仫佬 ȵ̥a: p^{7}，莫语 ȵ̥a: p^{9}；(c) 拉珈 hjã: p^{9}。

凉$_{\text{天凉、水冷}}$：(a) 标语 ȵ̥an^{3}；(b) 泰语 jen^{2}，老挝 jen$^{1'}$，版纳 jin^{1}，傣拉 jen^{1}，邕宁 jan$^{1'}$；(c) 琼山 zan^{2}。

侧$_{\text{侧头}}$：(a) 老挝 ŋiəŋ^{5}，版纳、布依 ŋeŋ^{5}，邕宁 ŋe: ŋ^{5}，柳江 ȵ̥e: ŋ^{1}，毛南、佯僙 ȵ̥iŋ^{6}；(b) 临高 hiŋ^{1}，琼山 hiŋ$^{1'}$，水语 çiŋ^{1}。

需要说明的是，如果根据例词的声调表现(阴调类)，有不少例子的共同语形式可以拟作清鼻音 n̥-、ȵ̥-之类(梁敏、张均如 1996：291—303)，但大部分词例在侗台语的方言中缺少擦音 h-、s-、z-、ç-的读法,因此我们列出这部分例子。个别方言的擦音 z-可能来自更早的 j-,而 j-则是舌面鼻音 ȵ-的演变结果。如琼山的“凉”。因为本身是擦音,所以此处一并考虑,不再区分与鼻音声母的远近关系。此外,-i-介音对声母演变的影响也很明显,比如“侧”在毛南、水语中的形式就是 ŋ- > ȵ-、h- > ç-音变的反映。

三、闽语白读层中鼻音声母字的擦音白读

闽语的白读层有鼻音 m-/n-/ŋ-、边音 l-读作擦音 h-、s-声母的现象,黄典诚(1986:160)将其分作三类,即明(微)母变为匣母、泥(日)母变为匣母、疑母变为匣母,兹举例如表 1。(表中所举闽南方音的材料,从黄典诚〔1986〕)的文章转引)

表 1　闽南方言鼻音声母字的文白异读比较表

例字	媒	茅	明	默	诺	耳
反切	莫杯	莫交	武兵	莫北	奴各	而止
白读	hm5	hm5	ha5	hmʔ8	hiɔʔ8	hi7
文读	buĩ2	bãu4	biŋ2	bik8	dɔk8	dzni2
例字	燃	箬	肉	娆	额	岸
反切	如延	而灼	如六	而昭	五陌	五旰
白读	hiã5	hioʔ7	hik8	dziau5	hiaʔ8	hua7
文读	dzian5	dziɔk7	dziɔk8	hiau5	gik8	gan7
例字	瓦	鱼	艾	蚁	砚	鹗
反切	五寡	语居	五盖	鱼倚	吾甸	五谷
白读	hia7	hu5	hiã7	hia7	hĩ7	hioʔ8
文读	gua2	gu5	gãi7	gi2	gian7	gɔk8

李如龙(1996:57)在全面讨论闽方言的文白异读时指出:“疑、泥、日母在闽南均有白读 h-的,例见附表 18‘蚁’,又上文所举‘诺’‘箬’,泉州、潮州‘鱼’hɯ2,‘额’hiaʔ8,‘肉’,泉州 hiak8,‘年’,潮州 hĩ2。”

厦门话的例子有(周长楫等 1998：38—93)：鱼渔 hi^{2} | 耳$_{\text{～仔}}$hi^{6} | 瓦 hia^{6} | 蚁$_{\text{狗～}}$ hia^{6} | 媒$_{\text{～人}}$hm^{2} | 茅$_{\text{～仔草根}}$hm^{2} | 砚 hĩ^{6} | 岸 huã^{6} | 肉 hik^{8} | 额 hiaʔ^{8} | 箬$_{\text{叶子：树～}}$ hioʔ^{8} | 鹗$_{\text{觅～：老鹰}}$hioʔ^{8} | 默 hmʔ^{8}$_{\text{～不作声}}$。

中古明、泥日、疑母字的白读 h-,并非在闽语的各次方言均有分布,而只见于闽南、莆仙次方言。按照李如龙、陈章太先生的总结,“古‘疑’母字今口语读音的声母：闽东读为 ŋ,闽北多数也读 ŋ,少数在细音前读为 n;闽中一般读 ŋ(或 g),少数读零声母;闽南多数读 g(逢鼻化韵变读 ŋ),少数读为 h,边界点还有读 b 或零声母的;莆仙多数读为 k(逢鼻化韵变读 ŋ),少数也读 h”,“古‘日’母字今口语读音的声母：闽东多数读 n,少数读 ŋ 或零声母;闽南部分读 h,其余与‘泥、来’母字混同读 l(n);莆仙除 n、h 之外还有 t、ts 的读法;闽中多数读 ŋ(或 g),少数为零声母;闽北多数读 n,少数为零声母”(李如龙等 1985：95、97)。丁邦新(Ting 1975：5)也有类似的观察：“Some words with Ancient Chinese *ŋ- initials are pronounced as h- in the Min dialects. This phenomenon only occurs in some Southern Min dialects.”(中古汉语的 *ŋ-在闽语中读作 h-。该现象只出现在一些闽南方言中。)

四、余论与结论

上文详细介绍了战国秦汉楚地出土文献、侗台语族语言、闽南方言白读音三种语言材料中的中古鼻音声母与擦音声母字语音交替的现象。具体来说：第一,出土文献中的鼻音、擦音声母交替,大部分情况下是传世文献的明、泥日、疑等鼻音声母字,在出土文献中用传世文献的晓母字来表示,少量用心母等其他擦音声母字来表示;反过来的情况,即传世文献的擦音声母字,在出土文献中用鼻音声母字来表示的例子也有,但数量不多。就材料的性质来说,楚系文献占大多数;而非楚地文献,比如秦系、齐系文献里也有一些类似的情况出现,但数量不占优势。第二,侗台语中各方言鼻音、擦音声母读法相交替的例子,从其来源上看可以分为两类,一类是固有词,一类是汉借词;表现形式上,还有清鼻音的中间状态。第三,闽方言的鼻音、擦音声母交替作为白读音存在,以《切韵》的眼光来看,是一种音韵创新。对于上述三种材料中相同的音韵现象,之前的学者往往只注意到其中一种或两种,但

没有就此有统一的解释。即便是做出解释,也莫衷一是。

丁邦新(Ting 1975:6)较早检讨过国外学者根据闽方言鼻音和擦音声母相交替的现象而为所谓的“原始闽语”(Proto-Min)构拟 * ŋh-或 ŋ̊-的做法。如果为上文所引厦门话的 h-声母字构拟 ŋ̊-,看起来好像很合理,因为 ŋ̊- > h-容易理解,但问题在于厦门话的这些 h-声母字的声调为阳调,浊声母与阳调相配,在汉语方言中是最普遍的规律之一,不容怀疑。从闽语次方言来看,“艾、砚”福州话读阴调,但“额”属阳调(邵武属阴调,但邵武是闽语和客家话的混合方言);“鱼、瓦、蚁、岸”在厦门话读 h-,而福州话又读阳调,与“艾、砚”阴、阳不同。也正因如此,丁先生的文章虽然是讨论闽语白读音所代表的从古汉语分化出来的时代,但对于闽南方言中疑母白读 h-的时代,并未明确提出结论。

黄典诚(1984:162)将闽语中鼻音的喉擦音声母白读与上古汉语鼻音声母与喉擦声母互谐相比较,试图对其从发音生理上做统一的解释,以说明两类声母的转化是容易实现的。黄先生认为,[m n ŋ]之所以会变成 h-,是因为鼻音发音时会自然伴随 h-气流在先,当 h-稍稍强化,便占主导,而其后的[m n ŋ]随之弱化继续消失,于是就变作 h-。至于上古音中鼻音与喉擦音的谐声,也不必构拟音位性的[hm hn hŋ],因为它只是[m n ŋ]的音位变体。黄先生强调上古音与闽语白读音在演变机制上的相同之处,对不同时代的语音现象做一致性的解释,是“泛时观”的体现。

张光宇(1993:300—307)将闽南方言明、泥、日、疑母的白读 h-与闽西北方言来母的白读 s-放在一起考察,都视作中古次浊声母的擦音化;同时对用上古声母的拟测来解释这两种语音现象提出了反对意见,也不同意为所谓“原始闽语”构拟一套 * mh-、nh-、ŋh-声母,而主张从《切韵》系统出发,将次浊声母擦音化看成是“吴音南移”的影响所致,即现代闽语来自更早时期南移的吴语,因为吴语的次浊声母是带浊流性质(也就是现代语音学所说的“气嗓音”〔breathy voice〕)。至于具体的音变过程,张先生做了如下的假设:一是鼻音变 h-(其中 m 表示鼻辅音,v 表示元音,ɴ 表示鼻音韵尾,ṽ 表示鼻化元音,c 表示口辅音)——mv(ɴ)(阶段一,即鼻音)→mṽ(阶段二,即元音受鼻辅音影响而鼻化)→cṽ(阶段三,即鼻辅音口音化)→hv(阶段四,即鼻化元音口音化)。二是边音变 s-,即 l→lh/z→s。

李如龙(1996:57)主张从上古音的角度解释,“李方桂先生拟的上古特有的清鼻音和清边音,也可以在闽方言的白读音中找到论据,例如来母字闽北白读为清擦音 s……疑、泥、日母在闽南均有白读 h-的”。

跟以上诸位学者相比,张裕宏(1997:260—287)所观察的材料有所扩大,除了漳泉系闽语读单数调的次浊声母音节例字、与鼻音声母音节对应的喉擦音声母音节例字,还举出侗台语、苗瑶语、藏语、古藏文、古泰文、水语等语言的相关材料,并指出:“傣语与汉语中所谓的‘不带音’鼻音和流音”,“其源头可能为复声母和吐气音。次浊前的辅音引起高调值,也引起吐气或是较少见的喉塞化。强烈的送气使次浊音幽化。如果送气成分再加强,次浊音可能会丢失,而鼻音成分保留(即以元音鼻化的型式保留)。假使送气成分微弱以至消失,次浊音就变成单纯的带音”(张裕宏 1997:281)。看来,张先生的主张与前文所引述的诸位先生的看法也不完全相同,一方面,联系上古音来解释鼻音白读 h-,与李如龙先生相同;另一方面,将其视作与云、以母读 h-(而不是来母读 s-)性质相同的音变,这点跟其他学者都不一样。

我们的看法与上述学者均有所不同,这从上文列出的材料也可见一斑,具体来说有以下几点:

第一,传世的上古谐声资料、先秦秦汉的出土文献资料、侗台语、闽语白读音这四种语料,时代、地域来源均有不同,但应该对其做一致性的解释,既然音变在性质各异的多种材料中重复发生,那么按照黄典诚先生的思路,就应该视作较普遍的“自然音变”。通俗地说,是一种“发音习惯”。

第二,上古谐声材料本身的时代、地域性质难以决定,闽语、侗台语、古楚语都是南方语言,就区域语言学的角度而言,应该给予统一的解释。也即是说,鼻音声母与喉擦音声母的交替,是区域性的语音变化。“区域性”表面上与“普遍性”似乎是矛盾的,但其实不然,因为北方汉语的材料中,实际上也有两类声母辅音转换的例字,如在秦系出土文献和谐声材料中也能见到,只不过随着中原汉语的历史发展,该类型的音变已经式微并最终消失⑥。因此,为闽语、侗台语、古楚语三者间的鼻音、擦音声母相交替的现象建立历史联系,并不与历史或现实语料相违背。

第三,本文并不主张将闽语白读音的中古明泥日疑母字读喉擦音 h-(音变 a)、来母读咝擦音 s-(音变 b)和云以母读喉擦音 h-(音变 c)放在一起解释。理由包括:一是地域分布不同,音变(a)只见于闽南和莆仙片,音变(b)

只见于闽北、闽中片,以及湘南土话(如瓦乡话)等。音变(c)除了见于闽语,还见于浙南吴语。二是音值表现不同,姑且不论擦音 h-、s-之间的差异,作为来母 s-化的其他表现(如湘南土话的塞擦音 ts-)与 h-的区别更大,混为一谈,可能会比较危险。

附注

① 为方便打字,在不影响文意的情况下,下文所引楚系出土文献的各种用例,释文一般都写作通行汉字。

② 本文所引《郭简》材料,主要参考了刘钊《郭店楚简校释》(2003,简称"校释")的考释。

③《古玺汇编》也有官职名"九相垂莫嚣(敖)·九相垂(陵)莫嚣(敖)"(0164 号)、"连嚣(敖)之三·连嚣(敖)之四"(0318 号),参看吴振武(1984:489、491)和李零(2015:261)。

④ 以下所引侗台语的材料,如无注明,均请参看梁敏、张均如(1996)。五色话的材料引自韦茂繁等(2011)。

⑤《山海经海·外南经》:"南山在其东南。自此山来,虫为蛇,号蛇为鱼。"张永言先生说:"其中'蛇号为鱼'一语乍看不好理解,难道是在当地 snake 跟 fish 的叫名一样,蛇、鱼不分吗?其实这个'鱼'并非汉语词汇里的'鱼',而是跟唐修《恩平郡谱》所载'蛇谓之讹'的'讹'一样,同为台语称蛇的词的记音字。"说明侗台语"蛇"的叫法由来已久,作为非汉语词,在秦汉时代便已记录于汉语典籍。参看张永言(1982:32)。

⑥ 到了汉代,除了马王堆汉墓帛书、银雀山汉代竹简材料以外,还有《三家诗·民劳》"惛(hm)作讙(h)"、郑众《周礼·卺人》注"釁(h)读如徽(hm)"、《白虎通》"火(h),化(hŋ)也"、许慎《说文》有"鄦(hm)读若许(hŋ)"、郑玄《毛诗》注"鲜(s)当为献(hŋ)"等,都是当时鼻音与喉擦 h-、咝擦 s-音交替的材料。参看何大安(2009:210)。

参考文献

毕　鄂(Behr, Wolfgang)(2005)楚语管窥,"上古汉语构拟国际学术研讨会"宣读论文,复旦大学。

何大安(1999/2009)古汉语声母演变的年代学,《汉语方言与音韵论文集》,台北:自印本。

湖北省文物考古研究所、北京大学中文系编(2000)《九店楚简》,北京:中华书局。

黄典诚(1986)中古鼻音声母在闽音的反映,《厦门大学学报》第 4 期。

荆州市博物馆(1998)《郭店楚墓竹简》,北京:文物出版社。

李　零(1988/2015)楚燕客铜量铭文补正,载李零著,《待兔轩文存: 说文卷》,桂林: 广西师范大学出版社。

李如龙(1996a)闽方言中的古楚语与古吴语,载李如龙著,《方言与音韵论集》,香港: 中文大学出版社。

——(1993/1996b)论闽方言中的文白异读,载李如龙著,《方言与音韵论集》,香港: 中文大学出版社。

李如龙、陈章太(1985)论闽方言内部的主要差异,《中国语言学报》第2期,北京: 商务印书馆。

李学勤(2004)楚简《子羔》研究,载朱渊清、廖名春编,《上博馆藏战国楚竹书研究续编》,上海: 上海书店出版社。

梁　敏、张均如(1996)《侗台语族概论》,北京: 中国社会科学出版社。

林虹瑛、村濑望、古屋昭弘(2003)战国文字「罷」について,《开篇》(日本)第23期。

刘　钊(2003)《郭店楚简校释》,福州: 福建人民出版社。

马王堆汉墓帛书整理小组(1976)《马王堆汉墓帛书・经法》,北京: 文物出版社。

——(1976)《马王堆汉墓帛书・老子》,北京: 文物出版社。

——(1978)《马王堆汉墓帛书・春秋事语》,北京: 文物出版社。

——(1984)马王堆帛书《六十四卦》释文,《文物》第3期。

——(1985)《马王堆汉墓帛书》(四),北京: 文物出版社。

韦茂繁、韦树关(2011)《五色话研究》,北京: 民族出版社。

吴振武(1984)《〈古玺文编〉校订》,长春: 吉林大学研究生毕业论文。

武汉大学简帛研究中心、河南省文物考古研究所(2013)《楚地出土战国简册合集(二)》(葛陵楚墓竹简・长台关楚墓竹简),北京: 文物出版社。

徐芳敏(2002)古代福建、江西的接触交流及古闽方言、楚方言的关系,载丁邦新、张双庆主编,《闽语研究及其与周边方言的关系》,香港: 中文大学出版社。

张光宇(1989)闽方言古次浊声母的白读 h-和 s-,《中国语文》第4期。

张　洁(2009)简帛文献通假字所反映的上古鼻冠音和清鼻流音,载“简帛文献语言研究”课题组编,《简帛文献语言研究》,北京: 社会科学文献出版社。

张永言(1982)词语琐记,《中国语文》第1期。

张裕宏(1997)汉语傣语次浊幽声母阐释,载曹逢甫、西槙光正编,《台湾学者汉语研究文集・音韵篇》,天津: 天津人民出版社。

赵　彤(2006)《战国楚方言音系》,北京: 中国戏剧出版社。

郑　伟(2007)古代楚方言“罷”字的来源,《中国语文》第4期。

——(2008)闽语、侗台语给予义“与”字的音韵层次及年代问题,《语言科学》第4期。

——(2010)先秦两汉所见楚语词札记,载浙江大学汉语史研究中心编,《汉语史学报》第

11 辑,上海: 上海教育出版社。
周长楫、欧阳忆耘(1998)《厦门方言研究》,福州: 福建人民出版社。
Ting, Pang-hsin (丁邦新) (1983) Derivation time of colloquial Min from Archaic Chinese. *Bulletin of the Institute of History and Philology*, 54 (4): 1 - 14.

(200241 上海,华东师范大学中文系 wzheng@ zhwx. ecnu. edu. cn)

编纂汉语方言比较词典的设想

——以《闽东区方言比较词典》为例*

秋谷裕幸

提要 比较词典是总结语言史研究的主要方式之一。不过,在汉语方言学的领域里,至今为止还没有编纂过比较词典。本文以笔者正在准备编纂的《闽东区方言比较词典》为例论述笔者目前所设想的汉语方言比较词典。

关键词 比较词典;语言史;闽东区方言

长久以来,汉语方言学的领域里存在着两个研究空白。其一是全国性的方言地图集(特征分布图)。2008 年出版的《汉语方言地图集》初步填补了这个空白。其二是比较词典(comparative dictionary)。这是总结语言的历史研究的主要方式之一。目的是展示最早时期的词汇结构并借助构拟原始形式解释子孙语中词语的语音和词义。很多其他语言的比较词典已经出版,但汉语方言研究在这个领域的空白仍有待填补。

本文将就笔者正在准备编纂的《闽东区方言比较词典》做一简单的说明并讨论与此相关的一些问题。

一、高本汉《中国音韵学研究》和汉语方言比较词典

毋庸置疑,现代意义的汉语方言学已经取得了丰硕的研究成果。但是,

---

* 本文初稿曾在 2015 年 11 月 14—15 日举行的"汉语史观暨汉语史研究方法论学术研讨会"(复旦大学中文系,上海)上宣读,与会学者多所指正。另外,本文写作过程中笔者还得到了陈泽平教授、汪维辉教授、汪锋副教授和沈瑞清博士的宝贵意见,《语言研究集刊》编委会也提出了很多中肯的修改意见。谨此一并致谢!本研究得到日本学术振兴会平成 28 年度科学研究费助成事业·基盘研究(C)(项目编号 16K02681)支持。

汉语方言尤其是东南部的方言特别复杂,而且全国有大量的方言正处于濒危状态。面临这种现实情况,我们首先要做的无疑是方言的调查。现在也许还不到开始编纂汉语方言比较词典的时候。尽管如此,我们仍期待有这方面的尝试。

高本汉《中国音韵学研究》的主要目的是中古音系(该书称之为“古代汉语的音系”)的复原,[①]拟测音值时他利用了全国22个点的方言材料。这实际上也是现代意义上汉语方言学的开端。王福堂(2007:63)说:“如果说高氏的著作极大的推动了汉语方言研究,并不为过。”

问题是高本汉的兴趣在于中古音系“音类”之音值的复原,他是为这个目的使用汉语方言材料的。所以王福堂(2007:63—64)说:“其实高氏为构拟《切韵》音系,调查的本来就不是方言词语,而是字音。”由于是“音类”,所以他在《中国音韵学研究》里所做的工作几乎完全没有涉及“词义”。在此,不存在“词(word,即语音和词义的结合体)”的观念。比利时学者贺登崧神父谈及对《中国音韵学研究》的看法时认为,高本汉感兴趣的是“昨”这个“字”怎么念,[②]而不是“昨天”这一个词怎么说。(王福堂2007:63)

《中国音韵学研究》对以后的汉语方言研究产生了深远的影响。这导致学者一般很重视中古音系里的音类在现代汉语方言里的表现,而不太关注“词音”了。比较词典首先要汇集的是大量的“方言词语”。汉语方言学的领域里至今没有比较词典,笔者认为其原因之一就在于《中国音韵学研究》。[③]详见秋谷裕幸、韩哲夫(2012),此处不赘。

已故美国学者罗杰瑞教授研究闽语中来母字特殊读音的来源时强调:“我们是倚重活的现代语言资料,个别的,一字一字地探讨。……多注意个别单词的历史发展。”(罗杰瑞2005:5)这也是我们编纂汉语方言比较词典的指导思想。

二、何谓“比较词典”

比较词典(comparative dictionary)似乎没有很严格的定义。按照所研究语言的性质,其内容有一定程度上的差异。语源词典(etymological dictionary)其实也是同样内容的词典。它们都是用最古老的形式解释子孙语中的语音和词义。由于原始语当中与同一个义项对应的词往往有几个，所以这种词典也具有等义词词典(thesaurus)的性质。

除非谱系树上的层级很低，绝大多数语言都缺少它们原始语的历史文献。所以首先要运用历史比较法构拟原始语，把它作为起点解释子孙语里的语音和词义。笔者对“comparative dictionary”里“comparative”的理解是“通过原始语的形式可以进行互相之间的比较”。

印欧语系的 *A Dictionary of Selected Synonyms in the Principal Indo-European Languages* (Carl Darling Buck)、南岛语系的 *The Austronesian Comparative Dictionary* (Robert Blust & Stephan Trussel, www.trussel2.com/acd/)和藏缅语系的 *The Tibeto-Burman Reproductive System: Toward an Etymological Thesaurus* (James A. Matisoff)④等都是这种形式的词典，即比较词典或语源词典。⑤此举2例。

(例1) *The Tibeto-Burman Reproductive System*

原始藏缅语具有很多表示“肚脐”的词，如 * ni(n)、* (t)sum、* br(w)ak、* koy 等。有关 * br(w)ak 的记载如下(James Matisoff 2008: 75)：

(47)　　* br(w)ak　　NAVEL

This etymon appers fairly solid, though it has so far been unearthed only in three scattered languages(Himalayish, Karenic, and Qiangic).

2.3.2　Kiranti

Limbu	nā sum **bro**	navel	JAM-Ety
	nim-**rōk**	navel	JAM-Ety
	sām **brok** pā	navel	JAM-Ety

3.3　rGyalrongic

rGyalrongic(Eastern)	pəktʃ^{h}u　**sprak**	umbilical cord	SHK-rGEQ: 10.4.12

7. Karenic

Bwe	ʔdí-phĺɔ	navel	AW-TBT: 843

(例2) *The Austronesian Comparative Dictionary* (Robert Blust、Stephen Trussel 2013: 501)⑥

PAN * qeCeŋ ‘obstruction, barrier’

Formosan: Paiwan *qetseŋ* 'barrier, fence, enclosure; a "no entry" sign to humans or evil spirits (e. g., a stick left in certain position in front of house)'

PMP *qeteŋ 'obstruction, barrier'

WMP: Kayan *teŋ* 'dam in the river'

Karo Batak*henteŋ* 'lie athwart, lie across a path'

通过 *br(w)ak 这一原始形式,我们可以把 3 个现代藏缅语里的形式结合起来进行比较。同样,通过 *qeCeŋ 这一原始形式,我们可以把 3 个现代南岛语里的形式及一个低节点原始语里的形式结合起来进行比较。

笔者所设想比较词典的内容也就是这样的内容。它以原始语的构拟为前提。正如 James Matisoff(2008: xxi)所指出,如果把按照音类排列的构拟原始语的著作转换成义类排列,它就变成比较词典。比如,把 *A Handbook of Comparative Tai*(Li Fang-kuei 1977)的内容按照义类排列,它就变成台语的比较词典。

上面介绍的比较词典都缺乏原始语的历史文献。不过,也有些原始语具有历史文献。如果认为上古汉语是《诗经》的语言而且同时也是各时代各地所有汉语的祖先语,汉语的比较词典可以用上古汉语里的形式解释子孙语中的语音和词义。Laurent Sagart(1999)的第 16 章至第 29 章包含着汉语比较词典的部分内容。此举 1 例(Laurent Sagart 1999: 192)。

24.3 Fowl

The Chinese word: *jī*1 雞 *ᵃke > kej 'chicken' occurs in the Shang inscriptions and remains stable down to the present. Unlike the word for 'pig', it has been widely borrowed, by Tai: Proto-Tai *kəiB (Li Fang-kuei 1977); by Miao: Proto-Hmong *qeA (Wang Fushi 1994), but not by the Tibeto-Burman languages (except for Bai *ke*). This may indicate that the Tibeto-Burman peoples had domesticated fowl at the time of contact with Old Chinese.

由于是最高节点的汉语比较词典,所以不得不探索汉语和其他语言之间的关系。*ABC Etymological Dictionary of Old Chinese*(Axel Schuessler 2007)充满着除汉语以外语言的材料也出于同一个原因。

汉语方言学的领域还不存在完整的比较词典。不过,尝试是有的。比如 Jerry Norman(2006)研究了闽语中动物身体部位的词语。此举 1 例(Jerry

Norman 2006：138）。

3.5 GIZZARD CM * *gin*^{4} [？]

Most Miin dialects point to a final * *n* for this word; only Muhyang and Fwuan (Ibañez) have final-*m*.

NEM Muhyang *kem*^{6}, Fwujou *keiŋ*^{6}, Fwuching *keŋ*^{6}

SM Shiahmen *kian*^{6}, Jangpyng *kin*^{4}, Chaurjou *keŋ*^{4}

WM Jiann'ou *eŋ*^{4}, Jiannyang *iŋ*^{5}, Jennchyan *heŋ*^{6}

This word etymologically obscure. Comparable forms occur in many Southern dialects:

Lichuan 黎川 *khin*^{1} (Yan 1993), Meishiann *khin*^{1} (Hwang 1995), Nanchang 南昌 *tɕhin*^{6}

(Shyong1994). Yao 瑶 *tœn*^{4} (Mau 1992) is also related.

该文的中文提要说："探讨这些词语的语源、语音形式及其与共同闽语音系的历史关联。"实际上，这就是闽语比较词典的内容，明确表示罗杰瑞教授有编纂闽语比较词典的想法。⑦

三、汉语方言、历史文献及原始方言的构拟

1. 汉语方言的历史文献

此处所说的历史文献是指以方言撰写的文献。绝大多数的汉语方言不存在这种历史文献，所以从这个角度来说，绝大多数的汉语方言是无文字语言。闽语也不例外。我们手头只有《戚林八音》《建州八音》等传统文献以及各种传教士所撰的文献，都缺乏时间深度。

当然，这些文献研究谱系树上节点较低的层级时相当有用。比如，就语音而言，《戚林八音》、*Gospel of Matthew*, *Kien-yang Colloquial* (1900) 和 *Diccionario Español = Chino*, *Dialecto de Fu-an* 分别大致上可以看作是原始闽东区福州小片、原始闽北区建阳方言和原始闽东区福安方言的文献，换言之，都能看作原始方言的历史文献。研究闽东区福安方言音韵史时，我们完全可以把 *Diccionario Español = Chino*, *Dialecto de Fu-an* 作为原始福安方言去研究。请注意，这并不意味着这些文献材料完全等于原始方言。比如，在1900年，建阳方言肯定已分化为几个不同的次方言。此处笔者所要说的意

思是,对语音来说,可以以它们替代原始方言。换言之,这些历史文献完整地保存着原始方言的语音系统。

不过,绝大多数的汉语方言不存在历史文献。对原始闽语等节点较高的原始方言来说,恐怕几乎不可能发现像 *Diccionario Español = Chino, Dialecto de Fu-an* 那样的文献。

2. 构拟原始方言的必要性

当然,汉语拥有历史长达三千年的大量历史音韵文献。问题是这些文献的基础方言一般是各时代的标准语而不是地方方言。所以在一般的情况下不能把这些材料作为汉语方言史的起点。比如,研究闽东区方言的音韵史时,我们能否把中古音或上古音作为音韵史的起点?在闽东区宁德方言中"骨"和"蕨"的读音如下(虎浿、咸村和九都方言都属于广义的宁德方言⑧,"宁德"这里指的是原始宁德方言,中古音据平山久雄〔1967〕,上古音据William Baxter、Laurent Sagart〔2014〕):

	虎浿	咸村	九都	宁德	中古音	上古音
骨	kɔt⁷	kɔt⁷	kɔt⁷	*kɔt⁷	kuət入	*kˤut
蕨	kɔt⁷	kut⁷	kut⁷	*kuɔt⁷	kyʌt入	*Cə. kott

可以看出:

(1) 原始宁德方言里,"骨"和"蕨"是开口/合口呼的关系。这种关系在其他闽东方言中也有反映。比如;

	福清	古田	寿宁
骨	kɔʔ⁷	kouk⁷	kɔʔ⁷
蕨	kuoʔ⁷	kuok⁷	kuoʔ⁷

(2) 3 个现代宁德方言都没有保存这种开口/合口呼的关系。追溯到原始宁德方言,我们才能看到这种关系。

(3) 中古音也好上古音也好,都与宁德方言和其他闽东区方言之间有着非常大的差异,显然不能作为这些方言音韵史的起点。同样的例子不胜枚举。为了合理地描述宁德方言音韵史或者闽东区方言音韵史,我们不得不首先构拟原始宁德方言。

此外,汉语方言中存在大量的来源未详的词,而且它们往往是基本词。比如,闽东区方言"东西"一般说[nɔʔ⁷]。在除闽东区方言文献以外的历史文献当中我们难以找到与这个词有关的词。我们很难想象不收录"东西"这个词的比较词典，所以有必要构拟表示“东西”义的词的最早语音形式，进而把这个语音形式作为参照去研究在各子孙方言里的演变情况。

总之，研究汉语方言史时，我们首先要构拟各层级的原始方言，而把它作为参照系统描述谱系树上各层级的方言史。宁德方言史要以原始宁德方言为起点开始论述，闽东区方言史则要以原始闽东区方言为起点开始论述。至今为止，我们还没有发现以原始宁德方言或者原始闽东区方言为基础方言的历史文献。所以我们首先要构拟原始宁德方言和原始闽东区方言。

3. 汉语方言史和传统历史文献

绝大多数现代汉语方言缺乏以方言为基础的历史文献，这并不意味着我们可以不用传统历史文献。下文将指出，原始闽东区方言里表示“用鼻子闻”的词是“嗅许救切”。为了证明“嗅许救切”是汉语方言中的最早“闻”义词，汪维辉、秋谷裕幸（2014）从历史文献中列出了大量的相关证据。下文还指出，一部分闽东区方言用“灡”表示“湿”。“灡”原来是指“洗过米的水”。可见，一部分闽东区方言中发生了“洗过米的水 > 湿”的词义变化，所以更有可能比另外一个表“湿”义的词“澹”要新。如果离开了历史文献，我们就完全不知道闽东区方言中表示“湿”的[laŋ^{6}]古田音是怎么来的。

笔者认为绝大多数汉语方言和传统历史文献之间的关系实际上是地方方言和标准语之间的关系，它们都源于更高节点的同一个来源，继承了很多共同的成分。就共同继承的成分而言，我们当然可以并需要尽量利用传统历史文献上的相关记载。谱系树上直接追溯到同一个节点时以汉字来表示互相之间的同源关系。[9]

四、原始闽东区方言和闽东区方言的分类

上一节笔者论述了汉语方言史研究上构拟原始方言的必要性。编纂汉语方言比较词典时也是这样，首先要构拟所研究方言区的原始音系。那么，为了编纂《闽东区方言比较词典》，我们首先要有原始闽东区方言的语音系统，由它统摄各地方言之间的语音对应关系，以确定同源关系。

目前笔者还没有尝试过这种原始音系的构拟。不过，笔者所构拟的原始宁德方言大致上可以看作原始闽东区方言。原始闽东区方言里有几个韵母原始宁德方言不能解决。这些韵母随文逐个指出。

此外,词典还需要一个方言分类。本书采用了秋谷裕幸(2010)的分类方案:

表1　闽东区方言的分类

区	片	小片	代表点
闽东区	南片	福州小片 广义的福州方言	福州、闽清、闽侯、永泰、长乐、古田大桥、屏南城关[10]、连江
		福清小片	福清、平潭
	北片	福宁小片	古田杉洋、屏南黛溪、宁德虎浿、宁德九都、周宁咸村、霞浦长春、福安穆阳、寿宁城关、柘荣富溪、福鼎白琳
		浙江小片	泰顺三魁、苍南炎亭

这个分类方案要严格从谱系树模式语言演变的角度去理解。判断同源词能否追溯到原始闽东区方言时,我们要参照这个分类方案。比如,某一个词只分布在福州、古田大桥方言,而其他小片的方言里没有有力证据,该词就不能追溯到原始闽东区方言,只能追溯到原始福州小片。与此相反,某一个词分布在福州方言和泰顺方言,该词就能够追溯到原始闽东区方言。[11]

《闽东区方言比较词典》的收录地点也是按照这个分类方案来挑选的。跟南片相比,北片的内部差异比较大,所以从北片挑选的方言比南片更多。除了现代方言以外,还收录秋谷裕幸所构拟的原始宁德方言、代表了300多年前福州音的《戚林八音》(词典中简称《八音》)及代表早期福安音的*Diccionario Español = Chino, Dialecto de Fu-an*(《班华字典——福安方言》,词典中简称《班华》)。[12]

五、《闽东区方言比较词典》的具体内容

本章以《闽东区方言比较词典》的7个词条为例介绍笔者所设想的汉语方言比较词典的具体内容,并讨论相关问题。

本词典初步打算收录200~300个词条(即"义项"),按词义来排列。

下面以{　}表示义项,以[　]表示与该义项对应的汉字,以(　)表示不能追溯到原始闽东区方言早期形式的读音,〈　〉则同时表示词义和汉字。

例(1) {三}

{三} * θam^{1}[三]

1 南片

1-1 福州小片　福州 saŋ^{1};《八音》saŋ^{1};大桥 saŋ^{1}、

1-2 福清小片　福清 θaŋ^{1}

2 北片

2-1 福宁小片　宁德 * θam^{1};咸村 θam^{1};福安 θaŋ^{1};《班华》θam^{1};杉洋 θaŋ^{1};霞浦 θaŋ^{1};福鼎 θaŋ^{1};寿宁 saŋ^{1}

2-2 浙江小片　泰顺 saŋ^{1};苍南 sẽ^{1}

闽东区方言都用[三],与其他汉语方言相同。

除了广义的宁德方言、《班华》和苍南以外,闽东区方言没有保存鼻尾的 * m 的音值,把它变成了[ŋ]。这些方言都不能区分〈三〉和〈山〉、〈生〉。广义的宁德方言和《班华》能区分三者的读音,苍南〈三〉、〈山〉和〈生〉有别。例如:

	〈三〉	〈山〉	〈生〉
福州	saŋ^{1}	saŋ^{1}	saŋ^{1}
寿宁	saŋ^{1}	saŋ^{1}	saŋ^{1}
福安	θaŋ^{1}	θaŋ^{1}	θaŋ^{1}
泰顺	saŋ^{1}	saŋ^{1}	saŋ^{1}
咸村	θam^{1}	θan^{1}	θaŋ^{1}
班华	θam^{1}	θan^{1}	θaŋ^{1}
苍南	sẽ^{1}	sẽ^{1}	sã^{1}

参考文献[13]:《语音卷》064、126。

[说明]

(1) {三}全国方言大概都说[三]。[三]是通用词,所以方言色彩不太明显。不过,{三}无疑属于基本词。方言比较词典当然要收录这种通用词。关于这个问题,可以参看汪维辉(2008)。

(2) 各地闽东区方言都继承了原始闽东区方言里的词。除了展示这种情况以外,笔者所设想的比较词典还要描述语音的演变过程。

例(2) {人}

{人} * nœŋ² [农]

1 南片

1-1 福州小片 福州 nøyŋ²;《八音》nøŋ²;大桥 nøyŋ²

1-2 福清小片 福清 nœŋ²

2 北片

2-1 福宁小片 宁德 * nœŋ²;咸村 nœŋ²;福安 nœuŋ²;《班华》nœŋ²;杉洋 nœŋ²;霞浦 nɛŋ²;福鼎 neŋ²;寿宁 nœŋ²

2-2 浙江小片 泰顺 nɤŋ²;苍南 noŋ²

[农] 黄典诚(1980: 313)说:

《说文解字》卷三上:"农,耕人也。"段注:"各本无人字,今依玄应书(《一切

经音义》)卷十一补"。又《庄子·让王》有"石户之农"句,《经典释文》卷二十

八引李云:"农,农人也"。

闽东区方言都用[农],与其他沿海闽语相同。例如厦门 laŋ²;仙游 naŋ²。[农]的{人}义源于{农民}义的扩大。山区闽语则用[人]。例如石陂 neiŋ²;顺昌 iŋ²。{人}是沿海/山区闽语之间构成鲜明对立的重要词条之一。福州、福清方言{新娘}说[新人],如福州说[siŋ¹ ŋiŋ²],说明{人}已经开始进入闽东区方言的口语中。

在霞浦、福鼎方言里,*œ 失去了圆唇的特征,变成[ɛ]和[e]。

在苍南方言里,*œ 失去了前舌的特征,变成[o]。泰顺的[ɤ]当为[o]的进一步发展。在整个闽东区方言中,*œŋ 的 *œ 失去前舌特征,这种元音演变只发生在浙江小片里。浙江小片的这一历史音韵特点显得很特殊。

参考文献:《研究》第 89 页、《省志》第 507—509 页、《词汇》第 571 页、《词汇卷》039、《浙南》第 162 页、《闽北》第 283 页、《处衢》第 283—284 页、《婺州》、黄典诚(1980)。

[说明]

(1) {人}义词牵涉到闽语各区之间历史关系如何的问题。此时要列出除闽东区以外各区的材料。

（2）要尽量介绍历史文献上的相关记载，以便探索闽东区以及整个闽语的历史发展情况。

例（3）{用鼻子闻}

{用鼻子闻}（1）*hiu^5[嗅]

1 南片

1-1 福州小片　大桥 hiu^5

2 北片

2-1 福宁小片　宁德 *hiu^5；咸村 çiu^5；福安 heu^5；《班华》heu^5；杉洋 xiu^5；霞浦 xiu^5；福鼎 çiu^5；寿宁 xiu^5

2-2 浙江小片泰顺 çiu^5

{用鼻子闻}（2）（*pi^6）[鼻]

1 南片

1-1 福州小片　福州 pei^6；《八音》pi^6

1-2 福清小片　福清 pe^6

咸村、福鼎、泰顺方言里，位于前高元音之前的 *h 变成[ç]。这应该是较新的声母演变。这种腭化尚未波及 *k 和 *k。

闽东区主要用两个词：*hiu^5[嗅]和[鼻]。南片主要用[鼻]，北片则用[嗅]。从[嗅]在整个汉语方言当中的分布情况以及历史文献上的证据来看，[嗅]是旧词，能够追溯到原始闽东区方言以及原始闽语。原始闽东区方言可以拟作 *hiu^5。福州小片古田大桥方言的[嗅]应该不是借自北片的说法，而是旧词的保存。[鼻]则为新词。多数南片方言的读音表示来自 *pi^6。不过平潭方言读作[p^{h}e^6]，不支持这个拟音。详细的讨论请参看汪维辉、秋谷裕幸（2014）。

苍南说[t^{h}ø^3]。与邻近吴语苍南湖前方言的[t^{h}ø^3]同源。苍南的[t^{h}ø^3]显然是从周边方言借入的新说法。

参考文献：《闽东》第 65 页、《词汇》第 334 页、《词汇卷》122、《浙南》第 184 页、《古田》第 226—227 页、《闽北》第 250 页、《处衢》第 286 页、《婺州》、汪维辉、秋谷裕幸（2014）。

[说明]

一个词条(义项)往往存在几种不同的说法。此时要探讨哪个说法才能追溯到原始闽东区方言。我们也尽量给不能追溯到原始闽东区方言的说法构拟早期语音形式。此时用括号括起来表示不能追溯到原始闽东区方言。

例(4) {湿}(附{唾液})

{湿}(1) ＊lan^6[瀾1]

1 南片

1-1 福州小片　福州 $naŋ^6$;大桥 $laŋ^6$

1-2 福清小片　福清 $laŋ^6$

2 北片

2-1 福宁小片　宁德 ＊lan^6;咸村 lan^6;福安 $laŋ^6$;杉洋 $laŋ^6$;霞浦 $laŋ^6$

2-2 浙江小片　苍南 $lẽ^6$

[瀾1]《说文解字》卷十一上:"瀾,潘也。从水蘭声。"段注:"此字以从蘭,与大波之瀾别。而古书通用。""洛干切。十四部。按《周礼》、《礼记音义》皆云去声。"《集韵》去声换韵郎旰切:"潘也。"《戚林八音》山韵柳母阳去 $laŋ^6$:"瀾,潘—,淅米水也。"

{湿}(2) ＊tam^2[澹]

2 北片

2-1 福宁小片　宁德 ＊tam^2;咸村 tam^2;《班华》tam^2;霞浦 $taŋ^2$;福鼎 $taŋ^2$;寿宁 $taŋ^2$

2-2 浙江小片　泰顺 $taŋ^2$

[澹]《集韵》平声谈韵徒甘切:"水皃。"

一般来说,北片说[瀾1],南片则多说[澹]。南片咸村和霞浦既说[瀾1]也说[澹]。

除了闽东区方言以外,吴语瓯江片也有[瀾1]出现。例如苍南湖前:$lɔ^6$。所以,苍南的[瀾1]也有可能是来自吴语瓯江片的借词。{湿}义的[瀾1](阳去)应该是与{唾液}义的[瀾2](上声)同源:

{唾液} ＊lan^3[瀾2]

1 南片

1-1 福州小片　福州 $na\eta^{3}$；大桥 $la\eta^{3}$

1-2 福清小片　福清 $la\eta^{3}$

2 北片

2-1 福宁小片　宁德 $^{*}lan^{3}$；咸村 lan^{3}；福安 $la\eta^{3}$；《班华》lan^{3}；杉洋 $la\eta^{3}$；霞浦 $la\eta^{-55}_{\sim\square lu6}$；福鼎 $la\eta^{3}_{\sim水}$；寿宁 $la\eta^{3}$

2-2 浙江小片　泰顺 $la\eta^{3}$；苍南 $l\tilde{e}^{3}$

[濑 2]《集韵》上声缓韵鲁旱切："潘也。"

莆仙区、闽南区及少数吴语处衢片则用[澹]。例如仙游：澹 $ta\eta^{2}$；厦门：澹 tam^{2}；云和：澹 $du\varepsilon^{2}$。观察现有的方言材料，分布错综，不容易决定孰先孰后。由于[濑 1]发生了很大的词义改变，即"洗过米的水 > 湿"，所以这个表{湿}义的词历史可能更新，但不能肯定。[1]4 暂时假设原始闽东区方言里有两个表{湿}义的词。

参考文献：《研究》第 100 页、《省志》第 555—557 页、《闽东》第 70 页、《词汇》第 495 页、《浙南》第 198 页、《古田》第 222 页、《闽北》第 274 页、《处衢》第 292—293 页、《婺州》。

[说明]

存在几种等义词时，往往无法决定哪一个才是能追溯到原始闽东区方言的词。此时只好构拟几个等义词。

例(5) {多}

{多}(1) $^{*}\theta\varepsilon^{6}$[？]

1 南片

1-1 福州小片　福州 sa^{6}；《八音》se^{6}；大桥 $s\varepsilon^{6}$

1-2 福清小片　福清 $\theta\varepsilon^{6}$

2 北片

2-1 福宁小片　宁德 $^{*}\theta\varepsilon^{6}$；咸村 θ_{E6}；福安 $\theta\varepsilon^{6}$；《班华》$\theta\varepsilon^{6}$；杉洋 $\theta\varepsilon^{6}$；霞浦 $\theta\varepsilon^{6}$；福鼎 $\theta\varepsilon^{6}$；寿宁 $s\varepsilon^{6}$

2-2 浙江小片　泰顺 sei^{6}

{多}(2) $^{*}uai^{6}$[夥]

1-1 福州小片　福州 $uai^{6}_{若\sim}$;大桥 $uai^{6}_{若\sim}$

1-2 福清小片　福清 $ua^{6}_{若\sim}$

2 北片

2-1 福宁小片　宁德 $^{*}ua^{6}_{若\sim}$;咸村 $uɔ^{6}_{若\sim}$;福安 $o^{6}_{若\sim}$;《班华》$ʔo^{6}_{若\sim}$。韵![15];杉洋 $ua^{-21}_{若\sim}$;霞浦 $ŋuaŋ^{-224}_{若\sim}$。声!韵!;福鼎 $ua^{6}_{若\sim}$;寿宁 $ŋua^{-223}$

闽东区方言的{多}义词很稳定。除了苍南方言以外都继承了原始闽东区方言的 $*θɛ^{6}$。

寿宁方言除了这个词以外还用[夥]表示{多}。但是所能出现的位置很有限,只能出现于{这么多}[$tsuŋ^{5}ŋua^{6}$][□夥]、{那么多}[$xuŋ^{5}ŋua^{6}$][□夥]及{多少}[若夥]里。不具备自由语素的特点。除了浙江小片以外,其他闽东区方言疑问代词{多少}也说[若夥]。此处[夥]基本上已失去了{多}义。由于寿宁的[$tsuŋ^{5}ŋua^{6}$]和[$xuŋ^{5}ŋua^{6}$]里[夥]还保存着{多}义,所以本书在原始闽东区方言里也构拟表示{多}的[夥] $*uai^{6}$。[夥]在原始闽东区方言里大概已经化石化了。常用的{多}义词应该是 $*θɛ^{6}$。此外,[若夥]结构里[夥]的读音往往特殊。参看霞浦方言的读音。请注意,寿宁[$ŋua^{6}$][夥]的声母[ŋ]有可能是规则音变,因为除了[夥]以外,[话] $*ua^{6}$ 和[画] $*ua^{6}$ 也读[$ŋua^{6}$]。

苍南方言{多}说[$haʔ^{8}$],与众不同。{多少}泰顺说[$ky^{3}lɛʔ^{8}$][几粒]、苍南说[$tɕy^{3}di^{6}$][几□],都失去了闽东区固有的说法[若夥]。

参考文献:《研究》第 32 页、第 93 页、《省志》第 550—553 页、第 558—560 页、《闽东》第 70 页、第 110 页、《词汇》第 511 页、第 569 页、《词汇卷》159、《语法卷》018、《浙南》第 184 页、第 197 页、《闽北》第 251 页、第 278 页、《处衢》第 293 页、《婺州》、秋谷裕幸、汪维辉(待刊)。

[说明]

上例是另外一组原始闽东区方言里的等义词。不过,情况不尽相同。这组等义词代表的应该是旧词[夥]和新词 $^{*}θɛ^{6}$ 之间替换的结果。

例(6){太阳}

{太阳} $*nit^{8}t^{h}au^{2}$[日头]

1 南片

1-1 福州小片　福州 $ni?^8 t^hau^2$；大桥 $nik^8 t^hau^2$

1-2 福清小片　福清 $ni?^8 t^hau^2$

2 北片

2-1 福宁小片　宁德 * $nit^8 t^hau^2$；咸村 $nit\text{-}ni^8 t^hau\text{-}au^2$；福安 $nei?\text{-}ni?^8 t^hau\text{-}au^2$；《班华》$net^8 t^hau^2$；杉洋 $nik^8 t^hau^2$；霞浦 $ni?^{8a} t^hau^2$；福鼎 $ni?^8 t^hau^2$；寿宁 $ni?^8 t^hau^2$

2-2 浙江小片　泰顺 $ȵie?^8 t^hau^2$；苍南 $ȵiə?^8 dɔ^2 və?^8$[日头佛]

除了苍南说[日头佛]以外，其他方言都说[日头]。原始闽东方言里的说法应该也是[日头]。到原始闽东区方言的阶段表{太阳}义的词已经复音化。

苍南[日头佛]的[佛]应该是从周边吴语方言引进的。例如苍南湖前 $ȵi^8 deu^2 ua^8$[热头佛]。此外，苍南方言里[日]和[热]同音，所以[$niə?^8 dɔ^2 və?^8$]也许是[热头佛]。

参考文献：《研究》第 33 页、《闽东》第 33 页、《词汇》第 1 页、《词汇卷》001、《处衢》第 287 页、《婺州》、汪维辉(2014)。

[说明]

除了单音节词以外，笔者所设想的比较词典还要收录多音节词。在原始闽东区方言里，[日头]是最没有问题的双音节词之一。丁邦新(2015：44)主张研究表{太阳}义的词的语音时只要关注[日]这个字即可。不过，{太阳}单说[日]还是用复音词[日头]，或者在[日头]的基础上再加上其他附加成分，这些信息都是笔者所设想的汉语方言词汇史不可或缺的一部分。所以我们除了单音节词以外还要构拟复音节词。下一条是较为复杂的多音节词。

例(7) {打雷}

{打雷}(1) * $xiɔŋ^3 lɔi^2$[响雷](* $xiɔŋ^3 lɔi^2 kuŋ^1$[响雷公$_2$] ~ * $lɔi^2 kuŋ^1 xiɔŋ^3$[雷公$_2$ 响])

1 南片

1-1 福州小片　福州 $xyoŋ^3 nai^2 kuŋ\text{-}uŋ^1$[响雷公$_2$]；大桥 $hyøŋ^3 lai^2 kuŋ\text{-}uŋ^1$[响雷公$_2$]、$lai^2 kuŋ\text{-}uŋ^1 hyøŋ^3$[雷公$_2$ 响]

1-2 福清小片　福清 xyoŋ^{3}lɔy^{2}[响雷]

2 北片

2-1 福宁小片　杉洋 lai^{2}kuŋ-uŋ^{1}xyoŋ^{3}[雷公$_{2}$ 响];福鼎 ɕioŋ^{3}lai^{2}kuŋ^{2}[响雷公$_{2}$]

2-2 浙江小片　泰顺 lai^{2}kɤŋ^{1}ɕiõ^{3}[雷公$_{2}$ 响];苍南 ɕiō^{3}la^{2}[响雷]

{打雷}(2) (*tɛn^{2}lai^{2})[𦖋雷]~(*lai^{2}tɛn^{2})[雷𦖋]

2 北片

2-1 福宁小片　咸村 tᴇn^{2}lai^{2}[𦖋雷];福安 lai^{2}tɛiŋ^{2}[雷𦖋];《班华》lai^{2}tɛn^{2}[雷𦖋];霞浦 tɛŋ^{2}lai^{2}[𦖋雷]

[𦖋]《集韵》平声先韵亭年切:"声盈耳也。"

{打雷}(3) (*p^{h}aʔ^{7}lai^{2})[拍雷]

2 北片

2-1 福宁小片　杉洋 p^{h}aʔ^{7}lai^{2}[拍雷];寿宁 p^{h}aʔ^{7}lai^{2}[拍雷]

福清方言和其他方言之间能够建立"福清[ɔy]:其他[ai]"的语音对应。下面以福清和古田大桥、宁德、寿宁为例:

	福清	大桥	宁德	寿宁
[碓]	tɔy^{5}	tai^{5}	*tai^{5}	tai^{5}
[梯]	t^{h}ɔy^{1}	t^{h}ai^{1}	*t^{h}ai^{1}	t^{h}ai^{1}
[腿]	t^{h}ɔy^{3}	(t^{h}oi^{3})	*t^{h}ai^{3}	t^{h}ai^{3}
{嗉子}	kɔy^{1}	kai^{1}	*kai^{1}	kai^{1}

在原始闽北区方言里要给这一语音对应构拟出一个独立的原始韵母。不过,我们在原始闽东区方言的韵母系统里实在不能找到合适的位置给它。所以,暂时用下划线的 *<u>ɔi</u> 来标出这个原始韵母。

从分布来看,最有可能代表早期说法的应该是{打雷}(1)。其中,[响雷]大概是最早的说法。因为,{打雷}(2)的[? 雷]和(3)的[拍雷]都是[动词+雷],而且[公2]的韵母 *uŋ 所代表的是属于较新音韵层次的读音。宁德虎浿方言{公牛}说[ŋu^{2}kœuŋ^{3}][牛公$_{1}$],此处[公$_{1}$]的韵母则代表了闽东区方言最早的读音。

{打雷}(2)[瞋雷]~[雷瞋]只分布在一些福宁小片方言里,{打雷}(3)[拍雷]则只分布在福宁小片杉洋、寿宁方言。目前尚未发现这些说法代表闽东区方言固有说法的有力证据,情况与上述的[嗅]不一样。以上暂拟了这些说法的早期读音。它们都不能追溯到原始闽东区方言。

参考文献:《闽东》第33页、《词汇》第328页、《词汇卷》004、《闽北》第290页、《婺州》。

[说明]

丁邦新(2015:45—46)认为研究词汇史时要关注"最大公约数",就表{打雷}义的词而言,"最大公约数"是[雷]。不过,在笔者看来,如何形成[响雷]、[响雷公]、[瞋雷]和[拍雷]等{打雷}义的词也是闽东区方言词汇史要解决的问题之一。[16]

六、结　语

以上是笔者所设想的汉语方言比较词典的主要内容。由于汉语方言学领域里尚未编纂过比较词典,所以笔者目前还处于一边搜集方言材料一边积累经验的阶段。

对闽语来说,在《闽东区方言比较词典》的基础上能够继续编纂《闽北区方言比较词典》或《邵将区方言比较词典》等其他方言区的比较词典。在这些比较词典的基础上,我们才能有条件着手编纂《闽语比较词典》或谱系树上节点更高的汉语方言比较词典。

附注

① 不能说是"构拟"。因为他所研究的是实际语言而不是假设语言。

② 我们可以进一步说,高本汉所关注的是铎韵开口从母怎么念。

③ 它也是汉语方言学界长期以来不存在特征分布图的原因之一,因为词汇的方言地图是按照词形和词音进行分类和分析而绘制的。

④ James Matisoff 教授是受到了 *A Dictionary of Selected Synonyms in the Principal Indo-European Languages* 的启发而开始编纂藏缅语比较词典的。参 James Matisoff(2008:xxi)。

⑤ Robert Blust、Stephen Trussel(2013:514—515)介绍了其他语系的比较词典。可以参看。

⑥ “PAN”是“Proto-Austronesian”,“PMP”是“Proto-Malayo-Polynesian”,“WMP”是“Western Malayo-Polynesian”。

⑦ 游汝杰(2003)介绍过他计划编写《汉语方言同源词谱》。目前详细的情况还不太清楚。

⑧ “广义的宁德方言”是指分布在旧宁德县而且上声和阳去只在一部分非开尾韵当中才对立的闽东区方言。

⑨ 表“风”义的词在原始闽东区方言里的形式可以拟作 *huŋ^{1},原始闽北区方言则为 *pioŋ^{1}。*pioŋ^{1} 可以追溯到原始闽语,并跟仙游方言的[puĩ^{1}]比较。*huŋ^{1} 则不能。就原始闽语而言,*huŋ^{1} 和 *pioŋ^{1} 之间不存在同源关系。此时最好要加符号做出区别,如“风1”“风2”。这一条笔者承蒙沈瑞清博士的指教。

⑩ 屏南城关方言的位置要重新思考。这个方言和其他福州小片方言之间的差异较为明显。

⑪ 当然,这个原则不是绝对的。即使古田方言“用鼻子闻”说“鼻”,我们根据外部证据仍然认为原始闽东区方言里的“闻”义词是“嗅许救切”。参看下文。

⑫ 本词典所使用的是《戚林八音校注》的校注本(李如龙、王升魁 2001)。《戚林八音》的韵母拟音则根据陈泽平(1984)。关于《班华字典—福安方言》,参看秋谷裕幸(2012)。

⑬ 主要参考文献的简称如下:陈章太、李如龙《闽语研究》—《研究》;《福建省志·方言志》—《省志》;林寒生《闽东方言词汇语法研究》—《闽东》;《汉语方言词汇》(第二版重印本)—《词汇》;《汉语方言地图集》—《语音卷》、《词汇卷》、《语法卷》;秋谷裕幸《浙南的闽东区方言》—《浙南》;秋谷裕幸、陈泽平《闽东区古田方言研究》—《古田》;秋谷裕幸《闽北区三县市方言研究》—《闽北》;曹志耘等《吴语处衢方言研究》—《处衢》;曹志耘等《吴语婺州方言研究》—《婺州》。

⑭ 当然也有可能[瀨1]最早的词义是{湿},{洗过米的水}则为引申义。还有可能[瀨1]最早的词义不是{洗过米的水},也不是{湿},而是另外一个词义。尽管如此,在没有得到支持这些观点的有力证据之前,笔者更重视文献上的记载。

⑮ 与原始闽东区方言 *uai^{6} 对应的读音应该是 wuɔ^{6}。

⑯ 丁邦新(2015:43)列出汉语诸方言当中的表{螳螂}义的词并指出:“‘螳螂’可是最通常的一个词汇,词汇的差别到了这样的程度,试问,你怎么能够拟测它是从什么词汇来的?你没办法。我们怎么能够得到词汇早先的面貌?得不到。”表{螳螂}义的词的确是情况最复杂的词条之一。此时要进行方言地理学的研究。岩田礼(2009)的作品是这方面研究的典范著作之一,可以参看。该书所研究的表{蜗牛}义、{膝}义词或{疟疾}义的词的差异程度,不亚于表{螳螂}义的词。

参考文献

北京大学中国语言文学系语言学教研室(2005)《汉语方言词汇》(第二版重印本),1995年第二版,北京:语文出版社。

曹志耘主编(2008)《汉语方言地图集》,北京:商务印书馆。

曹志耘、秋谷裕幸、太田斋、赵日新(2000)《吴语处衢方言研究》,[日本]好文出版。

陈泽平(1984)福州话的韵母结构及其演变模式,载北京大学汉语语言学研究中心编,《语言学论丛》第十三辑,北京:商务印书馆,77—98。

陈章太、李如龙(1991)《闽语研究》,北京:语文出版社。

丁邦新(2015)《音韵学讲义》,北京:北京大学出版社。

高本汉(Karlgren, Bernhard)(1915—1926)《中国音韵学研究》(Études sur la phonologie chinoise, Stockholm),赵元任、罗常培、李方桂合译,长沙商务印书馆,1940年;台湾商务印书馆影印本,1962年。

福建省地方志编纂委员会(1998)《福建省志·方言志》,北京:方志出版社。

黄典诚(1980)闽语人字的本字,《方言》第4期:312—313。

李如龙、王升魁校注(2001)《戚林八音校注》,福州:福建人民出版社。

林寒生(2002)《闽东方言词汇语法研究》,昆明:云南大学出版社。

罗杰瑞(Jerry Norman)(2005)闽方言中的来母字和早期汉语,《民族语言》第4期:1—5。

平山久雄(1967)中古汉语の音韵,城《中国文化丛书1·言语》,[日本]大修馆书店:112—166。

秋谷裕幸(1994)Gospel of Matthew, Kien-yang Colloquialの音系,[日本]《爱媛大学教养部纪要》27:1—20。

——(2005)浙南的闽东区方言,载《语言暨语言学》专刊甲种之十二,台北:"中央研究院"语言学研究所。

——(2008)闽北区三县市方言研究,《语言暨语言学》专刊甲种十二之二,台北:"中央研究院"语言学研究所。

——(2010)论闽东区方言的分区,载余霭芹、柯蔚南主编,《罗杰瑞先生七秩晋三寿庆论文集》,香港中文大学中国文化研究所吴多泰中国语文研究中心:47—76。

——(2012)《班华字典—福安方言》音系初探,《方言》第1期:40—66。

秋谷裕幸、陈泽平(2012)《闽东区古田方言研究》,福州:福建人民出版社。

秋谷裕幸、韩哲夫(HANDEL, Zev)(2012)历史比较法和层次分析法,载北京大学汉语语言学研究中心编,《语言学论丛》第四十五辑,北京:商务印书馆,277—335。

汪维辉(2008)《现代汉语方言大词典》"说"字条读后——关于分地词典如何处理"通用词"的一点想法,《澳门语言学刊》总第31—32期。

——(2014)说"日""月",《中国语言学报》第16期:73—96。

汪维辉、秋谷裕幸(2014)汉语"闻/嗅"义词的现状与历史,*Language & Linguistics*,15(5):699—732。

王福堂(2007)汉语方言调查和方言语音,载北京大学汉语语言学研究中心编,《语言学论丛》第三十六辑,北京:商务印书馆,57—65。

岩田礼编(2009)《汉语方言解释地图》,[日本]白帝社。

游汝杰(2003)吴语内部各片的音韵对应,载上海市语文学会、香港中国语文学会合编,《吴语研究——第二届国际吴方言学术研讨会论文集》,上海:上海教育出版社,2—8。

Baxter, W. & Sagart, L. (2014) *Baxter-Sagart Old Chinese Reconstruction*, Version 1.1 (20 September 2014). Online at http//ocbaxtersagart. lsait. lsa. umich. edu/BaxterSagartOCbyMandarinMC2014-09-20. pdf. Accessed 2015. 6. 18.

Blust, R. & Trussel, S. (2013) The Austronesian Comparative Dictionary: A Work in Progress. *Oceanic Linguistics*, 52(2): 493 - 523.

Buck, C. D. (1949/1988) *A Dictionary of Selected Synonyms in the Principal Indo-European Languages*. Chicago & London: The University of Chicago Press.

Li, Fang-kuei (1977) *A Handbook of Comparative Tai*. Honolulu: The University Press of Hawaii.

Matisoff, J. (2008) *The Tibeto-Burman Reproductive System: Toward an Etymological Thesaurus*. Berkeley · Los Angeles · London: University of California Press.

Norman, J. (2006) Miin Animal Body Parts. *Bulletin of Chinese Linguistics* 1(1): 133 - 143.

Sagart, L. (1999) *The Roots of Old Chinese*. Amsterdam/Philadelphia: John Benjamins Publishing Company.

Schuessler, A. (2007) *ABC Etymological Dictionary of Old Chinese*. Honolulu: University of Hawai'i Press.

(日本松山,爱媛大学法文学部 kiyokoyaeko@gmail.com)

危险的跳跃：语码转化和语素透明度*

陶　寰　史濛辉

提要　文章从汉语"通语音-方言音"的双系统接触角度出发，提出语码转化时需要遵循的"语素透明度"原则。通语音借助汉字对方言音产生渗透，如果语素的透明度较高，则能较为顺利地进行从通语音到方言音的转化，产生"折合"变式；如果语素的透明度较低，则通语音无法转化为方言音，该语素依然保留本方言原有的读音。文章利用上海市区方言社会语言学的调查数据和晋江闽语文白竞争的案例来说明该原则，并以此来分析汉语方言叠置式音变的微观路径。

关键词　语素透明度；语码转化；语言接触；层次；汉字

一、引　　言

从语言接触的角度来说，叠置式音变是形成汉语方言层次的最重要的模式之一（王洪君 2014：437）。这种演变的外在体现即汉语方言中某一个"字"有几种不同的读音。但实际上这些不同的读音并不是"字"的不同读法，而是不同"语素"的体现，特定的读音总是依托于某个特定的语素而存在的，在表面上呈现出"依托某个特定的词汇而存在"的特点（王士元、沈钟伟 1991）[①]，专家考订源流后才凝结于某个特定的"字"上。这种现象和汉字的"语素-音节"特性（裘锡圭 1988：17）有密切联系。本质上，汉字与语素是"一对多"的关系。

就汉语"通语音-方言音"的双系统接触来看，"通语音"到"方言音"需要经过"语码转化"的过程，这种转化是依托汉字进行的。在这种语码转化的过程中，

---

* 本文受到国家社会科学基金"上海方音演变的社会语言学研究"（项目编号 11BYY032）的资助，曾在"汉语史观暨汉语史研究方法论学术研讨会"宣读，得到与会学者的批评指教，谨此表示感谢。

需要遵守"语素透明度"原则：以语素为单位，如果语素的透明度较高，则方言区人能较为顺利地进行从通语音到方言音的转化，即产生"折合"(adaptation)变式；如果语素的透明度较低，则通语音无法转化为方言音，该语素依然保留本方言原有的读音，在共时上体现为无法透过简单的语音对应关系来找出"本字"，需要进行层次离析。本文拟通过上海市区方言的社会语言学调查数据来说明"语素透明"原则的合理性和现实性，并分析汉语方言叠置式音变的微观路径。

二、汉字的阻断作用

桥本万太郎(1985：8)认为汉语是典型的"农耕民型语言"，其和"畜牧民型语言"最大的差异，在于"农耕民型语言"本来就有着各种各样的不同的语言，后来各种语言被某一中心语言不断同化。进一步说，这关系到语言的向心力和离心力(李如龙 1994)问题。就汉语方言而言，通常会以方言区的地理环境和历史文化因素来决定是向心或是离心，例如，历史的行政府治、分布地域、人口密度、水陆交通状态等。但是，不可忽视的是统一的文字在语言的形成历史中所起的作用至关重要(Coulmas 2005：218)。粤语之所以以广州话为权威口音形成一个超级向心型方言，除了经济政治、历史地理的原因外，其自造了不少所谓的广东话"文字"也功不可没，如"瞓"[$fɐn^5$]实际就是"睏(困)"字，因为广州话中中古溪母合口字经历了 $k^hu- > hu- > f-$的音变，导致溪晓母与非敷母合流，如"苦＝虎＝府[fu^3]"。当地人并没有意识到这种变化，以为这个读音并非是"睏(困)"，所以另行造字。统一的文字进一步发挥了广府粤语超强的向心作用。

问题在于，通行汉字承载的读音是什么方言的读音。

汉语从很早开始就有了共同语音(或"准共同语音")性质的"通语"音系，"通语音系的基础方音照例总是某种北方方音"(麦耘 1991：24)，它和地方独有的方音总会有或多或少的区别，而且对地方方言高层变体的浸润始终未断(王洪君 2006)。因此，以上问题的答案是"汉字是记录'通语'的文字"。方言区的人因为各种原因(如文教、戏曲等方面的接触)，有意或无意中受到"通语音"的影响，这种"影响"往往就需要通过文字来实现"通语音—方言音"的转化。持续的"文字统治"，一直以来便为以北方官话为主体的"通语音"不断向南方方言输出提供了有利的条件。这种以文字作为传播媒介的方言之间的横向传递,塑造了如今方言的主体面貌。

这种通过文字接触的后果,使某些文教发达的大城市的市民语言更多地受到来自“通语音”的冲击,形成“城市方言岛”,简言之,文教越发达的地方越容易受“通语音”的影响。从语言演化的角度看,这些方言会出现更多的创新变体与本地原有变体产生竞争的现象。从具体的语音形式来说,汉语方言的变化、发展就是非通语音方言区人学习通语音形式的结果(沈钟伟 2015)。如今的上海市区方言正在经历相似的语言变化(史濛辉 2015)。

需要指出的是,这并不是汉语独有的现象,文字作为一种媒介(media)和编码(code)存在于各种言语社团中。许多案例研究表明(Mühlhäusler 1996),文字使得语言丧失多样性(linguistic diversity)。如 Cooper(1975:231)在对 Suau 岛的各种方言研究之后指出,由于在 Suau 岛上的方言被认为是标准语且有文字,因此其他所有的方言都要通过这种有文字的方言来进行交流。另外一种影响是,人们通过文字作为编码,更多使用背离自己原语言的形式,变得更接近于文字所书写的语言。如 Bright 和 Ramanujan(1964)的研究显示,在印度,由于只有上层阶级(如婆罗门)才能学习文字和书写,因此他们的语言相对保守。在北印度,有两种存在亲缘关系且十分接近的达罗毗荼语——Kannad 语和 Tulu 语,其中 Kannada 语有十分悠久且良好的文字系统,而 Tulu 语没有文字。研究表明,在 Kannada 语中,婆罗门的语言比非婆罗门的语言更保守;而在 Tulu 语中则几乎没有这种区别,婆罗门和非婆罗门的语言一样有许多创新(innovate)。可见,无论是语素-音节文字还是拼音文字,都会对语言或方言产生这样的影响。

总之,汉字是一种语言接触的强有力媒介。它会在一定程度上泯灭方言本来的多样性,尤其是语素的多样性。这是造成如今汉语方言层次叠置且较难离析的一个重要原因。

三、语素透明度

“语素透明度”跟文字有着密切的关系。“语素透明度”这个原则主要是借用优选论(OT)中“不透明”(opacity)的概念提出的。“不透明”最早是 Kiparsky(1973)提出的音系学概念,后来被广泛用于优选论中。简单来说,所谓“不透明”即音系规则的属性难以通过表层的语音形式来确定(Trask

1996：247）[②]。音系规则是强制的，如果结构条件出现，则音变一定发生。可是，如果表层结构条件无法表达深层音系规则，音系便为“不透明”。笔者借用这个概念旨在说明，在从“通语音”到“方言音”的语码转化中往往要遵循“语素透明”原则。本文对“语素透明度”的定义是：“语言接触发生时，以语素为单位，输出语言和输入语言之间就某一特定的语素发生语码转化。如果语码转化能顺利完成，则该语素透明度较高；而透明度越高，转化后的读音越有可能向通语音靠近。如果语码转化不能顺利完成，则该语素透明度较低；而透明度越低，越有可能保留本语言原有的读音，共时上体现为无法透过简单的语音对应关系来找出‘本字’，需要进行层次离析。”

以笔者调查的江西玉山吴语为例，果开一歌韵一共有三个读音，分别是ɑ/o/ai，如表1所示。

表1

例字	ɑ	语素义	o	语素义	ai	语素义
拖			tʰo¹	拖动	tʰai¹	垂下（舌头拖下来）
箩			lo²	读字音	lai²	箩筐
他	tʰɑ¹	读字音（“他”为［ŋɤ⁴］）				
哪	nɑ²	读字音（“哪里”为［ʦʰɤʔ lai］）				
哥			ko¹	兄长		

从传统层次分析法的角度看，ai层是玉山话最古老的层次，而今普通话读uo/ɤ的音，玉山方言对应为o层（如拖）；而读a的音，则对应为ɑ层。这些都可以看作是一种语音折合现象：很明显“他”和“哪”是从通语（以今普通话为代表的北方音系）中折合过来的读音。玉山的［ŋɤ⁴］是“渠”，和其他吴语一致；而表示“哪里”的疑问词本字不明，但［ʦʰɤʔ⁷］不可能是“哪”字的口语音，更像是复杂的共时音变的结果。“拖”的［tʰai］音表示“垂下”这个语素义，由于北方话中的“拖”并没有“垂下”这个语素义，两者无法进行匹配，因此，它是不透明的。这个读音保留了前《切韵》音系的面貌，和上古晚期歌部的＊ai有关，郑张尚芳（1999）曾认为闽语和浙西南吴语的果摄字都经历过＊ai＞oi＞uai的音变过程，这一点在闽语中可以看得更加清楚。如温州话的“蛾꜁mai＜＊ŋuai”，福州话的“我ŋuai꜔”等。

通过玉山方言的例子，可简要说明“语素透明度”原则，但是有三点需要注意：

第一，同样的语素在不同的语言系统中会有不同的透明度，如“穷”[dʑioŋ²]这个语素在上海话中可以表示副词“很、十分”，这和苏州话一致，但在普通话中却“不透明”。所以，上海话“穷”语素在表示“很、十分”这个义项上在苏州话中的透明度要高于北京话。

第二，从语素义的角度来看，像玉山话中的“他”“哪”这样的语素也是不透明的，如果按照上文的说法，当语素透明度较高时，才会发生折合，那为何这些语素还有折合音？这是因为实际上，两种语言中的同一语素根本无法对应起来，此时，汉字本身已经不承载该语素义，因此只有读字音，也就是通语音的折合形式。

第三，必须明确，语素透明度的高低是一个相对概念，更可能有人际差异。首先，语素透明度不是绝对的，以往所谓的“口语词更容易保留白读音和书面词更容易使用文读音”就是最好的例子，因为口语词的语素透明度较低，而书面词较高。其次，并不是言语社团中每个个体对于同一语素的“透明度”都会有相同的敏感性，这种敏感性最外在的社会指示项就是年龄。以苏州方言为例，对应于普通话[ç-]声母的匣母及喻三部分细音字在年轻人中开始增生[ʑ-]声母，如表 2 所示。

表 2

例字	老派	新派
行$_{行为}$形	ɦiŋ²	ʑiŋ²
熊雄	ɦioŋ²	ʑioŋ²

ʑ 声母的增生是受普通话影响的结果，但分布的具体情况，必须进行社会语言学调查才能了解。

四、上海市区方言(ø)变项的社会语言学证据

对“语素透明度”的社会语言学调查主要可以解决三个问题：

第一，是不是真的存在“语素不透明”现象？

第二，如果存在，该现象在言语社团中是如何体现的？

第三,这个现象对该言语社团所使用的方言的演化有什么影响?

我们拟用上海市区方言(ø)变项的社会语言调查数据来回答以上三个问题。

上海市区方言中阴声韵读[ø]韵的字主要有以下来源:蟹摄合口一等灰韵泰韵精组(催最)、蟹摄合口三等祭韵精组知系(脆税)、止摄合口三等支韵端系知系(随垂)[③]、止摄合口三等脂韵精组知章组(虽追)[④],这些字大多是北京话[ts]、[tʂ]两组声母和[uei]韵母相拼的字。

根据调查,(ø)变项一共有[ø]、[ᴇ]、[ei]、[uᴇ]、[uei][⑤]五个变体。也就是说,上海人说这些字一共有五种可能的发音,根据变项规则(variable rule)可以写为公式(1):

$$[\text{Ø}] \rightarrow ([\text{ᴇ}]/[\text{ei}]/[\text{uᴇ}]/[\text{uei}]) \quad (1)$$

以"岁"字为例,至少会有以下五种变式,分别从(ø)-1 到(ø)-5:

(ø)-1[sᴇ]:典型苏州式[⑥]发音,受苏州话影响的结果。

(ø)-2[sø]:本土层读法,符合历史文献记载。

(ø)-3[sei]:受到普通话[uei]影响,和系统中部分其他读[ᴇ]的音同变,这部分字通常也是普通话读[ei]或[uei]的字,如"雷"从[lᴇ]到[lei]、"对"从[tᴇ]到[tei]。这个读音实际上是普通话接触造成的音值折合的结果,是音系中的新音位。关于这个问题的详细讨论可参看张玥(2012)。

(ø)-4[suᴇ]:受普通话[uei]影响造成,但折合后保留的特征不同,着重于保留合口成分,突破了上海话原有的声韵搭配限制。[⑦]

(ø)-5[suei]:受普通话[uei]影响造成,完全模仿了[uei]韵,是音系中的新音位,同时突破了上海话原有的声韵搭配限制。

这五个变式可分为三组来源,见表3。(史濛辉 2015)

表3

组别	变式	来源
第一组	(ø)-1[ᴇ]	其他吴语读音(苏州为主)
第二组	(ø)-2 [ø]	上海本地读音
第三组	(ø)-3[ei]、(ø)-4[uᴇ]、(ø)-5[uei]	普通话折合

在访谈式调查(Interview)中,我们分别设置将"罪"字所代表的两个语素镶嵌在不同的句子中,对215 个不同年龄的个体进行了调查。在上海话中

“罪”的两个语素分别是：(1) 犯法的行为(犯罪)；(2) 可怜(罪过)。语素义(1)是透明语素，可以和普通话完全对应；语素义(2)是不透明语素，为北部吴语独有。数据处理使用 Index 值法，这是 Trudgill(1974)在 Norwich 调查时所用的计算方式，以 Index 来衡量这种变化率，如果某人(也可以是一个言语社团)在被调查时，每个变式出现的频率如下：

频率		变式		得分
2	×	(ø)-1	=	2
3	×	(ø)-2	=	6
2	×	(ø)-3	=	6
7				14

此时，Index(t)：14 ÷ 7 = 2。这显示这个人(或这个言语社团)的实际读音倾向接近(ø)-2 的发音。变体一共有五个，为了使频数较好地符合正态分布(Normal Distribution)，我们对变体进行了适当排序，以免去不必要的统计步骤，为后续分析提供便利。数据处理使用 SPSS 16.0 英文版进行。

215 个样本的数据结果如表 4。

表 4

		Frequency		Percent	
		犯罪	罪过	犯罪	罪过
Valid	1	53	18	24.7	8.4
	2	74	183	34.4	85.1
	2.5	1		.5	
	3	71	11	33.0	5.1
	4	7	2	3.3	.9
	5	4	1	1.9	.5
	Total	210	215	97.7	100.0
Missing	System	5		2.3	
Total		215	215	100.0	100.0
Index		2.21	2.00		
Sd		0.92	0.46		

转换成直方图如图1。

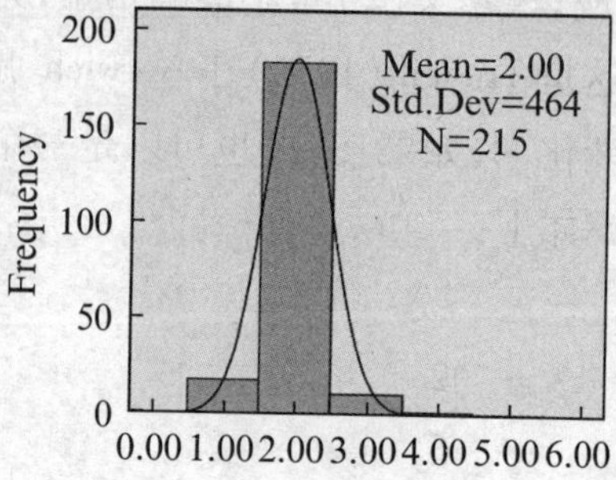

a. 罪过

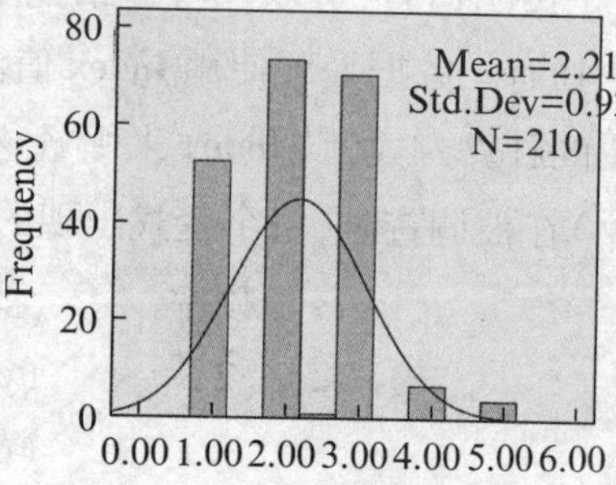

b. 犯罪

图1

从图表中我们可以发现：

(1)“罪”在“罪过”中的 Index 平均值是2.00,低于“犯罪”的2.21。

(2)“罪”这个语素在“罪过”这个词中读[ᴇ]的比率要高于其他任何变式,占到了85.1%,一枝独秀。

(3)“罪”的两个语素的各变体的比例分布有天壤之别。“罪过”的[ᴇ]率(85.1%)要比“犯罪”的(34.4%)高近2.5倍。在“犯罪”中“罪”语素的读音十分丰富,这种区别可以透过标准差(犯罪0.92/罪过0.46)看到,后者标准差(0.46)仅为前者的1/2,这说明“罪”语素在“罪过”中读[ᴇ]更加稳定。在“犯罪”中,“罪”语素的读音项主要分布于[ei]/[ᴇ]/[ø]三项中,其中[ei]可能有两种来源：一种是从[ᴇ]演变过来,这一般会和蟹止摄部分读[ᴇ]的字同变,如“对 tᴇ > tei”,不过这种情况我们目前还没办法验证,因为这需要调查同一个人其他字的读音才能得出结论。还有一种是受普通话影响直接折合的音值。但是无论如何,[ei]都代表的是一种创新的后起变化。

此外,我们需要分析,“罪”语素在“罪过”中大量读[ᴇ]的现象是否和年龄有关。我们对“罪”语素在“犯罪”中的情况一起进行 F 检验($p < 0.05$),结果如表5。

从F检验来看,是两语素和年龄都没有显著关系,但“罪过”语素同年龄的关系较“犯罪”语素更为疏离。我们可以对比两者在每个年龄段的箱图(见图2)。

表 5

语素	F	Sig.
犯罪	1.483	.185
罪过	.580	.746

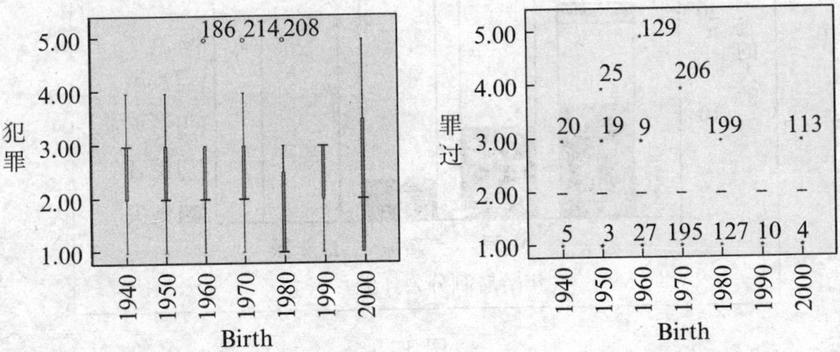

a. 犯罪　　b. 罪过

图 2

从箱图分析可以看出，b 中无论哪个年龄组“罪”语素在“罪过”中的中位数都是 2[ᴇ]，主体分布都在 2[ᴇ]处，虽然每个年龄段都有极值，但数量都只在 1—3 个。这一切都告诉我们，“罪过”的变异率很小。a“犯罪”中的差异则要大得多，尤其是 1980、1990、2000 这三个年龄组，倾向于使用创新变式，内部差异也较大。

从“语素透明度”的角度来看，由于“犯罪”的“罪”语素在普通话中是透明的，样本有意识，即两者可以进行语码转化，因此它可能受普通话影响的概率更大，如它的 1(ei)有 24.7% 的比例。但是，“罪过”的“罪”语素在普通话中没有对应义项，语素不透明，调查中很多样本都不曾意识到本方言中表示“可怜”意思的“罪过”的“罪”就是“罪”这个字，因此它根本不会发生语码转化而产生折合变式，所以它保留了北部吴语最常用的读音[ᴇ]。

同样的例子在上海市区方言中还发生在(ʑ)变项上，陶寰、张晔(2011)曾经对“贱”这个语素表示“好动，触摸不该触摸的东西”(手贱)进行了社会语言学调查。他们在访谈调查中，通过简单随机抽样对 112 名共四个不同年龄段的个体进行了比较，得到的数据如图 3 所示。

受普通话[tɕ-]声母的影响，原上海市区方言的[ʑ-]声母字正在被折合

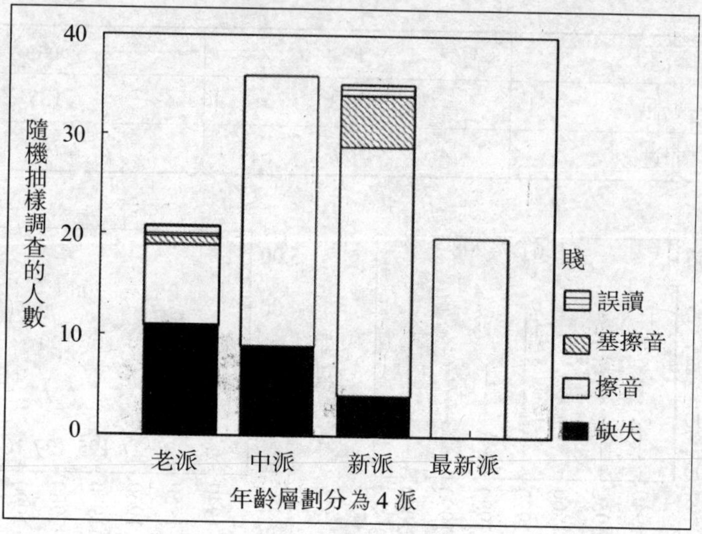

图3

变式[dʑ]所替代,但由于“贱”表示“手贱”这个语素在普通话中不使用,个体根本没有意识到这个[ʑi]就是“贱”字,造成“音义失联”,因此在语言接触时是不透明的,语码转化无法进行,变化较其他透明度高的语素(如“前”、“钱”〔姓〕)要慢得多,能更好保留原来的读音。

至此,我们可以回答刚开始提出的三个问题。

第一,通过上海市区方言社会语言学调查,我们可以肯定“语素透明度”的确存在。

第二,该现象在言语社团中以依存于特定词汇的形式存在,如“罪过”和“手贱”。

第三,如果时间充分[⑧],“音义失联”现象加剧,该现象可能在一定程度造成该言语社团中某些词的语音形式脱离主流音变而滞后,使得主流音变形成一个和自身不同的语音形式,可以视为“层次”。下面我们将详细讨论这个问题。

五、叠置式音变的实质

汉语的演变有三种模式——连续式、扩散式、叠置式。简而言之,以文白异读为主要表现形式的叠置式音变与连续式、扩散式的性质完全不同:叠置式音变是权势高的方言以文化教习为媒介进入权势低的方言而引发的音变，是已分化并有权势不同的两个姊妹方言音系融合而造成的不同音系（不同的字音分合关系）在一个共时音系中的层次叠置；而连续式、扩散式音变从性质上说都是一个音系自身的演变（王洪君 2010）。[9]

我们需要进一步讨论的，是哪些词更容易发生叠置式音变，或者说，是哪些语素更容易发生叠置式音变。

上文我们讨论的上海市区方言“罪”“贱”两个语素，可以看作是正在发生的叠置式演变过程，其中体现出的是：如果语素的透明度高，则能较为顺利地进行从“通语音”到“方言音”的转化，如“犯罪”；如果语素的透明度低，则“通语音”无法转化为“方言音”，该语素依然保留原有的读法，如“罪过”。

这是动态研究的结论。但是，大多数的调查都是共时层面上词汇语音个体的静态描写，我们无法得到叠置式音变的发展阶段和趋势。因此，我们只有转向另一个维度思考这个问题，那就是研究叠置式音变的消亡过程。因为从动态演化的角度看，一种演变的消亡正是新变化的开端，从言语社团的“有序异质”（orderly heterogeneous system）（Labov 1994）的角度看，这种分析是合理的。以下，我们将从叠置式音变的消亡过程入手，再来检验“语素透明度”原则的适切性。

曾南逸（2014）以闽南晋江苏厝方言为例讨论了叠置式音变消亡的三种模式——文白互斥、异读流失、文白合流。这种分类为我们的研究提供了良好的基础。但首先要指出，曾文讨论的“文白合流”其实是叠置式音变形成后语言系统内部的自身创新变化，例如，老派“紫死四司辞子字”七字有-ɯ（文）/-i（白）异读，但由于音系发生了-ɯ > -i 的演变，使得新派这些字都仅有-i 一读。最有意思的是老派“字”本来有 tsɯ（文）/li（白）的区别，但是由于发生-ɯ > -i 的音变，使得新派出现了 tsi 的新形式。如果从共时层面上来看会有这样的声韵文白区别：ts（文声母）/ɯ（文韵母）/l（白声母）i/（白韵母），则新派的 tsi 看似是一种“文白杂配”[10]，当然这种看似“文白杂配”的现象实际上是由-ɯ > -i 引起的。但无论如何，这个变化都是由系统内部引起的变化，故而我们暂不讨论，详细说明可参考附注①。

曾文的材料可整理成表 6。

表 6

消亡模式	定义	例字	文	词汇	白	词汇	胜利方
文白互斥	文白异读中文读和白读是对立统一的整体，当异读中任何一读消失，文白异读本身也就随之消亡。	疏	sɔ^{1}	疏忽	sue^{1}	亲疏	sɔ^{1}
		晶	tsiəŋ^{1}	晶莹	tsĩ^{1}	水晶	tsiəŋ^{1}
		劝	k^{h}uan^{5}	劝导	k^{h}ŋ^{5}	单用	k^{h}ŋ^{5}
		洗	se^{3}	洗礼	sue^{3}	单用	sue^{3}
异读流失	一对文白异读中的其中一个读音，在两读没有发生竞争的情况下，承载其中一读的词汇或语法结构被其他词汇或语法结构所替代。	经	kiəŋ^{1}	经典	kĩ^{1}	经布（织布）	kiəŋ^{1}
		强	kiɔŋ^{2}	强大	kĩũ^{2}	比较句（A 强过 B）	kiɔŋ^{2}
		痛	t^{h}ɔŋ^{5}	痛苦	t^{h}ɔŋ^{5}	痛疼（疼爱）	t^{h}ɔŋ^{5}

我们认为，这些叠置式音变的消亡都可以用“语素透明度”原则来解释。“疏”和“晶”这两个语素在普通话中都是透明度较高的语素。“疏”在“亲疏”或“疏密”中都是表示“距离远”义，在两个语言系统内一致，因此文读胜出。同样，“晶”语素无论是在“结晶”中还是在“水晶”中，在普通话中也都是透明语素。但同样是透明度高的语素，“劝”和“洗”为何白读胜出呢？原因在于使用频率。虽然“劝”和“洗”语素透明度较高，但在实际使用中，它们单独出现的概率比“劝导”“洗礼”要高得多，而使用频率是所有演变的基本条件。“经”“强”“痛”三个语素更为明了，“经”表示“织”、“强”用于比较句和“痛”表示“疼爱”在普通话中都不透明，而“经”表示“经典”、“强”表示“强大”和“痛”表示“痛苦”在普通话中都是透明的，由于承载不透明的那个语素的词或句式消失，因此最终透明度高的胜出。于是我们大致可以总结出三条结论。

(1) 从“通语音”到“方言音”是根据“语素透明度”原则发生竞争的[11]，透明度明显高者容易胜出，而低者可能较多保留在口语词中，如“经”“强”“痛”三个语素。

(2) 如果透明度相同，则使用频率高者容易胜出，如“劝”和“洗”两个语素。

(3) 如果透明度相同,使用频率也无明显高低,则受“通语音”影响更大或更靠近“通语音”的形式容易胜出,如“疏”和“精”两个语素。

综上,我们从正在发生的叠置式音变和叠置式音变的消亡两个方面检验了“语素透明度”解释的适切性。需要明确,消亡是因为再一次叠置式音变开始了。“语素透明度”在叠置式音变中也承担着重要的角色。

据此,我们可以将本文的观点抽象为图4 这样一个模型。

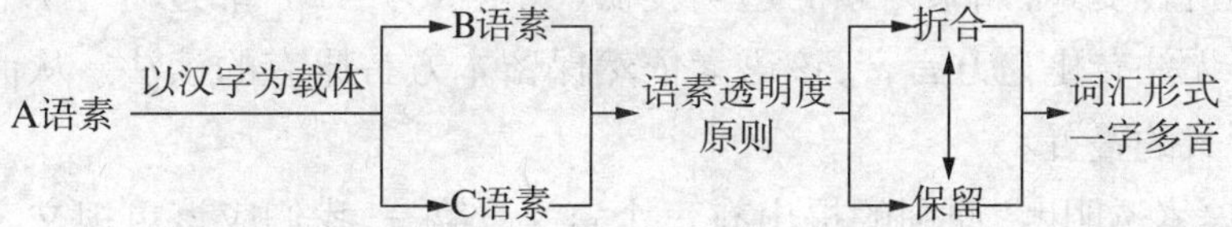

图4

六、总　结

值得一提的是,就单个语言系统而言,同样存在“语素不透明”。这主要体现为传统的方言“考本字”工作中往往出现“音义失联”现象。如苏州方言“筷筒”叫[k^huᴇ^{55} zɥ^{33} loŋ^{31}]筷箸笼,当中的[zɥ^{33}]本字是“箸”,但是该语素如今只出现在这个词中,人们已经无法将[zɥ^{33}]这个音和“箸”字对应起来,所以表示“筷子”义的“箸”这个语素在本方言中变得不透明,故而产生了叠床架屋的形式(再在前面加上“筷”,实际上“筷”就是“箸”)。又如上文讨论的玉山方言中“箩”这个语素,它在两种方言中意思是对应的,照理透明度很高,但为什么玉山方言的“箩”依然保持[lai^{2}]这种古老的读音呢? 这本质上也是一种“音义失联”现象。首先,“箩”作为基本常用工具,使用频率较高,因此可能滞留原来的读音。其次,实际上,在口语中人们并没有意识到[lai^{2}]这个音就对应“箩”这个汉字,原因有两点: 第一,人们在口语中不能从[lai^{2}]这个读音反推到“箩”这个字,而只有在“箩筐”或“藤萝”这样的词语中才能实现语素和汉字的推导;第二,如果写出“箩”字,人们的第一反应就是[lo^{2}]这个读字音,这就是符合规律的折合形式。前面提到的广州话中有大量自造字的现象就是由此引发的[12]。在单一语言系统内,我们无法从表面语音形式推得语素义,而只能理解这个语素构成的词的词汇义,就这个语素而言,就是“语素不透明”现象。因此,“考本字”实际就是确定语素。

本文主要从方言接触的角度出发,指出汉语叠置式音变中“语素透明度”原则所起的重要作用。长期以来,以北方“通语”为语音基础的文字系统,作为交流的书面工具,通过文教戏曲等方式影响各方言的语音形式,而由此产生的语码转化,是基于两种语言的“语素透明度”原则进行的:如果语素的透明度高(如上海方言“罪”语素在“犯罪”中),则能较为顺利地进行从通语音到方言音的转化,形成折合形式,言语社团的人也会有更高的可能性使用折合变式;如果语素的透明度低(如上海方言的“罪过”“手贱”),则通语音无法转化为方言音,该语素依然保留本方言原有的读法。从而造成新旧形式的叠置。

“语素透明度”原则的提出有三个意义:第一,我们应该重视文字在语言接触中的负面影响,从“通语音—文字—方言音”是一个“危险的跳跃”,文字作为中介虽然确保了语码转化有发生的可能性,但是也在很大程度上大大遮蔽了语言演变事实的复杂性;第二,传统研究往往只拘泥于一一对应的“字-音”模式,而忽略了“语素-音”的对应,叠置式音变根本上是语言接触时“语素透明度”原则作用下的语码转化的结果;第三,层次研究应该引入动态演变的视角,需要从不同的言语社团入手。本研究可以继续深入的问题,是不同人群对特定语素的透明度的敏感性。这关系着该言语社团的语音演变方向,将对我们研究语言的历时演变起着更重要的作用。

附注

① 杨秀芳(1993)、王洪君(2006)等学者提出“文白杂配”(“混血音读”)的概念,旨在说明分析叠置式音变时需要以声韵调为单位进行讨论,这是极有必要的。但是,这是接触发生后语言内部各变式竞争的结果,如果仅从宏观的接触角度看,语言接触刚发生时,是先按照“语素透明度”原则发生折合的,折合完成后才有“文白杂配”的条件,因此从这个层面来看,整个语音形式依然是以词汇为基础的。

② 原文为 The property of a phonological rule whose existence is difficult to ascertain from the inspection of surface phonetic forms, for any of various reasons.

③ 嘴、吹、炊除外。

④ 锥、水除外。

⑤ 关于[ᴇ]的实际音值问题,本文统一是:单元音处用[ᴇ],复合元音中使用[e],如[ei]。少数老派还区分[e]、[ɛ]和[ᴇ]的问题不在我们考虑之列(许宝华、汤珍珠1988:53)。

⑥ 实际上周边吴语大多都是没有圆唇成分的，如无锡、苏州、常熟、太仓、昆山、黎里为[sᴇ]；霜草墩为[sʌɪ]；宁波为[sᴇɪ]；绍兴、诸暨为[se]。太仓、霜草墩材料来自钱乃荣（1992：327），其余为笔者自己调查。

⑦ 上海话音系中有[uᴇ]韵，主要来源有二：一是蟹摄合口三四等见系和止摄合口三等见系，如灰[xuᴇ]、葵[guᴇ]；二是山摄合口二等的山删两韵见系，如幻[uᴇ]、关[kuᴇ]。只能与k-组及零声母搭配。

⑧ 语音的折合是在语码转化中形成的，语码转化势必会有语言之间的干扰（interference），这是形成折合变式的最重要的原因。一般来说有两种干扰类型——动态干扰（dynamic interference）和静态干扰（static interference）。前者是指受另外一种语言影响造成的临时偏离（ephemeral deviations）；后者则指另一种语言的某种影响已经成为个体语言中固定的一部分（Grosjean 2001：7）。时间充分，动态干扰便可以向静态干扰转换。

⑨ 这里，王氏依然使用了"接触音变"这种说法，当然"音变"的定义有广狭之分，系统内部驱动的自然音变称为"音变"没有异议，接触导致的语音变化能否称为音变，目前尚存在争议。

⑩ "文白杂配"是一种共时的语音结果，其起因可能有多种，需要另文讨论。

⑪ 即传统所谓的共时层面的"文白异读"。

⑫ 需要指出，"音义失联"现象不光由语言接触引起，自然音变也是可能的原因。

参考文献

李如龙（1994）方言与文化的宏观研究，《暨南学报》第4期：139—148。

麦　耘（1991）论近代汉语-m韵尾消变的时限，《古汉语研究》第4期：21—24。

钱乃荣（1992）《当代吴语研究》，上海：上海教育出版社。

桥本万太郎（2008）余志鸿译，《语言地理类型学》，北京：世界图书出版公司。

裘锡圭（1988）《文字学概要》，北京：商务印书馆。

沈钟伟（2015）复杂适应系统和汉语动态研究，载北京大学中国语言文学系汉语语言学研究中心编，《语言学论丛》第50辑，北京：商务印书馆，167—186。

史濛辉（2015）《上海市区方言（ø）变项研究——从语言接触的角度看》，复旦大学硕士学位论文。

陶　寰、张　晔（2013）上海市区方言变项[ʑ]的研究——兼论权威方言对地域方言的渗透，*BCL5*(2)：103—126。

王洪君（2006）文白杂配与析层拟测，载何大安等主编，《语言暨语言学》专刊外编之六《山高水长：丁邦新先生七秩寿庆论文集》，台北："中央研究院"语言所，351—370。

——(2010)层次与断阶——叠置式音变与扩散式音变的交叉与区别,《中国语文》第 4 期: 314—320。

——(2014)《历史语言学方法论与汉语方言音韵史个案研究》,北京: 商务印书馆。

王士元、沈钟伟(1991)词汇扩散的动态描写,《语言研究》第 1 期: 15—33。

许宝华、汤珍珠(1988)《上海市区方言志》,上海: 上海教育出版社。

杨秀芳(1993)论文白异读,载台北大学中文系编,《王叔岷先生八十寿庆论文集》,台北: 大安出版社,823—849。

曾南逸(2014)文白异读消亡的三种可能模式——以晋江安海苏厝方言正在发生的演变为例,载复旦大学汉语言文字学科《语言研究集刊》编委会编,《语言研究集刊》第 13 辑,上海: 上海辞书出版社,228—236。

郑张尚芳(1999)闽语与浙南吴语的深层联系,第六届闽方言国际研讨会论文,香港科技大学。

Bright W. & Ramanujan, A. K. (1964) Sociolinguistic variation and language. In H. Lunt (ed.) *Proceedings of the 9th International Congress of Linguists*. The Hague: Mouton, 1107 - 1112.

Cooper, R. E. (1975) Coastal Suau: A Preliminary Study of Internal Relationships. In T. E. Dutton (ed.) *Studies in Languages of Central and South-East Papua*. Canberra: Research School of Pacific and Asian Studies, Australian National University, 227 - 278.

Coulmas, F. (2005) *Sociolinguistics: The study of speakers' choices*. Cambridge: Cambridge University Press.

Grosjean, F. (2001) The bilingual's language modes. In J. L. Nicol (ed.) *One mind, two languages: Bilingual language processing*. Malden, MA: Blackwell, 1 - 22.

Kiparsky, P. (1973) *Abstractness, Opacity and Global Rules*. Bloomington: Indiana University Linguistics Club. Reprinted in O. Fujimura (ed.) *Three Dimensions of Linguistic Theory*. Tokyo: TEC, 57 - 86.

Labov, W. (1994) *Principles of language change: Internal factors*. Oxford: Balckwell.

Mühlhäusler, P. (1996) *Linguistic Ecology*. London: Routledge.

Trask, R. L. (1996) *Dictionary of Phonetics and Phonology*. London: Routledge.

Trudgill, P. (1974) *The social differentiation of English in Norwich*. Cambridge: Cambridge University Press.

(陶　寰　200433　上海,复旦大学中国语言文学系　dialectt@ sina. com;
史濛辉　荷兰莱顿大学　smhfudan@ 163. com)

一代移民习得上海城市方言 E 韵字初探*

平悦铃　马　良

提要　上海城市方言在形成过程中,出现了一些有意思的语言变项,如最近发现"E 韵"有/ei/变体,这在本土上海方言中从没有。文章用实验语音学、社会语言学的方法,初步探索一代移民对这批 E 韵字的习得。发现:(1)人数占优的一代移民会保留一些母语特征,人数不占优的走合并之路;(2)女性一代移民比男性一代移民更倾向合并成[E];(3)合并成[E]是总趋势,人数不占优的一代移民走得更快,女性走得更快。

关键词　一代移民;E 韵字;F1;F2

上海从 20 世纪 20 年代起逐步成为远东的一个特大型城市。其城市范围所通行的方言形成,不同于中国传统城市方言的形成。传统的中国城市方言的形成,且以离上海不远的苏州市为例。苏州阊门外,一直向西北延伸七里到虎丘,那里居民说的苏州话被认为是正宗苏州话(汪平 2011:3)。城区人口主要是由环绕其周边的乡村人口入城形成的,所以苏州城区方言与环绕其周围的乡村方言有着明确的直接承继关系。上海城市方言(下文简称"上海方言")与环绕周边的乡村方言也有承继关系,但其中夹杂了其他因素,而移民背景是重要的一个因素。(平悦铃 2012)

为探寻移民背景与上海方言形成的关系,我们特找出一些有意思的语言变项(variable)的变体(variant)作研究,这些变体在上海方言的发展脉络

---

* 本文得到国家社会科学基金"移民背景和上海城市方言的形成"(项目编号 14BYY037)资助。初稿在汉语史观暨汉语史研究方法论研讨会——纪念高本汉《中国音韵学研究》开始出版 100 周年(上海,2015 年 11 月)上报告,承蒙丁邦新、许宝华、游汝杰、陈忠敏、朱晓农、陶寰等诸多专家学者指正,会后又得沈钟伟学者的指正,谨此一并致谢。

中找寻不到。“E 韵”变项就很有意思,最近发现此变项有/ei/变体(平悦铃 2014a),但这个复元音变体在前辈的上海方言研究成果中未找到。过去也曾注意到“年龄(aging)”这个社会变项(social variable)对方言的巨大影响,把上海话分成“老派”“中派”“新派”(许宝华、汤珍珠 1988)来研究。但是其他社会变项对城市方言的影响就较少关注。本文将着重从移民背景这一社会变项对上海方言的“E 韵”作观察研究。

一、移民背景

(一)调查点的选择

从人口迁移的角度看,在上海方言的形成过程期间,很多外来移民(主要是江浙一带移民)涌入其通行区域。这个迁移过程从19世纪末20世纪初开始,延续至20世纪50年代中期。

外来移民尤以江苏的苏北、苏南,浙江的宁绍居多。据此,本次调查移民来源地在苏北选择了扬州和盐城,在苏南选择了苏州,在浙江选择了宁波和绍兴。虽然苏州迁移到上海的人口不是最多的,但据过去的调查,苏州话对上海方言的影响是很明显的,赵元任的《现代吴语研究》(1928)中就已注意到。当然,同时在这片区域还生活着上海本地人,所以调查点还包括本地。

本次调查对以上五个点的第一代移民和上海本地人的语言作调查,以观察移民背景对上海方言形成的影响。后经初步调查发现,苏北两点虽然源方言有一定的差异,但一代移民习得的上海方言具有一致性,故将这两点合并。

(二)移民第一代及其方言使用

本文中的“移民第一代”或“一代移民”,是指1958年前已满12周岁而从苏州、扬州、盐城、宁波、绍兴五个地区来上海城区范围定居的人。因为1958年之后再迁移到上海定居的外来人口很少,对上海方言的形成已不起作用了。从20世纪90年代后期起,从外地到上海工作并定居的人口又有较大增长。这些外来人员的语言对上海方言的发展会有一定影响,但同样不会对其的形成产生作用。

目前还能找到的移民第一代大多是七八十岁的老人,他们出生于20世纪二三十年代,少数在 40 年代早期,一般在 1950 年左右来上海,当时大多十七八岁。他们的母语是移民来源地的方言,上海方言是他们的第二语言,是来上海定居后才习得的,带有明显的移民来源地口音,所以这些人也常被上海人称为"老苏州""老宁波""老苏北""老绍兴"等。

二、上海方言中的 E 韵字

目前的上海方言中,蟹、止、咸、山等摄字占主流的读法是[ᴇ],前有 u 介音为[uᴇ],如"雷[lᴇ] = 来[lᴇ] = 兰[lᴇ]""胃[ɦuᴇ] = 还[ɦuᴇ](动词)",即《上海市区方言志》(许宝华、汤珍珠 1988)中的中派读法。《上海语言发展史》(钱乃荣 2003: 41)也认为,到 20 世纪五六十年代在市中心就以"雷 = 来 = 兰"为主流。本文把这批字称为"上海方言 E 韵字"。

2012 年笔者参加了"上海方言有声资料数据库"的调查工作,遇到上海市区方言点两位发音人,他们读"上海方言 E 韵字"却都具有一个新音位/ei/,这一音位据以前观察出现于 20 世纪 90 年代。《上海语言发展史》(钱乃荣 2003: 57)也曾提到,在上海方言语音演变第四期(1970—1999),原本"雷 = 来 = 兰"的"上海方言 E 韵字",在一部分青少年中重又分成普通话中读/ei/和/uei/的字,"雷≠来兰",分出的"雷"类字读音与普通话的复元音比较接近,读作/ei/。

本调查将从移民背景角度,重新审视这批 E 韵字。

三、实验材料、仪器、方法

为简化研究对象,本调查去除有 u 介音的字,选取的语言材料为"雷(蟹合一)电、来(蟹开一)电、蓝(咸开一)田、袋(蟹开一)袋(蟹开一)、谈(咸开一)谈(咸开一)、改(蟹开一)脱、减(咸开二)脱、妹(蟹合一)妹(蟹合一)、慢(山开二)慢(山开二)、一杯(蟹合一)、一般(山开二)"。真正的研究对象即下划浪线的字,括号中是它的中古韵摄。每个语条让发音人放入承载句(carrier sentence)"我讲____拨侬听(我讲____给你听)"中读一遍。

实验采用 Thinkpad X1 Carbon 电脑,MboxMini 声卡,AKG 的 C544L 话

筒。录音环境为复旦大学语言实验室录音棚。用 Cool-editor 软件录取语料。采样方法：首先取每一音节中元音 20% 时刻点的 F1、F2 值，80% 时刻点的 F1、F2 值。如所得的两个 F1 值的差值小于 20%，判定为单元音；如大于 20%，判定为复元音。如为单元音，则取元音的稳定段，一般为 30% ~70% 时刻点间的元音段，取这段的 F1、F2 的平均值。

四、一代移民的实验结果及统计分析

本次实验发音人共 11 名，6 男(M1 ~ M6)5 女(W1 ~ W5)。

(一) 实验结果

数据如表 1 所示。

表 1　本地人及各地第一代移民 E 韵字的 F1、F2(单位：Hz)

发音人	移民背景	性别	年龄		雷		来	蓝	袋 1		袋 2	谈 1	谈 2
M1	BD	M	75	F1	358		368	490	387		389	446	457
				F2	1 801		1 771	1 746	1 850		1 763	1 770	1 596
				IPA	e		e	E	e		e	E	E
M2	NB	M	88	F1	525	348	486	486	495	396	452	450	514
				F2	1 667	1 906	1 879	1 879	1 836	1 938	1 853	1 969	1 854
				IPA	EI		E	E	EI		E	E	E
M3	NB	M	83	F1	481	291	331	449	397		416	435	497
				F2	1 882	2 059	2 112	2 124	2 152		1 934	2 088	1 921
				IPA	EI		e	E	E		E	E	E
W1	NB	F	78	F1	494		497	499	399		462	496	519
				F2	2 334		2 288	2 339	2 568		2 421	2 368	2 181
				IPA	E		E	E	e		e	E	E
W2	SX	F	73	F1	389		427	429	376		406	364	402
				F2	2 412		2 282	2 259	2 547		2 318	2 335	2 172
				IPA	E		E	E	E		E	E	E

发音人		改	减	妹1	妹2	慢1	慢2	杯		般
M1	F1	348	395	386	373	411	458	409		469
	F2	1 867	1 831	1 794	1 875	1 829	1 710	1 887		1 715
	IPA	e	E	e	e	E	E	e		E
M2	F1	386	397	470	505	524	489	497		510
	F2	1 896	1 926	1 688	1 776	1 831	1 744	1 791		1 876
	IPA	e	e	E	E	E	E	E		E
M3	F1	356	367	291	343	423	470	396	307	417
	F2	2 004	1 985	2 157	2 079	2 083	1 888	2 046	1 743	2 069
	IPA	e	e	E	e	E	E	EI		E
W1	F1	393	487	438	454	494	586	479		557
	F2	2 370	2 318	2 354	2 152	2 209	2 111	2 131		2 064
	IPA	e	E	E	e	E	E	E		E
W2	F1	262	365	374	408	441	525	396		—
	F2	1 733	2 729	2 057	2 268	2 430	2 348	2 358		—
	IPA	e	E	E	E	E	E	E		—

说明：表 1 中 BD 指本地，NB 指宁波，SX 指绍兴，M 指男性，F 指女性。

由于数据过于庞杂，第 6 ~ 11 发音人，即 M4、M5、M6、W3、W4、W5 的 F1、F2 数据不再列出，以图例来表示。

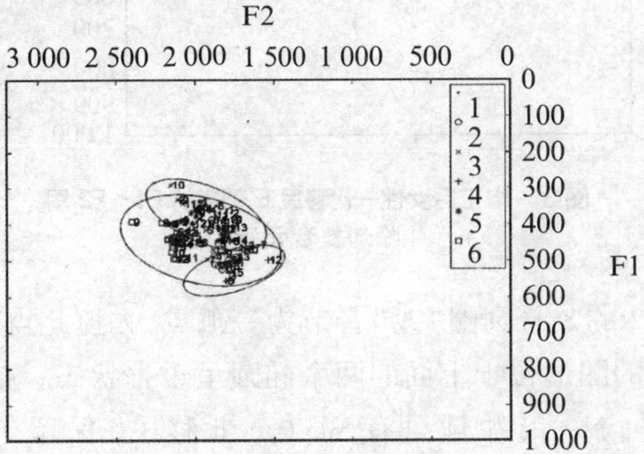

图 1　男性一代移民 E 韵字的 F1 - F2 图（除却复合元音）

数据点的形状代表发音人 W1～W6,数据点左侧标记代表该发音人的音节序,椭圆由协方差误差计算。

据图 1 可看出,男性一代移民还存在[e]、[ᴇ]、[ɛ]的对立。

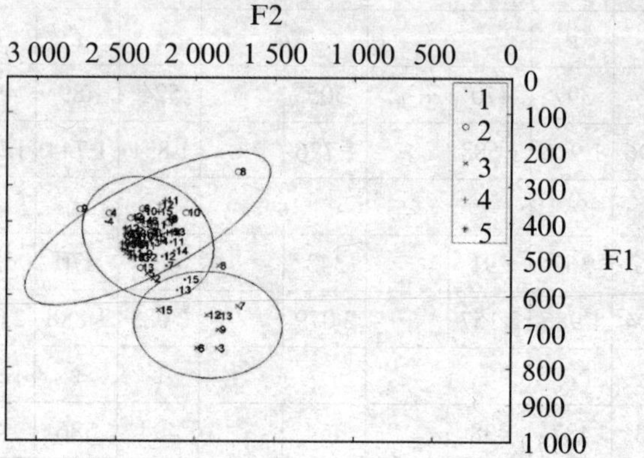

图 2　女性一代移民 E 韵字的 F1－F2 图
(除却复合元音)

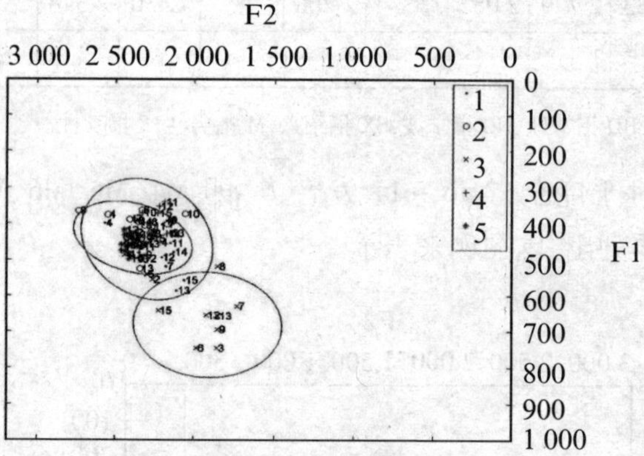

图 3　修正后女性一代移民 E 韵字的 F1－F2 图
(除却复合元音)

图 2 中 W2 的 8 号圆圈"改"音节为一孤点,去掉此点,得到图 3。我们发现修正后的图形位于上面的两个椭圆呈重叠状态,说明女性一代移民已合并,[e]与[ᴇ],并且只有 W3(苏北移民)保留了[ɛ],其他都没有。

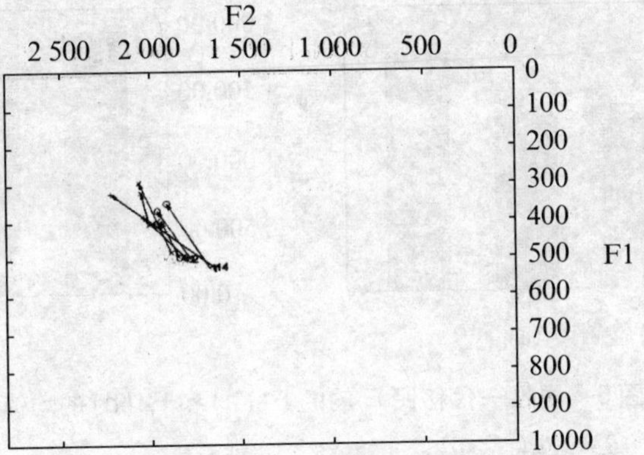

图 4　男性一代移民的复合元音 F1－F2 图

数据点的形状代表发音人 M2～M4，数据点左侧标记代表该发音人的音节序号，箭头由复元音的第一元音指向第二元音。

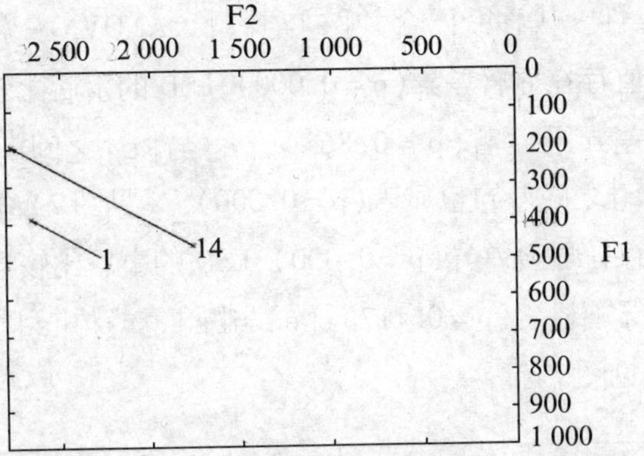

图 5　女性一代移民 W3 的复合元音 F1－F2 图

（二）ANOVA 单因素方差分析法和 LSD 的 Post-Hoc 事后比较法对数据的统计分析

1. 男性一代移民 E 韵字（除却复合元音）数据统计分析

图 1 显示男性一代移民的 E 韵字有[e]、[ᴇ]、[ɛ]的对立。ANOVA 单因素方差分析结果显示[e]、[ᴇ]、[ɛ]三组 F1 值存在显著差异（$p=0.000$），LSD 的事后比较显示每两组之间的差异也全部显著（$p=0.000$）。（见图 6）ANOVA 分析结果显示三组 F2 值存在显著差异（$p=0.009$），LSD 的事后比较显示[e]和[ᴇ]两组之间的 F2 差异不显著（$p=0.383$），[e]与[ɛ]之间的差异显著（$p=0.018$），[ᴇ]与[ɛ]之间差异也显著（$p=0.002$），见图 6。

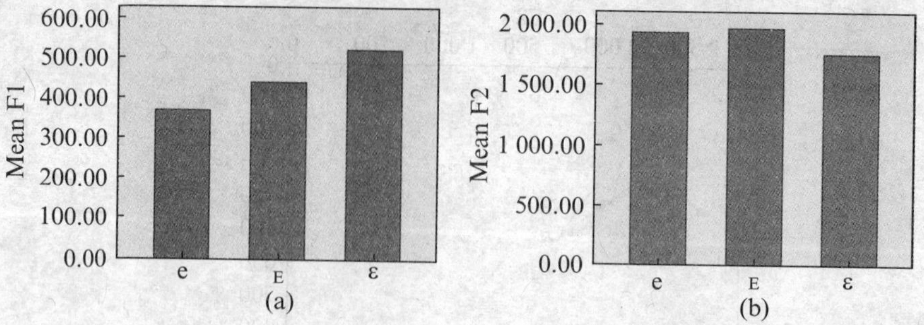

图6　男性一代移民 E 韵的 F1(a)和 F2(b)的均值

结合图1可知：男性一代移民三组 F1 呈显著性差别，形成明显的三分情况；男性一代移民三组 F2 也存在差别，差别主要体现在[ε]与[e]和[ᴇ]区分上，而[e]和[ᴇ]的 F2 在统计上没有显著性差别。

2. 女性一代移民 E 韵字(除却复合元音)数据统计分析

图3显示女性一代移民已合并[e]与[ᴇ]。ANOVA 分析结果显示女一代移民三组 F1 值存在显著差异($p=0.000$)，LSD 的事后比较显示[e]与[ᴇ]两组之间的 F1 差异不显著($p=0.863$)，[e]与[ε]之间的差异显著($p=0.000$)，[ᴇ]与[ε]之间差异也显著($p=0.000$)。(见图7)ANOVA 分析结果显示三组 F2 值存在显著差异($p=0.000$)，LSD 的事后比较显示[e]与[ᴇ]两组之间的 F2 差异不显著($p=0.117$)，[e]与[ε]，[ᴇ]与[ε]之间差异均显著($p=0.000$)。(见图7)

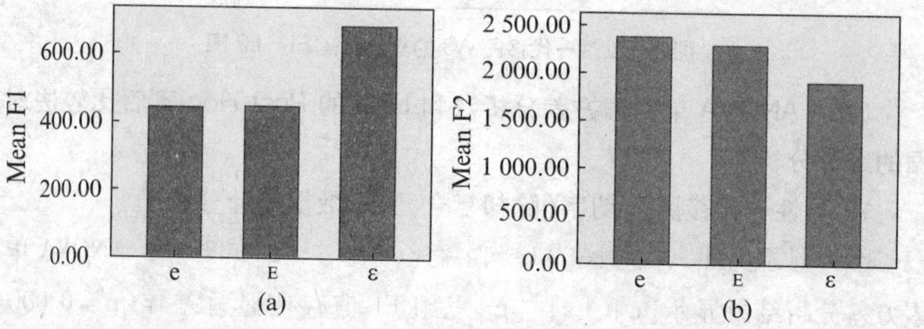

图7　女性一代移民 E 韵的 F1(a)和 F2(b)的均值

结合图3可知：女性一代移民的[e]和[ᴇ]在 F1 和 F2 上都不存在显著性差异，可以认为两者已经合并；女性一代移民的[ε]与[e]、[ε]与[ᴇ]在 F1 和 F2 上都存在显著性差异；女性一代移民实际只存在两个对立项，即[ε]与[ᴇ]的对立。

（三）一代移民的 E 韵字韵母

综上分析，可得表2。

表2　本地人及各地第一代移民 E 韵字的韵母

发音人	移民背景	性别	年龄	雷	来	蓝	袋1	袋2	谈1	谈2
M1	BD	M	75	E	e	E	E	e	E	E
M2	NB	M	88	EI	E	E	EI	E	E	E
M3	NB	M	83	EI	e	E	E	E	E	E
W1	NB	F	78	E	E	E	E	E	E	E
W2	SX	F	73	E	E	E	E	E	E	E
M4	SB	M	87	EI	e	E^{n}	E	E	ɛn	ɛn
W3	SB	F	77	EI	E	ɛn	E	E	ɛn	ɛ̃
M5	SZ	M	79	E	E	E	E	E	E	E
W4	SZ	F	77	E	E	E	E	E	E	E
W5	SZ	F	76	E	E	E	E	E	E	E
M6	SZ	M	72	E	E	E	E	E	E	E

发音人	改	减	妹1	妹2	慢1	慢2	杯	般
M1	e	E	e	e	E	E	e	E
M2	e	e	E	E	E	E	E	E
M3	e	e	e	e	E	E	EI	E
W1	E	E	E	E	E	E	E	E
W2	e	E	E	E	E	E	E	—
M4	e	E	e	e	ɛ	ɛ	EI	ɛ
W3	E	ɛn	E	E	ɛ̃	ɛ̃	ei	ɛ̃
M5	E	E	E	E	E	E	E	E
W4	E	E	E	E	E	E	E	E
W5	E	E	E	E	E	E	E	E
M6	E	E	E	E	E	E	E	E

说明：表2中BD指本地，NB指宁波，SX指绍兴，SB指苏北，SZ指苏州，M指男性，F指女性。

五、结　　论

从表2看出一代移民在习得上海方言E韵字时具以下一些特征：

(1) 一代苏州移民和一代绍兴移民都习得为[ᴇ]。

(2) 只有一代宁波移民(M2、M3)和一代苏北移民(M4、W3)出现了二合元音,即[ᴇɪ]或[ei]。主要集中在“雷”“杯”两音节。常用的“妹妹”中反而没出现。

(3) 苏北移民(M4、W3)在咸山摄字(“蓝”“谈1”“谈2”“减”“慢1”“慢2”“般”)中还保留了鼻音尾[ɛn]、鼻化[ɛ̃]读法,或者鼻音成分脱落的[ɛ]。

(4) 女性宁波移民(W1)非但没有出现二合元音,而且全部合并为[E]。

(5) 本地人(M1)对蟹止二摄读[e],对咸山摄读[E],即“雷[le]=来[le]≠蓝[lE]”。

从上述特征可得到以下一些认识：

(1) 人数占优的一代移民在习得上海方言时保留母语方言的特点,比如苏北移民还保留咸山摄的鼻音尾、鼻化色彩等,男性宁波移民保留二合元音。人数不占优势的移民走合并之路,将E韵字都合并成[E]。

(2) 女性一代移民比男性更趋向合并成[E],如女性宁波一代移民都合并成[E],而男性宁波一代移民不仅残留了二合元音,还保留一定的[e]、[E]对立。

(3) 合并成[E]是总趋势,人数不占优势的一代移民走得更快,女性移民走得更快。

参考文献

汪　平(2011)《苏州方言研究(江苏方言研究丛书)》,北京：中华书局。

许宝华、汤珍珠(1962)上海方言的内部差异,《复旦大学学报》第1期。

——(1988)《上海市区方言志》,上海：上海教育出版社。

赵元任(1928)《现代吴语的研究》,北京：商务印书馆。

钱乃荣(2003)《上海语言发展史》,上海：上海人民出版社。

平悦铃(2012)上海城市方言疑问句式使用情况的社会语言学调查,载复旦大学汉语言文字学科《语言研究集刊》编委会编,《语言研究集刊》第9辑,上海：上海辞书出版社。

——(2014a)上海方言的E韵字,载复旦大学汉语言文字学科《语言研究集刊》编委会编,《语言研究集刊》(第12辑),上海:上海辞书出版社。
——(2014b)上海城市方言中"辣~"格式使用情况的社会语言学调查,载复旦大学汉语言文字学科《语言研究集刊》编委会编,《语言研究集刊》(第13辑),上海:上海辞书出版社。

(平悦铃　200433　上海,复旦大学中国语言文学系　pingyueling@ sina. com;
马　良　200433　上海,复旦大学中国语言文学系　maliang1024117@ hotmail. com)

《汉语语法分析问题》的重要性与《助读》《读解》*

朱庆祥　方　梅

提要　《汉语语法分析问题》在汉语语法研究史上具有承前启后、继往开来的重要指导意义，影响深远。围绕着《汉语语法分析问题》，2000 年出版了《吕叔湘著〈汉语语法分析问题〉助读》，2015 年出版了《吕叔湘著〈汉语语法分析问题〉读解》。《汉语语法分析问题》的重要性和两本辅助材料的特色值得研究。

关键词　《汉语语法分析问题》；助读；读解

一、《汉语语法分析问题》的重要性

吕叔湘（1979）的《汉语语法分析问题》（以下简称《分析》）在汉语语法研究史上具有承前启后、继往开来的重要指导意义，影响深远。江蓝生、方梅（2004）指出，该书汇集了吕先生对汉语语法中的若干重要理论问题的思考，系统分析了近百年来汉语语法研究所取得的成果和面临的重大理论课题，对西方传统语法及现代主要语言学理论如何与汉语的实际相结合的问题作了精当的阐述，对 20 世纪 80 年代及以后的汉语语法研究具有深远的影响。徐枢（2001）说，该书篇幅虽然不长，但把近 80 年来汉语语法中许多重要的或有争议的问题进行了全面的梳理、剖析与归纳，不但对 20 世纪 80 年代和 90 年代的语法研究发挥了很大的指导作用，对今后的语法研究也有重要的参考价值。（又见朱林清 1991，胡明扬 1992，张伯江 1995，陈亚川、郑懿德 2000，邵敬敏 2006，曹广顺、方梅 2012 等）

---

* 本研究得到国家社科基金后期资助项目（编号 15FYY015）资助、上海师范大学文科重点学科第八期资助。

(一) 几乎凝聚了吕先生一生探索汉语语法重要问题的系统性思考,涵盖了汉语语法的所有重要方面

1979年对于吕先生和汉语语法学界来说,是一个划时代的年份。其时,吕先生75岁高寿,该书是在其之前的《中国文法要略》《近代汉语指代词》《语法修辞讲话》《汉语语法论文集》等语法著作基础上完成的,又是吕先生在着手准备一部详尽的《现代汉语语法》的基础上积数十年研究心得而完成的具有重要理论指导意义的著作(张伯江1995)。同年,吕先生所翻译的赵元任《汉语口语语法》在商务印书馆出版;同丁声树等编撰的《现代汉语语法讲话》在商务印书馆重版;与朱德熙合著的《语法修辞讲话》在中国青年出版社重版;《现代汉语八百词》进入收官阶段,作《现代汉语八百词》前言。(见陈大庆1995)这些成果都是同时期前后完成或进行的,《分析》自然会思考这些著作遇到的问题,并把思考的成果运用到这些著作中,比如《分析》的问题意识和实事求是的多角度思辨特征明显在《现代汉语八百词》中反映出来。《分析》既是吕先生对汉语语法研究问题的个人经验总结思考,更是对我国汉语语法研究的一个历史性总结思考。该书是吕先生20世纪60年代酝酿的,对1898年马建忠《马氏文通》问世以来的许多重要或有争议的问题进行了全面的梳理,"中国之有语法学,如果从《马氏文通》的发表算起,到今年恰好是八十年"(吕叔湘1979)。从吕先生的语法研究重要成果和对语法问题系统思考的时间而言,《分析》实际上反映了吕先生几乎一生的探索汉语语法重要问题的系统性思考。

《分析》所提出的问题和重要观点几乎涵盖了汉语语法的所有重要方面。该书篇幅不长,六万字左右,吕先生也很谦虚,说"这些意见比较零散,不足以构成什么体系",但是全书"引言""单位""分类""结构"四个大部分共计99个小部分,涉及"根本原因是汉语缺少严格意义的形态变化"、词法和句法的主要本质性特征等重要问题。陈亚川、郑懿德(2000:2)说,(此书)虽是极为浓缩,却包容了现代汉语语法研究中几乎所有重要的问题,说它是一部学术巨著一点儿也不过分。

(二) 以问题为导向的研究,迄今非常具有指导意义

《分析》的显著特色就是吕先生的责任意识,语言研究的事业意识,以读者为中心的问题意识,形成了以问题为导向的研究,启发和引导读者去思考、研究。吕先生在序中说"本文的宗旨是摆问题",在引言中说"本文试图对汉语语法体系中存在的问题做一番检讨,看看这些问题何以成为问题,何以会有不同意见,这些不同的处理法的利弊得失又如何"。胡明扬(1992)说,这本书的可贵之处特别在于系统地把汉语语法体系中存在的问题何以成为问题,一一阐述明白;语法研究工作者读了这本书对语法问题的来龙去脉会有一个较为清醒的认识,从而确定进一步的研究方向。

提出的问题是关于汉语语法特性和系统的实质性问题。吕先生说,"摆问题自然摆的是实质性问题,纯粹名称问题不去纠缠,比如'量词'、'单位词'和'单位名词',就不值得争论"。《分析》的很多问题直接关涉汉语本质、词类和句法系统全局性的问题,例如汉语的语法分析引起意见分歧的地方特别多,其"根本原因是汉语缺少严格意义的形态变化""讲汉语的语法,由于历史的原因,语素和短语的重要性不亚于词,小句的重要性不亚于句子""用句法功能做划分词类的依据,有单一标准和多重标准的问题。单一标准当然最好,但是往往找不着理想的标准。……找不着这种理想的标准,就不得不采用多重标准,而多重标准的结果总是参差的,就有协调的问题",句法分析时成分分析法和层次分析法要结合,"句子成分分析法有必要吸收层次分析法的长处,借以丰富自己"。

提出问题就要研究问题,了解问题的来龙去脉,指出问题症结所在,提供问题解决的多种办法,实事求是地去解决问题。吕叔湘解决问题主要采取两种相结合的方法:"一方面要广泛地调查实际用例,一方面也要不断地把问题拿出来理一理,看看这个问题是不是有可能或者有必要从一个新的角度或者更深入一层去考察,看看一个问题的探讨是不是牵动另一个问题。这样可以开拓思路,有利于寻求解决问题的途径。曾经在什么地方看见过引用一位物理学家的话,说是在科学上提出正确的问题比寻求正确的答案还要难。"

提出问题是以读者为中心,引导读者开阔思路、兼收并蓄,不执一端。吕叔湘说:"提出各种看法,目的在于促使读者进行观察和思考。所希望得到的反应,不是简单的'这个我赞成,那个我不同意',而是'原来这里边还大有讲究',因而引起研究的兴趣。"吕先生关心读者,关心年轻人,以读者为中心导向、激发兴趣的研究也引起了广大读者的热烈反响。如陈亚川、郑懿德(2000)收集了读者的400多个问题,选择其中305个问题,逐一回答,形成《吕叔湘著〈汉语语法分析问题〉助读》。《分析》的指导意义具有多面性,不仅指该书的重要观点迄今具有指导意义，所提出的问题一直吸引着学界去思考，更指的是吕先生的问题意识和以读者为中心的引导性、启发性研究具有重要的指导意义。

（三）重要观点奠定了汉语词类和句法的基本观点

吕先生对自己的观点很谦虚："这里边包括一些还没有定论的问题，只是既叫做小结，就不宜于罗列纷繁，只好姑且把个人的不成熟的意见写在里边。"但是实际上，《分析》的很多重要观点奠定了汉语特征、词类和句法的基本观点。

1. 汉语特征的定位，范畴的典型性、中间状态、连续统的观点

"引言 4－5"：根本原因是汉语缺少严格意义的形态变化……由于汉语缺少发达的形态，许多语法现象是渐变而不是顿变，在语法分析上就容易遇到各种"中间状态"。词和非词（比词小的，比词大的）的界限，词类的界限，各种句子成分的界限，划分起来都难于处处"一刀切"。这是客观事实，无法排除，也不必掩盖。但是这不等于说一切都是浑然一体，前后左右全然分不清。

2. 词类划分的原则，主要依靠句法功能，多标准的主次性

"三 分类 36－37"：汉语没有严格意义的形态变化，就不能不主要依靠句法功能。用句法功能做划分词类的依据，有单一标准和多重标准的问题。单一标准当然最好，但是往往找不着理想的标准。理想的标准应该是对内有普遍性，对外有排他性。找不着这种理想的标准，就不得不采用多重标准，而多重标准的结果总是参差的，就有协调的问题。

"引言 6"：既然要综合几方面的标准，就有哪为主哪为次、哪个先哪个后的问题，就会得出不同的结论。这其间可能有这个较好那个较差的分别，很难说这个是绝对的是，那个是绝对的非。这是研究语法分析问题的时候需要记住的另一件事。

3. 汉语主宾间的矛盾与化解

"四 结构 81－83"：主语宾语问题的症结在于位置先后和施受关系的矛盾。要解决这个矛盾，关键在于认清两个事实。第一，从语义方面看，名词和动词之间，也就是事物和动作之间，可以有多种多样的关系，决不限于施事和受事。第二点，也是更加重要的一点，那就是：主语和宾语不是互相对立的两种成分。主语是对谓语而言，宾语是对动词而言。主语和宾语的位置不在一个平面上,也可以说是不在一根轴上,自然不能成为对立的东西。似乎不妨说,主语只是动词的几个宾语之中提出来放在主题位置上的一个。好比一个委员会里几个委员各有职务,开会的时候可以轮流当主席,不过当主席的次数有人多有人少,有人老轮不上罢了。可以说,凡是动词谓语句里的主语都具有这样的二重性。

4. 汉语补语的复杂性及其处理方法

"四 结构86":现在通行的"补语"也包括好几种东西。a. 首先指的是走不了的了,走出来的出来,这样的动词短语实质上是一种复合动词,只能作为一个造句单位,构成一个句子成分,不该分成两个成分。b. 其次,"补语"又指动词后边的表示动量和时量的词语,学一遍,学三年跟学理论,学手艺固然不一样,可是跟学好,学透又何尝相近,也许还相去更远。如果要合并,还宁可把一遍,三年合并于理论,手艺,因为同是名词性词语。原先因为都叫做宾语,好像不相容,现在如果按前面的建议都叫做补语,应该可以相安。c. 有的语法书上把插入复合动词里边表示可能性的得和不也叫做补语,可是得/不有没有词的资格都成问题,即使不认为是语缀,也只能算个助词。d. 一种是动词(以及形容词)加得之后表示结果或程度的词语,如好得很的很。有几位语法学家认为这一类成分是一种谓语,主语是一个主谓短语,这种句子是"主谓谓句"(跟"主主谓句"可以配对儿),这种主谓短语不同于一般的主谓短语在于有一个后缀性的得字。这种看法不为无理。e. 动词后边的形容词(可以扩展成短语的),例如:她不算太胖。这一类成分是从来没有人把它收进宾语去的;如果把宾语改称补语,似乎可以容纳这一类成分。要是这样,新的"补语"里边除事物补语、时地补语、数量补语之外,还得包括这一类"性状补语"。

5. 汉语小句重要,是沟通上下的基本单位

"二 单位8":讲汉语的语法,由于历史的原因,语素和短语的重要性不亚于词,小句的重要性不亚于句子。

"二 单位30-31":小句是基本单位,几个小句组成一个大句即句子。这样就可以沟通单句和复句,说单句是由一个小句组成的句子。如果改用分句,说单句是由一个分句组成的句子,就显得别扭。用小句而不用句子做基本单位,较能适应汉语的情况,因为汉语口语里特多流水句,一个小句接一个小句,很多地方可断可连。语言的动态单位是:小句,句子(一个或几个小句),小句是基本单位。

此外,语素的大小异同问题、语法词和词汇词、词类转变、区分“省略”和“隐含”、“向上看”和“向下看”相结合、单双音节对词语结构的影响、句子复杂化和多样化的观点,都是影响深远的观点。

当然,我们并不是说上述观点都是在《分析》中由吕先生首次提出的,应该说该书的成果既是吕先生个人经验的优秀成果总结凝练,也是那个时代的优秀成果总结凝练。例如吕叔湘(1954)《关于汉语词类的一些原则性问题(上)/(下)》是对20世纪50年代词类大讨论的总结性发言,《分析》的词类观在这里基本都成形了。也并不是说,其他学者的观点或者后来发展的观点不重要,例如朱德熙《语法讲义》(1982)和《语法答问》(1985)把结构主义的功能词类观推到一个新台阶。

二、《吕叔湘著〈汉语语法分析问题〉助读》的特色

《分析》只有六万字左右,简明扼要,非常浓缩。这对于初学者及外国学习者来说理解就有困难,会遇到各种问题;对于资深学者来说,也有很多问题想再请教吕先生。有鉴于此,从1981年开始,陈亚川、郑懿德收集和整理读者(主要是外国读者)所提出的305个问题,在吕先生的指导下逐一加以说明和解答,历经19年,终于在2000年出版《吕叔湘著〈汉语语法分析问题〉助读》(以下简称《助读》)一书。这本书中的305个问题涉及《分析》的所有重要方面,得到了吕先生的悉心指导和肯定,“撰写过程中多次得到吕叔湘先生的悉心指导……从二稿到定稿,必须消化和吸收吕先生多次谈话内容”(《助读》“后记”),徐枢(2001)在《中国语文》特别介绍此书,说“这部著作中也溶入了吕先生的不少心血”。可见,此书对于理解《分析》、理解吕先生的语法研究思想有重要价值。

《助读》的主要特色如下。

第一,指导思想上,在结构主义为主导的思想下分析注解问题,“以吕著注吕说”,希望充分体现吕先生的观点。《助读》充分领会《分析》的精神,在吕先生的亲自指导下,尽可能多地参考引用吕先生本人的语法论著来注解这305个问题,这样可以尽量保持作者观点的一贯性。有些问题是吕先生的直接回答,如第32个问题:

有的读者问我们,“经济之类”,吕先生的倾向性是一个语素还是两个语素?我们问过吕先生,他说:“我当然嘛,我读过书的嘛,我当然认为是两个语素了。赵元任先生是说这些语法学家应该跟读过书的人走,不要跟没读过书的人走。你要问我,我就‘悉听尊便’,你愿意怎么样就怎么样。这个问题,你很难。不能说没读过书的人都得跟着读书的人走,他说我的感觉上不一样么!”

第二,内容上,全书36.7万字,共计305个问题,覆盖《分析》的四大方面:a. 有关汉语语法研究问题的背景、出处、来龙去脉;b. 进一步阐明《分析》中所涉及的重要理论和语体体系问题;c. 为《分析》提供大量事实和例证,并加以解释和论证;d. 对一些特殊问题、有争议的问题进行说明分析。(陈亚川、郑懿德2000;徐枢2001)该书特别重视吸收1979年以前的成果和20世纪80年代的成果。从内容的定位看,该书以《分析》的观点为宗,辅助背景介绍、观点细化、实例论证、争议问题说明等,这和其指导思想“以吕著注吕说,保证观点的一致性”完全相符,并不提出新的观点,也很少介绍20世纪90年代以后的新的进展,“助读”二字名副其实。

第三,结构体例上,全书根据《分析》的布局分为五大部分:a. 序中的问题解答;b. 引言中的问题解答;c. 单位部分的问题解答;d. 分类部分的问题解答;e. 结构部分的问题解答。每题均先列[原文],然后设[问]和[答]。例如第268个问题:

[原文](主谓谓语句)但是这两点都是相对的,不是绝对的,难以作为划分句式的标准。(P82-L24)

[问]这第一点和第二点,哪些地方是相对的呢?为什么难以作为划分句式的标准呢?请拿“这些书他全看过”为例来说明。

[答]吕先生的意见是:一,主谓谓语句的作用,说明性多于叙述性;二,主谓谓语句往往在大主语之后出现停顿。吕先生已指出“这些书他全看过”符合上述两点。但这两点都是相对的,不是绝对的。换句话说,主谓谓语句不尽如此。要说明“相对性”,就还需要举出不符合这两点的主谓谓语句。如“他肚子疼”,谓语是说明性的,但主语“他”之后似不停顿。又比如“这个问题,我们有不同看法”“田间管理,他的经验很丰富”,虽然主语“这个问题”“田间管理”之后有停顿,谓语尽管含有说明性,但不直接说明主语怎么样。“这个问题他心里已经有底”“什么事情她都抢在前头”“这个地方我认

为比杭州好”情况也与之相似。

当然助读还有其他特色。如果说该书的问题，徐枢（2001：87）指出：“在问题的选择上似乎还可以再费一番斟酌。比如，《分析》中不止一次谈到句子和句子的组合，认为语句间既有意义上的联系，也有形式上的联系，并提出了始发句、后续句等重要概念。这正是目前篇章语言学需要解决的问题，可惜《助读》中这方面的内容涉及较少。”

三、《吕叔湘著〈汉语语法分析问题〉读解》的特色

20世纪80—90年代，汉语语法学界还基本上是结构主义一统天下的局面。到了21世纪，结构主义一统天下的局面已被打破，随着研究视野的扩大（有认知视角、类型学视角、篇章视角、韵律视角、语义地图视角等）和研究方法的创新（有基于大规模的数据统计、计算分析），汉语语法研究的很多方面有了重大的进展。从1979年到现在（2016年）已经37年了，吕先生在1979年提出的很多问题得到深化，或者得到了更好的解释，一些新的重要问题、研究方法也被提了出来。因此，在吕先生所提问题的基础上，总结归纳分析这近40年的重要语法问题研究的进展就很有意义，特别是对于汉语语法的初学者和青年研究者来说更加有意义。方梅、朱庆祥《吕叔湘著〈汉语语法分析问题〉读解》（以下简称《读解》）就是在这种背景下产生的。《分析》原著已有在老先生本人指导下完成的《助读》一书，因此《读解》既要总结归纳分析这近40年的重要研究成果的进展，又要区别于《助读》。

《读解》的主要特色如下。

第一，指导思想上，以《分析》所提出的重要问题的研究新进展为导向，主要归纳分析1979年以后的重要汉语语法问题的研究成果，以述为主，收录最新类型学、语义地图理论、韵律语法、篇章语法、认知功能、形式语法等观点，并不强调“以吕著注吕说”。《助读》是2000年出版的，但是其援引参考文献的最新成果是姚振武（1996）在《中国语文》上发表的《汉语谓词性成分的名词化的原因及规律》。《助读》强调援引20世纪80—90年代成果，大量回溯1979年前的成果；而《读解》大量参考1996年以后直至2015年的最新成果，只是在重要的问题上才简要回顾1979年以前的成果。

第二，内容上，《读解》连原文总计近20万字，干货居多。既然《读解》以

近40年来重要问题的研究新进展为导向,所以对每个问题的进展并不是均衡用力,每个问题的新增内容多少取决于该问题研究近40年的自身进展。进展多、大家广泛关注的,则新增内容就多;进展少、大家关注少的,则新增内容少,甚至一些问题没有读解。当然,这和作者的认识和选择也有一定关系。《读解》用力比较多的部分也主要是汉语学界关注的、关涉汉语语法体系的重要问题,按照《分析》的标号,主要是:

22. 几个语素的组合,主要是单双音节、韵律与韵律词等新进展;25.“的”、定中关系问题新进展;30. 小句和句子的进展,如句段、完句等观点的新进展;34. 分类目的,词语分类、原型范畴的新进展;37. 词类划分的原则和多标准问题,名动包含观等新进展与问题;43. 动词和形容词,形容词的地位问题,动词的名物化等新进展;46. 动词分成及物与不及物问题,及物性的新进展;48. 副词研究的新进展,如副词类型、多类副词共现的新进展;55-56. 语缀分类和标准划分的新进展;58. 的字短语,“的”的功能问题研究新进展;76. 句子成分与词类对应,“NP的V”的问题新进展;81-82. 主宾问题与矛盾化解的新进展,例如“王冕死了父亲”的研究进展;85. 宾语还是补语新进展;86. 补语是谓语、取消宾语归入补语等新进展;87. 状语类型,“这个人黄头发”等问题解决的新进展;89. 从类型学和信息论看待定语类别、多层定语共现的新进展;96. 动词之后,汉语动后限制问题的研究进展;97. 单句和复句的研究新进展。

第三,结构体例上,全书根据《分析》的布局采取“随文推进”的方式,主要结合《助读》以后的新进展,以述为主。“随文推进”的方式既有利于读者随时了解《分析》的完整观点,又可以了解1979年以后迄今的主要问题研究的发展变化,有利于二者结合,对问题有一个相对历时的完整认识。例如:

86 补语(原文省略)

【读解】

汉语的“补语”(resultatives)这一句法范畴,为汉语及其某些周边语言的亚洲语法描写体系所凸显,但不同于complement(补足语)。除汉语语法学家以外,几乎所有不同国家的语法学界都容易将“补语”误会为与国际语言学界通行的complement相同的概念(刘丹青2005a;陆丙甫,2009;邵菁、金立鑫,2009)。Chao(1968/1979)和Li&Thompson(1981)认为,“走得很快”中的补语实际上是主要谓语。吕叔湘(1986:5)指出,一些动补结构“动作发自主语,及于宾语,结果表现为补语,宾语和补语构成一个表述,也不妨说是有一种主谓关系”。也就是说,动补结构存在多重述谓关系。

Huang(1988,1992)根据 Larson(1988,1991)和 McConn-Ginet(1982)的精神,主张动词后方式短语是次要谓语(secondary predicate)(而动词前的方式短语是附接语)。次要谓语表示属性,它可以在论旨宾语合并到 VP 的指示语之前先跟主要动词结合,形成一个复杂谓语(V')。(转引黄正德、李艳慧、李亚非 2013:88)

金立鑫(2009)认为,汉语补语一直是个难题,主要原因是:(1)在逻辑上缺乏基本的自洽性,小类之间存在交叉(例如判断某个成分到底是“结果补语”、“程度补语”还是“状态补语”有时十分困难)。还有文献将“趋向补语”、“数量补语”、“时间补语”、“形容补语”与以上小类并列(唐启运 1980:124),逻辑上存在问题。(2)违背了传统语法中确定句子成分的基本原则。金立鑫(2009)和邵菁、金立鑫(2011)提出,将与主语、宾语等名词性成分有语义选择关系的处于主要谓词之后的谓词短语视为次级谓语,“次级谓语”语义上对主语和宾语进行描述。与谓语核心谓词有直接句法依存关系的为后置状语,后置状语修饰动作行为,主要是谓语后面形容修饰动作行为的副词、介词短语以及时量和动量成分。

沈家煊(2003b)对现代汉语“动补结构”进行了类型学考察,按照 Talmy“核心语构架语言”和“附加语构架语言”的类型区分,论证汉语的动补结构基本上属于“附加语构架语言”类型,且在某些方面较强地表现出这种类型特征。

沈家煊(2010a)认为,即使将原来的“补语”改戴“次级谓语”和“后置状语”两顶帽子后仍然是“逻辑上缺乏基本的自洽性”。“次级谓语”必须满足的一个条件是“述谓句子当中的某个名词性成分”,但是像“李四喝得满桌子的人都害怕了”一类,则完全不满足这一条件,不得不说“满桌子的人都害怕了”是“具有独立的表述功能”,而这样的用例是十分常见的,上面的条件近于虚设。

沈家煊(2010a)认为汉语的“补语”在汉语语法体系中缺乏自洽性是主要问题所在,“缺乏自洽性”主要是指这样一个严峻的事实:把动词后表事物的成分不管是动作对象还是动作结果一律叫“宾语”,而对动词后表性状的成分则区别对待,把表动作对象的还叫宾语,把表动作结果的分出来叫

“补语”,这在逻辑上讲不通。过分看重汉语里名词和动词的对立以及对象和结果的对立,这使我们把宾语和补语对立起来,造成汉语语法体系的不协调、不一致。沈家煊(2010a)的解决方案是取消“宾语”这顶帽子,保留“补语”这顶帽子,原来的宾语改戴“补语”帽(跟吕方案相同),原来的补语不用改戴帽子,可以仍然戴“补语”帽(跟吕、金二方案不同)。合理的格局是:

	对象补语	结果补语
事物补语	拆房子/写老师/换了印度装	盖房子/写论文/换了印度装
形状补语	怕累/打假/学坏	想累/打死/学坏

《读解》还有其他特色,如很多重要成果因为与主要问题的紧密度关系,没有在正文进行分析、摘取,而放进参考文献中。《读解》和《助读》还有其他区别,如《助读》的问题主要是外国读者提出的,而《读解》关注的是语法学界的自身进展问题,侧重面向国内有一定语言基础的初学者和青年人;《助读》是两位作者19年的心血,多次修改;《读解》是2013年接到任务后,近三年完成,中间也经历多次修改,甚至体例改变,作者也有意多锤炼几年,但是最后出版还是比较急,好在新进展是开放式的,未来还会有更多的新进展,作者也会吸取读者和专家意见,不断修正。

《读解》也存在一些问题,正如作者在“后记”所说:“因意不在修史,有一些研究,通过汉语现象讨论或修正某一句法理论假设(也就是常说的theory-internal),或者用不同的理论框架来描写汉语语法学界已提出的现象或问题,虽为汉语语法研究中重要的一个侧面,但不能一一介绍。由于出版时间要求得紧,有的成果或未能关照到。这本书是对我们汉语语法研究专题课程的一个小结,如果能帮助读者了解语法研究的进展,便可算一件好事,‘读解’谈不上。不妥和疏漏之处,敬请读者指正。”

四、小　结

就这三本书的关系而言,《分析》是根本,后两本书都是其辅助性质的材料,都对《分析》起到补充、读解作用。《助读》和《读解》二书也不互相冲突,而是互为补充。三本书最好从前到后结合起来看。《分析》经过了近40年的检验,已经被奉为语法学的经典著作,《助读》也经历了十几年的考验,是理解《分析》不可缺少的助手。《读解》在2015年底出版,2016年才真正能和读者见面,其价值还有待读者评估。

参考文献

曹广顺、方　梅(2012)吕叔湘:学术研究的楷模,《中国社会科学报》2012 年 7 月 30 日。
陈大庆(1995)吕叔湘先生年表(续一),《徐州师范学院学报》第 1 期。
陈亚川、郑懿德(2000)《吕叔湘著〈汉语语法分析问题〉助读》,北京:语文出版社。
方　梅、朱庆祥(2015)《吕叔湘著〈汉语语法分析问题〉读解》,上海:中西书局。
胡明扬(1991)现代汉语语法研究的回顾和展望,《世界汉语教学》第 1 期。
江蓝生(2004)人民的语言学家永在——纪念吕叔湘先生百年诞辰,《社会科学管理与评论》第 3 期。
江蓝生、方　梅(2004)吕叔湘学术思想研究,《人民日报》2004 年 08 月 06 日。
吕叔湘(1979)《汉语语法分析问题》,北京:商务印书馆。
邵敬敏(2006)《汉语语法学史稿》,北京:商务印书馆。
徐　枢(2001)《吕叔湘著〈汉语语法分析问题〉助读》介绍,《中国语文》第 1 期。
张伯江(1995)语言研究所四十五年,《中国语文》第 6 期。
朱德熙(1982)《语法讲义》,北京:商务印书馆。
——(1985)《语法答问》,北京:商务印书馆。
朱林清(1991)《汉语语法研究史》,南京:江苏教育出版社。

(朱庆祥　200234　上海,上海师范大学对外汉语学院　zhuqingxiang@shnu.edu.cn;
方　梅　100732　北京,中国社会科学院语言研究所　fangmei@cass.org.cn)

轻动词理论下的论元结构研究综述

朱佳蕾

提要 论元结构是任何句法理论都必须讨论的核心问题之一，但论元结构的准确定义和其在句法中所占的地位一直颇具争议，即便在同一种理论框架下，不同学者对论元结构的定义也不尽相同。目前主流生成语法在最简方案的框架下一般将论元结构及论元结构变化操作放在句法层面处理，论元由句法轻动词引入，我们笼统地称之为轻动词理论。这种做法可以有效地减少词库的冗余，符合最简方案的基本思想。国内生成语法学者对汉语复杂的论元配置现象的处理也大多采用轻动词理论的框架，却少有对这股理论大潮的回顾和反思。文章旨在将国外轻动词理论的来龙去脉，以及在此框架下关于论元结构的前沿研究进行详细的评介，以反观轻动词理论的优势及其问题，并加深对动词论元结构的认识。

关键词 论元结构；轻动词理论；词库；词库-句法界面

语言学中有些术语定义不明，在不同理论中被赋予不同意义，“论元结构”(argument structure)就是其中一员。它可以用来指事件结构或者以动词为核心的句法结构(Ramchand 1997：2)，有时也指由动词词汇语义所映射的词汇-句法界面的结构。原则与参数(Principles and Parameters)时期，题元栅(θ-grid)和论元结构被用来标注语义角色和与语义角色对应的句法功能项，句法结构由动词的词汇语义决定。具体来说，动词根据自己的题元栅投射出论元结构，论元结构作为一种句法-语义界面的结构再投射为底层结构。这种理论导向就是我们一般所称的“词汇投射论”(Lexical Projectionism)或“词汇说”(Lexicalism)。[①]

GB时期以来，词汇说一直占据理论语言学的主流地位。但越来越多词汇语义与句法不匹配的现象被发掘，句法学家们开始寻找新的视角并随之提出与词汇说截然相反的观点,即并不是动词决定句法,而是句法所允许的结构限制了可能的动词语义(Hale & Keyser 1993,1997,2002 等)。还有一种更激进的想法认为动词本身不带任何句法信息,所有与句法有关的信息完全由句法结构(或者由句法结构所表征的事件结构)推衍(Borer 1994,2005b)。这种理论导向可以称为句法说或者轻动词假说(Light Verb Hypothesis)。当然还有一些句法说的理论采取了比较中立的态度,他们承认动词本身有一定的与句法有关的语义信息,但仍坚持论元结构由句法引入的观点(如 Folli & Harley 2007; Harley 1997, 2010a, 2010b, 2012 等; Pylkkaänen 2008;Travis 2010;Ramchand 1997,2008 等)。轻动词假说不但取消了论元结构这一词库或者词汇-句法界面的结构,还避免了以题元结构映射为论元结构基础的理论假设所引起的一系列问题(关于题元的问题可参见朱佳蕾、胡建华 2015)。论元是句法结构的论元,而不是动词本身所带的论元,这种思想俨然成为目前生成语法的主流,而汉语语言学界也已经有许多学者尝试用轻动词理论分析汉语特殊论元结构的现象(Huang 1997,1999,2015;Sybesma 1999;Lin 2001;冯胜利 2005 等)。本文希望通过对轻动词理论的背景和该框架下几个重要理论的评介,并结合汉语事实探讨轻动词理论的普遍性和理论意义及其问题。

一、理论准备:复杂的 VP 结构和功能语类

轻动词理论有“生成语义学回潮的味道”(朱佳蕾、胡建华 2015),但与生成语义学的命运不同(参见 Chomsky 1970;Foder 1970),轻动词理论得到广泛接受。我们认为这种趋势至少基于以下两点生成语法理论内部的发展:

第一,外论元从动词的论元结构中分离。一些学者(Marantz 1984;Krazter 1996 等)发现,外论元的语义往往由整个 VP 结构决定。如例(1)所示,主语 John 在(1a)中充当客体,而在(1b)中充当施事,这种语义解读完全取决于 VP 的语义。[②]

(1) a. John kicked the bucket.(约翰死了。)

b. John kicked the door.(约翰踢了门。)

据此,许多学者(Kratzer 1996; Harley 1997; Folli & Harley 2007; Pylkkaänen 2008;Ramchand 2008 等)提出外论元并非由动词选择,而由功能

性语类[如轻动词“小 v”(little-v)或者语态轻动词(Voice)]决定。如果外论元可以不由动词直接选择,那么从理论上来说,内论元也可以不由动词直接选择。如此一来,论元就不再需要由动词引入。

第二,句法结构复杂化。这种复杂性来源于两个方面,一是 VP 内部结构的复杂化,二是功能性投射的增多(Rizzi 1997;Cinque 1997 等)。生成语法学家们从不同角度对论元结构的研究,如 Borer(1994,2005b)的新构式主义(Neo-constructivism),Hale & Keyser(1993 等)的词汇关系理论(Lexical Relational Structure),Halle & Marantz(1993)的分布形态学(Distributed Morphology),Kratzer(1996)的 vP 假说,Larson(1988)的 VP -壳(VP - shell)假说,Pylkkaänen(2008)的施用(applicative)假说,Travis(2010)的体貌假说,等等,都不约而同地指向类似的结论——一个句子的谓词内部至少包含底层 VP 和轻动词(如“小 vP”)两个层次,原本在词库中的操作(如被动化、致使化等)都可在句法中通过中心语移位的操作完成。不仅如此,仿照对分裂-CP/IP/DP(Split - CP/IP/DP)的分析,持句法说的学者们认为动词语义包含的许多方面,如体貌(Aktionsart)、事件结构(event structure)等,都可以在 vP 之下用功能中心语来表征(Ramchand 2008; Travis 2010 等)。这样,动词无需携带句法信息,只需要承载概念语义即可。

总的来说,轻动词理论虽然没有完全避免生成语义学的问题,但该理论框架下对跨语言的与动词有关的形态句法现象的研究使论元结构研究迈进了一大步。

二、词汇分解[3]:几种角度

句法说假设下的词汇分解理论反对以题元等级(thematic hierarchy)为基础的词汇投射论,他们质疑题元的原生性,认为投射论无法简单解释如例(2)这种动词论元结构多变现象。

(2) a. The fire stations sirened throughout the raid. (消防站在整个突袭中持续鸣笛。)

b. The factory sirened midday and everyone stopped for lunch. (工厂在正午鸣笛,每个人都停下了午餐。)

c. The police sirened the Porsche to a stop. (警察鸣笛让保时捷车

停下。)

d. The police car sirened the daylights out of me.(警车鸣笛鸣得我失去了理智。)

(Clark & Clark 1979: 803)

例(2)各句中 siren 的核心语义不变,但论元结构都不同,这样一来,词汇说不得不为 siren 建立不同的词条,显然增加了理论的负担,使词库过于庞大。因此,一些句法学家指出,假设论元结构是词库中词条包含的信息,会带来理论上的冗余,论元结构应该独立于词汇语义。

但即便否认动词语义对论元结构的决定性作用,仍然要回答"什么决定了论元结构"的问题,换句话说,在句法-词汇语义的界面中,到底什么是更加原生的结构?实际上,句法说背景下各种理论框架的不同之处也就在于对这一问题有不同的回答。下文我们就围绕这一根本问题,对几个重要的句法说框架下的论元结构理论进行评介和讨论。

(一)词汇关系结构(Lexical Relational Structure,简称 LRS)理论

Hale & Keyser(1993,1997 等)认为动词的 LRS 决定了句法结构,而 LRS 事实上就是一种句法结构,即 L-句法(L-syntax)[④]。他们指出,句法位置(标志语、中心语和补足语)和句法结构(X 杠杆结构[⑤])限制了动词的论元结构及可能的论元结构变化,题元所映射的句法位置的高低都可以从句法推导。LRS 理论主要的经验证据来自于非作格和非宾格动词,位移(locatum)和处所(location)动词等。这些动词由不同类型的词根转换而来,所具有的 LRS 也不同,因此在句法上表现出不同的论元结构。

首先以非作格/非宾格动词为例。H&K 认为非作格动词通过去名词化(denominalization)形成,非作格动词在底层由一个动词宿主 V 选择的具有名词性的词根 R 组成,这个隐性的动词 V 相当于英语中的 make, do, take 这类语义虚化的动词,而该词根本身不选择标志语,比如 cough 的 LRS 可以表示如例(3)[⑥]:

(3)

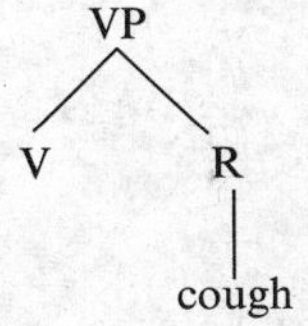

(Hale & Keyser 2002: 2)

词根 cough 通过 R 到 V 的移位(incorporation/conflation[⑦])形成表层动词 cough(cough 意义上等同于 have a cough)。这一观察可以找到跨语言的证据,在一些语言中 V 是显性的,如 Basque 语 lo egin(sleep do,"to sleep")中 egin 显性表征 V。(H&K 1993: 55)非宾格动词底层是一个带有标志语的 VP,见例(4)break 的 LRS。

(4) The pot broke.(罐子破了。)

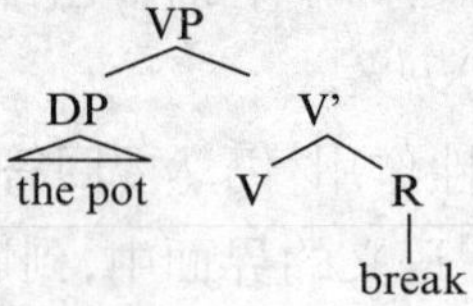

(Hale & Keyser 2002: 2)

非宾格和非作格动词 LRS 的不同直接导致了两种结构在及物化(即致使化)上的差别。H&K(1993: 99;2002: 130—140)根据显性致使化标记语言(如 Papago 语中,bisck—cud 表示 cause to sneeze,其中 cud 是显性的致使语缀)的句法,假设 break 的及物用法是通过例(4)中的 LRS 嵌套在一个动词宿主 V_1 下,再通过 R 到 V_2 到 V_1 的一系列中心语移位操作形成的,如例(5)所示。

(5)

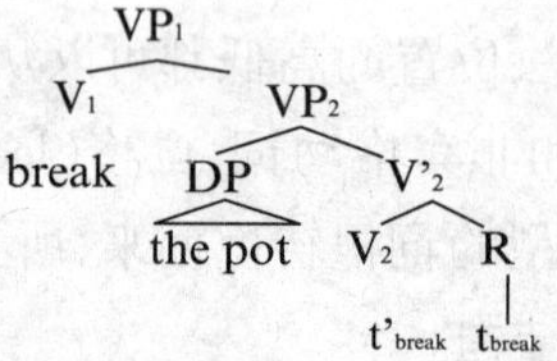

(Hale & Keyser 2002: 3)

相反,非作格动词 cough 的 LRS 中本身不带标志语,若进行如例(5)所示的中心语移位($R-V_2-V_1$),便会缺少可管辖的宾语,如例(6)所示,这种操作是被排除的。

(6)

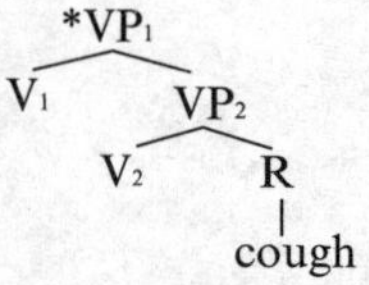

(Hale & Keyser 2002: 3)

这样,非宾格动词和非作格动词在致使化上的差异可以归因于 LRS,即句法结构的差异。

除此之外，处所/位移类去名词化的动词（如 saddle、shelf 等）也都可以用句法结构推衍，这类动词作名词用时表达了位移的终点处所，因此例（7a）可以从例（7b）的底层结构推衍得到。同样，shelf 在推导过程中经历了 N - P - V - v 的中心语移位，具体的推衍过程见例 7。

（7） a. John shelved the books.（约翰把书放在书架上。）

b. John put the books on the shelf.

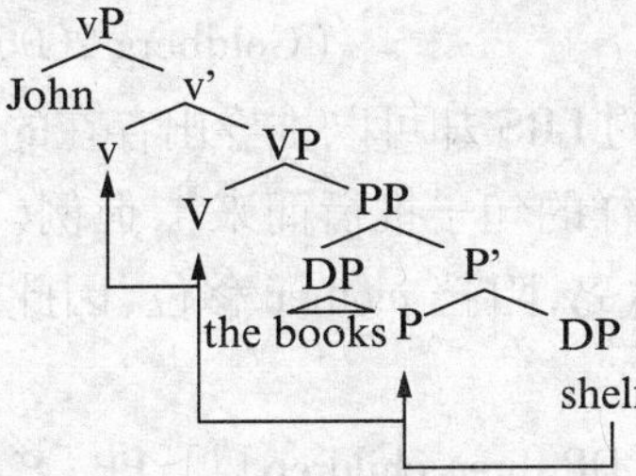

（Hale & Keyser 2002：18）

LRS 的设立解决了 H&K 提出的一个重要问题，即题元的数量是有限的。这是因为题元实际上并不是句法原子（primitive），而是以结构位置定义的，定义如下：

（8） a. 施事是 VP -壳结构中上层 vP 的标志语；

b. 客体是底层 VP 的标志语；

c. 目标、路径或处所是底层 VP 的补足语。

（Baker 1997：120—121）

根据 H&K，Chomsky（1995，2000）进一步指出，及物动词投射的句法结构中包含 VP -壳结构，上层 vP 的中心语是轻动词 v，这样的 VP -壳构成一个“语段”，而非宾格动词只有一层 VP，不构成“语段”（phase）⑧。

LRS 理论中，不同类型动词具有不同的 LRS 结构，而不同的 LRS 结构可以推导出不同的论元结构（变化）。这样论元结构就不再由词汇语义决定，并且题元的定义也无需再依赖语义，避免了主观性，而题元的数量也被可能的句法位置极大地限制。但 H&K 的理论也同时面临一定的挑战。第一，LRS 的推导难以避免过度生成的问题。Kiparsky（1997）指出，*I bushed some fertilizer 理论上应该可以从 I put some fertilizer on the bush（我在草丛上施了肥料）推导出来，正如 I bottled the wine 可以从 I put the wine in the bottle（我把酒倒进了瓶子)推衍,这显然与事实不符。Goldberg(2006:209)也指出,只有例(9a)可以通过移位组并得到相应的动词 calf,而其他有相同句法结构的动词却没有对应的转换。[9]

(9) a. A cow had a calf. A cow calved.(一头母牛生了一头小牛。)

b. A woman had a baby. *A woman babied.(一个女人生了一个小孩。)

c. A kangaroo had a joey. *A kangaroo joeyed.(一只袋鼠生了一只小袋鼠。)

(Goldberg 2006:209)

另一方面,我们发现,有一些不合法的 LRS 却可以推导出存在的论元结构。如例(10a)的语义只能从例(10b)这样的句子推衍而来[10],但例(10b)中的 like a mother 是嫁接语,会形成句法孤岛,阻挡 mother 移位,因此预测例(10a)不合法,与事实不符。

(10) a. She [VP [VP [V' motheredi [DP three children]]][PP [P' P ti]].

b. She treated three children like a mother.(她像母亲一样对待三个孩子。)

(二)以事件结构为基础的论元结构理论

H&K 的理论虽然面临一些经验问题,但对后来发展的轻动词理论意义深远。不过词汇关系理论严格来说仍然是一种以词汇投射为基础的理论,或者说是一种内部骨架法(endo-skeletal approach,参见 Borer 2005b:3—29),对于动词论元结构多变的现象仍会遇到和词汇投射论同样的问题;而且,虽然增元的论元结构变化可以通过增加中心语推导,减价的论元结构变化可以通过组并、赋题元给词缀(如被动化),或者用存在算子约束变量的方法推导(参见 Baker 1988),可行的句法变换在推导非作格和非宾格两用动词[11]的论元结构变化时却显得捉襟见肘。因此,Borer(2005b)、Harley(2006)等提出,事件结构才是更加原生的结构,动词只是事件的修饰语。但事件结构框架下对论元结构进行的研究也有不同的角度,分歧主要体现在论元结构的决定者是事件体貌还是子事件之间的关系。下面我们分别介绍这两种主要理论方向中主要的理论及问题。

1. 以体貌结构为基础的投射(Borer 1994,2005b;MacDonald 2006 等;Ritter & Rosen 1998;Travis 2010 等)

论元结构和动词体貌的关系很早就受到关注,如 Tenny(1987)的受影响论元(Affected argument)、Krifka(1992)的渐变受事(Gradient Patient)、Dowty(1991)的渐进客体论元(Incremental Theme argument)。Borer(2005b：47)认为,动词体貌(Aktionsart)由句法表征,论元结构由体貌结构决定。其证据来自于论元结构变换和宾语之间的关系,详见以下例子(Borer 2005b：47—48)。

(11) 增加直接宾语表达有界事件

a. Bill ran for five minutes/ * in five minutes. (比尔跑了五分钟。)

b. Bill ran the mile * for five minutes/in five minutes. (比尔在五分钟内跑了一英里。)

(12) 增加同源宾语(cognate object)表达有界事件

a. Terry sang for an hour/ * in an hour. (特里唱了一个小时。)

b. Terry sang a ballad * for an hour/in an hour. (特里在一个小时内唱了一首民谣。)

(13) 意动(conative)结构表达无界事件

a. I ate the cake for ten minutes/in ten minutes. (我吃了十分钟/在十分钟内吃了这蛋糕。)

b. I ate at the cake for ten minutes/ * in ten minutes. (我吃了十分钟这蛋糕。)

(14) 逆被动(antipassive)表达无界事件

a. Junna-p　Anna　kunip-p-a-a.

Junna-ERG2　Anna. ABS1 kiss-IND-(TRANS)-3SG2/3SG1

'Junna kissed Anna.'

b. Junna　(Anna-mik)　kunis-si-vu-q.

Junna. ABS2 (Anna-INTRANS) kiss-APASS-(intrans)-3SG. A2

'Junna kisses/is kissing Anna.'

以上例句均显示,宾语是否出现及出现的形式直接决定事件的有界/无界性。根据 Verkuyl 定律(Verkuyl's Generalization 1972,1989),只有直接论元具 α 性质,事件才能被解读为有界事件。在 Borer 的体系中,"性质 α"就是指量(quantity)[12],实现为 AspQ 最大投射,表达有界谓词,这一结构如例(15)所示[13]:

(15)
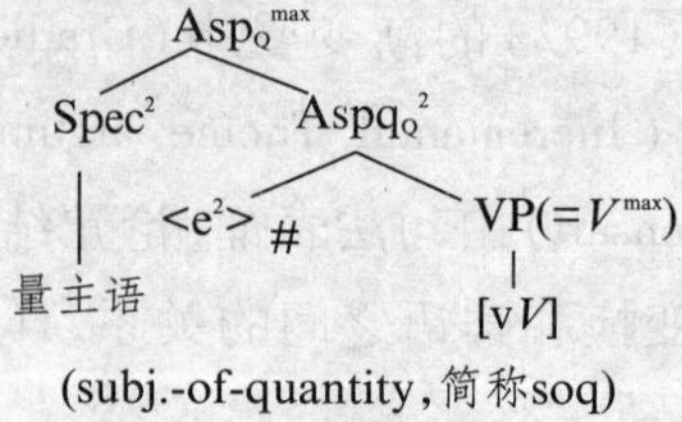

(参考 Borer 2005b: 72)

但“量”只是事件结构的一部分,是一个谓词性成分,上层必须再合并一个 EP(Event Phrase)才能转换为事件[14]。事件的“发起者”(originator)则基础生成在[Spec,EP]。这样,非宾格-非作格的结构就可以表示如下:

(16) a. 非宾格结构[15](语义解读:∃e[quantity(e) & subject-of-quantity (the flower, e) & wilt(e)][16])

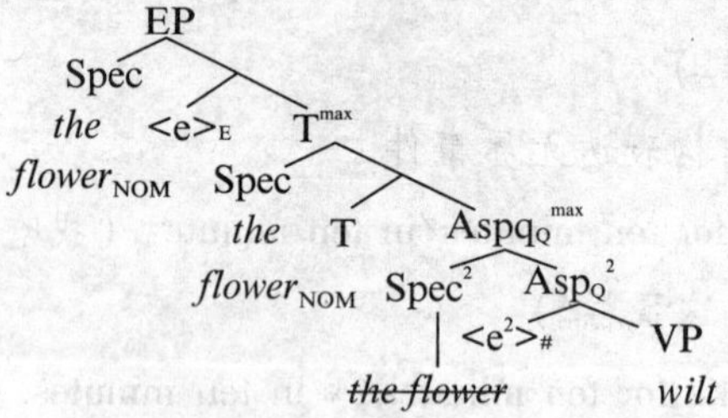

(Borer 2005b: 84)

b. 非作格结构(语义解读: ∃e[activity(e) & originator (the flower, e) & wilt(e)])

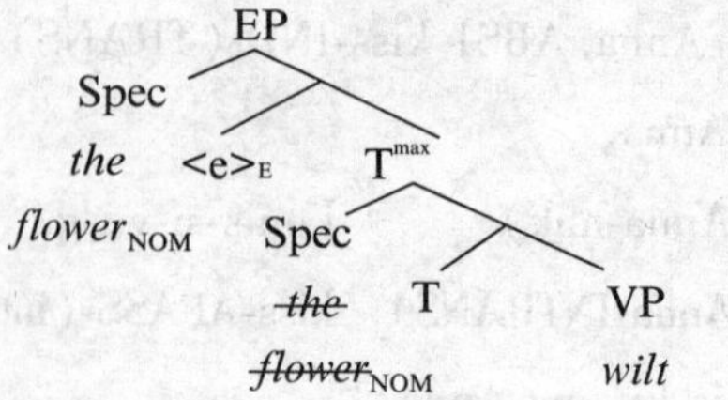

(Borer 2005b: 84)

由于 wilt 做非作格时表达的事件是无界的,因此不投射 AspP。而在非宾格这一结构中,the flower 既是动作的发出者,同时也具有客体的性质(量化整个事件)。与其他句法说不同的是,Borer 主张题元并不是事件中的角色,相反,体貌结构创造了题元。如 Jenny polished (up) her shoes (in five minutes)(杰尼〔在五分钟内〕擦亮了她的鞋)和 Jenny ran her shoes rugged(in five minutes)(杰尼〔在五分钟内〕跑坏了她的鞋)这两个句子中,her shoes 的题元角色相同,是因为它们所在的事件都是有界的,因此它们占据同样的句法位置。

总的来说,持体貌说的学者有一个基本共识,即 VP 内部存在编码体貌信息的投射(AspP),[Spec, AspP]容纳与体貌相关的宾语,例(17)的结构基本表达了以体貌为映射基础的论元结构(MacDonald 2006; Travis 2010 等)。

(17)

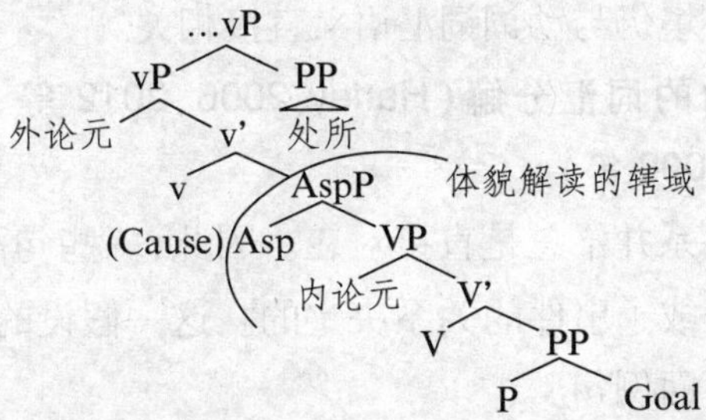

不过,事件体貌和内论元之间虽然关系密切,但两者并无绝对的对应关系,这也是体貌说的根本问题。

首先,有界性并不蕴含量化内论元的存在,如例(18)所示:

(18) a. They found gold in three hours.(他们在三小时内找到了金子。)(Ramchand 2008: 25)

b. 约翰认出了玛丽。

根据 Borer(2005a)对名词短语的分析,例(18a)中宾语是光杆不可数名词,无法做 soq,但从时间副词来看,该 VP 所表达的事件显然是有界的,两者矛盾。例(18b)中"认出"这类动词不含 soq,但却是典型的有界瞬间动词。

第二,Reinhart(2000)、Ramchand(2008)都指出,虽然非宾格动词蕴含状态变化,但状态变化并不蕴含终结点,如 widen, harden, melt, dry 等虽然都表达状态变化,但也都可以出现在无界语境中,和时间段副词搭配,如例(19)所示[17]:

(19) a. The gap widened for three minutes (but still remained too narrow for us to pass through).(这条沟变宽了三分钟〔但仍然太窄以至于我们无法穿越〕。)

b. The chocolate melted for three minutes in the back seat of the car (before we rescued it). (巧克力〔在我们发现挽回之前〕在车子后座融化了三分钟。)

(Ramchand 2008: 27)

要解释例(19)中的现象,Borer 的理论必须假设例(19)两句不投射 AspP,这样 widen 和 melt 只能分析为非作格动词,但这一分析缺乏其他独立证据支持。因此,我们认为,事件是否有界并不完全取决于内论元,动词所投射的论元结构及句法环境仍与动词词汇语义直接相关。

2. 基于子事件结构的词汇分解(Harley 2006,2012 等;Pylkkaänen 2008;Ramchand 1997,2008 等)

体貌和论元结构的关系并不总是直接对应。因此,一些句法学家指出,论元结构是由事件的进程或子事件的关系决定的。这一假设的证据首先来自于副词的歧义。请看下面例句。

(20) a. John almost killed Mary. → i. John almost caused Mary to die.
→ ii. John caused Mary to almost die.

b. John opened the door again. → i. John did the opening again.
→ ii. The door was opened again.

例(20)中,almost 和 again 均有歧义,这是因为谓词在语义上包含两个子事件,为使句法和语义对应,有学者提出应该将复杂事件表征在句法上,副词的歧义便可以归因为嫁接位置的不同。其次,Dowty(1979)、Pylkkaänen(2008)、Ramchand(2008)等对语义原子 CAUSE 进行的研究证明,CAUSE 是连接两个事件的语义原子,必须投射出一个 CausP 来表征致使事件,致使者是 Caus 中心语所选择的标志语,这样,事件中的因果子事件都可以表征为轻动词投射。最常见的以致使结构为基础的分解是将动词分解为 CAUSE, BECOME 等,这种以致使关系为基础的词汇分解反映出我们观察事件时最基本的概念图式(Croft 2012)。

另外一种比较具有代表性的研究是 Ramchand(2008)的第一语段句法(First-Phase Syntax),该理论并未使用 CAUSE, BECOME 等致使轻动词,而是将事件分解为各个不同的阶段进程,这一事件分解可以表征如例(21)。

（21）

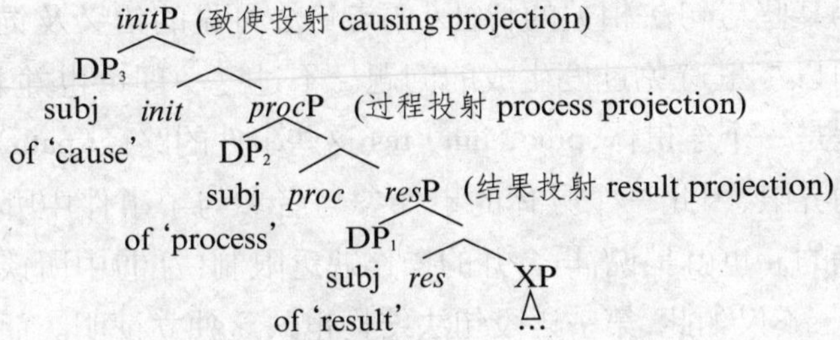

（Ramchand 2008：39）

Ramchand 认为，起始（initial）、过程（process）及结果（result）[18]是一个完整事件的三个阶段，所有的题元都是这一致使事件中的参与者，并且 res，init，proc 是动词在词库中需要被标注好的特征，动词本身的词汇语义通过这些特征传递到句法。这样，动词可以以这三个特征及特征组合分成不同的类型，而论元结构则通过标志语和中心语动词的再合并（remerge）来实现，请看下面的例（22）。

（22）Mary ate the Mango.

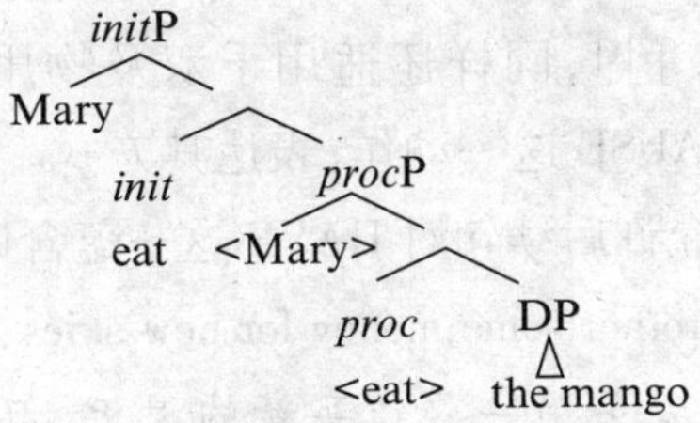

（Ramchand 2008：66）

与一般的事件结构理论不同，Ramchand 认为例（22）中宾语是 eat 这类"消耗"事件的路径（path），而 Mary 才是事件的经历者（undergoer），基础生成在［Spec，procP］位置。又因为 Mary 也同时是事件的起始者（initiator）[19]，当 eat 还要投射上层 initP 时，Mary 要进行再合并（remerge）。这种结构还可以包含 run，laugh 这类非作格动词。Ramchand 的做法事实上是从句法角度允许一个论元同时具有几种题元，以避免题元准则的困境[20]。另外，init，proc，res 这些轻动词语义很泛化，其标志语仅表示抽象事件致使链的进程，不完全对应于我们所理解的致使者等具体的题元角色。这样的假设使轻动词的数量受到一定的控制。更重要的是，与 Borer（2005b）的新构式主义不同，Ramchand 对论元结构的处理并不完全脱离动词本身的词汇信息，词汇仍然需要编码某些与句法相关的特征(如与句法可见的语义及词汇的语类信息),这样可以尽量避免过度生成的问题。不过这一理论也并非没有问题。事件的进程是一个连贯体,proc, init, res 这些事件的路径(path)有时很难划分出清楚的界限,因此一个具体的事件参与者参与了事件中哪一个进程并不总是明确的。也就是说,再合并的操作缺乏限制(注⑲中所谈到的问题也与此相关)。不仅如此,第一语段句法结构也缺乏独立证明。而且词汇标注的信息还要在句法上表征不免有冗余之嫌。

无论以 CAUSE, BECOME 来分解事件,还是以 init 这类事件进程来分解事件,都未清楚地回答几个本体论的问题:词汇所分解的原子有多少? CAUSE, BECOME 这些原子与 cause, become 这些语言中的具体词汇是何种关系?更加关键却没有得到回答的问题,是轻动词和动词如何组配。换句话说,如何保证动词可以被哪种轻动词所选择?动词在不同的场景(situation)中有不同解读,而句法的词汇分解似乎只能成为一种描述工具,缺少预测力。总而言之,这些关于轻动词本体论的问题会带来一系列经验上的问题。以 HAVE 为例,一般认为传递义动词(如 give)的语义可以被分解为[CAUSE[sb. [to HAVE sth.]]],同样还适用于双及物用法的 throw, send 这类动词,throw 只是修饰 CAUSE 这一动作,表达其方式。但是例(23)显示,典型的双及物动词 give 不允许后续句对 HAVE 这一蕴含语义的否定。

(23) a. #My aunt **gave** my brother some money for new skies, but he never got it. (我姑姑给了我弟弟一些钱买新的滑板,但他从来没收到过。)

(Levin 2015: 71)

b. John **threw** Mary the ball, but she was looking at birds flying overhead and didn't even notice. (约翰扔给玛丽一个球,但玛丽在看鸟飞过头顶,根本没注意到。)

(Levin 2015: 71)

c. Mary **sent** John a letter, but he never received it. (玛丽寄给约翰一封信,但他从未收到过。)

(Harley 2012: 341)

Harley(2012)指出,双及物动词句能够允准否定得到/拥有义的后续句,是因为 HAVE 不需要表达持久的拥有义,只要给予的意愿存在,就可以视为某人拥有某物。采取这种解释,那么我们需要假设至少两个不同的轻动词 HAVE 来解释例(23a)和例(23b、c)的差别,即 give 中的 $HAVE_1$ 表达持久的拥有,而 throw 和 send 的双及物结构中词汇语义中包含 $HAVE_2$,不蕴含持久拥有义。这样即使看似解决了例(23)所显示的问题,但理论上说,一旦轻动词本身具有不同的语义要素,即允许一个轻动词有不同的词条,那么就会带来一系列其他问题,如轻动词 X 共有多少词条?X 的核心语义是什么?X_1、X_2等的使用条件和限制是什么?逻辑上来说,这些问题都是难以脱离对词汇语义和论元结构的穷尽式考察得到的。从这个角度来看,词汇分解具有语义基础,但又恰恰在语义上出现问题。更重要的问题是,X 不同词条的句法表现是否相同?从 Ramchand 的第一语段句法来看,似乎没有确凿有力的证据证明词汇分解必须在句法上实现(见 Bruening 2010 对此的详细评述)。

另外,这些语义原子的设立似乎缺乏独立证据[21],因此词汇分解的标准难以统一。与此相关的问题就是轻动词的"库藏",比如 Lin(2001)在分析汉语时用了例(24)中的轻动词。

(24) a. 这场马拉松已经跑了二十公里了。[IP...[VP 这场马拉松 PROCEED [VP 跑二十公里]]

b. 这个计划已经写了五篇报告。[IP...[VP 这个计划 INCLUDE[VP 写五篇报告]]

c. 杀人了!　[IP...[VP Pro 地点－时间 OCCUR[VP 杀人]]

d. 桌上放了三本书。[IP...[VP 桌上 EXIST[VP 三本书放]]

e. 花红了。[IP...[VP 花 BECOME[VP 红]]

Lin(2001:116—200)

这些轻动词是否具有普遍性,轻动词的数量是否有限制?这些问题都未得到充分考虑。更关键的问题是,轻动词的设立还是要以具体的句法结构为基础,由语境(包括句法语境和语义语用语境)推导,这样轻动词是否可以作为句法模组中的成分独立存在就值得怀疑了。

三、从汉语现象看句法说

词汇语义的分解应该在句法层进行还是在词汇层进行,归根结底是经验问题,而句法说在汉语中之所以得到广泛的应用有两点主要原因。

第一,汉语存在大量形义不匹配结构,如例(25)的“伪定语”结构,例(26)的及物/非作格动词的致使结构,例(27)所示的非选择性主宾语结构及例(28)所示的额外论元结构,等等。

(25) a. 他的老师当得好。

b. 阿Q吃赵妈的豆腐。

c. 张三当了三年的兵。

(26) a. 那把刀切得张三直冒汗。

b. 张三哭得李四很烦躁。

(27) a. 今天吃食堂。

b. 我切这把刀,张三切那把刀。

(28) a. 张三吃了李四一块蛋糕。

b. 王冕死了父亲。

这些形义不匹配结构都在一定程度上违反了动词的论元结构,或是违反了词汇之间的匹配关系,因此难以通过一般的句法操作来推导,而隐性轻动词的设立和移位则可以推导出表层的语序和看似形义不匹配的结构(见 Lin 2001;Huang 2006,2015;Tsai 2014;黄正德 2007,2008 等)。

第二,Huang(2015)指出,由于汉语的强分析性特征,英语这种综合型语言中许多在词库中被标注的信息在汉语中需要轻动词的句法结构才能推导;这一参数区别体现在词汇、句法等各个层面。比如,具有综合性(synthetic)特征的英语中可以用名词直接作动词的情况,在汉语中往往需要以轻动词形成的动名复合词来表达,如“telephone—打电话”,“fish—打鱼”等。同样,以非宾格—致使交替的致使动词为例,英语的致使动词比汉语更加“综合”,汉语的致使动词大多是双音节的动结式,致使的含义需要由一个轻动词或实义动词得到,如“break—打破/弄破”。但这一论断值得商榷,事实上表示致使的 break 和表示致使的“打破/弄破”并不完全相同。break 这类致使—非宾格交替动词并不标注(specify)其致使方式,可以表达以客体为致使的事件,因此允准 by itself 这类副词修饰,而“打破/弄破”这一类致使义动结式必须蕴含非客体致使,对应的“自己”就无法得到允准。

(29) a. The vase broke by itself.

(Levin & Rappaport 1995: 92)

b. ＊花瓶自己打/弄破了。

例(29a)中,break 是外部致使动词,用作非宾格动词时,如果要表达外部致使者是客体本身,就需要用 by itself。而例(29b)的致使动词作不及物用时则无法允准相应的副词"自己",因为"打/弄"虽然是语义较虚的动词,但其动作义仍然存在,而且动作必须由外部的致使者完成,因此不能用作非宾格动词[22](参看 Levin & Rappaport 1995)。所以"打破"并没有严格意义上的致使—非宾格的交替,"花瓶打破了"是话题句,而不是对应于 The vase broke 的非宾格动词句。除此之外,汉语中少数非宾格动词可以以单音节形式直接用作致使动词,如"开—开",但用作致使动词时仍然可以加上所谓轻动词"打/弄",这时"打开/弄开"与及物动词"开"的句法表现有所不同,如例(30)所示。

(30) a. 门自己?? 打开[23]/＊弄开了。

b. 门自己开了。

按照轻动词理论的假设,隐性的 CAUSE 轻动词可以通过实义动词"开"进行移位得到语音实现,使得"开"可以表达致使义,并且"打/弄"这类语义泛化的轻动词也可以用来实现句法上的 CAUSE 轻动词,这就难以解释例(30)所表达的语义差异。因此我们认为,从这一点上也反映"打/弄"并不是纯粹的 CAUSE 轻动词的语音实现,还蕴含了方式义。

用轻动词理论来处理汉语上述种种现象固然在理论上有一定的统一性,也可以实现句法和语义的对应。但是,设立轻动词解释伪定语结构这类结构也并非没有经验上的问题(参见杨炎华 2014;胡建华 2016)。除此之外,轻动词理论在处理非选择论元这类现象时,同时也以忽略汉语重要的一点特征为代价,即汉语是一个话题显著的语言,话题和谓词之间的语义关系无需像论元和谓词之间那样具有选择性;而非动词选择的宾语论元实际上在句法表现上(如话题化、关系化等操作)也和由动词选择的论元不同(参看胡建华、杨萌萌 2015;朱佳蕾、胡建华 2015)。轻动词理论将选择性论元和非选择性论元做相同的处理(都由轻动词选择)难以解释两种论元的区别。

四、结　语

对动词语义和句法界面的研究最终要回答的是词汇语义与句法结构的

关系。轻动词理论看似可以解决论元结构多变的现象,并减轻词库的负担。但面临的问题是:如何脱离具体句子的语义推导轻动词;如何解释动词本身的意义和推衍出的结构意义的区别(如 give 和 throw 类双宾结构的区别);如何解释动词与轻动词组配的问题。实际上,跨语言来看,轻动词说仍然未能很好地解释词汇派生和动词论元结构之间的关系[24]。词汇说面临的问题是如何在不使词库过于庞大的前提下,解释动词活用的现象。词汇说和结构说这一争论也会一直继续,而解决这一问题需要一种全新的视角或者理论范式,以及由新的语料得到新的启示。

对论元结构的研究既离不开对动词语义的形式化描写,也离不开语境的研究。近年来,由 Reinhart(2002) 提出并在其框架下进一步发展的题元系统(Theta System)理论对题元和论元结构的研究给我们带来了新的启示。这不仅给出了形式化的描写题元的方法,同时也给予语境决定边缘题元角色解读及映射的自由空间,并且挖掘了一系列有意思的形态句法和论元结构变化的现象,为之后的论元结构研究开辟了新的视野。上面的讨论已经涉及汉语中一系列所谓形义不匹配的论元结构,这些现象一直是困扰汉语理论语言学界的棘手问题。本文对论元结构研究的梳理也正是为解决汉语特殊论元结构问题所做的理论铺垫。当然,汉语论元连接(linking)、解读的机制和限制还需要更多的研究和讨论。在今后的研究中,我们试图从跨语言的比较来找到看似复杂纷繁的论元结构配置背后的普遍原则。

附注

① 词汇投射论框架下对词汇语义与句法界面的看法也不尽相同。限于篇幅,这里不展开讨论。

② 匿名评审指出,例(1a)中只有将 kick the bucket 作为“死”的意思来解读时,John 才可能是客体。当然 kick the bucket 也可以获得字面意义,即“踢桶”这一动作,这时 John 仍然理解为施事。这里想要说明的是,无论 John 作何解读,都需要依赖 VP 整体的语义解读。匿名评审还指出,kick the bucket 作为“死”理解时,仍然保留 kick 这一动词对主语的选择。具体来说,kick the bucket 和 kick 一样,也必须选择生命度高的个体作为主语,如 The dog kicked the bucket. 似乎语感上不好。我们搜索了 yahoo. com,确实很少有这样的用法(发现一例 The rabbit kicked the bucket. 但这疑似拟人用法)。不过,主语有生性高的语义选择可能由于 kick the bucket 是“死”的委婉用法,因此一般用于人,而动物没有必要用委婉语。俚语是否保留动词对论元的选择限制是很有意

思的议题,值得更深入研究。这里,kick the bucket 为何对主语的生命度有选择限制对此处的分析影响不大,关键的问题,是 kick the bucket 的主语在题元角色上与 kick 作“踢”解时的主语不同,从施事变成了受事。感谢匿名评审的意见。

③ 实际上,动词可以被分解为更小的语义原子这一思想已被广泛接受,但有很大一部分学者认为词汇分解发生在词汇层面或者前句法(pre-syntax)层面,而持句法说的学者认为词汇分解发生在句法层面(两者的详细比较和论述可参看 Williams 2015),本文讨论的词汇分解指后者,即句法层面的词汇分解。

④ Hale & Keyser(1993)在提出词汇关系结构理论之初认为 LRS 是词库中的句法结构,故称之为 L-句法。但受到 Chomsky(1995)的影响,H&K(1997)取消了 L-句法和 S-句法的界限,把原来 L-句法处理的问题全部归到句法完成。目前对汉语动词论元结构的轻动词分析(Huang 1997,2006,etc. Lin 2001 等)也基本都采纳这种句法形成说。

⑤ Hale & Keyser(1997)在最简方案下开始使用光杆短语结构(Bare Phrase Structure)。这里我们为了更清楚地展现结构,还是保留最大投射的标记。因此例(3)—(7)中我们对原图进行了修改,使用 X—标杆来表征句法结构。

⑥ Hale & Keyser(1993)认为非宾格/非作格动词的底层词根是具有语类信息的,但在 Hale & Keyser(2002)中,他们认为这类动词词根只是包含语义和语音特征,不含词类特征。但主要的论点不变,即非作格动词的词根不选择标志语,而非宾格底层有包含标志语的一个完整投射。

⑦ Hale & Keyser(1997, 2002)中严格区分了 incorporation 和 conflation,conflation 是指补足语移位到相应的中心语的位置,并且该中心语是不健全的。conflation 形成的动词还能够允准补足语,如 They are dancing a tango. Conflation 的原文定义如下:Conflation consists in the process of copying the p-signature of the complement into the p-signature of the head, where the latter is “defective”. (Hale & Keyser 2002:63)

⑧ 根据 Chomsky(2000 等),句法运算经济、有效地满足接口层面要求的体现之一是句法推导以语段为单位进行。最简方案中句子的主干结构为 CP[TP[v*P[VP…]]],其中 CP 和 v*P 为语段,其中 v*P 就是正文所说的 vP 或者 H&K 所说的上层 vP 这一包含完整论元结构的轻动词短语。语段理论的意义相当于界限节点和语障在管辖与约束理论(Government and Binding Theory)中的意义,都是对句法推导局部性的一种限制。语段理论虽然与我们本文所讨论的轻动词理论具有相关性,但其解决的问题及侧重的角度不同,因此我们不对此多做述评。

⑨ 但是持句法说一派观点的学者认为这种反例并不能成为词汇生成的证据,因为组并往往会带来语义特异性,如 go to school 只能解释为“上学”,而不能是去学校做其他事情,原因就是 school 是被组并解读的,因此处所/位移动词形成所要经历的组并也会同样受到这种特异性的限制(Harley 2008)。

⑩ 位移动词的形成,如 saddle the horse 可以由 provide the horse with the saddle(给马上马鞍)通过 saddle 移位到 with 和 provide 的空位形成,但 mother 无法解释为 provide the three children with a mother,当然也不能理解为 give the three children a mother 这种语义只可能从例(10b)的底层结构推衍而来。

⑪ Levin & Rappaport(1995,2005)称之为可变行为动词(variable behavior verbs),如 buzz, wilt, roll 等。这些动词既有非宾格动词的属性,又有非作格动词的性质,仅仅用一个 LRS 结构无法同时推导这两种性质。

⑫ Borer(2005a)对名词短语结构的研究所得出的结论是,只有投射#P(Quantity Phrase)的 DP 才是具有量的短语,而光杆不可数名词和光杆复数 NP 都不是量化名词。因此只有投射#P 的 DP 才有资格生成在[Spec, AspP]给 < e2 > #赋值。

⑬ 下标 Q 指的是量(quantity),上标 max 指的是最大投射,上标 2 指的是第二个功能性投射(functional category),这层 FP2 的标志语就是第二个论元(Argument 2)。

⑭ 和名词短语结构相同,QP 需要再合并 DP 才能使谓词性质的量化名词短语得到指称(Borer 2005a)。而在动词短语层面,根据新戴维德森主义,由于事件本身就被看作论元(参见 Davidson 1967; Parsons 1990 等),谓词只有合并 EP 之后才能成为事件。

⑮ 位于[Spec, AspP]的论元理论上是可以得到宾格的,但是根据 Burzio 定律(Burzio's generalization)(Burzio 1986),只有当外论元赋予题元角色时,动词才能赋宾格。也就是说,如果没有外论元,那么量主语就无法被赋宾格,句子就会不合法。

⑯ 在 Borer 的理论中,整个句法结构完全显示了新戴维德森主义(Neo-Davidsonian)的事件表征。语义解读的逻辑式中每一个谓词都映射为句法上的一个投射中心。

⑰ 因此 Dowty(1979: 88—90)称这类动词为程度瞬间动词(degree achievements)。

⑱ 从本质上来说,体貌结构和致使事件结构的词汇分解有很多相似性,因为事件进程和体貌也密切相关,前者总是蕴含时间先后。但正如上文所述,结果或状态的变化并不蕴含有界性,因此体貌与事件进程并不总是对应。Ramchand(2008)也指出只有当词汇上显性表征出结果时,句法上才有结果子事件的投射,ResP 不等同于有界。

⑲ Ramchand(2008)对 ProcP 标志语的处理有时过于就事论事,比如为了解释下面两句句子中宾语语义的区别,Ramchand 不得不解释例(a)中的 DP 是 bake 这一事件进程的路径,因此要生成在 proc 的宾语位置,而 John 就必须生成在标志语位置,但例(b)的 the potato 是本来就存在的,因此本身是经历者,是 proc 的标志语,而这时 John 只能做起始者(见 Ramchand 2008: 69,我们对例子进行了简化,只写出与讨论有关的部分):

(a) John baked the cake. [initP John[init' bake[procP < John > [proc' < bake > [DP a cake]]]]]

(b) John baked the potato. [initP John [init' bake [procP the potato [proc' < bake > [XP]]]]]

但我们难以体会出 John 在这两个句子中的语义差别。实际上,一个动作的参与者到底承担多少题元本来就难以定义(见注⑳),这也是题元理论本身的问题,但句法层面的词汇分解似乎也没有从本质上解决这一问题。

⑳ 比如 Jackendoff(1972)指出下面的句子中 roll 的主语可以既是动作的致使者,也是客体,题元准则难以解释这样的句子:John rolled down the hill.

㉑ 意识到这一问题的 Dowty(1979:97—98)在对生成语义学框架下的词汇分解进行分析时指出,对分解出来的谓词,如不给出明确的模型论的(model-theoretic)解释,那么词汇分解就是一种空的解释。

㉒ 根据 Levin & Rapapport(1995:85—86),蕴含施事的致使动词也无法进行非宾格-致使交替的论元结构变化。如在下例中,当 break 表达的事件中蕴含施事时,就无法再进行非宾格交替的操作:

a. He broke his promise/the contract/the world record.

b. * His promise/The contract/The world record broke.

㉓ 我们在北大语料库中只找到一例"门自己打开"的句子,并且该句出现的语境是鬼怪类小说,因此可以假设这类句子可以分析为拟人化的表达。

㉔ 支持句法说的一项重要证据来自于致使动词和其对应的去动词化名词(deverbal noun)对施事的允准。由非宾格—致使交替动词转换而来的动词在转换为名词后,相应的名词短语可以带客体/受事,但不能允准施事,如下面的例(2a)所示:

(1) a. John grows tomatoes.

b. Tomatoes grow.

(2) a. * John's growth of tomatoes

b. the tomatoes' growth, the growth of the tomatoes

由单纯的及物动词推导而来的动词则不受这种限制,如:

(3) a. the army's destruction of the city

b. the city's destruction

由此 Marantz(1997:218)指出,施事不在词条中被标注,而由句法轻动词小 v 引入,而例(3a)之所以合法是语用因素导致的:领有者可以表达外部致使事件发生的施事,而不能表达内部致使施事,因为只有前者可以容易地被还原。"城市毁灭"这一事件的发生总是需要外部的施事,而"马铃薯的生长"是自发的、内部致使的。但这一论据实际上并不充分,因为像 grow-growth 这样的例子是非常少见的。Wechsler(2008)指出,growth 之所以不允准施事,是因为历史上 growth 这个词出现时,致使义的 grow 还不存在。并且以-th 结尾的去动词化名词在英语中并不多产,因此把 growth 看成词库中储藏的名词也合情合理,而这一固化的名词保留了最原始的从不及物动词 grow 所继承的论元结构,没有再引入后期发展出来的及物形式 grow 的论元结构。

总之,动词进入句法结构(VP/vP)得到论元结构与动词进行词汇派生的先后顺序是句法说和词汇说之争的重要证据之一,但至今还具有很大的争议。关于这一方面,我们将另外撰文进行详细的介绍和评述。

参考文献

冯胜利(2005)轻动词移位与古今汉语的动宾关系,《语言科学》第1期。

胡建华(2016)“他的老师当得好”与论元的选择——语法中的显著性和局部性,《世界汉语教学》第4期。

胡建华、杨萌萌(2015)“致使-被动”结构的句法,《当代语言学》第4期。

黄正德(2007)汉语动词的题元结构与其句法表现,《语言科学》第4期。

——(2008)从“他的老师当得好”谈起,《语言科学》第3期。

杨炎华(2014)“他的老师当得好”的重新审视,《当代语言学》第4期。

朱佳蕾、胡建华(2015)概念-句法接口处的题元系统,《当代语言学》第1期。

Baker, M. C. (1988) *Incorporation: A Theory of Grammatical Function Changing*. Chicago: University of Chicago Press.

——(1997) Themantic Roles and Syntactic Structure. In Haegeman, L. (ed.) *Elements of Grammar*. Dordrecht: Kluwer Academic Publishers, 73-137.

Borer, H. (1994) The projection of arguments. In Benedicto, E. and Runner, J. (eds.) *Functional Projections*. Amherst, Mass.: GLSA: 19-47.

——(2005a) *Structuring Sense I: In Name Only*. Oxford: Oxford University Press.

——(2005b) *Structuring Sense II: The Normal Course of Events*. Oxford: Oxford University Press.

Bruening, B. (2010) Review. *Journal of Linguistics*, 46: 260-270.

Burzio, L. (1986) *Italian Syntax: A Government-Binding Approach*. Dordrecht: Reidel.

Chomsky, N. (1970) Remarks on nominalization. In Jacobs, R. & Rosenbaum, P. (eds.) *Readings in English Transformational Grammar*. Waltham, MA: Ginn: 184-221.

——(1995) *The Minimalist Program*. Cambridge, MA.: MIT Press.

——(2000) Minimalist inquiries: the framework. In Martin, R., Michaels, D. & Uriagereka, J. (eds.) *Step by step: essays on minimalist syntax in honor of Howard Lasnik*. Cambridge, Mass.: The MIT Press: 89-155.

Cinque, G. (1997) *Adverbs and Functional Heads: A Cross-Linguistic Perspective*. New York: Oxford University Press.

Clark, E. & Clark, H. (1979) When nouns surface as verb. *Language*, 55: 767-811.

Croft, W. (2012) *Verbs: Aspect and Causal Structure*. Oxford: Oxford University Press.

Davidson, D. (1967) The logical form of action sentences. In Rescher, N. (ed.) *The Logic of Decision and Action*. Pittsburgh: University of Pittsburgh Press: 81-95.

Dowty, D. (1979) Word Meaning and Montague Grammar. Dordrecht: Reidel.

——(1991) Thematic proto-roles and argument selection. *Language*, 67: 547-619.

Fodor, J. (1970) Three Reasons for not deriving 'Kill' from 'Cause to Die'. *Linguistic Inquiry*, 1: 427-438.

Folli, R. & Harley, H. (2007) Teleology and animacy in external arguments. *Lingua*, 1321: 1-14.

Goldberg, A. E. (2006) *Construction at Work: The Nature of Generalization in Language*. Oxford: Oxford University Press.

Hale, K. & Keyser, S. J. (1993) On argument structure and the lexical expression of syntactic relations. In Hale, K. & Keyser, S. J. (eds.) *The view from Building 20: Essays in Honor of Sylvain Bromberger*. Cambridge, MA: The MIT Press.

——(1997) The limits of argument structure. In Lust, B., Suner, M. & Whitman, J. (eds.) *Heads, Projections, and Learnability*. Hillsdale: Lawrence Erlbaum: 53-72.

——(2002) *Prolegomenon to a Theory of Argument Structure*. Cambridge, MA: The MIT Press.

Halle, M. & Marantz, A. (1993) Distributed Morphology and the pieces of inflection. In Hale, K. & Keyser, S. J. (eds.) *The view from Building 20: Essays in Honor of Sylvain Bromberger*. Cambridge, MA: The MIT Press.

Harley, H. (1997) *Events, agents and the interpretation of VP-shells*. MS., University of Pennsylvania.

——(2006) On the causative construction. In Miyagawa, S. & Saito, M. (eds.) *The Handbook of Japanese Linguistics*. Oxford: Oxford University Press.

——(2008) Bare roots, conflation, and the canonical use constraint. *NORMS Workshop on Argument Structure* (6).

——(2010a) Thematic roles. In Hogan, P. (ed.) *The Cambridge Encyclopedia of the Language Sciences*. Cambridge University Press, Cambridge: 861-862.

——(2010b) A minimalist approach to argument structure. In Boeckx, C. (ed.) *The Oxford Handbook of Linguistic Minimalism*. Oxford: OUP Press, 426-447.

——(2012) Lexical decomposition in modern generative grammar. In Hinzen, W., Werning, M. & Machery, E. (eds.) *The Oxford Handbook of Compositionality*. Oxford: OUP: 328-350.

Huang, C.-T. J. (1997) On lexical structure and syntactic projection. *Chinese Languages and Linguistics*, 3: 45 - 89.

——(1999) Chinese passives in comparative perspective. *Tsing Hua Journal of Chinese Studies*, 29: 423 - 509.

——(2006) Unaccusative and resultatives: a parametric view. *Bulletin of the Chinese Linguistic Society of Japan*, 253: 1 - 43.

——(2015) On syntactic analyticity and parametric theory. In Li, Y-H, A, Simpson A. & Tsai, W-T., D. (eds.) *Chinese Syntax in a Cross-Linguistic Perspective*. Oxford: Oxford University Press, 1 - 48.

Jackendoff, R. (1972) *Semantic Interpretation in Generative Grammar*. Cambridge: MIT.

Kiparsky, P. (1997) Remarks on denominal verbs. In Alsina, A., Bresnan, J. & Sells, P. (eds.) *Argument Structure*. Stanford: CSLI.

Kratzer, A. (1996) Severing the external argument from the verb. In Rooryck, J. & Zaring, L. (eds.) *Phrase Structure and the Lexicon*. Dordrecht: Kluwer: 109 - 137.

Krifka, M. (1992) Thematic relations as links between nominal reference and temporal constitution. In Sag, I. & Szabolsci, A. (eds.) *Lexical Matters*. Stanford: Center for the Study of Language and Information.

Landau, B., & Gleitman, L. (1985) *Language and Experience: Evidence from the blind child*. Cambridge, MA: Harvard University Press.

Larson, R. (1988) On the double object construction. *Linguistic Inquiry*, 19: 335 - 391.

Lee, J. N. & Naigles, L. R. (2008) Mandarin Learners use syntactic bootstrapping in verb acquisition. *Cognition*, 106(2): 1028 - 1037.

Levin, B. & Hovav, M. R. (1995) *Unaccusativity: At the Syntax-Lexical Semantics Interface*. Cambridge, MA: MIT Press.

——(2005) *Argument Realization*. Cambridge: Cambridge University Press.

Lin, T.-H. Jonah (2001) *Light Verb Syntax and the Theory of Phrase Structure*. Ph. D. dissertation. University of California, Irvine.

MacDonald, J. (2006) *The Syntax of Inner Aspect*. Ph. D. dissertation, Stony Brook University, New York.

Marantz, A. (1984) *On the Natural of Grammatical Relations*. Cambridge, MA: MIT Press.

——(1997) No escape from syntax. Don't try morphological analysis in the privacy of your own lexicon. *U. Penn Working Papers in Linguistics*, 4(2): 201 - 225.

Parsons, T. (1990) *Events in the Semantics of English. A Study in Subatomic Semantics*. Cambridge, MA: MIT Press.

Pylkkaänen, L. (2008) *Introducing Arguments*. Cambridge: The MIT Press.

Ramchand, G. (1997) *Aspect and Predication: The Semantics of Argument Structure*. Oxford: Oxford University Press.

——(2008) *Verb Meaning and the Lexicon: A First Phase Syntax*. Cambridge University Press.

Reinhart, T. (2000) The theta system: syntactic realization of verbal concepts. *OTS Working Papers in Linguistics*, University of Utrecht.

——(2002) The theta system-an overview. *Theoretical Linguistics*, 28: 229 – 290.

Ritter E. & Rosen, S. T. (1998) Delimiting events in syntax. In Geuder, W. & Butt, M. (eds.) *The projection of arguments: Lexical and Syntactic Constraints*. Stanford: Center for the Study of Language and Information: 135 – 164.

Rizzi, L. (1997) The fine structure of the left periphery. In Haegeman, L. (ed.) *Elements of Grammar*. Kluwer Academic Publishers: 281 – 337.

Sybesma, R. (1999) *The Mandarin VP*. Dordrecht: Kluwer Academic Publishers.

Tenny, C. (1987) *Grammaticalizing aspect and affectedness*. Ph. D. dissertation, MIT.

Travis, L. (2010) *Inner Aspect: The articulation of VP*. New York: Springer.

Tsai, W.-T. D. (2014) Syntax-semantics mismatches, focus movement and light verb syntax. In Huang, C.-T. J. & Liu, F. (eds.) *Peaches and Plums*. Language and Linguistics Monograph Series. Taipei: Academia Sinica: 203 – 226.

Verkuyl, H. J. (1972) *On the Compositional Nature of the Aspect*. Dordrecht: Reidel.

——(1989) Aspectual classes and aspectual composition. *Linguistics and Philosophy*, 12: 39 – 94.

Williams, A. (2015) *Arguments in Syntax and Semantics*. Cambridge University Press.

Wechsler, S. (2008) A diachronic account of English deverbal nominals. In Chang, C. B. & Haynie, H. J. (eds.) *Proceedings of the 26th West Coast Conference on Formal Linguistics*. Somerville, MA: Cascadilla Proceedings Project: 498 – 506.

(200083　上海，上海外国语大学语言研究院　fanniebmw@hotmail.com)

从“有时”“偶尔”看量化副词中的主客观对立*

孙嘉铭

提要 “有时”“偶尔”作为现代汉语中两个常见的副词，以往都被归入频率副词或量化副词的范畴，但两者在句法语义方面都存在着系统的差异。我们的研究发现，“偶尔”是对事件发生频率的客观量化，是纯粹的频率副词，而“有时”则是对命题为真可能性的一种主观判断，应该归入言者指向类副词或者认识情态副词，句法上处于句子更高的层面。两者语义上的本质区别还体现在言真与非言真语义环境的分布差异。这种主客观的对立，普遍存在于现代汉语量化副词中。

关键词 有时；偶尔；主观判断；客观量化

一、引 言

作为现代汉语中两个常用的副词，“有时”“偶尔”通常被称为频率副词或时间副词（陆俭明、马真 1999；张谊生 2004，2014）。在形式语义学的文献中，两者又可以被称作量化副词（adverbs of quantification）（Lewis 1975）。在《现代汉语词典》和《现代汉语八百词》等辞书中，两者都有“间或、有时候”的意义。且两者都属于频率副词中的低频类频率副词（周小兵 1999；史金生、胡晓萍 2004）。

偶尔：【副词】间或、有时候。　　　　（《现代汉语八百词》）

有时：【副】有时候：那里的天气，有时冷，有时热。

---

* 本文得到了导师石定栩教授和姚瑶博士的悉心指导，在此向两位老师致以诚挚的谢意。文中尚存问题和不足之处皆由笔者负责。

偶尔:【副】间或;有时候:他经常写小说,偶尔也写诗。

(《现代汉语词典》(第6版))

但在实际的运用中,我们却发现有许多两者不能替换的例子,可以分为几种情况。

首先,当句子是所谓的特征句(charactering sentences)[①](Krifka et al. 1995),用来说明一种规律或规则时,只能用“有时”,不能替换为“偶尔”:

(1) a. 咨询者的人格力量有时比他的专业技能更有影响力。

b. *咨询者的人格力量偶尔比他的专业技能更有影响力。

(2) a. 逆境有时是对成长的一种帮助。

b. *逆境偶尔是对成长的一种帮助。

其次,当句子中出现用以描述事件发生次数的数量短语时,只能用“偶尔”,不能用“有时”:

(3) a. 她们不在一个单位,只是偶尔在公众场合见过两次而已。

b. *她们不在一个单位,只是有时在公众场合见过两次而已。

再次,当句子用来陈述两个相互对立且互补的事件时,只能用“有时”,不能用“偶尔”:

(4) a. 我们在一起讨论国际问题,有时辩论很激烈,有时议论居然颇一致。

b. *我们在一起讨论国际问题,偶尔辩论很激烈,偶尔议论居然颇一致。

还有一些例子,两者虽然可以互换,但互换后意义发生了明显的变化,如例(5)—(6):

(5) a. 公司因为常有加班,所以偶尔晚到几分钟也不会扣工资。

b. 公司因为常有加班,所以有时晚到几分钟也不会扣工资。

(6) a. 在恩格斯那里,偶尔也将历史科学与自然科学、社会科学相对。

b. 在恩格斯那里,有时也将历史科学与自然科学、社会科学相对。

例(5a)说的是,“偶尔迟到几分钟”(迟到的次数比较少)不会引起扣工资的后果,(5b)则是说明一种规律或情况,是说因为公司有加班,所以存在“晚到几分钟也不会扣工资”这样的情况或规律,并没有说明次数少的意思。例(6a)和例(6b)两个例子也是一样,例(6a)是说恩格斯将两者相对的情况很少,例(6b)则是给出一个存在性的判断,只是说明这种情况的存在,并没有次数少的意义。

“有时”和“偶尔”同属频率副词中的低频类副词,虽然从频率上来讲,曾有学者指出“有时”的频率略高,可以算作半低频类频率副词(周小兵1999),但这并不能解释为什么“有时”和“偶尔”在许多情况下不能替换。事实上,我们可以通过更多的语言事实来说明两者句法语义上的差异,从而证明两者其实属于两种不同类型的副词。

二、纯频率义解读与关系义解读

de Swart(1993:22—25)在谈到量化副词的语义结构时,提出量化副词表达的意义可以区分为纯频率义解读(pure frequency reading)和关系义解读(relational reading)两种。其中纯频率义解读作用于一个事件集合,表示相关事件在一段时间里以某种频率有规律地发生;而关系义解读则作用于两个事件集合,实质是建立两个事件集合之间的比例关系。例如英语中的often 就同时具有纯频率义和关系义,其中例(7a)为关系义,例(7b)为纯频率义。

(7) a. When he gets up late, Paul often has a headache.

b. Paul often has a headache.

之所以区分这两种不同的解读,是因为两者实际上具有不同的真值条件。例(7b)表达的意义是说“保罗头疼”这样的事件发生的频率很高,即在一段时间内发生的次数很多;而例(7a)则只说明在“保罗起床晚”这样的事件中导致“保罗头疼”的事件所占比例高,而并不说明“保罗头疼”这样的事件发生的次数多,因为“保罗起床晚”这样的事件发生的次数也可能是很少的。

我们发现,在对相关事件进行量化时,“偶尔”既可以用作纯频率义,也可以用作关系义,如例(8a)—例(8b),而“有时”则只能用作关系义,如例(9b),不能用于纯频率义,如例(9a)。

(8) a. 他偶尔打球。

b. 他周末偶尔去姥姥家。

(9) a. *他有时打球。

b. 他周末有时去姥姥家。

这样看来,似乎“偶尔”的使用范围要大于“有时”,即“偶尔”可以出现的环境和用法要多于“有时”。但实际的情况比想象的要复杂,以下一些例子证明,很多能用“有时”的句子不能改用“偶尔”。

(10) a. 这些文字的线条有时只勾勒出大体的轮廓。

b. *这些文字的线条偶尔只勾勒出大体的轮廓。

(11) a. 真正的积极有时是一种无为。

b. *真正的积极偶尔是一种无为。

(12) a. 研究者的行为,有时会对被试起到暗示作用。

b. *研究者的行为,偶尔会对被试起到暗示作用。

这些不能替换的例子有两个方面的特点。首先,这些句子都是用来说明一种特定的规律或规则,也即我们上文提到的特征句(charactering sentences)。从语义上来讲,这些句子所描述的规律都不是临时性的(temporary),即并不限于某段特定的时间,这和频率副词的基本特性(描述某一事件在一段时间内的重复有规律发生)有很大差异。其次,不管是上文提到的纯频率义解读还是关系义解读,相同点都是对句子中的事件集合进行量化,但是上述句子中的“有时”并不作用于具体的事件,而是作用于某些个体(individuals)集合。“有时”作为量化副词,表示的是个体集合及其子集之间的关系。如例(10a)的意思是说“这些文字的线条有很多种类型,其中有一些只勾勒出了大体的轮廓”;例(12a)是说“研究者的行为有很多种,其中有些会对被试起到暗示作用”。

从这个角度来看,以往学者将“有时”归入频率副词或者时间副词(陆俭明、马真1999;张谊生2004,2014)是不恰当的,至少是不全面的,因为不管是时间或是频率,都是对于句中的事件而言,量化的对象也只限于相关的事件,而这种归类显然只概括了“有时”一部分的意义。

三、“有时”的语义本质:概率表达

我们认为,“有时”的语义本质是一种概率表达,是对事件发生概率或者某一命题为真概率的判断。概率是统计学上的概念,常见的概率有几种,包括经典概率(也即相对概率)和条件概率,都是对几个集合进行比较而计算出来的。经典概率指在一定条件下,重复做n次试验,m为n次试验中A出现的次数,如果随着 n 逐渐增大,频率 m/n 逐渐稳定在某一数值 p 附近,则数值 p 称为 A 在该条件下出现的概率。条件概率是指事件 B 在另外一个事件 A 已经发生的条件下的发生概率。“有时”所表达的概率,既可以是相对概率,也可以是条件概率。比如例(12a)中“研究者的行为”包括很多种,“对被试起到暗示作用”的是这些行为中的一个子集,“有时”是说这一子集不能为空,或者说这一子集的基数必须大于 1,这里关注的是子集和集合之间的关系,可以看作相对概率的一种。而例(9b)则是叙述两个事件(“周末”和“去姥姥家”)之间的关系,“有时”表达的意思是说两个事件至少同时发生一次,或者说事件 B 在另外一个事件 A 的条件下发生的概率至少大于 0。“有时”计算概率的方法不同,和谓语类型有一定的关系。当谓语是事件谓语(stage-level predicate)时,一般是条件概率;当谓语是属性谓语(individual-level predicate)时,一般是相对概率。不管是哪一种计算方法,“有时”表达的基本语义都是说某一事件出现的概率或者某一命题为真的概率大于 0,即说话人给出一个有关概率的存在性判断。

“有时”作为存在性判断的基本语义,使得它可以用来强调一些特殊事件或者特殊情形的存在,表示这种特殊事件或情形出现的概率大于 0。因为所叙述的事件或情形具有特殊性,所以经常和副词“甚至”连用,而这些例子中的“有时”一般也不能替换为“偶尔”。如:

(13) a. 元朝后期,宰相的权力越来越大,有时甚至可以左右皇位的继承。

b. *元朝后期,宰相的权力越来越大,偶尔甚至可以左右皇位的继承。

(14) a. 两者的租金有很大出入,有时甚至相差几十倍。

b. *两者的租金有很大出入,偶尔甚至相差几十倍。

与“有时”表达概率判断的语义不同,“偶尔”则是对事件发生频率的客观量化,表示相关事件在一段时间内发生的次数较少,频率较低。这也解释了为什么当句子中有描述事件发生次数的数量短语时,只能用“偶尔”,不能用“有时”。因为“有时”只是给出概率大于 0 的判断,并不关注事件发生的次数多少。如:

(15) a. 她们不在一个单位,只是偶尔在公众场合见过两次而已。

b. *她们不在一个单位,只是有时在公共场合见过两次而已。

(16) a. 孩子们很少有机会去大城市,偶尔去几次,就会被那些五花八门的游乐玩具所吸引。

b. *孩子们很少有机会去大城市,有时去几次,就会被那些五花八门的游乐玩具所吸引。

同样,正是因为"有时"只是对事件发生的概率进行判断,因此它可以用来陈述两个对立互补的事件,表示两者都有出现的可能。这种语境下的"有时"也一般不能替换为"偶尔"。如:

(17) a. 我们在一起聚会讨论国际和社会的问题,有时辩论很激烈,有时议论居然颇一致。

b. *我们在一起聚会讨论国际和社会的问题,偶尔辩论很激烈,偶尔议论居然颇一致。

例(17b)不能接受的原因,并非两个使用"偶尔"的单句出现了问题,而是因为它们组合在一起,违背了会话原则中的质准则(quality maxim)和量准则(quantity maxim)(Grice 1975),即没有提供足量并且准确的信息。"偶尔辩论很激烈",说明"辩论很激烈"的情况出现的次数少、频率低,应该很自然地得出其对立互补事件"辩论结果一致"的情况出现比较多、频率高,但是后句仍用"偶尔",造成语用逻辑上的矛盾。

"有时"作为概率判断的基本语义,解释了为什么在使用"有时"时,必须出现两个集合,即只允许双集合量化。例(9a)之所以不合法,是因为句中只出现了一个事件集合"打球",但无论是计算相对概率还是条件概率,都至少需要两个集合的比较才能算出来。

四、语义辖域与句法地位

上文中我们曾指出"有时"和"偶尔"在有些例子中虽然可以替换,但替换后意义发生了明显的变化。其中"偶尔"可以表示次数少的意义,而"有时"则只是用来说明一种规律或情况,给出一个存在性的判断。事实上,这些例子可以帮我们判断出,在语义辖域上,"偶尔"只作用于它所紧邻的动词短语,而"有时"则是作用于其所在的整个句子。这种对立可以通过关联副词作用对象的不同反映出来。如:

(18) a. 偶尔晚到几分钟也不会扣工资。

[偶尔[晚到几分钟]]也不会扣工资

b. 有时晚到几分钟也不会扣工资。

[有时[晚到几分钟也不会扣工资]]

(19) a. 偶尔放松一下反而可以提高工作效率。

[偶尔[放松一下]]反而可以提高工作效率

b. 有时放松一下反而可以提高工作效率。

[有时[放松一下反而可以提高工作效率]]

例(18a)是说“偶尔晚到几分钟”也不会引起“扣工资”的后果,关联副词“也”作用于“偶尔晚到几分钟”和“扣工资”之间,而例(18b)中的关联副词“也”则是作用于“晚到几分钟”和“扣工资”之间。例(19)的例子则更为清楚,例(19a)说的是“偶尔放松一下”和“提高工作效率”之间的关系,关联副词“反而”作用于“偶尔放松一下”和“提高工作效率”;例(19b)则可以将“有时”与后面的句子断开,关联副词“反而”作用于“放松一下”和“提高工作效率”。

更重要的是,正是因为两者语义辖域的不同,我们可以在“偶尔”之前添加“有时”,从而形成一个新的命题。如:

(20) 有时偶尔晚到几分钟也不会扣工资。

(21) 有时偶尔放松一下反而可以提高工作效率。

因为“偶尔”只能位于“有时”的辖域之内,不能相反,所以在“有时”之前添加“偶尔”的句子都是不合法的。如:

(22) *偶尔有时晚到几分钟也不会扣工资。

(23) *偶尔有时放松一下反而可以提高工作效率。

通过语义辖域的测试,我们发现,从语义上来讲,“有时”的辖域作用于整个句子,不是命题本身的组成部分,而“偶尔”则是作用于紧邻的动词短语,本身是命题的一部分。

以上的论述表明,“有时”和“偶尔”在语义方面存在着系统的差异。首先,“有时”的本质语义是一种概率表达,而“偶尔”则是对事件发生频率的客观描述,对相关事件进行量化。其次,“偶尔”是命题本身的组成部分,而“有时”则是命题外的成分,形成对命题本身的一种判断。语义辖域上,当两者共现时,“偶尔”必须位于“有时”的辖域之内。

事实上,不仅在语义方面,在句法方面“有时”和“偶尔”也存在着系统性的差异。以下我们将通过两者与情态词、其他副词的共现顺序，以及能否与动词短语结合做主宾语和共现测试等几方面的句法证明来论证两者其实是不同层面的副词。

(一) 情态词

蔡维天(2010)曾论证了三类情态词的位置关系，其中知识情态词谈的是命题的可能性，位于大句子层面，即 IP 或 TP 之上，基本是言者优先(speaker-oriented)用法的大本营；义务情态词位于屈折词组(IP)层；而能愿情态词所在的是动词短语(VP)层，即 Epistemic modals > TP > Deontic modals > *v*P > Dynamic modals > VP。

情态词“能”和“会”的用法涵盖了知识情态和能愿情态。我们发现，当“有时”与这些情态词共现时，只能位于情态词之前，不能位于情态词之后。如下面的例子：

(24) a. 不相干的职业有时能组合成为一种新的职业。

b. ＊不相干的职业能有时组合成为一种新的职业。

(25) a. 中国农业的发展能力有时会超出人们的想象。

b. ＊中国农业的发展能力会有时超出人们的想象。

“偶尔”与这些情态词的相对位置则比较自由，既可以位于情态词之前，也可以位于情态词之后。如：

(26) a. 这些典籍在别的图书馆或者个人藏书中也能偶尔找到一些。

b. 这些典籍在别的图书馆或者个人藏书中也偶尔能找到一些。

(27) a. 沙漠中也会偶尔出现降雨天气。

b. 沙漠中也偶尔会出现降雨天气。

能愿情态词位于动词词汇层，而知识情态词位于小句之上，这说明“有时”的句法位置必须高于动词短语层甚至小句层，也说明它和“偶尔”不同，不是修饰动词短语层面的副词。

(二) 其他副词

1. 主语指向类副词(subject-oriented adverb)

Jackendoff(1972)和 Ernst(2007,2009)都曾提到两类不同的副词——主语指向类副词(subject-oriented adverb)和言者指向类副词(speaker-oriented adverb)。前者如 cleverly，carefully，quickly……后者如 probably，happily，evidently……主语指向类副词，主要用来陈述主语的信息或说明主语的状

态,而言者指向类副词用于表达说话人的主观态度和判断。

Jackendoff(1972: 89—90)在提到这两类副词的位置关系时指出,当两者共现时,不管是出现在句首,还是助动词的前后,只能是言者指向类副词在前,主语指向类副词在后,不能互换。如例(28)—例(29):

(28) *Probably/happily/evidently*, Max *carefully/cleverly/quickly* was climbing the walls of the garden.

Probably/happily/evidently, Max has *carefully/cleverly/quickly* been trying to decide whether to climb the walls.

Max *Probably/happily/evidently* has *carefully/cleverly/quickly* been trying to decide whether to climb the walls.

(29) * *Carefully/cleverly/quickly*, Max *probably/happily/evidently* was climbing the walls of the garden.

* *Carefully/cleverly/quickly*, Max has *probably/happily/evidently* been trying to decide whether to climb the walls.

* Max *carefully/cleverly/quickly* has *probably/happily/evidently* been trying to decide whether to climb the walls.

Ernst(2007,2009)也有类似的论述,即表达认识情态类的副词(包括言者指向副词)在句法上要高于主语指向类副词,即 Evaluatives > Epistemic > Subject-oriented。

我们以汉语中的主语指向类副词"故意"为例,来看看它与"有时""偶尔"的位置关系。请看下例:

(30) a. 为了给老板面子,下棋的时候他故意偶尔走错几步棋。

b. 为了给老板面子,下棋的时候他偶尔故意走错几步棋。

(31) a. 为了给老板面子,下棋的时候他有时故意走错几步棋。

b. *为了给老板面子,下棋的时候他故意有时走错几步棋。

测试发现,"偶尔"既可以出现在"故意"之前,也可以出现在"故意"之后,而"有时"则只能出现在"故意"之前。即:

故意>偶尔　偶尔>故意

有时>故意　*故意>有时

2. 连接副词

"有时""偶尔"在与一些连接副词共现时,也呈现出相似的规律,表现在

“有时”的位置比较固定，一般只能出现在这些副词之前，而“偶尔”与这些副词的位置关系则相对自由，既可位于连接副词之前，也可位于连接副词之后。如：

(32) a. 在解决问题时，儿童有时还需借助直观形象的帮助。

b. *在解决问题时，儿童还有时需借助直观形象的帮助。

(33) a. 普通中小学有时也进行一些职业教育。

b. *普通中小学也有时进行一些职业教育。

(34) a. 除了日常的写作，他还偶尔写些随笔和读书笔记。

b. 除了日常的写作，他偶尔还写些随笔和读书笔记。

(35) a. 邻居们常常来串门，我也偶尔出去走走。

b. 邻居们常常来串门，我偶尔也出去走走。

连接副词“也”出现在“有时”之前的例子在语料库里也能找到[②]，如下面的例子：

(36) 超级英雄也有时失误。

(37) 可怜我们一双慧眼也有时雾里看花。

这源于连接副词“也”本身的句法语义特性，例(33a)中的“也”的辖域只包括其后面的成分，表现出修饰谓语、狭义状语的典型特性。而例(36)和例(37)中“也”的辖域并不局限于“有时”及其谓语，也包括“也”之前的主语，也就是充当了小句状语。“有时”可以出现在某些连接副词之后，但是也只能出现在充当小句状语的连接副词之后。

(三) 与动词短语结合充当主语和宾语

“有时”“偶尔”的句法地位还体现在其他方面的分布差异。“偶尔”可以和动词短语结合充当句子的主语和宾语，而“有时”则不能进入这样的句法环境。如例(38)—例(41)：

(38) a. [偶尔健身]$_{\text{SUBJECT}}$等于暴饮暴食，会对身体造成更大伤害。

b. *[有时健身]$_{\text{SUBJECT}}$等于暴饮暴食，会对身体造成更大伤害。

(39) a. [偶尔吃些粗粮]$_{\text{SUBJECT}}$对人体是有益的。

b. *[有时吃些粗粮]$_{\text{SUBJECT}}$对人体是有益的。

(40) a. 游艇、帆板等活动对于有些人只是[偶尔尝个新鲜]$_{\text{OBJECT}}$罢了。

b. *游艇、帆板等活动对于有些人只是[有时尝个新鲜]$_{\text{OBJECT}}$罢了。

(41) a. 她喜欢[偶尔约上几个朋友一起去看电影]$_{OBJECT}$。

b. *她喜欢[有时约上几个朋友一起去看电影]$_{OBJECT}$。

(四)共现测试

最后一个测试来自两者共现时的顺序。当句子中“有时”“偶尔”两者共现时,只能是“有时”在前,“偶尔”在后。如:

(42) a. 有时,在忙碌的生活中偶尔来一次说走就走的旅行,能极大缓解压力。

b. *偶尔,在忙碌的生活中有时来一次说走就走的旅行,能极大缓解压力。

以上呈现的句法事实虽然有些错综复杂,却很有规律。“有时”“偶尔”的句法表现不同,集中体现在“偶尔”的句法位置比较自由,可以和许多句内成分(情态词、其他类副词)形成某种互动关系,既可以位于这些成分之前,也可以位于这些成分之后,这是许多句内副词,也即一般副词充当状语时的典型表现。虽然在辖域及语义上有细微的差异,但“偶尔”仍没有超出句内范围,并且共现时只能位于“有时”的后面。“有时”的句法表现则相对受限,表现在它不能和这些句内成分形成相对自由的位置关系,也说明它的句法位置较高,是句子之上的成分,应该位于 IP 之上。

句法位置高的副词句法表现相对受限,句法位置低的副词相对自由,这也有一些其他语言的证据。如在英语中,并非所有副词都能进行 wh 移位,而不能进行 wh 移位的副词一般都位于句子更高的位置(Cinque 1999: 16—17;Li et al. 2012),如例(43b)和例(43c)中的评价类副词(evaluative adverbs)和认识情态副词(epistemic adverbs)都不能进行移位,而例(43a)中的方式类副词(manner adverbs)则可以进行移位。同样的,句法位置高的副词也不能进入分裂句式(cleft constructions)(Li et al. 2012),而位置低的副词则没有这样的限制,如例(44)与例(45)的对立。

(43) a. How skillfully/clumsily/cautiously did John mow his lawn?

b. *How luckily/regrettably/surprisingly did John send his children money?

c. *How probably/likely/presumably did John mow his lawn?

(44) a. It was quietly that John performed the sonata.

b. It was frequently that John performed the sonata.

(45) a. ∗It was probably that John performed the sonata.

b. ∗It was luckily that John performed the sonata.

c. ∗It was usually that John performed the sonata.

张谊生(2014：53—54)在谈到评注性副词和限制性副词的区别时也提到，由于评注性副词充当的大都是评注性高谓语，所以，它同其他成分之间的组配关系，只能是动态的句子层面上的组合，而不能是静态的短语层面的组合。凡是含有评注性副词的谓词性短语，一般只能充当表述性成分——谓语和补语，而不能或者一般不能充当修饰性成分——定语和状语。

以上论证都说明，"有时""偶尔"不仅语义有别，句法上也隶属不同的层面。借鉴形式句法的制图理论思想(Cartographic Approach)(Rizzi 1997；蔡维天 2007；Tsai 2008)，可以认为"偶尔"位于动词短语(VP)层面，是动词短语的附加语(adjunct)或修饰语(modifier)，具有内状语(inner adverbial)的特性，而"有时"则位于句子(IP 或 TP)层面之上，具有外状语(outer adverbial)的特性，应该归为认识情态副词(epistemic adverb)或言者指向类副词(speaker-oriented adverb)，是说话人对整个命题的主观判断。

五、"有时""偶尔"与非言真语境[③]

"有时""偶尔"的不同，还体现在两者在非言真(non-veridical)语义环境中的分布差异。"有时"一般不能位于否定词的辖域之内，不能出现在未来、义务、能力、假设、让步、条件，以及祈使等非言真语境中，而"偶尔"则没有这样的限制。先来看下面的语料：

(46) a. 他没有偶尔在父母忙的时候照顾一下妹妹。(否定)

b. ∗他没有有时在父母忙的时候照顾一下妹妹。

(47) a. 我们要去美国了，但以后春节还会偶尔回来看看。(未来)

b. ∗我们要去美国了，但以后春节还会有时回来看看。

(48) a. 你周末应该偶尔放松放松，不能这么没日没夜地工作！(义务)

b. ∗你周末应该有时放松放松，不能这么没日没夜地工作！

(49) a. 他谈恋爱时能偶尔制造一些属于两个人的小浪漫。(能力)

b. ∗他谈恋爱时能有时制造一些属于两个人的小浪漫。

(50) a. 我太喜欢他了！要是他排练时偶尔跟我说几句话,我一定会偷笑一整天！(假设)

b. *我太喜欢他了！要是他排练时有时跟我说几句话,我一定会偷笑一整天！

(51) a. 对那些刻苦训练的年轻运动员,即使他们比赛时偶尔发挥失常,依然应该受到爱护。(让步)

b. ?? 对那些刻苦训练的年轻运动员,即使他们比赛时有时发挥失常,依然应该受到爱护。

(52) a. 只要他回忆那段时光时偶尔还能想起我,我就很满足了。(条件)

b. ?? 只要他回忆那段时光时有时还能想起我,我就很满足了。

(53) a. 工作累了偶尔出去放松一下！(祈使)

b. *工作累了有时出去放松一下！

根据我们上文的总结,“有时”的本质语义是一种概率表达,是说话人给出的关于事件发生概率或者某一命题为真概率的主观判断,表示这一概率大于零;而“偶尔”则是对事件发生频率的客观描述。我们认为,上述语义环境的分布差异,其实是两个副词基本语义带来的附带效应。下面我们就来分析为什么“有时”往往排斥上述非言真语境。

言真(veridical)与非言真(non-veridical)的概念来自于逻辑语义学派,Montague(1969)最初用到言真(veridicality)的概念来说明像 see(看见)这样的动词所具有的语义特性,当说“I see a student running”时,可以衍推命题中存在一个学生,因此动词 see 就是言真的(veridical)。Giannakidou(1995,1998:106,1999,2006)在谈到言真(veridical)与非言真(non-veridical)的区别时,给出了一个具有可操作性的形式化定义:

一个命题算子 F 是言真的(veridical),当且仅当 $Fp=1 \rightarrow p=1$;否则 F 就是非言真的(non-veridical):$Fp \nrightarrow p$。

简单来说,可以将(非)言真成分看作一个命题的算子(operator),加上这个算子之后,如果可以由复合命题为真衍推(entail)原命题为真,则算子为言真性算子;如果加上这个算子之后不能衍推原命题为真,则算子为非言真。

常见的非言真算子包括否定、意愿动词、情态词、未来、虚拟、疑问及条

件句的前件等。以英语为例,加线部分都可以看作非言真算子,都不能由算子构成的复合命题为真衍推原命题为真:

a. 否定(negation)

(54) George has <u>not</u> gone to the US. $\nrightarrow$ George has gone to the US. (Fp→~p)

b. 意愿动词(volitional verb)

(55) John <u>wants</u> to find a snake. $\nrightarrow$ John finds a snake. (Fp $\nrightarrow$ p)

c. 情态词(modal verb)

(56) John <u>may</u> talk to anyone. $\nrightarrow$ John talks to someone. (Fp $\nrightarrow$ p)

d. 条件句的前件(antecedent of conditionals)

(57) <u>If</u> John has gone to the US, she will be sorry.

If John has gone to the US $\nrightarrow$ John has gone to the US. (Fp $\nrightarrow$ p)

祈使句作为一种特殊的情况,因为是借助语气(mood)表达一种言语行为(speech act),因此事实上是一种没有真值的表达。这样,我们可以将上述非言真语义算子中的命题分为四种情况:

a. 命题为假:否定;

b. 命题的真值无法确定:未来、虚拟;

c. 命题可真可假:情态词、条件句前件;

d. 没有真值:祈使句。

承前所述,"有时"的语义是对一个命题为真的可能性或概率的主观判断,体现了说话人对命题真值的贡献(speaker's commitment to the truth of the proposition)(Ernst 2007),表示命题为真的概率大于零。根据非言真语义算子的定义,出现在非言真语义算子中的命题,要么为假,要么可真可假,要么没有真值。既然"有时"已经对命题的真值做出主观判断,表示命题为真的概率至少大于零,那么就不可能再用在一个已知命题为假、命题可真可假,以及没有真值的非言真语义环境中,这样会造成语义冲突(semantic clash)。相应的,"偶尔"只是对事件发生的频率进行描述,并不涉及说话人对命题真值本身的判断,因此也必然与非言真语义相容。也就是说,副词能否出现在非言真的语义环境,与其本身所表达的本质语义有着密切的关联。

相似的分布限制还体现在其他一些近义副词上,比如"常常"和"往往",其中"往往"也一般不能用在上文提到的非言真语境中。周韧(2015)在谈到这一区别时指出,在汉语副词的研究中应该引入现实与非现实的范畴,他认为"往往"是基于现实性而使用的副词,它一般不出现在非现实性的情境中。我们同意他的看法,但我们认为,现实与非现实并不是副词本身的语义,只是副词出现的环境差异,现实与非现实是果而非因。至于为什么像"往往""有时"这样的副词排斥非现实语境,还需要从副词本身的语义上寻找原因。

六、结　　语

本文讨论了量化副词"有时""偶尔"的句法语义差异,认为"偶尔"是对事件发生频率的客观量化(objective quantification),而"有时"则是用来表达说话人对命题真值可能性的一种主观判断(subjective statement)。相比于"偶尔","有时"处于句子更高的层面,属于言者指向类副词或者认识情态副词。也正是因为"有时"涉及对于命题真值的主观判断,因此不能再出现在命题真值不能确定或者没有真值的非言真语境中。

事实上,这种主客观的对立,普遍存在于现代汉语量化副词中,下表中的左右两列,都是词典或辞书中的近义词,[④]但我们可以根据这种对立,将量化副词进一步分为两类,见表1。

表1

客观量化	主观判断
一直	总是
常常	往往
偶尔	有时

其中,"一直""常常""偶尔"属于客观类,"总是""往往""有时"属于主观类。"总是""往往""有时"都是对命题真值可能性的判断,应该归入认识情态副词的范畴。关于"一直"与"总是","常常"与"往往"的主客观对立,我们将另文探讨。

之所以这样划分,不只是因为这两类词在语义上的差异,也是因为它们的句法地位及在其他语义环境中的分布也都呈现出系统的对立,例如与情态词和某些副词的位置关系,能否与VP结合做主宾语,共现时的位置关系,以及能否出现在非言真语境中等,见表2。

表 2

句法语义 副词	情态词之后	其他副词之后	与 VP 做主宾语	共现在前	非言真语境
一直	+	+	+	–	+
总是	–	–	–	+	–
常常	+	+	+	–	+
往往	–	–	–	+	–
偶尔	+	+	+	–	+
有时	–	–	–	+	–

我们的研究发现,以往我们统一归为一类的时间副词或频率副词,其实还可以进一步引入主客观的维度。事实证明,这一维度的区分对这些副词的句法语义分布差异有更加系统统一的解释,也值得进行深入的研究。

附注

① 特征句(characterizing sentences),又叫做通指句(generic sentences),这类句子的特点在于它们不是用来表达具体和孤立的事件,而是用来表达一种规律或规则。这类句子里的谓语动词所表达的属性一般是某类实体的本质属性,并且句子所表达的意义也与全称量化和存在量化不同。关于特征句或通指句的详细讨论,可以参考 Krifka et al. (1995)。

② 这一点是匿名审稿人向笔者指出的,在此向审稿人表示感谢。

③ 与言真(veridical)与非言真(non-veridical)相类似的一组概念是现实(realis)与非现实(irrealis)。现实与非现实是一对情态范畴(modality),现实性主要用来描述已经或正在发生和实现的情境,指的是现实世界已经或正在发生的事情;相反,非现实性主要用来描述只在想象中出现或感知的情境,一般指的是可能世界中可能发生或假设发生的事情(Palmer 2001)。以往对二者的研究主要集中在分析形态比较丰富的语言中如何用形式标记体现二者的不同。例如 Mithun(1999:173—180)关于北美语言中的现实与非现实标记的研究,Bybee et al. (1994:236)提到的相关学者对克里奥尔语(creole languages)、澳大利亚语言(Australian languages)及新几内亚语(language of New Guinea)的相关研究。现实与非现实的标记手段主要包括助词(particles)、附缀(clitics)及动词屈折(verbal inflection)等。汉语缺乏用形态标记体现非现实的手段。根据张雪平(2009,2012),现代汉语中用来表达非现实语义的手段包括假设、条件、让步、可能、疑问、未来、祈使、意愿、义务、能力等语义的句子。

④ 例如《现代汉语八百词》对“总(是)”的释义为“表示持续不变;一向;一直”;对“常常”的解释是“表示行为、动作发生的次数多”,对“往往”的解释是“表示某种情况经常出现”,意思非常接近。汉英词典对“常常”“往往”的解释都是“frequently; often”。

参考文献

蔡维天(2007)重温“为什么问怎么样,怎么样问为什么”——谈汉语疑问句和反身句中的内、外状语,《中国语文》第3期。

——(2010)谈汉语模态词的分布与诠释之对应关系,《中国语文》第3期。

陆俭明、马　真(1999)《现代汉语虚词散论》,北京:语文出版社。

吕叔湘主编(1999)《现代汉语八百词》(增订本),北京:商务印书馆。

史金生、胡晓萍(2004)动量副词的类别及其选择性,《语文研究》第2期。

张雪平(2009)非现实句和现实句的句法差异,《语言教学与研究》第6期。

——(2012)现代汉语非现实句的语义系统,《世界汉语教学》第4期。

张谊生(2004)《现代汉语副词探索》,上海:学林出版社。

——(2014)《现代汉语副词研究(修订本)》,北京:商务印书馆。

周　韧(2015)现实性和非现实性范畴下的汉语副词研究,《世界汉语教学》第2期。

周小兵(1999)频度副词的划类与使用规则,《华东师范大学学报(哲学社会科学版)》第4期。

Bybee, J., Perkins, R., & Pagliuca, W. (1994) *The evolution of grammar: Tense, aspect, and modality in the languages of the world*. University of Chicago Press.

Cinque, G. (1999) *Adverbs and functional heads: A cross-linguistic perspective*. Oxford: Oxford University Press.

de Swart, H. (1993) *Adverbs of Quantification: A Generalized Quantifier Approach*. New York: Garland Publishing.

Ernst, T. (2007) On the role of semantics in a theory of adverb syntax. *Lingua*, 117: 1008-1033.

——(2009) Speaker-oriented adverbs. *Natural Language & Linguistic Theory*, 27(3): 497-544.

Giannakidou, A. (1995) Subjunctive, habituality and negative polarity items. In *Semantics and linguistic theory*. Cornell University Press. Ithaca, NY: 94-111.

——(1998) *Polarity sensitivity as (non) veridical dependency*. Amsterdam: John Benjamins Publishing.

——(1999) Affective dependencies. *Linguistics and Philosophy*, 22(4): 367-421.

——(2006) Only, emotive factive verbs, and the dual nature of polarity dependency. *Language*, 82: 575 - 603.

Grice, H. P. (1975) Logic and conversation. In Cole, P. & Morgan, J. L. (eds.). *Syntax and Semantics*. Vol. 3: *Speech Acts*. New York: Academic Press: 41 - 58.

Jackendoff, R. S. (1972) *Semantic Interpretation in Generative Grammar*. Cambridge, MA: MIT press.

Krifka. M. et al. (1995) Genericity: an introduction. In Carlson, G. N & Pelletier, F. J. (eds.). *The Generic Book*. Chicago: The University of Chicago Press: 1 - 124.

Lewis, D. (1975) Adverbs of quantification. In Portner, P. H. & Partee, B. H. (eds.). *Formal semantics: the essential readings*. Blackwell publishing: 178 - 188.

Li, Y. et al. (2012) Adverb classes and the nature of minimality. *Natural Language & Linguistic Theory*, 30(1): 217 - 260.

Mithun, M. (1999) *The languages of native North America*. Cambridge University Press.

Montague, R. (1969) On the nature of certain philosophical entities. *The Monist*: 159 - 194. Reprinted in 1974 in Thomason, R. H. (ed). *Formal Philosophy: Selected papers of Richard Montague*. New Haven: Yale University Press, New Haven: 148 - 187.

Palmer, F. R. (2001) *Mood and modality*. Cambridge University Press.

Rizzi, L. (1997) The Fine Structure of the Left Periphery. In Haegeman, L. (ed). *Elements of Grammar*. Springer Netherlands, 281 - 338.

Tsai, W.-T. D. (2008) Left periphery and how-why alternations. *Journal of East Asian Linguistics*, 17(2): 83 - 115.

(香港九龙红磡,香港理工大学中文及双语学系　memory.sun@163.com)

基于事件的“个个”及“一个一个”形式语义分析*

冯予力

提要 在前人研究的基础上,文章从事件语义学的视角,通过关注“个个+(都)+VP”句式和“(都)+一个一个+VP”句式,对重叠式“个个”和“一个一个”的语义差别作更形式化的分析。结合语言事实,文章指出:第一,“个个+(都)”搭配的VP可以是状态,也可以是事件;第二,“个个”左向关联一个名词短语并表示逐指,这是由于“个个”可以将对一个集合的一次性赋值转化为对其中个体的多次分别赋值;第三,“一个一个”所搭配的VP往往是事件,这是因为“一个一个”有逐次之义,而只有事件而非状态可以被排序;第四,“一个一个”仅关联VP的语义,但可以通过限制VP所表达事件的某个题元角色而间接对其左向或右向的名词短语发挥作用。

关键词 重叠式;事件语义学;题元角色;时间次序;左向/右向关联

一、引 言

本文在前人研究的基础上,考察两种重叠式“个个”与“一个一个”的语义差别,并且基于语言事实为两者的语义差别提供形式化的解释,指出这两种重叠式在参与句子语义组合时的具体贡献是什么。

汉语学界对量词重叠式(如“个个”)的意义和用法早有关注。朱德熙(1982)指出量词重叠式的作用相当于限定词“每”,即“个个”就相当于“每一

* 本项研究得到2016年度国家社科基金青年项目“形式语义学与语义地图理论双重视角下的汉语量化现象研究”(项目编号:16CYY001)的资助,在此表示感谢。

个”。杨雪梅(2002)使用语料库对“个个”和“每个”的用法进行了更细致的比较,指出两者在句法分布和意义上是有区别的,相比“每个”,“个个”作为前置限定词修饰名词的能力很弱(仅占其语料调查的19.35%);“个个”的谓语一般不能是动作性很强的动词性结构。杨凯荣(2004)进一步明确“个个+(都)”所搭配的谓语需要是状态而非事件,他认为这种搭配上的限制是源于“个个”对它所修饰的名词集合内的成员要进行逐一扫描核实,而只有状态是可以通过观察成员的外部特征予以核实的。此外,杨雪梅(2002)还分析了另一种重叠式,即“一个一个”,指出这种重叠式一般作状语,表示动作的次序性。

虽然先前的研究已经对这两种重叠式的句法、用法和意义作了较为细致的刻画,但受到其理论工具的限制,对于这两种重叠式语义的描写其实还有提升的空间。在此背景下,本文在事件语义学的框架内对“个个”及“一个一个”的语义作进一步的解读,并主要解决三个问题:其一,“个个”为何往往需要与表分配的全称量化算子“都”共现?其逐指或逐一扫描的效果背后的语义机制是什么?其二,“个个”与“一个一个”对应什么样的形式语义操作,其操作的对象是什么?其三,“一个一个”表示次序性,那么排序的依据和方式又是什么?

对上述问题,我们认为:“个个”关联一个复数性成分,并对其中的成员进行分别赋值,因此“个个”凸显个体,有逐一性的意味,倾向于与作分配的全称量化算子“都”共现;“个个”对于谓语的事件类型并无严格要求,但因其逐一性特征,匹配的事件谓语的题元角色需由个体而非群体或种属承担;“一个一个”将谓语所表达的事件切分为若干子事件并对之进行时间维度的排序,因此“一个一个”有逐次的意味;“一个一个”与“个个”不同,并不直接关联复数性成分,而是通过控制子事件的题元角色映射来体现其逐一性。

需要注意的是,“一个一个”有时可替换为“一个个”,如例(1),但这两种形式的句法分布和语义效果仍有些许差异,具体请见杨雪梅(2002)的讨论。另外,“一个个”和“个个”有时候也可互相替换,如例(2)。“个个+(都)”和“(都)+一个一个”之间的区别是相当明显和清晰的,也较容易被形式化,因此本文重点讨论这两种重叠式。在下面的讨论中,暂不涉及“一个个”与“个个”及“一个一个”之间的关系,留待后续研究作更深入的比较。另外,除却引用前人研究中的例句外,为保证语言事实的客观性,本文采用的例句几乎都出自北大汉语语料库(CCL)或北语汉语语料库(BCC)。[①]

(1) 跪着的几个人也都一个个/一个一个爬了起来。(BCC)

(2) 卖房子的哥哥们一个个/个个都秀色可餐。(BCC)

二、事件语义学视角简述

在详细讨论“个个”与“一个一个”的语义差异之前,先对事件语义学的理论框架及该框架在分析这两个重叠式时的优势作简要的阐述。

传统的语义学观点认为动词表达一种抽象的关系(relation)。例如,一价动词“笑”表达的是单个个体与真值(即真或假,分别由1和0表示)之间的关系,而二价动词“喜欢”表达的是一对个体与真值之间的关系。假设模型M包含个体{张三、李四、王五},其中具有“笑”的特征的个体有{张三、李四},而满足“喜欢”的特征的有两对个体{〈李四,王五〉,〈张三,李四〉},那么,“笑”作为一种关系,可以使模型M中的个体与真值之间形成如图1的映射,而“喜欢”则会使模型M中的个体与真值之间形成如图2的映射。

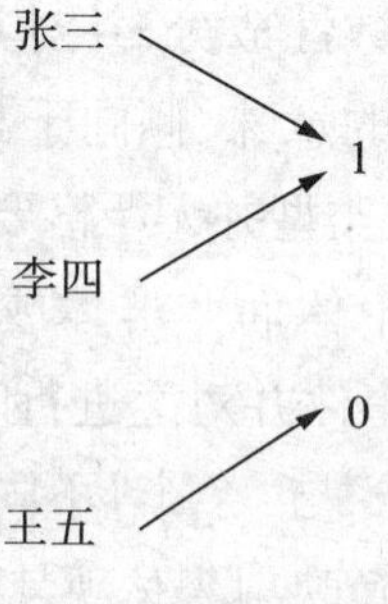

图1 “笑”的关系映射

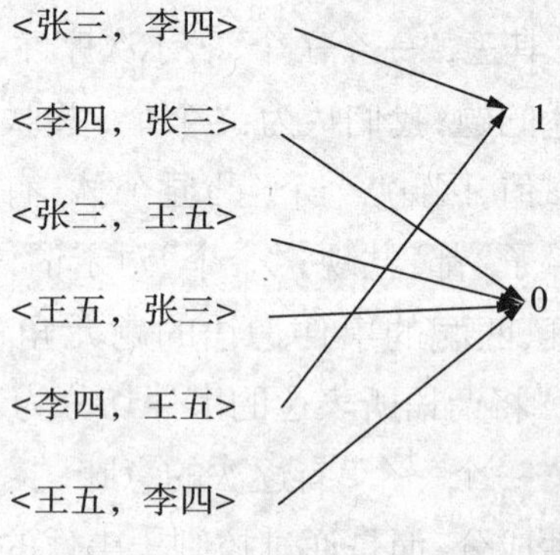

图2 “喜欢”的关系映射

传统的语义学视角将动词的语义处理为关系,可以准确地呈现出一个动词到底需要吸收几个论元才能得到一个可以被判断真假的命题。如此的分析方法使得动词的语义与名词的语义有了本质的区别:前者的指谓(denotation)是个体与真值之间的映射关系,所涉及的个体可能是单个的,也可能是由两个甚至三个个体所组成的有序组合;而后者(如“学生”)的指谓则要具象得多,通常是具有相关属性的个体的集合,具有实体性。然而,直觉告诉我们,动词和名词在语义上往往可以形成类比(Davidson 1967)。例如,“机灵的学生”中,修饰语“机灵”对名词“学生”的语义进行限制,挑出学生的集合中符合机灵这一特征的那些个体;对于“机灵地躲闪”来说,修饰语“机灵”所关联的并非是具有躲闪属性的个体,而是对动词“躲闪”的语义进行限制,使得躲闪的动作同时符合机灵(或敏捷)的特征。于是,当动词表达基于个体的抽象映射关系时,我们就较难在形式上定义“机灵”这样的修饰语的操作对象到底是什么。

事件语义学(Davidson 1967;Bach 1986 等)就是在上述背景下产生的新理论框架。其关键在于认为动词和名词一样具有实体性,具体来说,动词表达的是一类特殊的实体(entity),即事件。在事件语义框架下,“躲闪”表达的是由所有躲闪的事件所组成的集合。“机灵的学生”中,“机灵”在学生的集合中挑出一个符合机灵的属性的子集;类似的,“机灵地躲闪”中,“机灵”在躲闪的事件的集合中挑出一个符合机灵的属性的子集。这样,动词和名词的修饰关系在形式上形成了类比,与我们的直觉相符合。

但若动词不表达关系,那动词与名词短语所表达的个体是如何进行关联的呢?换言之,动词如何参与句子的语义组合呢?事件语义学认为,动词不直接与名词产生关联,或者说,动词本身不负责个体到真值之间的映射,其所表达的事件域(domain of events)通过题元角色(thematic role)这类映射函数实现与名词短语所表达的个体域(domain of individuals)的联通。例如,“背”所表达的事件,可以通过施事(agent)和客体(theme)这两个映射函数和参与“背”的事件的个体进行关联。句子“猪八戒背媳妇”在传统语义学框架与事件语义学框架内的表达式如例(3)所示。例(3a)中,动词“背”的语义需要吸收两个个体论元才能得到一个可被判断真假的命题,个体是动词语义的输入项;例(3b)中,“背”仅仅与事件变量 e 进行组合,取出所有符合“背”的语义的事件,而题元角色在事件和个体之间进行映射,进一步将“背”的事件的参与者限定为“猪八戒”和“媳妇”。其中,个体是通过题元角色和合取操作引入的,并不是动词语义的输入项。由此,动词和名词的语义都能够指称特定类型的实体。另外,如例(4)所示,修饰关系的类比也可以得到很好的呈现。[②]修饰语“机灵”分别修饰两种实体——学生的个体和躲闪的事件,修饰语以合取项的形式引入到语义表达式中,对原有的被修饰语的语义进行限制,选取其中同时符合修饰语语义的那部分实体。

(3) a. 传统语义学: ‖背‖ $=\lambda y\lambda x$ 背(x,y)

‖猪八戒背媳妇‖ = 背(猪八戒,媳妇)

b. 事件语义学: ‖背‖ $=\lambda e$ 背(e)

‖猪八戒背媳妇‖ $=\exists e$[背$(e)\wedge agent(e)=$猪八戒$\wedge theme(e)=$媳妇]

(4) ‖机灵的学生‖ $=\lambda x$(学生$(x)\wedge$机灵(x))

‖机灵地躲闪‖ $=\lambda e$(躲闪$(e)\wedge$机灵(e))

如上所述,事件类实体与个体类实体可以通过题元角色的映射进行联通。同理,在时间和空间的维度上,我们也可以设置相应的映射函数,将事件映射到其发生的时间和空间间隔上。由此,事件语义学的视角使得事件、个体、时间、空间等不同的域通过映射关系可以形成联通和类比,这样做的好处在于:一是对动词语义的理解因为引入了实体而更具象、更直观;二是对于动词语义的处理方法具有统一性、一致性,动词总是指谓事件,而非不同类型的抽象关系;三是事件语义学,尤其是新戴维德森事件语义学(Neo-Davidsonian event-based semantics)设置了题元角色等映射函数,通过对映射函数的调节和限制,我们可以更清晰地呈现不同的域(domain)之间的互动。然而,在传统语义学中,动词的语义表达关系,因此其本身已经具有较为复杂的语义类型,如例(3a)所示,而在此基础上再进一步表达时间、空间等维度,对于动词语义的影响将会很繁复。

事件语义学在研究动词的语义及动词参与句子语义组合的方式时有上述的优势。具体到研究"个个"和"一个一个"的时候,选择事件语义的视角,则进一步还有三点好处:首先,前人研究认为,这两种重叠式和谓语的匹配度与谓语所表达的事件类型有关。因此,将动词看作表达事件实体而非抽象的关系,可以使得对谓语语义的讨论更直观。其二,"一个一个"凸显次序性,而次序针对的是谓语部分的语义。若将动词的语义理解为事件实体,我们就可以通过限制时间维度的函数映射对事件进行排序。其三,"一个一个"可以对占据不同句法位置的名词短语施加影响,而通过限制动词事件语义的题元角色映射,我们可以准确地将这种灵活性形式化。

三、"个个"+(都)+VP

这里重新审视"个个+(都)"所搭配的谓语类型(或其事件性特征),并且探索"个个"所表达的逐一扫描的意味及其背后的语义本质。

1.“个个+(都)”所搭配的谓语类型

杨雪梅(2002)及杨凯荣(2004)都认为“个个+(都)+VP”的句式要求谓语部分表达的是静止的状态(static states)而非动态的事件(dynamic events)。[③]从其文中语料可知,VP所表达的状态可以是个人层面(individual level)的特征,如例(5),也可以是阶段性(stage level)的特征,如例(6)。

(5) 他们个个都是彪形大汉。(杨凯荣2004)

(6) 我们一齐奔驰,个个眼中都有狂喜的神情。(杨凯荣2004)

另外,杨凯荣的分析还指出,“个个”搭配的谓语不仅表状态,还必须是可以从外部特征观察到的状态,如例(7)中“学生”的属性不一定能从外部观察到,因此句子就显得不自然。

(7) ? 他们个个都是学生。(杨凯荣2004)

然而,这样的界定其实过于严苛了。BCC语料库中就有不少“个个+(都)”搭配动态事件型谓语的例子,摘录部分如下:

(8) 回家见到阿姨她们,个个都说怎么瘦了,减肥还是压力大啊?

(9) 那班士兵不知不觉地个个都松了手,把女人们放开。

(10) 家里没人,个个都出去了,留一个小宝贝给我带。

(11) 我家最近是怎么了,怎么个个都遇到阻碍了呢?

(12) 她这过失之所以严重,是因为在场的修女们个个都笑了。

上述例子都含有“个个”且表达动态事件。[④]另外,还有一些BCC中的例子则显示,即便有些谓语所表达的状态是个体的内在属性,不易从外部观察到,却也可以和“个个”共现,请看下例:

(13) 长春一汽第一中学的学生个个都是学生干部,其中有什么花长、桌长、水长、饭长、灯长等等。

(14) 下街村两委9名成员,个个都是勤劳致富的带头人。

(15) 编辑部的学生个个都是写作高手。

由此可知:“个个+(都)”对于谓语所表达的到底是动态事件还是静止状态,并没有严格的要求,也不要求谓语部分所表达的内容可以被直接观察到。值得一提的是,按照Bach(1986)中的事件语义学观点,事件是一个宽泛的概念,所有的动词都指谓事件。动态事件和静止状态都是宽泛的事件概念(eventuality)之下的子类,两者的关键性区别在于——前者所对应的时间间隔是有界的,而后者所对应的时间间隔是无界的。从事件在时间维度有/

无界的角度来看,“个个+(都)”并没有绝对的限制。

不过,该重叠式对谓语语义仍然有其要求。请观察下面几例:

(16) *那些学生个个是一个好团队/在选民中占了多数/一致同意小明的看法。

(17) *在中国,中小型金融机构个个分布广泛。

例(16)的句子,若没有“个个”,都是可以说的。这些句子之所以不合乎语法,其原因在于它们都包含典型的集合性谓语,这类谓语在参与构建主谓关系时,谓语事件直接映射到主语语义对应的整个群体(group)(Landman 2000),而不关注群体内的个体组成是什么样的;与此同时,“个个”却要求对主语所涉的集合中的个体进行逐一检视。由此,“个个”与典型的集合性谓语产生了语义冲突。而例(17)的谓语“分布广泛”则要求其客体角色(theme)由种属(kind)而非个体(individual)承担,这显然又与“个个”对单数个体的关注有矛盾。由上可知,“个个”的逐一性要求谓语事件的相关题元角色需由群体或种属承担。

但同时,需要注意的是,有些谓语必须关联复数性成分,却仍然可以与“个个”匹配,如例(18)及例(19)所示。

(18) 他们个个(都)互相包庇。

(19) 他们个个(都)长得一模一样。

和典型的集合性谓语一样,“互相包庇”或“长得一模一样”只能通过题元角色映射与复数性成分而非单数个体进行关联,如例(20)所示。

(20) *张三互相包庇。

对此,我们认为,这类谓语属于非典型的集合性谓语,表面上它们的相关题元需由复数性成分承担,但是在深层语义上,它们关注的,是复数性成分中的个体如何参与谓语所表达的动态事件或呈现谓语所表达的状态。因此,这类谓语与关注个体的重叠式“个个”在意义上并不矛盾。

综上,可以看出量词重叠式“个个”并不一定要求谓语表达静止的状态或可以从外部观察到的属性,“个个”有时也可以和动态事件进行匹配。但是,“个个”强调复数集合中的成员,因此无法与关注群体和种属的谓语相匹配。从事件语义学的角度来看,“个个”虽然不要求其搭配的事件在时间维度上一定无界,却对事件所涉题元角色类型有所限制,要求相关的题元角色由单数个体而非群体或种属承担。

2. “个个”的关联对象

杨雪梅(2002)认为“个个”一般作主语,且要求前面有一个先行词,从而起到复指的作用,如例(5)、例(6)所示。Cheng (2009)则认为这类例子中“个个”作状语,其句法地位与例(21)中的“天天”相似。

(21) 他们天天都吃面包。(Cheng 2009)

我们认为,“个个”在语法上不一定作主语。如例(22)中,句子的主语是“她”,而“个个”的先行词“我们这儿的人”其实是从宾语位置提升至句首的话题。

(22) 我们这儿的人,她个个都认识。(BCC)

另外,“个个”和“天天”也略有不同。“天天”凸显时间的维度,本身就指明“都”的量化域是若干个以天为单位的时间段,因此例(21)意为,对于每一个日子 x 来说,他们在 x 这个日子吃面包。“个个”所关联的则是由个体组成的复数集合,且要求指谓该集合的名词短语总是出现在其左边。在很多情况下,该复数集合作为句子的主语出现,但也可能是句子的其他成分,只要该成分通过话题化等手段提升到“个个”的左边即可,如例(22)所示。

需要注意的是,“个个”不允许右向关联,即“个个”作用的对象不能出现在其右边。如例(23)中的“个个”只能关联“女人”而非“这些东西”,因此例(23)表示“每一个女人 x 喜欢看的东西属于这些东西”,而非意为“对于这些东西中的每一个 x 女人都喜欢看”。

(23) 女人个个都喜欢看这些东西。(BCC)

3. “逐一性”的语义本质

如上述例子所示,“个个”往往需要与“都”共现。杨雪梅(2002)认为“个个”表周遍,而杨凯荣(2004)认为“个个”表示逐一扫描。在这些研究的基础上,我们希望给“个个”的逐一性的语义本质作一个更形式化的定义,并且为“个个”倾向于与“都”的共现提供解释。

在探讨汉语“个个”的逐一性之前,我们先看英语 every 在语义上到底包括哪几个部件。

(24) Linus bought a^{u1} gift for every^{u2} girl in his class and asked their^{u2} deskmates to wrap them^{u1}.

(25) Every boy^{u1} who bought a^{u2} gift for every^{u3} girl in his class asked her^{u3} deskmate to wrap it^{u2}.

例(24)中,复数性代词 their 回指 every girl;例(25)中 every girl 则被单

数性代词 her 回指。这说明量化词 every 在语义上有两面性:其一,every 选取一个在语境中凸显(salient)的复数性集合作为量化的对象,因此 every girl 可以被复数性代词回指;其二,every 并不将该集合作为整体对待,而是逐个检视其中的个体成员,因此 every girl 还能够被单数性代词回指。另外,every 的全称量化力(universal quantificational force)进一步要求集合中的每个成员都和谓语的语义相关联,或者说,将谓语的语义分配给集合中的每个成员。

一般来说,形式语义学认为,量化域的赋值(即量化对象对应客观世界中的哪些个体)是由赋值函项(value assignment function)实现的(参见蒋严、潘海华 2005)。为了表达 every 的两面性,Brasoveanu(2010)进一步提出,例(25)中量化短语 every girl 在对由女孩组成的量化域进行赋值(value assignment)时,虽然关联了复数性的女孩集合,却并不对女孩的集合进行整体性、一次性的赋值,而是引入若干个赋值函项对女孩的个体分别进行赋值。由此,个体的女孩被分别引入量化关系中,继而等待全称量化将之与谓语语义相匹配,使得例(25)这样的例子带上了逐一性的意味。[5]

参考 Brasoveanu 的理论,我们认为"个个"的核心功能在于引入若干个赋值函数对复数集合中的成员进行分别赋值,从而达到逐一扫描的效果。

(26) 他们个个都出门去了。

例(26)中,复数性代词"他们"首先被一个赋值函数进行赋值,引入一个特定的男孩的复数集合,接着"个个"的逐一性要求引入了若干赋值函数对集合中的成员进行分别赋值。至于"个个"为何倾向于与"都"共现,那是因为复数集合中的个体成员被分别赋值以后,就很难一齐与谓语语义关联,而是需要"都"这样的全称量化算子将谓语语义分配给每个个体成员。例(26)的语义组合过程如例(27)中的图标所示,其中赋值函数用 i 表示,而{a. b. c}为"他们"所对应的个体集合,e 表示出门去的事件。"个个"将对"他们"的一次性赋值转化为对"他们"中的个体的分别赋值,而"都"则负责将个体与符合谓语语义的事件进行匹配。

(27)

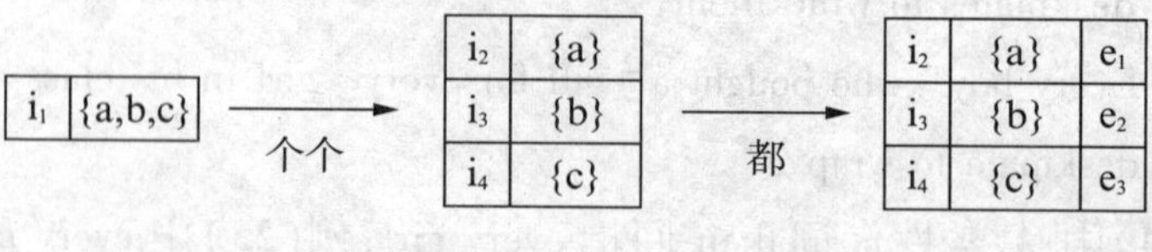

除了“个个”以外,“每个”也表示逐一性,因此“每个”不太能和“个个”共现。对BCC语料库的穷尽性搜索就没有找到包含“每个人个个”的例子。我们认为,这是由于“每个”已经引入多个赋值函项对其量化域中的个体分别赋值,因此“个个”的赋值操作便显得冗余了。

四、“(都)一个一个+VP”

如前所述,“个个”总是左向关联某个复数性集合,而且其逐一性的语义特点凸显出复数集合中的个体,因此复数性集合很难整体与谓语语义关联,而是需要“都”的支持使得句子获得分配性的解读。“一个一个”似乎也可以左向关联某个复数性集合并表逐一之义,但是仔细观察就会发现,两者的语义表现其实存在很大的差异。下面的讨论中,将就“一个一个”的关联对象、对谓语语义的限制及其特有的次序性要求这三方面分别进行阐述。

1. “一个一个”的关联对象

“个个”总是左向关联一个复数性成分,而乍看之下“一个一个”也常常左向关联,如例(28)所示:

(28) 冲锋的战士(都)一个一个倒下了。(CLC)

例(28)中,“一个一个”关联位于其左边的主语,表示冲锋的战士一个挨着一个逐次倒下了。然而,更多的语料显示,“一个一个”这样的重叠式的关联对象是相当灵活的,并不仅限于关联左边的主语,如:

(29) 秦王一个一个吞并了六国。(CLC)

(30) 他一个一个给朋友寄了卡片。(CLC)

(31) 我要一句一句让他后悔他说过的话。(CLC)

(32) 犍子竟像个懂事的孩子一个一个把饺子吞下去。(BCC)

例(29)中,“一个一个”关联位于其右边的宾语;例(30)中重叠式关联介词短语中所包含的句子的间接宾语;例(31)中重叠式关联小句“他后悔他说过的话”中的宾语;例(32)中重叠式则针对“把”后的宾语。由此可以看出,“一个一个”的关联对象并不受句法的限制,复数性名词短语无需位移到特定位置就可以充当它的语义操作对象。

汉语中的量化算子如“各”的关联方向似乎也很灵活,如例(33)及例(34)所示:

(33)他们各去了那个城市两次。

(34) 小张各在那两个花店买了一束花。(李宝伦等 2009)

例(33)中,分配算子“各”关联其左边的主语“他们”并将之作为量化域,而例(34)中,“各”的量化域则是位于其右边的“那两个花店”。但是,李宝伦等(2009)认为,类似例(34)的例子可以被还原为左向关联,如例(35)所示。因此,“各”在本质上还是一个左向关联的算子。

(35) 小张从那两个花店各买了一束花。

那么,“一个一个”是否能像“各”一样被还原到一个处于关联对象之后的位置呢?答案是否定的,如例(36)、例(37)所示:

(36) *秦王征服了六国一个一个。

(37) *我要让他后悔他说过的话一句一句。

综上,我们认为,“一个一个”虽然关联复数性的名词短语并含有逐一的意味,但是它对关联对象并没有句法位置上的限制。若要对“一个一个”的语义进行定义,就需要对该现象做出合理的解释。

2. “一个一个”对谓语语义的限制

杨雪梅(2002)指出,“一个一个”还表达动作的次序性,有逐次之义。我们基本同意她的观点。这里我们着重讨论该重叠式的次序性意味及其对谓语语义的限制。

首先,我们先明确何谓次序性。次序性是指谓语所表达的事件在时间维度上的排序。在时间维度上,事件被映射到其发生的时间间隔(temporal interval),对于这些时间间隔的排序有两种可能的方法,如例(38)。

(38) 可能一:对于两个时间间隔 i 及 i’,i 先于 i’,当且仅当 i 中存在一个时间点 t,且 t 先于 i’中所有的时间点(如图 3,其中横坐标对应时间维度上的延展)

可能二:对于两个时间间隔 i 及 i’,i 先于 i’,当且仅当 i 中所有的时间点先于 i’中所有的时间点(如图 4)

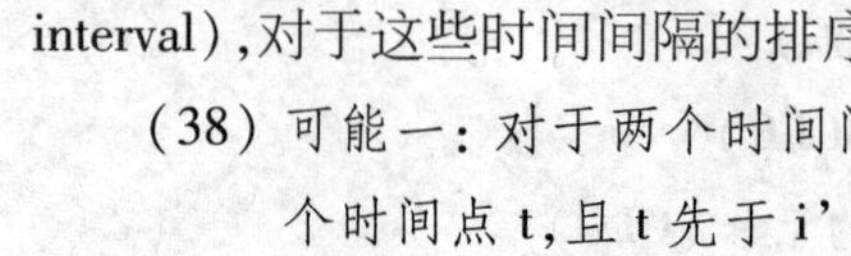

图 3 排序可能一

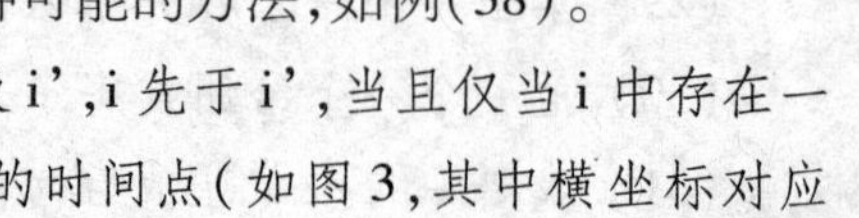

图 4 排序可能二

显然,例(38)中可能一的次序性要求比可能二弱。按照可能一,若一个时间间隔先于另一个时间间隔,两者仍可能包含若干重合的时间点;而按照可能二,若一个时间间隔先于另一个,则两者不能包含任何重合的时间点。直觉告诉我们,“一个一个”所表达的次序性,对应的是较弱的可能一。如例(28)中,“一个一个”并不一定要求冲锋的战士一个完全倒下之后,另一个再倒下,其实倒下的事件在时间上是可以有重叠的,这也是为什么“一个一个”有时候也会有“纷纷”的意味。

基于“一个一个”的次序性要求,该重叠式对谓语语义也有所限制。

其一,“同时”“一起”等表示时间间隔完全重叠的成分与“一个一个”互相排斥,如例(39)所示。

(39) *冲锋的战士一个一个同时/一起倒下了。

其二,表示静止状态的谓语无法与“一个一个”相匹配。状态不包含变化,往往在时间维度上是无界的、无限延展的(Kearns 1991),因此很难对状态所对应的时间间隔进行排序,如例(40)和例(41)所示。动态事件则是有界的,可以在时间维度上被排序。

(40) *那些学生一个一个懂法语。

(41) *那些学生一个一个很聪明。

3. “一个一个”的形式化定义

由上述讨论可知,“一个一个”的语义定义需要反映两大要点:其一,“一个一个”所关联的复数性短语在句法上具有灵活性;其二,“一个一个”对谓语所表达的事件有较弱次序性的要求。

(42) 冲锋的战士一个一个倒下了。

(43) 他一个一个给朋友寄了卡片。

正如分别重复例(28)和例(30)的例(42)及例(43)所示,“一个一个”所关联的复数性短语不一定位于其左边,而其他算子如“都”和“各”在表示分配的时候对其所关联的复数性成分是有句法要求的。对此,我们认为,“一个一个”在语义上与“都”或者“各”有本质的不同。“一个一个”没有完整的二元量化结构(即不包括量化域和核心域两部分),其与复数性名词短语的关联是间接的。作为状语,“一个一个”的操作对象仅仅是谓语部分,通过对谓语所表达事件中的某个题元角色加以限制,从而间接关联承担该题元角色的名词短语。如例(42)中“一个一个”的贡献有如下三点:

a. 将某一个“倒下”的事件拆分成若干个更小的子事件(subevent);

b. 要求这些子事件在时间维度上具有次序性;

c. 要求这些子事件的施事(agent)由单数个体实现。

同样,例(43)中“一个一个”施加如下的影响:

a. 将某一个“给朋友寄卡片”的事件拆分成若干个子事件;

b. 要求这些子事件在时间维度上具有次序性;

c. 要求这些子事件的与事(recipient)由单数个体实现。

显而易见,“一个一个”的逐一性意味并不是通过直接对名词性短语进行操作而得到的,而是通过控制子事件的某个题元角色需由单数个体承担来实现的。

例(42)中,一个复合的“倒下”事件被“一个一个”切分成若干个更小的“倒下”事件;同样,例(43)中一个复合的“寄卡片”事件被切分成若干个更小的“寄卡片”事件。复合事件的某个题元角色(如施事、与事等)由复数性成分承担,而其子事件的相关题元角色则由单数个体承担。但需要注意,其实,“一个一个”的语义并不要求切分后获得的子事件仍然满足谓语的语义,请见例(44)及例(45)。

(44) 警察一个一个包围了发生劫持案的那家书店。

(45) 拼图一片一片合在了一起。

例(44)中“包围了发生劫持案的那家书店”是一个集合性的谓语,需要吸收一个复数性的成分作为施事,而一个“包围书店”的事件不能够被拆分成若干个施事为单数个体的“包围书店”的子事件。由此可见,“一个一个”对谓语事件根据题元角色和时间维度进行切分,但并不要求得到的子事件都符合谓语的语义。例(44)中的子事件并不是包围书店,而是理解为“参与包围书店”更为合适。例(45)中,对于每一片拼图来说,所关联的也不是“合在一起”的事件,而仅仅是参与拼接的事件而已。

相比之下,典型的分配性算子如“都”则要求谓语事件可以被切分成若干个同样符合谓语语义的子事件。例(46)不符合语法的原因,在于句中所述的警察包围书店的事件无法再细分为若干起包围书店的子事件,因此警察与包围书店的事件之间无法形成分配的关系。[6]从这个角度上看,“一个一个”对于子事件的要求比“都”要宽松。

(46) *大部分的警察都把书店包围了。(Lin 1998)

根据上面的分析，我们将“一个一个”的定义形式化地表达如例(47)，其中包含了该重叠式的所有语义贡献：对谓语事件进行切分和时间排序，即前人研究中所提到的依次之意味；与复数性名词短语灵活关联并要求复数性成分所涉及的个体都参与谓语事件，即逐一性的意味。

(47) $\|$一个一个$\|_{\theta} = \lambda P \exists e[*P(e) \wedge$次序性$(\{e' \mid e' < e\}) \wedge \forall e'[\theta(e') \rightarrow atom(\theta(e'))]]$，其中P为事件谓语的语义，θ为“一个一个”所关联的题元角色，<代表“部分(part of)”关系。

对次序性的定义为：对事件e'及e''而言，e'先于e''当且仅当$\exists t[t \in \tau(e') \wedge \forall t'[t' \in \tau(e'') \wedge t <_t t']]$，其中t及t'为时间点，τ为将事件映射到其所发生的时间间隔的函数(temporal mapping function)，$<_t$代表时间点之间的“先于”关系。

由例(47)可知“一个一个”只关联谓语P的语义，并要求存在一个事件e，而e符合P的语义且e中所含的若干子事件e'可以被排序。同时“一个一个”对事件的某个题元角色θ施加影响，要求所有子事件e'的该题元角色θ都有单数个体(atom)承担。至于事件的排序方法则已经在前面讨论过。映射函数τ首先将事件映射到其对应的时间间隔，接着按照次序性而有要求：若e'在时间上先于e"，则e'对应的时间间隔τ(e')中存在一个时间点t且该时间点先于e"对应的时间间隔τ(e")中的所有时间点。最后，需要注意的是，“一个一个”并不直接关联名词短语的语义，名词短语的语义可以由相关的题元角色以合取式的形式引入句子的语义表达式中(参见Champollion 2010)。

五、结　语

对重叠式“个个”及“一个一个”的区别，汉语学界早已做过较为细致的观察和比较。文章关注的是一个老话题，但考察的角度是新颖的。在上述讨论中，运用了事件语义学的形式框架，从语义关联的方向、关联对象的语义类型及对关联对象的语义限制等角度去描述两种重叠式的区别，并对依次、逐一等较为抽象的概念作出了形式化的定义，为生动的语言效果和其背后的逻辑本质建立联系。本文所涉及的逐指和依次等概念对其他汉语语言成分如“每个”“一个个”“都”的研究都可能有所启示，而从理论框架的角度看,文中的形式化解释及定义是事件语义学在汉语中运用的一次尝试。

文章的主要观点为:“个个”总是左向关联一个复数性成分,并对该复数性成分中的个体进行多次分别赋值,因此“个个”凸显个体,强调逐指。另外,“个个”倾向于和“都”共现,进一步将每一个个体与谓语语义建立联系。“一个一个”虽然也关联复数性成分,但是其关联方向是相当灵活的,而且“一个一个”还强调次序性。因此,我们认为“一个一个”的操作对象是谓语语义,它将谓语所表达的事件切分为若干子事件并对事件进行时间维度的排序。此外,它还关联事件的某个题元角色,并要求子事件的该题元角色由单数个体承担。

附注

① 由于关联的名词短语不同,量词的使用也可能不同,本文主要讨论包含最常见的量词“个”的例子,但也可能涉及一些包含其他量词的例子。从本质上来说,这些重叠式基本可以适用同样的分析。

② “的”和“地”的语义贡献为空,因此在最后的语义表达式中并没有得到体现。它们的语义输入项与语义输出项相等,也不改变语义的类型。

③ 需要注意的是,杨雪梅(2002)认为“个个”的谓语部分表达描述或判断,而不是“动作性很强的动词性结构”。虽然其文中并未提及状态和事件的区分,但从 Vendler (1957)的动词分类(Aktionsarten)的角度看,所谓的描述性判断性谓语成分对应的便是状态(states),而动作性则对应表达动态事件的结构,如活动(activity)、过程结果(accomplishment)及单纯结果(achievement)。

④ 例句中皆含有“了”,该助词表示在过去某个时间存在一个符合谓语语义的事件,另外,例句中的谓语语义也是动态的,而非静止的状态。

⑤ 关于汉语量化现象尤其是“都”的形式化研究,可参考潘海华(2006)及蒋严(2011)等。

⑥ Lin(1998)中认为例(46)不合语法的原因在于:当大部分的警察包围书店时,无法找到一个大部分警察的真子集且该真子集也具有包围书店的属性。从事件语义学的角度看,谓语表达的是事件,因此,我们可以用事件语义学的语言将他的解释翻译如下:在一起大部分警察包围书店的事件中,无法找到任何警察包围书店的子事件,因此,“都”无法在警察和包围书店的事件之间建立分配关系。

参考文献

李宝伦、张 蕾、潘海华(2009)分配算子“各”及相关问题,《语言暨语言学》: 293—341。

蒋　严(2011)"都"的形式语用学,载蒋严主编,《走进形式语用学》,上海:上海教育出版社,432—457。

蒋　严、潘海华(2005)《形式语义学引论》,北京:中国社会科学出版社。

潘海华(2006)焦点,三分结构与汉语"都"的语义解释,载中国语文杂志社编,《语法研究与探索》(第十三辑),北京:商务印书馆。

杨凯荣(2003)"量词重叠 +(都) + VP"的句式语义及其动因,《世界汉语教学》第 4 期:1—8。

杨雪梅(2002)"个个"、"每个"和"一个(一)个"的语法语义分析,《汉语学习》第 4 期:26—31。

朱德熙(1982)《语法讲义》,北京:商务印书馆。

Bach, E. (1986) The algebra of events. *Linguistics and philosophy*, 9(1): 5 - 16.

Brasoveanu, A. (2010) Plural discourse reference. *Handbook of logic and language*. 2nd edition. Amsterdam: Elsevier.

Champollion, L. (2010) *Parts of a whole: distributivity as a bridge between aspect and measurement*, The University of Pennsylvania dissertation.

Cheng, L. Lai-Shen. (2009) On every type of quantificational expressions in Chinese. *Quantification, definiteness and nominalization.* Oxford: Oxford University Press: 53 - 75.

Davidson, D. (1967) The logical form of action sentences. *Essays on actions and events*, 5: 105 - 148.

Kearns, K. (1991) *The semantics of the English progressive*, Cambridge, MA: MIT dissertation.

Landman, F. (2000) *Events and plurality: The Jerusalem lectures*. Kluwer.

Lin, Jo-Wang (1998) Distributivity in Chinese and its implication. *Natural Language Semantics*, 6: 201 - 243.

Vendler, Z. (1957) Verbs and times. *The philosophical review*, 66: 143 - 160.

(200433　上海,复旦大学外文学院英文系　fengyuli@fudan.edu.cn)

论上古汉语确有“为”字句被动式

杨剑桥

提要 有学者认为上古汉语的“为”字句并不是被动式。文章指出：“为”字句从《左传》到《史记》经过大约300年的使用，是成熟的被动式；从西汉贾谊、毛亨等开始，一直到唐宋乃至明清时代，学者们都把“为”字句看作被动式；从上古具体用例的语法、语义来看，“为”字句也必须看作被动式；表被动的“为”当读为去声，来源于表原因的介词“为”。

关键词 上古汉语；被动式；“为”字句

长期以来，学术界一般都认为上古汉语的被动式有三种，即“于(於)”字句(如《论语·公冶长》：“焉用佞？御人以口给，屡憎於人。”)、“见”字句(如《论语·阳货》：“年四十而见恶焉，其终也已。”)和“为”字句(如《左传·襄公十八年》：“止，将为三军获。”)。“于(於)”字句产生于甲骨文、金文时代，一直沿用到汉代以后，“见”字句和“为”字句产生于春秋战国时期，一直沿用到汉代以后(参王力(1958/1980：420—425)、潘允中(1982：247—253)、杨伯峻、何乐士(1992：667—683)、杨剑桥《古汉语语法讲义》(2010：300—316))。不过，近年来却有几位学者撰文提出上古汉语的“为”字句并不是被动式，其中最引人注目的是蒋冀骋(2012)和姚振武(1998)。例如蒋冀骋(2012)说：“《史记·项羽本纪》：‘若属皆且为所虏。’《史记·五宗世家》：‘自以为国近淮南，恐一日发，为所并。’《史记·大宛列传》：‘为所杀，夺币财。’《汉书·五行志第七中》：‘昭公遂代季氏，为所败，出奔齐。’《汉书·五行志第七下》：‘将致远夷之祸，为所灭也。’例句中的‘为所虏’是‘成为俘虏’的意思，‘为所并’、‘为所杀’、‘为所败’、‘为所灭’则是‘成为吞并对象’、‘成为杀戮对象’、‘成为打败对象’、‘成为灭亡对象’的意思。‘为’不表被动。……‘为酒困’就是‘成为酒的困厄’；‘为三军获’，就是‘成为三军的俘获’；‘兵为秦禽，智为楚笑’(《战国策·韩策》)，就是‘士兵成为秦国的俘虏，智力成为楚国的笑柄’；‘为我禽’，就是‘成为我的擒获’。……动词‘为’当‘成为’讲时，……为了满足‘成为’需要带名词宾语的语义要求，才在‘获’‘笑’前加‘所’字，组成所字结构，用作名词，变成‘为 + n + 所 + v’。《庄子·盗跖》的‘为鱼鳖所食’，《战国策·秦策三》的‘是王过举显于天下，而为诸侯所议也’，《战国策·秦策四》的‘楚遂削弱，为秦所轻’，《荀子·尧问》的‘德若尧禹，世少知之，方术不用，为人所疑’，皆其例。”此前，姚振武(1998)也说：“‘为’字式所表达的语义关系是清楚的。以‘(栾黡)为诸侯笑’(《左传·襄公十年》)为例，栾黡是受事，诸侯是施事，这是无可置疑的。分歧的实质在于，‘为’后的成分究竟是对受事主语的指称(栾黡成为诸侯嘲笑的人)还是对它的陈述(栾黡被诸侯嘲笑)。只有后者才是真正的被动式。”在引出《左传·昭公二十年》“是宗为戮，而欲反其雠，不可以也”、《左传·襄公十年》“今伐其师，楚必救之。战而不克，为诸侯笑”、《庄子·天道》“上必无为而用天下，下必有为为天下用”等句子后，姚振武接着说：“由戮、笑、用等为主要动词的‘为 v’式先秦出现比较频繁，常常被认为是陈述式。从现代角度看，它们的‘为’都可以换上‘被’，而且很通顺。这也许是它们被看作陈述式的主要原因。但我们并不能排除它们与前三类[①]同为指称式的可能。而且上下文也能讲通。……经过仔细观察，我们认为这一类的‘为’与前三类的‘为’其实并无二致。”[②]我们认为，上古的“为”字句究竟是否被动式，这是汉语史上的一个大问题，应该仔细研究。本文不揣鄙陋，略陈管见，敬请学术界同行和广大读者教正。

一

首先，关于《史记》中的“为”字句究竟是否被动式，我们可以考察一下与《史记》同时代或较前时代的作品中“为”字句的使用情况，我们可以看到如下例子：

(1) 出则事公卿，入则事父兄，丧事不敢不勉，不为酒困，何有于我哉？(《论语·子罕》)

(2) 君子曰：“失礼违命，宜其为禽也。”(《左传·宣公二年》)

(3) 今伐其师，楚必救之。战而不克，为诸侯笑。(《左传·襄公十年》)

(4) 吾适鲁而名其二讳,为笑焉,唯不学也。(《国语·晋语九》)

(5) 抑其恶为人用也乎,则可也。(《国语·周语下》)

(6) 此三言者,皆要言也,然而不免为笑者,蚤晚之时失也。(《战国策·宋卫策》)

(7) 吴之信越也,从而伐齐,既胜齐人于艾陵,还为越王禽于三江之浦。(《战国策·秦策四》)

(8) 今遇惑与罪人同心,而王明诛之,是王过举显于天下,而为诸侯所议也。(《战国策·秦策三》)

(9) 故其以理动者,虽覆屋不为怨。(《管子·形势解》)

(10) 为之用者众则尊,为之用者寡则卑,则人主安能不欲民之众为己用也。(《管子·法法》)

(11) 有制人者,有为人之所制者,有不能制人、人亦不能制者。(《管子·枢言》)

(12) 夫固知愚、贵贱、勇怯、贤不肖,皆尽其胸臆之知,竭其股肱之力,出死而为上用也。(《商君书·赏刑》)

(13) 如是,则齐必断而为四三,国若假城然耳,必为天下大笑。(《荀子·强国》)

(14) 德若尧禹,世少知之;方术不用,为人所疑。(《荀子·尧问》)

(15) 夫尧,畜畜然仁,吾恐其为天下笑。(《庄子·徐无鬼》)

(16) 申徒狄谏而不听,负石自投于河,为鱼鳖所食。(《庄子·盗跖》)

(17) 此二人说者皆当矣,厚者为戮,薄者见疑,则非知之难也,处之则难也。(《韩非子·说难》)

(18) 知伯身死军破,国分为三,为天下笑。(《韩非子·十过》)

(19) 夫直议者不为人所容,无所容则危身,非徒危身,又将危父。(《韩非子·外储说左下》)

(20) 武王虎贲三千人,简车三百乘,以要甲子之事于牧野而纣为禽。(《吕氏春秋·简选》)

(21) 仲父治外,夫人治内,寡人知终不为诸侯笑矣。(《吕氏春秋·精喻》)

(22) 弊邑为大国所患,昔出公之后声氏为晋公,拘于铜鞮,大国弗怜也,而使弊邑存亡继绝,弊邑不敢当也。(《吕氏春秋·审应》)

(23) 谋出乎不可用，事出乎不可同，此为先王之所舍也。(《吕氏春秋·处方》)

(24) 公子从吾言而饮此，则必可以无为天下戮笑，必有后乎鲁国。不从吾言而不饮此，则必为天下戮笑，必无后乎鲁国。(《公羊传·庄公三十二年》)

(25) 神龙失水而陆居兮，为蝼蚁之所裁。(贾谊《惜誓》)

(26) 仓廪空匮，外人知之，于是为齐、卫、陈、宋所伐，贤臣出，邪臣乱，子般杀，鲁国危也。(陆贾《新语·至德》)

(27) 寡人当其美，子受其恶，寡人自知不为诸侯笑矣。(《韩诗外传》卷七)

(28) 人之所以好富贵安荣，为人所称誉者，为身也；恶贫贱危辱，为人所谤毁者，亦为身也。(《韩诗外传》卷八)

(29) 牛羊而辟人者，理也。置之平林，又为人所牧取之。(《诗经·大雅·生民》“诞寘之平林，会伐平林”毛亨传)

由此可见，从《论语》《左传》开始，到战国诸子，一直到西汉时代的贾谊、陆贾、毛亨等，“为”字句被动式的使用是十分普遍的；不但如此，我们还可以看到，这里不仅有“为+v”、“为+n+v”，而且有“为+n+所+v”，甚至还有“为+n+之+所+v”的用例，“为”字句的发展演变、逐步完善的过程十分清晰。从时间上来说，如果说《论语》中的“为”字句还不是很多的话，那么从公元前400年左右的《左传》算起，一直到公元前90年左右的《史记》，“为”字句经过大约300年的使用，应该是很成熟的句型了。在这样的情况下，我们还不承认《史记》中的“为”字句是被动式，这无论如何是说不过去的。

其次，我们可以考察古人在给经籍文献进行注释讲解时使用被动式的情况。我们可以看到如下用例：

(30)《诗经·大雅·大明》：“殷商之旅，其会如林。”西汉毛亨传：“如林，言众而不为用也。”唐孔颖达正义：“殷商之后众，其会聚之时如林木之盛也。此众虽盛列于牧地之野，维欲叛殷而归我，维欲起我而灭殷，言皆无为纣用。”

(31)《左传·昭公十六年》：“夫大国之人，不可不慎也。几为之笑，而不陵我？我皆有礼，夫犹鄙我。国而无礼，何以求荣？”晋杜预注：“言数见笑，则必陵侮我。”唐孔颖达疏：“言数被笑，必陵侮我也。

服虔云:‘几,近也。孔张失位,近为所笑。’”

(32)《左传·定公四年》:“初,司马臣阖庐,故耻为禽焉。谓其臣曰:‘谁能免吾首?’”晋杜预注:“司马尝在吴为阖庐臣,是以今耻于见禽。”

(33)《国语·晋语九》:“吾适鲁而名其二讳,为笑焉,唯不学也。”三国吴韦昭注:“言学则必知讳,不见笑也。”

(34)《战国策·秦策四》:“吴之信越也,从而伐齐,既胜齐人于艾陵,还为越王禽于三江之浦。”东汉高诱注:“还自黄也,为越所杀也。”

(35)《庄子·天道》:“无为也,则用天下而有余;有为也,则为天下用而不足。”晋郭象注:“不足者,汲汲然欲为物用也。”唐成玄英疏:“言君上无为,智照宽旷,御用区宇,而闲暇有余;臣下有为,情虑狭劣,各有职司,为君所用,匪懈在公,犹恐不足。”

(36)《吕氏春秋·慎小》:“主过一言,而国残名辱,为后世笑。”东汉高诱注:“主过一言犹将失一令,故国残亡,恶名著闻,以自污辱,乃为后世之人所非笑也。”

(37)《史记·陈丞相世家》:“卒至平城,为匈奴所围,七日不得食。高帝用陈平奇计,使单于阏氏,围以得开。”刘宋裴骃集解引东汉桓谭《新论》:“高帝见围七日,而陈平往说阏氏,阏氏言于单于而出之。”

(38)《汉书·翟方进传》:“会北地浩商为义渠长所捕,亡。”唐颜师古注:“义渠,北地之县也。商被县长捕而逃亡。”

例(30)西汉毛传的“为用”,唐孔颖达解释为“为纣用”,显然“为用”是被动式。例(31)《左传》的“为之笑”,晋杜预解释为“见笑”,唐孔颖达解释为“被笑”,东汉服虔解释为“为所笑”,显然“为之笑”是被动式。例(32)《左传》的“为禽”,晋杜预解释为“见禽”,显然“为禽”是被动式。例(33)《国语》的“为笑”,三国吴韦昭解释为“见笑”,显然“为笑”是被动式。例(34)《战国策》的“为越王禽”,东汉高诱解释为“为越所杀”,显然“为越王禽”也是被动式。余可类推。

以上这些都是经籍文献使用“为”字句,而后代学者用“见”字句、其他“为”字句被动式来解释,说明经籍文献原来的“为”字句也是被动式。反过来,也有经籍文献使用“于”字句、“见”字句被动式,而后代学者则用“为”字

句来解释,这说明后代的"为"字句也是被动式。请看以下数例:

(39)《诗经·魏风·陟岵》序:"陟岵,孝子行役思念父母也。国迫而数侵削,役乎大国,父母兄弟离散,而作是诗也。"东汉郑玄笺:"役乎大国者,为大国所征发。"

(40)《论语·子罕》:"年四十而见恶焉,其终也已。"三国魏何晏集解:"郑曰:年在不惑而为人所恶,终无善行。"宋邢昺疏:"此章言人年四十,犹为恶行而见憎恶于人者,则是其终无善行也已,以其年在不惑,而犹为人所恶,必不能追改故也。"

(41)《孟子·离娄上》:"天下有道,小德役大德,小贤役大贤。"东汉赵岐注:"有道之世,小德小贤乐为大德大贤役,服于贤德也。"

(42)《国语·周语上》:"商王帝辛,大恶于民。"三国吴韦昭注:"大恶,大为民所恶也。"

(43)《国语·晋语一》:"既,骊姬不克,晋正于秦,五立而后平。"三国吴韦昭注:"正者,为秦所辅正,'大家、邻国,将帅保之'是也。谓以后纳惠公、文公,杀吕郤之属也。"

(44)《国语·楚语上》:"子南之母乱陈而亡之,使子南戮于诸侯。"三国吴韦昭注:"言为诸侯所戮,在鲁宣十一年。"

(45)《战国策·秦策二》:"今臣不肖,弃逐于秦而出关,愿为足下扫室布席,幸无我逐也。"东汉高诱注:"甘茂言,我不肖,为秦所弃逐也。"

(46)《战国策·秦策三》:"战胜攻取,则利归于陶;国弊,御于诸侯。"南宋鲍彪注:"国,谓秦。御,言为诸侯所制。"

(47)《荀子·修身》:"传曰'君子役物,小人役于物',此之谓矣。"唐杨倞注:"君子能役物,小人为物所役。"

(48)《史记·孔子世家》:"孔丘,圣人之后,灭于宋。"刘宋裴骃集解引晋杜预注:"孔子六世祖孔父嘉为宋华督所杀,其子奔鲁也。"

(49)《史记·鲁仲连邹阳列传》:"今人主沉于谄谀之辞,牵于帷裳之制。"刘宋裴骃集解引隋萧该《汉书音义》:"言为左右便辟侍帷裳臣妾所见牵制。"

(50)《汉书·高帝纪下》:"刘向云战国时刘氏自秦获于魏。"东汉文颖注:"六国时,秦伐魏,刘氏随军为魏所获,故得复居魏也。"

(51)《汉书·刘向传》:"自此之后,天下大乱,篡杀殃祸并作,厉王奔彘,幽王见杀。"唐颜师古注:"为犬戎所攻,杀幽王于骊山下,虏褒姒,尽取周赂而去。"

(52)《汉书·贾谊传》:"横江湖之鳣鲸兮,固将制于蝼蚁。"晋晋灼曰:"小水不容大鱼,而横鳣鲸于污渎,必为蝼蚁所制。以况小朝主暗,不容受忠逆之言,亦为谗贼小臣所害。"

(53)《淮南子·主术训》:"有术则制人,无术则制于人。"东汉高诱注:"为人所禽制也。"

(54)西汉桓宽《盐铁论·论儒》:"御史曰:'文学祖述仲尼,称诵其德,以为自古及今,未之有也。……弱燕攻齐,长驱至临淄,湣王遁逃,死于莒而不能救;王建禽于秦,与之俱虏而不能存。……'文学曰:'无鞭策,虽造父不能调驷马。无势位,虽舜禹不能治万民。……王建听流说,信反间,用后胜之计,不与诸侯从亲,以亡国。为秦所禽,不亦宜乎?'"

例(39)《诗经》"役乎大国"的"乎"用同"于",所以这一句是"于"字句被动式,东汉郑玄用"为"字句来解释,显然这个"为"字句应该是被动式。例(40)《论语》的"见恶"是"见"字句被动式,东汉郑玄和宋代邢昺都用"为"字句来解释,显然这个"为"字句也应该是被动式。例(41)《孟子》的"小德役大德""小贤役大贤"是"小德役于大德""小贤役于大贤"的省略,是"于"字句被动式,东汉赵岐用"为"字句来解释,显然这个"为"字句也是被动式。例(42)《国语》的"大恶于民"是"于"字句被动式,三国吴韦昭用"为"字句来解释,显然这个"为"字句也应该是被动式。例(54)西汉桓宽《盐铁论》中,御史所说的"禽于秦",就是与之辩论的文学所说的"为秦所禽",可见这个"为"字句与"见"字句同为被动式。余可类推。

由此可知,古代注家都把"于"字句、"见"字句与"为"字句看作同一类型的句子,如果我们承认"于"字句、"见"字句是被动式,那么就应该承认"为"字句也是被动式。同时,从西汉贾谊、陆贾、毛亨开始,一直到唐宋时代,乃至到明清直至现代学者,把"为"字句看作被动式是两千多年来学者们一脉相承、代代相传留下来的知识,贾谊、陆贾、毛亨等人距离先秦时代最近,他们自己也是上古被动式的直接使用者,我们相信他们的语感应该是正确的。因此,如果今天我们如果没有新的十分确定的证明,就很难否定"为"

字句是被动式这样一个认识。

再次,我们还可以看一些具体的用例。

(55) 范文子喜直言,武子击之以杖:"夫直议者不为人所容,无所容则危身,非徒危身,又将危父。"(《韩非子·外储说左下》)

例(55)中上句说"说话无所顾忌的人不能被人包容"(夫直议者不为人所容),根据会话中由旧信息推出新信息的原则,接下来下句应该说"不能被人包容就会危害自身"(不为人所容则危身)或者"没有包容就会危害自身"(无所容则危身);如果假设"为人所容"的意思是"成为别人包容的对象",那么这里上句说"说话无所顾忌的人不能成为别人包容的对象"(夫直议者不为人所容),根据会话原则,接下来下句应该说"不能成为别人包容的对象就会危害自身"(不为人所容则危身)或者"不是别人包容的对象就会危害自身"(非人之所容则危身)。我们看到,古人原文确实是采用了"无所容则危身",说明"为人所容"确实是被动式。

(56) 庄子将死,弟子欲厚葬之。庄子曰:"吾以天地为棺椁,以日月为连璧,星辰为珠玑,万物为赍送。吾葬具岂不备邪?何以加此!"弟子曰:"吾恐乌鸢之食夫子也。"庄子曰:"在上为乌鸢食,在下为蝼蚁食,夺彼与此,何其偏也!"(《庄子·列御寇》)

例(56)中弟子所谓"吾恐乌鸢之食夫子"(我们担心乌鸢吃掉您)的"食"为动词,根据会话合作原则,庄子回答"在上为乌鸢食""在下为蝼蚁食"的"食"也应该是动词,而不可能是名词"食物"之意,既然如此,那么"为乌鸢食""为蝼蚁食"就应该是被动式,意为"被乌鸢吃掉""被蝼蚁吃掉"。这样的例子实在不少,又如:

(57) 韩厥献丑父,郤献子将戮之。呼曰:"自今无有代其君任患者,有一于此,将为戮乎!"郤子曰:"人不难以死免其君,我戮之不祥。赦之,以劝事君者。"乃免之。(《左传·成公二年》)

例(57)前面说郤克将要杀逢丑父(将戮之),然后说逢丑父大叫"我将要被杀了"(将为戮),后面又说郤克说"我杀他不吉利"(我戮之不祥),这样从"杀"到"被杀"再到"杀",前后三句话完全符合会话原则。如果认为"为戮"是"成为杀戮的对象"的意思,则这一段文字未免有些疙疙瘩瘩。《吕氏春秋·上德》有一段文字与此相似,说:"被瞻入晋军,文公将烹之。被瞻据镬而呼曰:'三军之士皆听瞻也,自今以来,无有忠于其君,忠于其君者将烹!'文公谢焉,罢师,归之于郑。"这里"将烹之"和"将烹"也是围绕着"烹"一件事情来叙述,"将烹之"是主动式,"将烹"是被动式(所谓概念上的被动式),"将烹"相当于《左传》文的"将为戮","将烹"不是"将成为烹杀的对象"的意思,则"将为戮"也不是"将成为杀戮的对象"的意思。

(58) 卫人迎新妇,妇上车,问:"骖马,谁马也?"御曰:"借之。"新妇谓仆曰:"拊骖,无笞服。"车至门,扶,教送母:"灭灶,将失火。"入室见臼,曰:"徙之牖下,妨往来者。"主人笑之。此三言者,皆要言也,然而不免为笑者,蚤晚之时失也。(《战国策·宋卫策》)

例(58)中,"为笑"照应的是上文"笑之",正因为有先行词"笑之",才有下文的"为笑",显然"为笑"解释成"被笑"较妥。如果把"为笑"解释成"成为笑柄",则因为上文并未出现过"成为笑柄"的事实,不免前后有失照应。

(59) 宾孟适郊,见雄鸡自断其尾,问之,侍者曰:"惮其牺也。"遽归告王,曰:"吾见雄鸡自断其尾,而人曰'惮其牺也',吾以为信畜矣。人牺实难,己牺何害?抑其恶为人用也乎,则可也。人异于是,牺者,实用人也。"(《国语·周语下》)

例(59)中,"抑其恶为人用也乎,则可也。人异于是,牺者,实用人也"的意思是:雄鸡不愿意被人用作牺牲,(所以自断其尾,)作为鸡这样做是可以的;但是人不同于鸡,人成为牺牲,(是做国君,)这实在是治理人。原文"为人用"(被人使用)与"用人"(使用人)语义相对,在句型上也是被动式与主动式相对;如果把"为人用"理解成"成为人的使用对象",也就失去了这种前后相对的意思。

(60) 莽为人侈口蹶顄,露眼赤精,大声而嘶。长七尺五寸,好厚履高冠,以氂装衣,反膺高视,瞰临左右。是时,有用方技待诏黄门者,或问以莽形貌,待诏曰:"莽所谓鸱目虎吻豺狼之声者也,故能食人,亦当为人所食。"(《汉书·王莽传》)

例(60)是与例(59)相似的情况。待诏说:"王莽是人们所谓的眼睛像猫头鹰、嘴巴像老虎、声音像豺狼的人,所以他能够吃人,将来也会被别人吃掉。"这里"食人"和"为人所食"也正好是主动与被动相对,如果把"为人所食"理解成"成为别人吃的东西",也就失去了这种相对的意思。

(61) 久之,上欲封祖母傅太后从弟商,崇谏曰:"……今无故欲复封商,坏乱制度,逆天人之心,非傅氏之福也。……故衰世之君夭折蚤没,此皆犯阴之害也。臣愿以身命当国咎。”崇因持诏书案起。傅太后大怒曰:“何有为天子乃反为一臣所颛制邪!”(《汉书·郑崇传》)

例(61)中,傅太后所说的意思是“哪里有作为天子,反而被一个臣下所专制的道理”(何有为天子乃反为一臣所颛制),如果把“为一臣所颛制”理解成“成为一个臣下所专制的对象”,那么傅太后的话就是“哪里有成为天子,反而成为一个臣下所专制的对象”,这样原文两个“为”字在语义上就有冲突,语气上也缓和了许多,反而不如理解成被动式为好。

从以上这些实际用例来看,“为”字句确实应该是被动式。

二

蒋冀骋认为上古的“为”字句不是被动式,他这一想法的一个来源是《马氏文通》。蒋冀骋(2012)说:

对“为戮”结构的不同认识,源于对“为”和“戮”的不同理解。将“为”理解为动词,将“戮”理解为名词,解释为“戮的人”、“戮的对象”,则认为“为戮”不是被动式。一般认为这种说法始于《马氏文通》,马氏云:“‘卫太子为江充所败’……犹云‘卫太子为江充所败之人’……‘江充所败’乃‘为’之表词耳。”又云:“‘道术将为天下裂’。‘天下裂’一读,即‘天下所裂’也。‘天下’,‘裂’之起词,其止词乃‘所’字,隐而不言。‘为’字先乎读而为断词。”

我觉得蒋先生这里可能有点儿误会马建忠。马建忠说“‘卫太子为江充所败’……犹云‘卫太子为江充所败之人’”等,他只是以《汉书》“卫太子为江充所败”一句为例子,来说明这种被动式的来源,或者说成因。马建忠认为,最早的时候,这种句子中的“为”是动词、断词,而“江充所败”这样的成分则是止词、表词,以后才发展演变为被动式;但是马建忠在作这些说明时,并没有明确说过“卫太子为江充所败”这一类句子不是被动式,否则他也不会在《马氏文通》中把这一类句子都列在“受动字四之二”一节之中,尽管他在具体论述时行文不是很清楚,但是在大局上他是确认这一类句子属于被动式的。

蒋冀骋认为上古“为”字句不是被动式,另一个理由是他觉得“为”字句

中的“为”字是“多余的”。蒋冀骋(2012)说:

“困、禽、获”诸词如果用作动词,皆可带宾语,带宾语的动词大多有被动用法,即不带任何标志的意念被动。当它们用作被动时,“为禽”、“为戮”、“为获”的“为”似乎是多余的,即没有“为”字,原句的被动意义也已表达。“戮、禽、获”等词如果带宾语,是主动用法,如果不带宾语就是被动用法。戮某人、禽某人、获某人,是主动用法,某人戮、某人禽、某人获,是被动用法。根据上下文,读者大多能正确理解句子中动词的用法和意义。“为”字成了多余的。

我们认为,就“戮、禽、获”等这几个词来说,蒋冀骋的说法确实似乎是成立的,“为禽”“为戮”“为获”中的“为”确实似乎是多余的,但是如果观察一下其他及物动词,这种说法恐怕就不能成立了。例如“用”字:

(62) 吾不能早用子,今急而求子,是寡人之过也。(《左传·僖公三十年》)

(63) 盾曰:“弃人用犬,虽猛何为?”(《左传·宣公二年》)

(64) 绕朝赠之以策,曰:“子无谓秦无人,吾谋适不用也。”(《左传·文公十三年》)

(65) 赵氏,中央之国也,杂民所居也。其民轻而难用也。(《韩非子·初见秦》)

(66) 此二臣者皆争于腠理者也,而二君不用也。(《韩非子·喻老》)

“用子”“用犬”确实是主动用法,“吾谋适不用”“难用”确实是被动用法,但是“二君不用”,虽然不带宾语,却仍然是主动用法。这样来看,那么《管子·正世》“故赏不足劝,则士民不为用。刑罚不足畏,则暴人轻犯禁”一句中的“为”难道还是多余的吗?加一个“为”字,被动式不是更加明确了吗?又如“笑”字:

(67) 然而子哙身死国亡,夺于子之,而天下笑之,此其何故也?(《韩非子·说疑》)

(68) 人以其全足笑吾不全足者众矣,我怫然而怒。(《庄子·德充符》)

(69) 齐顷公帷妇人使观之。郤子登,妇人笑于房。(《左传·宣公十七年》)

(70) 公笑曰:“子近市,识贵贱乎?”(《左传·昭公三年》)

“笑之”“笑吾不全足者”确实是主动用法,但是“妇人笑”“公笑”虽然不带宾语,却只有主动用法,没有被动用法。这样来看,那么《韩非子·五蠹》“今有构木钻燧于夏后氏之世者,必为鲧、禹笑矣。有决渎于殷、周之世者,必为汤、武笑矣。然则今有美尧、舜、汤、武、禹之道于当今之世者,必为新圣笑矣”一段中的三个“为”字难道还是多余的吗?不加“为”是主动用法,加“为”是被动用法,不是更清楚了吗?又如“杀”字:

(71) 扬干为戮,何辱如之?必杀魏绛,无失也!(《左传·襄公三年》)

(72) 杀其弟而立其兄,兄德我而忘其亲,不可谓仁。(《国语·晋语三》)

(73) 简公两用田成、阚止而简公杀,魏两用犀首、张仪而西河之外亡。(《韩非子·说林上》)

(74) 汉军却,为楚所挤,多杀。(《史记·项羽本纪》)

(75) 惠子曰:“田驷东欺齐侯,南欺荆王,驷之于欺人,瞽也,君奚怨焉!”邹君乃不杀。(《韩非子·说林上》)

“杀魏绛”“杀其弟”确实是主动用法,“简公杀”“多杀”确实是被动用法,但是“邹君乃不杀”,虽然不带宾语,却仍然是主动用法。这样来看,那么《汉书·王莽传》“辽西大尹田谭追击之,为所杀”一句中的“为”字(包括“所”字)难道还是多余的吗?语言中的一种句法乃是针对整个语言而建立的,对于少数词来说,也许构成被动式只需改变词序即可,不必再另加标志,但是对于其他更多的词来说,不能不加标志,那么这少数的词由于类推,其被动式也有了加标志的形式,这不是十分自然的吗?[③]

蒋冀骋(2012)还说,如果把《左传·襄公十四年》“子鱼曰:‘射为背师,不射为戮,射为礼乎?’”句子中的“为”看作助词,将遇到结构和逻辑上的困难,因为“子鱼的三句话是一口气说出的三个并列句式,句子结构相同,三句中的‘为’字用法一致,‘为背师’、‘为礼’的‘为’不能解为‘被’义助词,因此,‘为戮’的‘为’也不能解为‘被’义助词。这三个‘为’都是动词作述语,与其后面部分组成三个述宾结构”。[④]在古人的作品中,确实有许多句子是采用两三个、三四个并列句式的,它们的句子结构相同,其中的动词等用法相同,但是我们也应该看到,古人作品中也有不少并列句式,它们的句子结构只是表面上相同,实际上并不完全相同。例如:

(76) 然则王之所大欲可知已,欲辟土地,朝秦楚,莅中国而抚四夷也。(《孟子·梁惠王上》)

(77) 尺地,莫非其有也,一民,莫非其臣也;然而文王犹方百里起,是以难也。(《孟子·公孙丑上》)

(78) 庆赏信而刑罚必,故君举功于臣而奸不用于上,虽有竖刁,其奈君何?(《韩非子·难一》)

(79) 是以不诱于誉,不恐于诽,率道而行,端然正己,不为物倾侧,夫是之谓诚君子。(《荀子·非十二子》)

例(76)"欲"字后是四个并列的动宾结构,但是"朝"是使动用法,与"辟""莅""抚"不同。例(77)分号前是两个并列的主谓结构,句型极为相似,但是"臣"是名词,"有"则是动词。例(78)的"君举功于臣"与"奸不用于上"是两个并列的动补结构,但是前者是主动句,"于臣"是"在臣子中"之意,后者则是被动句,"于上"是"被君主"之意。例(79)"是以"之后的两个句子结构相似,但是"诱于誉"是被动式,是"被名誉所诱惑"之意,而"恐于诽"是述宾结构,是"害怕毁谤"之意("于"字无义)。看来,古人并不认为这些句子会"遇到结构和逻辑上的困难",在古人那里,只要表面相同相似,即使实际句法结构不同也可以放在一起使用;因此,如果今天我们把这些句子理解为具有相同的句法结构,其中的词语具有相同的语法性质、语法功能,显然是不正确的。

蒋骥骋认为上古"为"字句例如"为酒困"应该理解为"成为酒的困厄","为三军获"应该理解为"成为三军的俘获","为楚笑"应该理解为"成为楚国的笑柄",也就是说,"为"字后面的成分都应该看作定语式偏正结构。我们觉得,如果真的如此,那么我们也应该看到古人有"为酒之困""为三军之获""为楚之笑"这样的句子,但是实际上我们却看不到。《左传·成公三年》有"此行也,君为妇人之笑辱也,寡君未之敢任"的句子,好像可以作为一个证据,但是沈玉成《左传译文》的翻译却是:"这一趟,君王是为女人的戏笑而受到了羞辱,寡君不敢当。"也就是说,"为"是原因介词,这一句并不是"为"字句被动式。同时,如果定语式偏正结构的说法成立,那么上古汉语中与此相关的"为之v""为之所v"又应该如何理解呢?例如:

(80) 夺项王天下者,必沛公也,吾属今为之虏矣!(《史记·项羽本纪》)

(81) 今足下虽自以与汉王为厚交,为之尽力用兵,终为之所擒矣。(《史记·淮阴侯列传》)

(82) 汤武与天下之心而诛桀纣，桀纣之民不为之使而归汤武。(《史记·儒林列传》)

以上这些句子中“为”字后面的成分如果理解成定语式偏正结构，那么根据上古汉语语法，应该写作“为其v”“为其所v”；可惜我们遍检上古典籍，始终未见一例“为其v”“为其所v”，这就是说，“为”字后面的成分并不是偏正结构，“为之v”“为之所v”只能理解为“被他v”“被他所v”，只能是被动式。

蒋冀骋认为上古“为”字句不是被动式，还有一个理由是他认为“‘为’演变为被动标志，上古时期没有语义基础”。蒋冀骋(2012)说：

如果“为”借用做被动标志，则为什么借用一个义项较多、且是常用词的“为”来做被动标志呢？从汉语被动标志发展的历史来看，凡用作被动标志的多是由蒙受类、赐予类、使役类动词演变而来，没有从“做”义演变而来的。

这里首先要说一下，上古被动式“为+v”“为+n+v”和“为+n+所+v”当中的“为”应该读作去声⑤，去声的“为”并没有“做”义。其次，上古“为”字句确实是被动式，我们不能因为一时找不到“为”字成为被动标志的原因，反过来彻底否定“为”字句是被动式。事实上，此前已有学者对“为”字句的成因进行过探讨，例如石毓智(2006: 13—18)说：

各种语言的被动式一般还有一个专门的语法标记用于引入动作的施事。……由于认知视点的差异，不同的语言选择不同的词汇来源来标识施事。可分为以下几类。

一、执行动作行为的动力来源。“空间格(ablative)”“自”的作用就是指明动作来自何人所为。下文将谈到，古汉语引入原因的介词“为”也有相同的功能，指明动作是因谁而产生的。

二、指明两个事件参与者之间的空间关系。两个事件参与者(施事和受事)只有在空间上接近，才能使一方的动作施及另一方。引入施事的介词主要来自引入伴随对象的介词，即把施事看做受事的一个伴随者，古汉语的被动标记“与”就属于这一类型。

三、指明事件发生的地点。施事者可以被看做事件发生的一种“地点”，因此很多语言用引入地点的介词来引入动作的施事。英语引入施事的标记by也是一个地点介词，表示“接近”某物，比如She is sitting by the table(她在桌子旁边坐着)。下文将谈到的上古汉语的“于”也属于这一类。

四、执行动作的关键部位。绝大部分动作的关键肢体部位是“手”，因此这个名词虚化为引入施事的语法标记。汉语没有发现这类现象。

……

在一个被动事件中,施事可以被看做导致事件发生的原因。类似的,在其他语言中也有把施事看做事件的来源,因此有不少语言的被动式的施事标记是来自空间来源介词“自”。汉语从先秦到唐代最重要的被动式语法标记“为”原来是引进原因的介词。“为”的被动用法出现于春秋战国时期,战国后期又与“所”形成“为……所……”格式,成为汉代被动式的范式,到了唐代以后基本上被“被”字式替代……先秦的“为”有多种用法,其被动标记到底来自何种用法,不同的人可能有不同的看法。比如唐国章(2001)认为来自于这类句子的“成为”用法:“今不取,后世必为子孙忧”(《论语·季氏》)。我们认为来自“引入原因”用法的理由除了上面所说的语义相宜性外,还有两条:一是有些句子的“为”既可以理解成原因,又可以理解成被动,比如“不为酒困”(《论语·子罕》)中的“为”既可以理解为“被”,又可以理解为“因为”;二是近代汉语的几个被动标记“被”、“吃”、“着”都兼有引入原因的功能。……由此可见,汉民族倾向于从原因的角度看待施事在一个被动式事件的作用。这反映了汉民族对被动事件的一个认知特点。

石毓智指出,世界上利用空间格“自”来作为被动标志的语言有German, Krongo, Bulgarian等,利用“跟、和、与”等引入伴随对象的介词来作为被动标志的语言有Swahili, Seyehelles, French, Rodrigues等,利用地点介词“在”来作为被动标志的语言有Albanian, Jeri, Luba, Turkish, English, Japanese等。石毓智的这些论述,尽管目前可能还不能视为定论,但是他从语言类型学和认知语言学的角度,高屋建瓴地来作探讨,不能不说具有相当的说服力。

三

蒋冀骋(2012)认为上古的“为”字句不是被动式,他主要是从短语“为戮”出发来讨论的。方有国(1992)鉴于《墨子·尚贤中》“使身死而为刑戮,子孙离散,家室丧灭,绝无后嗣”、《韩非子·外储说右下》“故身死为戮,而为天下笑”等句子,也指出:“‘身死’之后紧承‘为刑戮’、‘为戮’,如果认为‘为刑戮’、‘为戮’是‘被杀戮’意,逻辑上说不过去,因为身既已死,则不应再有被杀之事。从句意来看,‘为刑戮’、‘为戮’当解为‘成为刑戮之人’或‘成为被杀之人’,‘为’是动词述语,‘刑戮’或‘戮’作宾语。”方有国由此认为,上古汉语“为”字句的性质是述宾结构表被动义。其实上古汉语的“戮”是多义词,它不仅有杀戮义,还有陈尸示众、惩罚、羞辱等义,“刑戮”也不只是杀戮,还有受刑罚等义,由此造成“为戮”“为刑戮”等也不止一义,因此可以说,“为戮”“为刑戮”有的时候是“成为刑戮之人”“作为杀戮的对象”之意,有的时候则是被动式“被刑戮”“被杀戮”之意,有的时候则是其他意思。例如上文《墨子·尚贤中》的“为刑戮”、《韩非子·外储说右下》的“为戮”确实是“成为刑戮之人”之意,尤其是在“以为戮”“之以为戮”等短语中,更是如此。例如:

(83) 桓、庄之族何罪,而以为戮,不唯偪乎?(《左传·僖公五年》)

(84) 得臣将死。二臣止之,曰:“君其将以为戮。”(《左传·僖公二十八年》)

(85) 君之惠,不以累臣衅鼓,使归就戮于秦。寡君之以为戮,死且不朽。(《左传·僖公三十三年》)

(86) 虢之会,鲁人食言,楚令尹围将以鲁叔孙穆子为戮。(《国语·晋语八》)

例(83)的“以为戮”等于说“以之为戮”,即“把他们作为杀戮的对象”,这里的“为戮”不可能是“被杀戮”的意思,否则“以”字无法解释。其他各句类此,都不是“为”字句被动式。但是,除了上述情况以外,上古汉语其他许多“为戮”“为刑戮”等还是“为”字句被动式。其实即使姚振武(1998)承认的“为+n+所+v”被动式,上古也有一些表面上与此类似而实际上并不属于被动式的句子,例如:

(87) 故乐之所由来者尚矣,非独为一世之所造也。(《吕氏春秋·古乐》)

(88) 人为人之所欲,己为人之所恶,先陈何益?适令武王不耕而获。(《吕氏春秋·贵因》)

(89) 是无它故焉,桀纣者善为人所恶也,而汤武者善为人所好也。(《荀子·强国》)

(90) 吾与之乘天地之诚,而不以物与之相撄,吾与之一委蛇而不与之为事所宜。(《庄子·徐无鬼》)

(91) 愿王孰虑之,无为吴王之所悔。(《史记·淮南衡山列传》)

(92) 制节谨度以防奢淫,为政所先,百王不易之道也。(《汉书·哀帝纪》)

但是,我们不能因为这些句子的存在而否认"为+n+所+v"被动式的存在。

姚振武(1998)虽然承认《史记》的"为+n+所+v"句型是被动式,但是他又说:

"为n所v"式爆发性地产生之后,"为(n)v"继续作为指称式与"为n所v"式保持区别。至少在西汉时期这一点是明显的。例如《史记》中既有"为土偶人所笑"(《孟尝君列传》)这样的陈述式,又有"为天下笑"这样的指称式,今天看来似乎没有什么区别,其实不然。"为天下笑"出现凡二十余次,从不作"为天下所笑"。因为"为天下笑"在先秦"国际社会"中常常指称那些由于过失而遭到失败的国家或个人,有熟语的性质。太史公去古未远,知道真实情形,所以严守这一传统。与此相应,"为诸侯笑""为天下僇"等先秦常用语,《史记》也不作"为诸侯所笑""为天下所僇"。……《史记》中既有"为n所虏",又有"为n虏"。这能不能说明二者是一回事呢?不能的。"虏"既可作名词,也可作动词。"为(n)虏"用的是名词,"为n所虏"用的则是动词。

我们认为"为+n+v""为+v"从春秋战国时期一开始出现就是被动式,"为+n+所+v"是这种被动式的发展,其中不过就是多了一个标记"所";但是姚振武(1998)则始终不承认"为+n+v""为+v"是被动式,甚至到《史记》之中,虽然已有他所承认的真正的被动式"为+n+所+v",却认为"为+n+v""为+v"仍然不是被动式。我们认为这一意见不但不符合客观事实,而且割裂了被动式的发展轨迹,因而是不正确的。例如司马迁《报任安书》中的句子:

(93) 李陵既生降,隤其家声,而仆又茸之蚕室,重为天下观笑。

(94) 仆以口语遇遭此祸,重为乡党所笑,污辱先人,亦何面目复上父母之丘墓乎?

这里"重为天下观笑"和"重为乡党所笑"除了"天下"和"乡党"有所不同之外,其意思完全一样,句型也基本相同,难道后者是被动式而前者不是被动式吗?姚振武(1998)说"为天下笑""为诸侯笑""为天下僇"在古代有熟语的性质,因此在《史记》中从不作"为天下所笑""为诸侯所笑""为天下所

谬”,我们同意这一意见,但问题是《史记》之前的“为天下笑”“为诸侯笑”“为天下谬”究竟是否被动式?可以看下面的句子:

(95) 秦国僻陋戎夷,事服其任,人事其事,犹惧为诸侯笑。(《吕氏春秋·不苟》)

(96) 夫尧,畜畜然仁,吾恐其为天下笑。后世其人与人相食与!(《庄子·徐无鬼》)

(97) 无信,左右卖国以取容。秦必复用之,恐为天下笑。(《史记·张仪列传》)

按照姚振武(1998)的意思,这里的“为诸侯笑”“为天下笑”都是指称式,也就是说,三个句子中“恐……”和“惧……”的意思是“担心(害怕)成为诸侯的笑柄”或“担心(害怕)成为天下的笑柄”,那么我们比较一下下面的句子:

(98) 寡人非疑胡服也,吾恐天下笑之。……虽驱世以笑我,胡地中山吾必有之。(《战国策·赵策二》)

(99) 吾不疑胡服也,吾恐天下笑我也。……虽驱世以笑我,胡地中山吾必有之。(《史记·赵世家》)

十分明显,古人是担心(害怕)天下人嘲笑,而不是担心(害怕)“成为天下的笑柄”。由此可以推论,“为诸侯笑”“为天下笑”应该是“被诸侯嘲笑”“被天下嘲笑”的意思,实在都是被动式,也就是说,“为+n+v”“为+v”一开始就是被动式。同时,我们比较下列句子:

(100) 愿大王孰察卞和、李斯之意,而后楚王、胡亥之听,无使臣为箕子、接舆所笑。(《史记·鲁仲连邹阳列传》)

(101) 令威名折冲之臣旋踵及身,复为郅支遗虏所笑,诚可悲也!(《汉书·陈汤传》)

(102) 奈何乱先古之制,臣事于汉,卑辱先单于,为诸国所笑!(《汉书·匈奴传下》)

(103) 身无定名,功业不平,中道而废,身死于凡人之手,为天下所笑者,乃由辞语不一,而情欲放佚故也。(西汉陆贾《新语·怀虑》)

也可以发现,早期的“为+n+v”“为+v”跟后来的“为+n+所+v”完全是同一性质的句型,也就是说,上古汉语中存在着“为”字句被动式是完全可以肯定的。

附注

① 姚振武文中所谓前三类的“为”是指解释为“当作、算作、称为、成为、是”等的“为”,第四类的“为”是指通常被人们认作被动式的“为”。

② 与蒋骥骋略有不同的是,姚振武认为先秦的“为”字句(为+v、为+n+v)不是被动式,而到西汉《史记》的“为+n+所+v”则肯定是被动式了,他说:“大量事实迫使我们不得不放弃这种似乎是顺理成章的结论,我们无法否认‘为n所v’式是陈述性的,也就是说,它是真正的被动式。”

③ 其实即使是“禽、获”,也并非“不带宾语就是被动用法”。如《左传·昭公元年》“楚公子不获,是以皆来,亦唯命”、《左传·昭公三年》“晋将失诸侯,诸侯求烦不获”、《左传·定公十四年》“勾践患吴之整也,使死士再禽焉,不动”,虽然不带宾语,却都是主动用法。

④ 认为子鱼的三句话是三个并列句式,三句中的“为”字用法一致,此说恐不妥。王引之《经义述闻》卷十八“射为礼乎”条云:“‘射为背师,不射为戮,射为礼乎’,《释文》:射为,食亦反,下皆同。或一读‘射而礼乎’,音食夜反。引之谨案:射为礼乎,《释文》作‘射而礼乎’,是也。(上文‘射为’食亦反,乃‘射为背师’句之音)‘射而礼乎’者,射而用礼射,不用军射也。言射则为背师,不射则为戮,其惟射而礼乎。杜注曰‘礼射不求中’,则本作‘射而礼乎’明矣。今本‘射而’作‘射为’者,涉上文‘射为背师’而误。唐石经‘为’字系改刻,盖初刻本是‘而’字也。《太平御览·工艺部一》引此,正作‘射而礼乎’。”

⑤ 表被动的“为”字古人读作去声,例如《左传·僖公十六年》:“会于淮,谋鄫,且东略也。”晋杜预注:“鄫为淮夷所病故。”唐陆德明《经典释文》:“为,于伪反。”《左传·僖公二十二年》:“丁丑,楚子入飨于郑。”杜预注:“为郑所飨。”《经典释文》:“为,于伪反。”《左传·僖公二十四年》:“吕、郤畏偪。”杜预注:“吕甥、郤芮,惠公旧臣,故畏为文公所偪害。”《经典释文》:“为文,于伪反。”于伪反是去声。又《列子·仲尼篇》“而位之者无知,使之者无能,而知之与能为之使焉”,晋张湛注:“不能知众人之所知,不能为众人之所能,群才并为之用者,不居知能之地,而无恶无好,无彼无此,则以为无心者也。”唐殷敬顺释文:“并为之为,于伪切。”又《列子·说符篇》“贤者任人,故年老而不衰,智尽而不乱”,晋张湛注:“不专己知,则物愿为己用矣。”唐殷敬顺释文:“为,于伪切。”又《增修互注礼部韵略》《四声通解》“为”字有平声支韵和去声寘韵两读,义为“被也”的“为”字在去声寘韵中,《康熙字典》“为”字下也收录了《增修互注礼部韵略》此音此义,也就是说,一直到明清时代,表被动的“为”字还读作去声。现代辞书《辞海》《辞源》《现代汉语词典》《汉语大词典》《汉语大字典》读作阳平,当是今人的读法,其最早的来源大概是清刘淇《助字辨略》。杨树达《词诠》表被动的“为”与介词“为”放在一起,表明他也主张读去声,杨伯峻《古汉语虚词》表被动的“为”读去声。

参考文献

方有国(1992)古汉语“为”字被动句结构考辨,《重庆师范学院学报》第3期。
蒋冀骋(2012)先秦汉语“为+戮”结构的性质和“为”成为被动标志的条件,《古汉语研究》第4期。
潘允中(1982)《汉语语法史概要》,郑州:中州书画社。
石毓智(2006)《语法化的动因与机制》,北京:北京大学出版社。
王　力(1958/1980)《汉语史稿》,北京:中华书局。
杨伯峻、何乐士(1992)《古汉语语法及其发展》,北京:语文出版社。
杨剑桥(2010)《古汉语语法讲义》,上海:复旦大学出版社。
姚振武(1998)“为”字的性质与“为”字式,载郭锡良主编,《古汉语语法论集》,北京:语文出版社。

(200433　上海,复旦大学中文系　jqyang@fudan.edu.cn)

成都话"哇字句"语用功能的形成*

杜克华　陈振宇　陈振宁

提要　文章从多个方面对成都话"哇字句"进行分析,并运用"加权最少边地图"对调查的数据进行自动聚类分析,印证"哇字句"除了疑问,还有非疑问性陈述、感叹、祈使等用法,其中间过渡异常复杂。倾向性疑问应该是"哇字句"语法化的起点,后随句子的意外性加强,句子的否定功能也越来越强,最终"哇字句"跨过了边界,形成了以感叹功能为主的用法。

关键词　"哇"字句;情景测试;自动聚类;语法化;意外

一、成都话"哇字句"研究与有关现象

成都话是西南官话川黔片下成渝片的代表之一,其语气词系统有着鲜明的特点,历来是研究的难点,其中语气词"哇"是研究较多的一个。除了零散的论述外,张一舟、张清源、邓英树(2001)较为详细与系统地描述了"哇"的各种功能,首先把它归入"疑问语气词",认为它类似于普通话中的"吗";另外,它常用于是非形式的反问句,表责备、反诘;有时还表示征询意见(实际上是提出建议),含有较多委婉的祈使语气;它还可以用于选择问的前支之末。其后赵媛媛(2006)、林凌(2007)、谢光跃(2012)、刘艳梅(2012)等四篇硕士论文的观点也大同小异。[1]

本文是第一次基于语料库的"哇字句"调查研究。语料库由五部成都话

* 本研究得到国家社科基金重点项目"现代汉语及方言中的否定问题研究"(批准号 12AYY001)的资助,初稿曾在 2015 年"疑问范畴·篇章语法"(上海交大)论坛上宣读。一并感谢邓英树、王珏、王建、张和友、刘娅琼、李双剑及复旦大学语法沙龙中同仁们的修改意见。文中谬误之处,概由作者承担。

方言小说——桑格格《小时候》(以下简称《小》);马宁《幸福的炽耳朵》(以下简称《幸》);尤金2009《有个烂眼名叫三娃》(以下简称《有》);腮边打网《上半身天使,下半身恶魔》(以下简称《上》);成都小李老师《声色成都》(以下简称《声》)构成,[②]全部共约49万字,共得到144例"哇字句"。这些通俗小说具有口语性质的叙事文体,并且夹杂着大量的对话或独白,其风格与成都茶馆中"摆龙门阵"(讲故事/闲谈)的人际交往活动完全一致,因此能真实地反映句末语气词"哇"的真实使用情况。

此次调查暴露出的问题主要是:虽然"哇字句"在具体语篇中可以坍缩为一种具体的意义与功能,但"哇字句"的意义与功能十分模糊,很难精确"定位",就像一团"意义云/功能云"弥散在一个或若干个语言子系统中。

"哇字句"所表疑问功能并非都是中性疑问,多属于"揣测问",含有猜想性质。我们设计了表1,把它发给母语是成都话的50个市民进行测试。[③]

表1　成都话是非问"哇字句"测试表

(背景故事一)张三到了一个地方,他不知道好友李四是否已经来了,于是问另一位人物小王:	
A. 李四来了没有?(　　) C. 李四来了哇?(　　)	B. 李四来没来喔?(　　) D. 李四来了嗦?(　　)
(背景故事二)张三听说李四有可能要到外地开会,于是问李四:	
A. 你是不是要去开会?(　　) C. 你要去开会嗦?(　　)	B. 你要去开会哇?(　　) D. 你要去开会嘛?(　　)

回收有效问卷48份,数据统计如表2所示。

表2　"哇字句"表疑问的测试数据

	A	B	C	D
背景故事一	15	13	20	0
背景故事二	0	47	1	0

据表2,成都话中"不知而问"的"中性问"表达形式不是唯一的,可用"V-neg-V"或"V-neg"式,也可以用"哇"字句,且"哇"字句并不比正反问形式占有更大的优势;而"有所倾向"的"揣测问"却只能或基本上只用"哇"字句。更准确地讲,"哇"是跨界的,[④]而正反问是真正的中性问。

另一个证据是,我们的语料中有 74 句都可以用否定性的 wh 词“哪儿/啥子(什么)……喔”来进行元语否定,占总数的 51%;如果将典型的非疑问用法(陈述、祈使)排除,则占 63%;如果再将责骂、嘲讽等难以回应的句子排除,则占了百分之 90% 以上。“哪儿/啥子(什么)……喔”的使用条件是,必须对对方的观点有较明确的认识,这时才能进行反驳。这说明成都话的“哇”表疑问的句子的确是倾向性非常强烈的非中性疑问,如:

(1) ——啥子呢,你喊我哇!

——哪儿喔!我没有喊你。/啥子喔!没有!

有的“哇字句”与猜想、询问没有任何关系,而是直接用于祈使,如例(2)、例(3),或陈述说话者的观点,如例(4)、例(5)。“哇”有两个读音:一般表疑问时,读阴平“[wa^{55}]”;在祈使与陈述用法时,又可读为阳平“[wa^{24}]”,二者有时是自由变体,仅有语气强弱的差异,有时则又似乎只能读阳平。

(2) 亲爱的,我决定亲自陪你去一趟,就是脚板跑大,眼睛挑花,也要给你买倒巴适的! 哎,烂哥,宝器,一起去哇!(《幸》)——阴平/阳平

(3) 嘿……你好久开始关心我了喃? 你今天找我嘛,肯定是说吕娃的事情嘛,说哇,他后头咋个跟你说的?(《上》)——阳平

(4) 徐烂问我晚上咋子,我说没得安排,他说那好,反正怕余震,回切也睡不稳当,约几个人出来到九眼桥酒吧头躲地震切,我说对哇,正好我也去九眼桥上一炷香。(《声》)——阳平

(5) 晚上回来,我婆凶神恶煞地要膨过来打我,我“嗖!”就钻到对门坡上去了。我婆在下面哭起哭起地骂:死娃娃勒死娃娃勒~我刚刚赶场买了付新蚊帐噻~是还没下水就遭你绞了咚大个洞哇~!(《声》)——阴平/阳平

有的“哇字句”只是否定与辩驳,或表达嘲讽与责备等主观评价与感情,甚至还有单纯表感叹的用法,如:

(6) 也怪,当时也没想那么多,把靠背给她一放,她还真叻配合,我还没动,直接把脚抬到我脑壳边上,老子心头在想,你是在采阳补阴哇? 嘿……你还真叻$_{\text{的}}$不信锅儿是铁倒$_{\text{浇铸}}$的嗦?(《声》)

(7) 事后,三娃在小凤住过的房间里发现了一件崭新的浅色条纹 T 恤,他晓得那是小凤买给他的。因为那个尺码就像是专门给三娃定做

的一般,三娃叹了一口气:还是小凤眼睛毒哇,好久都没穿过这么合身的衣服了。(《有》)

(8) 哈哈哈哈哈,天哥,你以为人家好爱你哇?(《上》)

以前的研究者多把"哇"看成与普通话中的"吗"相类的语气词,但有时"哇"不能译为"吗"。有的"哇字句"同时与正反问形式"是不是"、具有反问性质的"乍个(怎么)"共现,这时只能译为普通话"啊";也有与表猜测的"可能、肯定"共现的,这时表推测,只能译为普通话"吧"。

(9) 见粉丝妹跑了过来,帮到搬桌子,棒棒娃开起了玩笑:粉丝妹,你们爸是不是又去把你们妈柳倒,当超级炟耳朵去了哇?(《幸》)——啊

(10) 三娃摸着敲痛的脑壳,不甘心的又说:"你就晓得说我,你呢?一说起刘寡妇咋个就闷起不开腔了哇?"(《有》)——啊

(11) 程菲接过烟又接过打火机笨拙的点燃,吸第一口就呛得眼泪花直流。"这一年才刚刚开始偷偷学到抽的,还没学会。主要是心烦的时候抽上一支。""当富太太还烦?你可能一天到黑烦到起杂个把钱用得完哇?"(《有》)——吧

以上这些现象难以用"疑问语气词"这一范畴来描写解释。各种用法之间只存在着概率与倾向性上的差异,从语法化角度看,就是收敛度不好,因此研究者本人的主观视野常常会干扰研究,造成所谓的"测不准现象",即当先入为主从"疑问"范畴入手研究"哇"时,会觉得有关例句都是或大多是表疑问的;如果从"感叹"范畴入手,则又会觉得它们都是或大多是表示感叹的。特别是如基于自省材料及不充分调查的方言研究,更容易造成这样的被动局面。

为了不受或少受研究者预设的理论框架的束缚,以语言事实来说话,我们坚持自下而上,从具体到抽象的分析顺序:先尽可能具体地体会每一个例句的意义与功能,尽可能细分小类;然后再将相似的小类逐步合并在一起,抽象概括出主要的类型,找出一些较小的规律;最后再提炼出更为普遍的规则,为语气系统的构造提出宏观的假设。在对具体例句的分析中,我们也坚持这一思路。

"模糊"(fuzziness)一般用来指词语的语义内容的模糊性,也可以指命题意义的模糊性、发音的模糊性等,不过语言系统也存在模糊性,即任何一个语言子系统,都是由若干基本的特征范畴构成,在两个相邻子系统的边界

处,常常存在着与双方都有关的特征,从而造成它们的交叉与冗余现象。由于这一"通道"的存在,从一个子系统可以衍射出相邻子系统的功能。同一个例句往往同时存在着多个侧面的解读,正是因为它可能是两个或两个以上语法子系统的共同作用者,而且这些子系统之间并不总是由一个决定另一个,需要更为客观地衡量它们的影响力大小。

有鉴于此,我们不能简单地把一个例句直接划入某一子系统,这样会丧失其复杂性与真实性,即使是划入"询问、反问、评价"等较小一点的概念也不行,因为它们内部有不同的类型,且每一个概念都附带了很多理论上的束缚。我们需要尽力从更为基本的"特征"(features)入手去把握每一个例句。这些特征应该更为直观、更无争议,其取值更容易由母语者做出判断,并且它们与任何理论都没有必然的联系。我们在最初分析时,不能先入为主地去区分这些特征的主次关系,这一工作应在进一步的抽象与概括之中进行。

如"哥老倌,耍哇? 里面请"这句话用于招揽顾客,对其特征的研究发现:a. 这是向来人打招呼;b. 猜测"听者"可能是来玩的;c. 这一猜测有根据但不完全确定;d. 言者可能期待听者回答,但又可能不需要听者回答而直接按此猜测行事;e. 具有邀请功能,而不管听者是否具有意愿。这一例句显然表明了猜测、邀请、招呼等之间的语用迁移关系,所以不能简单地归类,而应该真实地记录它的诸特征及其取值——[猜测]+[邀请]+[打招呼]+[听者]+[意愿]+[弱确定]+[弱求答]。

二、"哇字句"调查的方面

我们从"信息来源""语用目的""话语言说的对象""话语言说的内容""话语褒贬性质""确定性""是否要求回答"等几个方面对一个个例句进行了具体分析。

信息来源分为三种:"陈述",指说话者对已经发生或双方都已知道的事进行的叙述,包括说话者讲述自己的事、自己的感受与意见等。"要求",即说话者直接要求听话者做什么,包括提议听说双方做某事。"猜测",指说话者对自己可能不知道的事进行的估测和推理。

"陈述"从表面看是陈述句,但实际上这些"哇"字句几乎没有中性的叙述,都是表示"感慨、担心、不满、嘲讽"等语用目的的。从这一点讲,它们是感叹句，其中有一小类表示说话者允诺对方的要求（即表达说话者的意见），又应看成祈使句的一种。

从句类看，“要求”属祈使句，这比较明确，不过为准确起见，这里不包括间接祈使，后者不是直接提出要求建议，而是通过陈述、疑问等方式间接提出要求，需要运用推理。

最为复杂的是“猜测”，它们有较中性的疑问句，但也有感叹句，还有少数担负着陈述与祈使的功能。

语用目的是对例句在实际语境中的语用功能的归类，显然它与信息来源有着复杂的对应关系，我们把它分为较多的小类：有的是用来表现较纯粹的询问，有的则用于回答前面的问句，有的是表现人际交往的功能（如打招呼、邀请、道歉、客气、威胁等），有的是祈使性功能（如较纯粹的命令、否定命令〔禁止〕、应诺、提议等），有的是表示说话者的主观评价与感情（如负面感叹、中性感叹、正面感叹、否定评价等），还有一类则是用于提起下文。

（12）三娃捂着鼻子穿过油汪汪的猪肉铺子，上了楼来便看见了很多人，很多打麻将的人。尽是些爆烟子老头和无所事事的姆姆们。“耍哇?”一姆姆边搓麻将边头都不抬的问三娃。（《有》）——打招呼/邀请

（13）店老板：嘿，你还嘴嚼呢！工钱，火钳喔！

耙哥：不给哇！老子去劳动局和消费者协会告你！（《幸》）——威胁

（14）这个吃得太多的叔叔姓陈，是老一批的大学生，分到学校教哲学，嫌累，自己找起关系去了教育局，后来教育局跨杆了就去守大门，由于守大门的收入还不够他吃，就自己弄了辆偏三轮去三环路外拉客。不要看踩偏三轮哇，一天运气好还是要拣些钱。（《小》）——否定命令/感叹

（15）徐烂一听这个话，没有给我们留空间，直接接上来：“你娃想挨打嗦，在转建哥哇？建哥开力帆320???? 老子说句老实话，他不配，他的气质还差了点哈，驾驭不到哈，你说是不是墓墓？哈哈哈哈哈哈”。（《声》）——负面感叹

（16）洗脚妹大加恭维：师傅，你唱的啥子喔，好好耍喔！

甘江斗越加兴奋：还好听哇，我们还是有点艺术细胞喔！（《幸》）——正面感叹/客气

为了分析上述复杂关系,有必要考察例句的语义和语用性质。

首先,要考察语句的内容,包括三个维度:

维度一是关于谁的信息,有"听者""说者""听说双方"和"第三方"四种。在"猜测"中,被猜测的对象基本都是关于听者与第三方的,仅在极少数情况下与说话者自己有关。

维度二是语句的褒贬色彩,分为中性句、消极句与积极句,主要由其语义内容反映。其中中性句与消极句各大约占一半,积极句极少。

维度三是语句所说的方面,有感受、行为、话语、情况、身份、意见、意愿等方面。

(17) 有时候真的说不得,刚骂完她,电话就响了,是个陌生电话。"喂,帅哥X哇?猜猜我是谁啊?"标准的川普在我耳朵旁边响起,一听声音就晓得是她。(《上》)——听者身份

(18) 对了嘛,你们两个刚才还说得那么油爆爆的得嘛,现在,咋个的呢?焉了哇!!(《幸》)——听者情况

(19) 王宝器:这样子不多于好喔,有点像啥子婚托哇!张大姐:咳,管它啥子婚托不婚托,你就把它当工作!哎,见一次面,一包烟钱加一顿饭钱,一共20元,干不干!(《幸》)——说者行为

(20) 你MDP,出来就遇到这种瘟神,想搅黄老子的好事情哇?(《声》)——听者意愿

有的语句具有特殊内容,在调查中主要发现两种。

一种是讲述一种夸张虚构的情况或夸张虚构的意愿,说话者和听话者都知道这些都是不可能为真的,之所以说它们,显然不是出于信息交流的目的,而仅仅是用来表示说话者的主观感情。

(21) 装嘛装,果果嘛,回来了嗦?现在才联系我?想起我了嗦?你可以哦,你过得是外星日历哇?说的一个星期,这都20多天了,我每天都看到日历在倒计时哦,我还以为你坠机搞了个机毁人亡,结果每天看网上又没得坠机的消息的嘛。(《声》)——夸张虚构的听者情况

(22) "喊你过来就是给你解决你那个烂车子的问题三。"徐烂一边说一边把我朝大堂吼头推,我看到大堂吧坐了2个人,估计是刚才和徐烂一起喝茶的。

"啥子意思,你要给我的福美来加翅膀儿哇?"老子逗他。(《声》)——夸张虚构的听者意愿

另一种是杜克华、陈振宇(2015)提出的"间接推测"范畴,即:a. 说话者认为[他人认为[事情应该是X]]。b. 说话者总认为自己是对的,他人(主要是指听者)是错的(我对你错或我对他错),所以有对他人进行"质问、责难、否定"的语气。在"哇"字句中,这一点也很突出,主要标记是出现了"你以为、你认为、你觉得""等于"等成分,而所有这些内容不是否定评价,就是通过夸张虚构以表达对听者的嘲讽、责备:

(23) 你以为郭嘉的咪咪随便莫得哇。(《声》)

(24) 现在看来,那二年的妹儿也没得几个吃素叻,你以为你把人家哈到了哇?(《声》)

(25) 啥子呢?8、90万,你疯了嗦,老瓜娃子,买那么贵的捞球哦,等于8、90万的就不是四个滚滚儿一个壳壳了哇?你钱用不完了嗦,拿来我帮你烧三。(《声》)

其次,在上述基础上,调查例句的确定性与求答性。"确定"与"求答"是两个不同的侧面。前者指说话者对自己猜测的内容能不能予以确定,是说话者自身的内在性质,至少可分为三个层次——"确定""不确定"与介于其间的"弱确定";而后者指是否要求听话者对相应的命题内容进行回答,做出澄清,是外显的人际关系语力,也至少可分为"求答""不求答"与"弱求答"。这两个侧面一般有无标记的对应关系:

确定——不求答　弱确定——弱求答　不确定——求答

陈述与直接祈使肯定是确定而不求答的,猜测则有各种可能。实际的语料存在错综复杂的情况,弱确定可能不需要对方回答,而确定时也会有意要求对方进行回答。这种求答与不确定时的求答有重大的区别,后者很可能构成询问,而前者仅仅是人际互动功能。如下例中甘江斗实际上是很确定对方的确要说这一句,但仍希望对方应答一下,这仅仅是为了保持会话的继续进行,从而引出下文:

(26) 王宝器:凤姐、江斗,我,我简直,我简直有苦倒不出来啊!
甘江斗:我帮你说嘛,英雄无用武之地嘛!想说这一句哇。(《幸》)

三、对"哇字句"调查结果的分析

调查结果显示,语料中的上述特征取值共有 71 种搭配方式,代表了 71 种最小的句子类型,有的类型只有 1 个例句,多的也不过有 9、10 或 13 个例句。这说明在实际语料中,大多数语句之间是存在着或大或小的差异的,相似度普遍地并不很高,因此我们说"哇字句"系统模糊、收敛度不高。

我们采用陈振宇、陈振宁(2015)的"加权最少边地图"对调查的数据进行自动聚类分析,[⑤]其结果如图 1 所示(图中的编号为 71 个最小类型的编号):

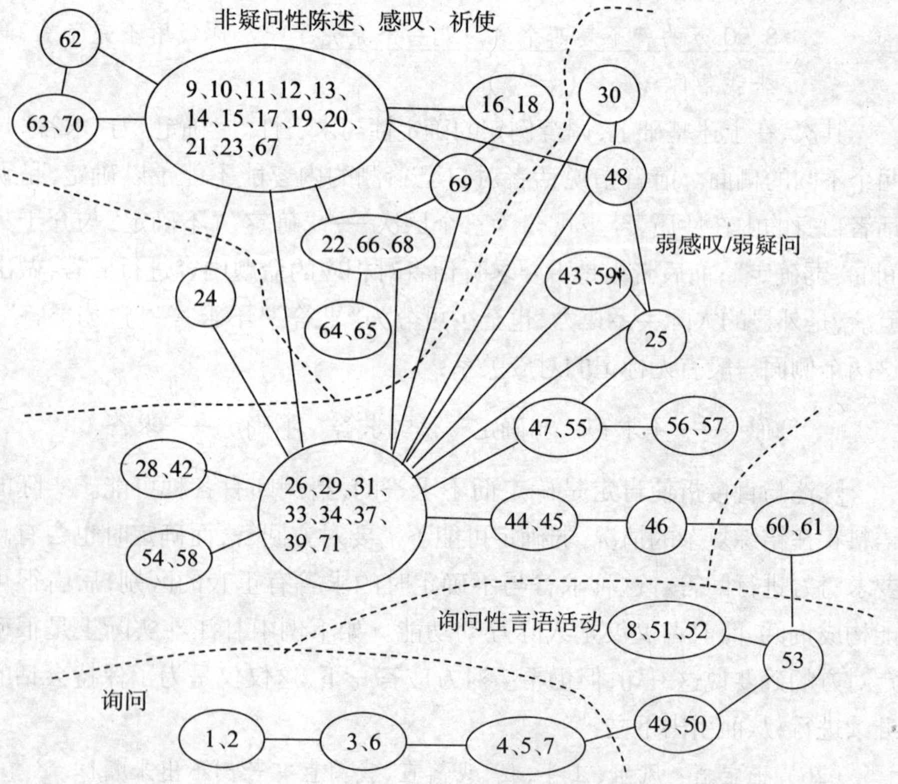

图 1 "哇字句"自动聚类结果

在自动聚类的基础上,根据各类型的特征取值,进一步将最小类型合并为几个较大的类型,称为“中间类型”(在图1中用虚线划出)。不过有个别情况难以决定归属,只好作为“其他”处理。从图中连线可以看出,“询问”与“非疑问性祈使、陈述、感叹”构成了两个极端,而其他中间类型则介于这二者之间。

询问这一类型的典型特征取值组合是“[猜测]+[不确定]+[求答]”,另外大多是关于听者情况的,也有一些是第三者的,色彩基本都是中性语,如:

(27) “喂,晚上吃鱼哇?”我给吕娃发了一条短信,没想到刚发出去,手机收到了吕娃的短信,内容只有一个字……“鱼”。(《上》)

(28) 对方把我盯了两眼,不敢确认的问我:“你……你是王微微他们哥哇?”(《声》)

询问性言语活动基本上是邀请或打招呼,上文多个例句都已反映了这一点。

弱感叹同时有具有弱疑问的意味,与询问相比,它们也都是猜测,但往往是“[弱确定]+[弱求答]”,因为其语句大多是有特定色彩的消极语或积极语,有不少例句是关于对方意愿的,所以它更倾向于表达说话者的主观认识与态度,之所以多少会要求对方作答,是因为其评价还不是太有把握,需要对方多少予以回应:

(29) 李晶磊在则边开始冒皮皮了,他把烟一丢,指到何胖娃儿说:“你娃编故事哇,我比你先去红星路上班,我都不晓得了。”(《声》)

(30) 三娃有些不好意思:“老万,我都不晓得咋个谢你咯。这盘肯定用了不少票子哇?”(《有》)

在完全非询问性的类型中,陈述、祈使、提议前文已述,这里主要分析强感叹,其典型特征组合是“[猜测]+[确定]+[不求答]”,其语句大都是消极语,是关于听者的,并充斥着很多夸张虚构的内容,语用功能以“嘲讽、责难、否定”等负面感叹为多。

(31) 你个老瓜娃子,凉山州里头也地震了哇?那么早就给老子打电话!?(《声》)

(32) “老衲说过不要后代同各位的后代生活在……”

“日你仙人又开始了哇???? 又想喝了是不是?”(《上》)

例(31)中,言者根本不是要询问对方"凉山州里头是不是发生了地震",也不是反问,因为这件事根本就是虚构的。结合语境来看,凉山州地震本没有发生,言者是用这种不可能发生的事来否定听者那么早就给自己打电话的理由,并由语用否定而发泄自己的负面情绪。例32也是如此,根本不具有任何询问性,而是对对方又开始唠叨的极度反对。

最后,按例句的实际多少,我们给出各种中间类型的分布情况(见图2)。可以看到,弱感叹才是"哇"字句最常见的使用区域,占了将近40%的比例;其次是强感叹,达26%,而如果加上陈述、祈使等,还会更高;询问与询问性言语行为则合计占将近30%的比例。[⑥]

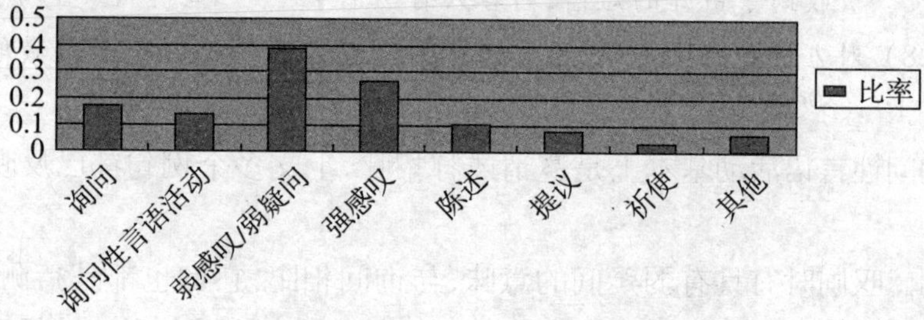

图2 "哇"字句各种用法的例句分布情况

四、对语气词"哇"的功能解释

我们认为,汉语语气词的真实使用应该是"弥散"(dispersive)的,这正反映在上述统计数据中。如果我们承认语言系统是言语活动的结晶体,是在言语社团内部"互动"(interaction)过程中产生的一种相对稳定的共时状态,那么一个语法成分的意义与功能也一定是动态的,我们所总结的规律也应该以这样的方式呈现。

首先,根据调查数据,利用"加权最少边地图"分析方法,我们绘制出了图3。

从图3中可以看到,"哇"最重要的特征取值是"听者",这表明它具有极强的"人际互动"功能;以"听者"为界分为两大丛,上面是以"猜测"为核心的一丛,它与更多的疑问性特征取值相关联,下面是以"确定"为核心的一丛,它与更多的非疑问性特征取值相关联。

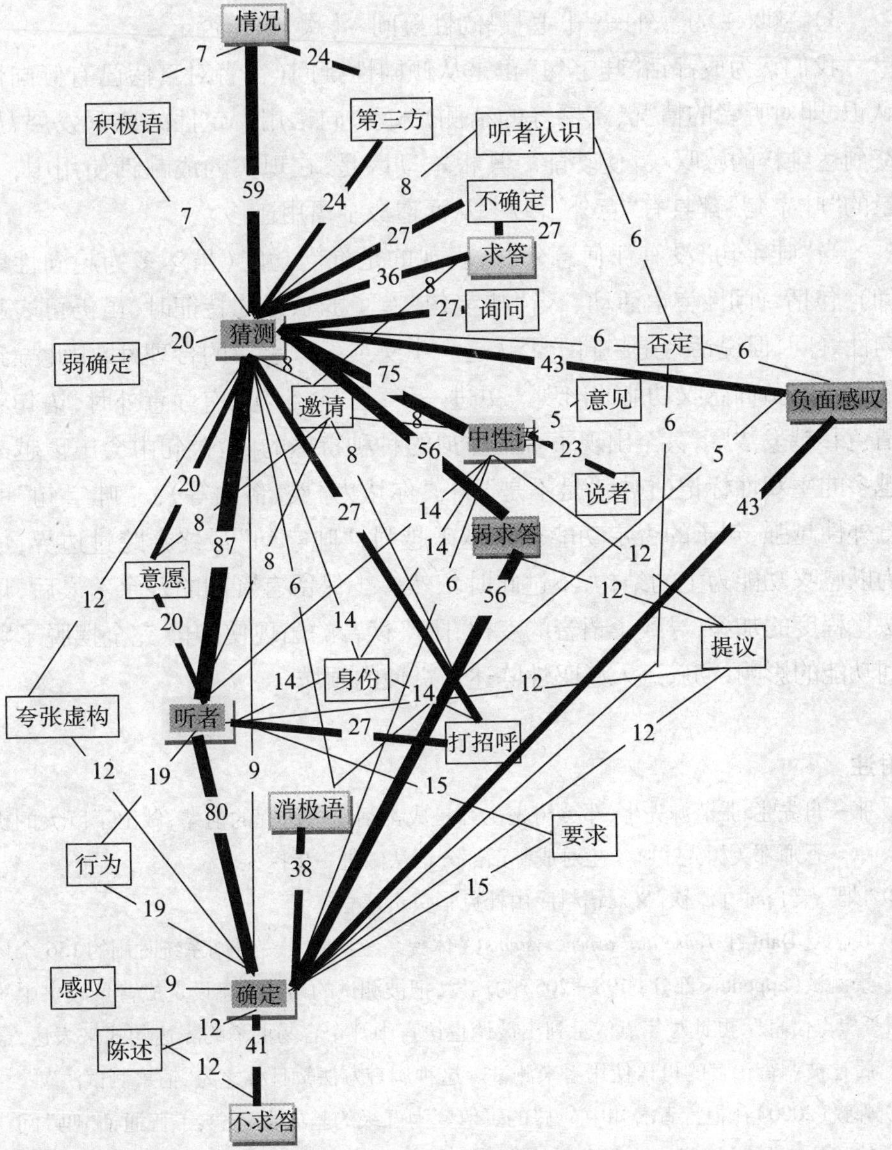

图3　成都话语气词"哇"诸特征取值之间的关联情况

陈振宇、杜克华(2015)在"意外三角"理论中,阐述了汉语疑问、感叹、否定借助"意外"这一桥梁彼此向对方转化的理论,认为与"意外"有关的语用迁移至少有以下几条("主"表示主要功能,"次"表示次要功能):

1）疑问＋意外⟶[主]语用否定＋[次]说话者指向感叹

2)感叹+强意外——→[主]语用否定+[次]趋向性疑问

3)感叹+弱意外——→[主]趋向性疑问+[次]语用否定

我们认为成都话“哇字句”正是从倾向性疑问(言者对真假已有倾向性认识,即对听者的情况、意愿等的猜测)入手,向语用否定性的感叹发展,最终到达纯粹的感叹/祈使功能。其根本动因是,在现实的成都话使用中,大量的“哇字句”都具有“意外”色彩,从而造成了语用迁移。

当“哇字句”没有任何意外时,表现的是询问功能(虽然多为趋向性疑问),包括疑问性言语活动。当“哇字句”有了弱意外的特征时,虽仍可表趋向性疑问,但说话者是趋向于否认这一事实或这一事实的合理性,由此导致了大量的负面感叹功能的出现。更进一步,当“哇字句”有强意外时,语句感情色彩越发浓厚,甚至出现了夸张虚拟的种种特殊的内容,句中会出现越来越多的主观性标记(包括“是不是”类、“你认为”类、俗语等)。“哇字句”的意外性越强,句子的否定功能也会越来越强,“哇字句”最终会跨过边界,成为以感叹功能为主的结构,不过此时依然多少保留有疑问的残余。最后,语法化程度的加深,导致了语音的变化,阳平读音的出现使“哇”完全摆脱了疑问功能的影响,彻底进入感叹性陈述与祈使的领域。

附注

① 张一舟先生、张清源先生、邓英树先生都是成都话语法研究的前辈,做出了巨大的贡献。恩师邓英树先生嘱学生对成都话部分语法做进一步探究。

② “灺”,音[pa^{55}],“软”义。语料库由杜克华负责建立。

③ 我们受 Dahl 在 *Tense and aspect systems*(《体貌系统》)中研究时间系统时用的156个场景测试(appendix 部分:198—205)的启发,把被测试的语义信息设定成背景故事中的“焦点信息”,再针对焦点信息列出被调查语言中几个容易混淆的表达句式来表达,最后让被调查语言的母语使用者来测试。这种调查方法暂且称之为“情景测试法”。

④ 郭锐(2000)在把言者潜知中“吗”的真值分为五级的基础上,证实了普通话“吗”问句的确信度及疑问程度有很大的伸缩范围。张谊生(2002)、屈承熹(2006)、卢英顺(2007)、徐晶凝(2008)在分析普通话语气词“吧”时都有过“用在陈述句末尾的‘吧’表示‘信疑之间’的语气”的观点。所以我们认为,成都话“哇”是非问的疑问功能有一个更大的伸缩范围,它覆盖了普通话语气词“吗”和“吧”的疑问功能。但“吧”能舒缓语气(王珏2014),“哇”则几乎不具有舒缓语气的功能,却普遍地用于强化语气,这又与“吧”很不一样。可见,揣测问并不必然是舒缓语气的。

⑤ 本文有关的计算软件由陈振宁编写,可在"永新语言学"网站(http://www.newlinguistics.org/)免费使用。

⑥ 笔者也曾怀疑以往研究者调查时不大可能出现这样大的偏差,又特意对老派成都人再次进行调查,发现他们用"哇"是非问时,确实与新派有明显的差别,他们"不知而问"的用法明显偏多,也许这种情况与语法演变相关,有待进一步研究。

参考文献

陈振宇(2008)现代汉语中的非典型疑问句,《语言科学》第4期。

陈振宇、陈振宁(2015)通过地图分析揭示语法学中的隐性规律——"加权最少边地图",《中国语文》第5期。

陈振宇、杜克华(2015)意外范畴:关于感叹、疑问、否定之间的语用迁移的研究,《当代修辞》第5期。

杜克华、陈振宇(2015)成都话句末语气词"嗦",载复旦大学汉语言文字学科《语言研究集刊》编委会编,《语言研究集刊》(第十五辑),上海:上海辞书出版社。

戴耀晶(2002)有关疑问句的几个问题,首届"言语与言语学国际学术研讨会"论文。

郭　锐(2000)"吗"问句的确信度和回答方式,《世界汉语教学》第2期。

刘丹青编著(2008)《语法调查研究手册》,上海:上海教育出版社。

卢英顺(2007)"吧"的语法意义再探,《世界汉语教学》第3期。

林　凌(2007)成都方言语气词研究,吉林大学硕士学位论文。

刘艳梅(2012)成都方言语气词研究,四川师范大学硕士学位论文。

屈承熹(2006)《汉语篇章语法》,北京:北京语言大学出版社:346。

徐晶凝(2008)《现代汉语话语情态研究》,北京:昆仑出版社。

谢光跃(2012)成都话疑问范畴研究,上海交通大学国际教育学院硕士学位论文。

张谊生(2000)《现代汉语虚词》,上海:华东师范大学出版社。

王　珏(2014)语气词的功能模式,2014年"语言的描写与解释"国际学术研讨会论文。

张一舟、张清源、邓英树(2001)《成都方言语法研究》,成都:巴蜀书社。

赵媛媛(2006)成都方言语气词研究,四川大学文学与新闻学院硕士学位论文。

(杜克华　610051　成都,国家开放大学[成都]　dkh303@163.com;
陈振宇　200433　上海,复旦大学中国语言文学系　chenzhenyu@fudan.edu.cn;
陈振宁　310028　杭州,浙江大学人文学院　706867589@qq.com)

福建莆仙方言的框式结构“罔A罔B”和“来A来B”*

蔡国妹

提要 “罔A罔B”和“来A来B”是莆仙话的高频框式结构，表示B随A的变化而变化，但二者同中有异。它们分别是权且义副词“罔”与趋向动词“来”框式化的结果。演化的成因有三——相近的语义基础触发相近的演变，共同语“越A越B”的类化作用，邻近的闽东福州话的渗透与影响。“罔”的权且义和倚变义是闽语的重要特征，其语义演化过程为“权且义＞并列义＞倚变义”。

关键词 莆仙方言；框式结构；并列义；倚变义；特征词

莆田市（莆田市有仙游县）位于福建沿海中部，东与台湾隔海相望，西、南与闽南泉州市接壤，北和闽东福州市毗邻。莆仙话处于福建闽南语与闽东话的交界地带，《中国语言地图集·B12闽语》特设莆仙区，同闽南区、闽东区并立为闽语东三区，与闽中、闽北构成的闽语西二区相对。

莆仙方言有一种颇具特色的高频词语“罔”，表示“姑且、随便”“越”等义，用法灵活多样，主要充当情态副词，叠用时起关联作用，用法相当于共同语“越A越B”中的“越”，与“边A边B”中的“边”。以上部分意义亦现于其他闽语区，如闽东（如福州）、闽南（如厦门、台湾）、闽中（如沙县、三明）、闽北（如建瓯）等。普通话没有与之对应的副词。

---

* 本研究得到教育部人文社会科学研究一般项目“福建莆仙方言与粤琼闽语比较研究”（项目号12YJC740003）的支持。论文曾在“福建省辞书学会第22届学术年会暨闽北语言与文化研讨会”（2015.10.23－24，福建武夷山）宣读。业师陈泽平教授提出宝贵意见。与李春晓、林颂育、李滨、吕晓玲、吴建明等各位师友的交流中，获益良多，谨致谢忱！文中若有谬误，概由笔者负责。

当前学者对闽语"罔"的研究并不充分,多是在辞典中作些简要描述,对"罔A罔B"的框式用法亦只限于举例,未见从格式本身的意义、功能等方面进行详尽的阐述。

本文细致描写莆仙话"罔A罔B"构式的语义特征和功能用法,并对比分析其与同义构式"来A来B"之异同。后者是莆仙话独有的高频用法,似未见于学者的记述。论文通过不同方言间的对比,突显闽语"罔"的特殊性。

莆仙话是笔者母语,所有用法均得到发音人刘德春(70岁,莆田市秀屿区笏石镇人,高中文化)和蔡送英(63岁,莆田市城厢区东海镇海头村人,小学文化)的验证。莆仙话之外的例子,若非特别说明,均为笔者调查所得。

一、莆仙话的"罔A罔B"

"罔"莆田音[muŋ¹¹],仙游音[muo¹¹],均为阳去调,本字待查。

"罔"有独用与叠用两种情况:

(一)独用

主要充当情态副词,在句中作状语,修饰谓语性成分,有时起关联作用,表如下意义。

1. 随意,凑合。如:

(1) 亲情有空笃⁼罔行。(亲戚有空就走动走动)

(2) 糜罔食少少。(饭随便吃一点)

2. 尝试。如:

(3) 汝罔做。(你试着做做看)

(4) 汝罔叫蜀个来。(你试着叫一个来)

3. 任凭。如:

(5) 月娘罔光笃⁼𫠦曝得粟。(月亮再亮也晒不了稻谷)

(6) 下瓮罔大都是硋社出其。(大瓮再大也是陶瓷做的)

4. 弱转折义,相当于"虽然"。如:

(7) 衫裤破罔破,复解颂其。(衣服破是破了,还可以穿)

(8) 侬瘖罔瘖,还是绝有力草。(人瘦是瘦了些,还是很有力气的)

(二)合用

构成框式结构"罔A罔B",它可以是中间没有语音停顿的紧缩复句(此种例甚多),也可以是有语音停顿的一般复句。以两项连用为常,如例(9);也可以是多个连用,如例(10)、例(11)。

(9) 物毛罔贵,钱罔伓值钱。(东西越贵,钱越不值钱)

(10) 岁头罔侪,骹手罔笨,做事体罔宽。(岁数越大,手脚越笨,做事情越慢)

(11) 伊合我其关系罔好,跟蜀厝人其关系笃⁼罔差;合蜀厝人其关系罔差,合我其关系笃⁼罔好。(他和我的关系越好,跟家里人的关系就越差;跟家里人的关系越差,跟我的关系就越好)

这里"罔"为框式程度副词,叠用时亦起关联作用。"罔A""罔B"的关系主要有两种。

一种是两个动作同时进行。A、B均为动词性成分。其可以陈述同一对象,如例(12)、例(13),相当于"边A边B";亦可以陈述不同对象,相当于"一直A一直B",如例(14)。

(12) 我罔食罔看。(我边吃边看)

(13) 伊罔讲罔吼。(他边讲边哭)

(14) 我罔叫,伊罔行。(我一直叫,他一直走)

另一种是条件倚变关系,指程度上B随A的变化而变化,相当于"越A越B"。前项是条件,后项是结果。A、B可以是词或短语。A的中心语一般具有可持性或动态性,可以是:动作动词,如例(15)—例(17);心理动词,如例(18)、例(19);性质形容词,如例(20)、例(21);方位短语;如例(22)、例(23)等。陈述对象多是相同的,如例(15)—例(18);有时不同,如例(24)。前后陈述对象不同的,可以共现,如例(24);或隐藏其一,如例(20)、例(23);或均不出现,如例(21)。

(15) 雨罔落罔大。(雨越下越大)

(16) 衫裤罔颂罔讲究。(衣服越穿越讲究)

(17) 问题罔讨论罔明朗。(问题越讨论越明朗)

(18) 罔算罔吼。(越想越哭)

(19) 罔惊罔解出事体。(越怕越可能出事)

(20) 罔老脾草罔冲。(越老脾气越坏)

(21) 罔用工罔差劲。(越认真效果越差)

(22) 罔头前看罔现。(越前头看得越清楚)

(23) 伊行罔内伍罔暗。(他越进去光线越黑)

(24) 我罔行天罔暗。(我越走天越黑)

这种倚变关系,可以是常态倚变,如例(15)—例(24);也可能是异态倚变,如例(25)—例(27)。前者指从某一条件出发,倚变结果符合正常情况;结果与条件顺承,没有转折性。后者指从某一条件出发,倚变结果不符合正常的情况;结果与条件逆接,具有转折性。当然常态与异态是相对的。

(25) 伊厝罔鱠合罔卜坐做伙。(他们越是合不来越是要凑一块儿)

(26) 我罔劝,伊罔唔肯放。(我越劝,他越不罢休)

(27) 汝罔讲,伊罔卜安生。(你越讲,他越是这样)

(三) 罔来罔B

"罔来罔B"格式是"罔A罔B"的一种特殊形式。"来"主要是由A演化而来,在语义虚化过程中,前项的动词性成分逐渐失去了其动作性语义,而着重强调其在时间方面的推移。其用法相当于普通话的"越来越B",只能有一个主语。如:

(28) 身体罔来罔差。

(29) 声音罔来罔大声。

(30) 伊罔来罔伓肯放。(他越来越不肯罢休)

B主要是形容词性成分,如例(28)、例(29),表示状态随着前项时间的推移而不断变化;有时也可以是动词性成分,如例(30),表示程度随着时间推移而加深。通常情况下,"罔A罔B"用于陈述同一对象时都可以转化成"罔来罔B"格式。

二、"罔A罔B"与"来A来B"

来,莆仙话有文读[lai^{24}]和白读[li^{24}],独用时基本用法与共同语"来"相近。"来A来B"表示B随A的变化而变化,用法与"罔A罔B"的倚变义相类,在大多数情况下可以互相替换。如(文中"/"表示可替换,"*"表示不可替换):

(31) 老侬罔老罔糊涂。(/来A来B)(老人越来越糊涂)

(32) 即其后生团罔坐罔不成侬。(/来A来B)(这年轻人越休息越懒惰)

(33) 汝声音罔细声,我罔无听闻。(/来 A 来 B)(你声音越大,我越是听不见)

二者的区别如下:

第一,“罔 A 罔 B”中的 A 只表示时间的渐进或程度的累加,具有单向性。“来 A 来 B”更强调逻辑的逆转,具有双向性。例(34)—例(37)就只能用“来 A 来 B”:

(34) 婶娘囝来后生来好对。(姑娘越年轻越容易嫁出去)

(35) 衫裤来新颂爬起来后生。(衣服越新穿起来越显年轻)

(36) 来早来好。(越早越好)

(37) 汝来卜挃,我来伓肯。(你越想要,我越不给)

一般来说,年纪不能越来越小,衣服不能越来越新,时间累积起来只能越来越迟,所以上例不能替换为“罔 A 罔 B”。例(38)、例(39)中,前后句 A、B 两项的因果关系都是成立的,但 A 若表示时间的渐进和程度的累加,用“罔 A 罔 B”与“来 A 来 B”均可,反之就只能用后者,不可用前者。

(38) 侬罔老头脑罔糊涂(/来 A 来 B)——侬来后生头脑来灵活(*罔 A 罔 B)

(39) 书读罔侪罔聪明(/来 A 来 B)——书读来少来戆(*罔 A 罔 B)

下例之所以成立是因为有不同的预设:

(40a) 行罔远听罔无清楚。(同向走远)

(40b) 行罔近听罔清楚。(异向走近)

当“罔 A”表示距离的渐近或渐远时,似乎与“只表示程度的累加”相矛盾,其实是因为运动时参照的方向不同而已。此时,可与“来 A 来 B”替换。

第二,“罔 A 罔 B”侧重对客观事实的阐述,“来 A 来 B”更强调逆转,给人出乎意料的警醒。如“罔食罔肥”“来食来肥”均有“越吃越胖”之意,前者是陈述客观事实,后者是极力强调肥胖这一消极结果,含有劝阻少食之意。“火烌罔拍罔塕”“火烌来拍来塕”均通过“草木灰越拍越是飞扬得厉害”隐喻劝架要讲究技巧,相对而言,后者劝告语气更有力,更有警醒效果。同样,“来做工夫来有力”(越干活越有劲儿)也比“罔做工夫罔有力”更有强调意味。

第三,“罔 A 罔 B”有并列义,“来 A 来 B”则无。所以例(12)—例(14)不可转换为“来 A 来 B”。

第四,"罔A罔B"可以表示权且义,"来A来B"则无。如:

(41) 汝罔讲我罔做。(你做你的,我干我的。)

(42) 汝来讲我来卜做。(你越是说,我越要对着干。)

例(41)有"互不干涉"的意味,而例(42)则有逆转义。

由于二式表倚变义时功能大同小异,有时有"罔A来B"的套用形式,但因人而异。如:

(43) 我罔卜挃,伊来唔肯。(我越想要,他越不肯)

(44) 伊吼罔大声,我来不拼去风神。(他越哭声音越大,我越不想去哄他)

三、"罔"与"来"的框式化

"罔"是情态副词,"罔A罔B"格式中的"罔"是具有关联作用的副词。如:

(45) 伊罔行罔热,汗罔流罔侪。(表示随着前项的变化"热"的感觉也逐渐加强。前后项之间有明显的关联)

(46) 伊行热了,流蜀身汗。("热"是"行"的直接结果)

那么框式结构"罔A罔B"与"来A来B"是怎么产生的呢?我们认为至少有如下几种因素。

(一)相近的语义基础触发相近的演化机制

"罔A罔B"语义的演化应该经历了两个阶段——由"姑且A姑且B"的权且义(例〔41〕),至"边A边B"的并列义,再至"越A越B"的倚变义。我们往往能找到一些歧义的表述,如"汝罔讲我罔听"有权且义和并列义,"汝罔讲伊罔吼哭"有并列义和倚变义。这种歧解可据语境进行分化。

"罔A罔B"的发展可以参照共同语"且"的演化。据《汉语大字典》,"且"可充当副词与连词,充当副词时有"将近""将要""姑且"等义,充当连词时有并列、相承、选择、递进等关系。《汉语大词典》引《史记·李将军列传》:"陵军五千人,兵矢既尽,士死者过半,而所杀伤匈奴亦万余人,且引且战。"宋·陆游《老学庵笔记》卷五:"肃王不视,且听且行,若不经意。"这里,"且引且战""且听且行"表示两件事同时进行,意为"边A边B"。"且哭且笑""且歌且舞"及当前网络流行语"且行且珍惜"用法类此。

莆仙话的“罔”与“且”的大部分用法是相通的,如均可充当权且义情态副词,叠用后表并列义。一般说来,当并列的是两个正在进行的事项,随着时间推移,逐步累积的变化结果自动发生,产生倚变义。据此,莆仙话的“罔”的叠用经历了“权且义 > 并列义 > 倚变义”。只是普通话已有“越 A 越 B”表示倚变,“且”无进一步引申的必要。

总之,相近的语义基础可能触发相近的演化机制。由共时的进行延伸至历时的渐变,这应该是语义演化的常式。

(二)受邻近闽东福州话影响的结果

莆仙话是宋代之后从闽南话中分化而来(有的学者据此把莆仙话视为闽南语的一个分支)。但相较于闽南话,莆仙话的“罔”的用法更为灵活多样。以下是闽南漳州话及闽东福州话的例子。①

漳州话:

[1] 乌云飞上山,棕蓑落罔幔。(棕蓑:蓑衣。罔幔:顺便披上)

[2] 有准掠蟟仔,无准洗浴——罔做罔做。(能捉到蟟仔最好,捉不到就权当洗澡)

[3] 玉兰哪开哪芳,木棉哪开哪红。(玉兰越开越香,木棉越开越红)

[4] 哪食哪热喙。(越啃越来劲)

[5] 伊哪行哪讲。(他边走边说)

[6] 伊愈来愈乖。(他越来越乖)

[7] 天气解愈来愈寒。(天气会越来直冷)

福州话:

[8] 茶杯有缺,罔就口礼使。(茶杯有缺口,姑且将就着用吧)

[9] 文章罔做囖,底侬当真做。(表面随便应付一下,谁当真干)

[10] 罔行墿罔攀讲,媨见觉就遘了。(边走路边说话,不觉就到了)

[11] 这头猪病疳去,罔变罔嫩去。(这头猪长不大,越来越小了)

[12] 罔做神侬罔讨厌。(越是装神气人家越讨厌)

闽南漳州话“罔”主要表示权且义,倚变义用“哪[na^{55}]A 哪[na^{55}]B”或“愈[lu^{55}]A 愈[lu^{55}]B”,②并列义用“哪[na^{55}]A 哪[na^{55}]B”(少用)和“边 A 边 B”(书面色彩浓厚),“罔 A 罔 B”无并列义。

莆仙话倒与福州话相近,“罔”单用时表示权且义,叠用时表示倚变义和并列义。③考虑到莆仙话的形成过程,不排除莆仙话“罔 A 罔 B”之用法是受闽东福州话影响而致。

(三) 共同语"越A越B"的类化作用

我们发现,莆仙话的"罔A罔B"和"来A来B"与共同语的"越A越B"意义和用法均有严整的对应,上举相应例子中,除表并列义的例(12)—例(14)外,均可对译成"越A越B",前者应该是接受了后者深度的类化渗透。

总之,莆仙话"罔A罔B"的产生是内外因交错的结果——相近的语义基础触发相近的演化机制是内因,福州话与普通话的影响是外因。其中,内因才是基本的,体现了构式演变的一般趋势。这个过程并不是一蹴而就的,刚开始它只是一个临时性的短语组合,由于长期搭配使用,进而固化为典型的框式结构。"罔A罔B"构式化的起点应该是"姑且A姑且B"中权且义情态副词的连用,如"罔做罔去、罔食罔去、罔住罔去、汝罔讲我罔做(你姑且说我姑且做)"等。由于"经常共现,高频使用"触发语义增值而产生并列义乃至倚变义。"使用框式结构表示'倚变'是汉语自古至今皆有的用法。"(张家合2010)如古代汉语"愈A愈B"与近代汉语的"越A越B"均有渐进关系。

趋向动词"来"之所以能够叠用为"来A来B"表渐变关系,或许是受共同语"越来越B"与莆仙话"罔来罔B"中"来"的双重诱发而产生的。"来"由趋向动词框式化表倚变义,由空间趋近至时间倚变,是自然的语义演化。由于二者同源,我们没有看到与"罔来罔B"相当的"来来来B"之用法。

这种特定的构式义,并不是其结构成分语义的简单相加,而是发生了语义增值。语义增值是框架结构的常见现象,邵敬敏(2011)、张家合(2010)等学者已有较详细的论述。此不赘述。

"罔A罔B"与"来A来B"均可表示倚变义,似乎不符合语言使用的经济性要求。但是,如前所述,二者毕竟在语义、语用上还有一些区别,所以能够共存。

四、闽语"罔"的普遍性和排他性

(一) 闽语"罔"的普遍性

据《汉语方言大词典》,"罔"亦出现于台湾省及厦门、南平、明溪、顺昌、三明、永安、沙县等县市。各地闽语中"罔"的用法虽然不尽相同,但"随意、姑且、越”义应该是“罔”的基本用法,在闽语区有明显的一致性。如闽南厦门、漳州的“罔饲”(姑且养育)、“罔度罔过”“罔度罔好”(越过越好);闽东福州话的“有闲罔来我厝坐坐嚱”(有空不妨来我家坐坐)、“罔来罔富”(越来越富)、“罔讲罔笑”(边说边笑),福安话的“罔行罔去”(越走越远)、“罔讲罔侪”(越说越多),屏南的“罔行罔讲”(边走边说);闽中三明的“罔话罔齐”(越多越多),三明、南平、沙县的“罔话”(姑且说说)、“罔行罔快”(越走越快);闽北建瓯的“罔担罔重”(越挑越重)等。可见“罔”的权且义和倚变义对内具有普遍性,通行于闽语(只是倚变义罕见于闽南话中)。并列义主要见于闽东侯官片和莆仙话中。

由于方言的负迁移,闽语区的人们学习普通话往往有明显的地域特色。陈泽平(1998: 212)即已指出,“晚上有空满来坐坐”和“没什么好吃的,满吃一点”,都是“福州的普通话”中词汇语法的不规范现象,正确的说法应该是“晚上有空随便来坐坐”和“没什么好吃的,将就吃一点”。他认为这是套用了福州话的情态副词“罔”,普通话中并没有“满”这样一个副词。这种解释应该同样适用于包括莆仙话在内的其他闽语区。

(二) 闽语“罔”的排他性

其他方言区的人们有时会把闽语的“罔”与“蛮”相联系。王云路(2004)将闽语“凑合、随便”义的词视为“蛮”,并视之为“野蛮”“粗俗”等贬义词语色彩的一种引申。吕叔湘先生(1977: 283)认为,“蛮”就是“满”字。《现代汉语虚词例释》中提到:“‘满’也写作‘蛮’,原是南方方言中的口语词,意思相当于普通话的‘很’‘挺’,‘完全’等,表示程度深。”“蛮”的这种程度副词用法主要分布在吴语、湘语、赣语、客家话等南方方言,以及中原官话、江淮官话、西南官话中,主要用来修饰褒义词(许宝华、宫田一郎 1999: 6680—6681、6258)。最近几十年,不仅使用范围有扩大的趋势,而且修饰褒义词的功能也逐渐弱化,一般表示“挺、非常”义。闽语“罔”的意义和用法显然与此不同。所以闽人口语普通话中的“满好、满伤心”等表示程度义的“满”(蛮)应是吴湘等地经由书面语或影视作品传入闽地的。

“方言特征词是在一定地域的方言里的有特征意义的方言词,即在区内较为普遍通行,区外又比较少见的方言词。”(李如龙 2014)按此标准,闽语的“罔”(权且义和倚变义)可列为闽语特征词,即对区内有普遍性,对区外有排他性。“罔”的并列义是闽东话和莆仙话的小区域特征。“来 A 来 B”表示倚变是莆仙话的一种具有标记性的表达式。

五、“罔”的本字问题

大多数学者视“罔”为方言俗字,且有“合音”说。陈泽平(1998:164)与李春晓(2013)分别认为福州话和闽南话的“罔”很可能是“无妨”的合音。刘福铸(1995)亦提出莆仙话的“惘”(即罔)的来源为:“惘*,仙游说[$mŋ^{2}$],莆田说[mo^{2}],莆田山区则说[$muŋ^{2}$],‘毛(无)妨’的合音,义为‘随意’‘随便’或‘不妨’。”

“罔”为闽语特征词,其在闽语各地的读音是:福州话[$muoŋ^{33}$],厦门话[$bɔŋ^{53}$],漳州话[$bɔŋ^{53}$],泉州话[$lɔŋ^{55}$],台湾闽南语[$bɔŋ^{53}$],建瓯话[$mɔŋ^{21}$],沙县话[$bɔuŋ^{21}$],顺昌话[$mɔŋ^{21}$],三明话[m^{21}],南平话[$mæŋ^{213}$],各地均为阴上调。莆田话为阴上调的[$muŋ^{453}$],仙游话[muo^{453}],变调后为阳平或阳去。可见,闽语各地用法相通,语音相近,当为宕摄合口三等养韵明母,阴声韵和声化韵是后期发展的结果,如仙游话[muo^{453}]和三明话的[m^{21}]。

笔者母语莆仙话中并没有“无妨”的分音式表示“权且”义,亦无“妨”表示肯定式。语感上没有明显的合音迹象。莆仙话中一般否定词的合音是前字取声母,后字取韵母和声调。如:

怀通:怀 $ŋ^{11}$ + 通 $thaŋ^{533}$→$naŋ^{533}$(客观上不可以做)

怀爱:怀 m^{11} + 爱 ai^{42}→mai^{42}(主观上不想做)

怀使:怀 $ŋ^{11}$ + 使 $ɬai^{453}$→nai^{453}(不必、不要)

怀正:怀 $ŋ^{11}$/m^{11} + 正 $tsia^{42}$→nia^{42}/mia^{42}(主观上不想做,语气比“怀爱”强)

𫧮:未 pue^{11} + 会 e^{11}→ * pue^{11}→pe^{11}(不会、不能)

𬎓:未 pue^{11} + 曾 $tseŋ^{24}$→$peŋ^{24}$(以前没有做过)

有时可见否定词脱落现象。如:

拍怀见:拍 pa^{11} + 怀 $ŋ^{11}$ + 见 $kiŋ^{42}$→$paŋ^{11-533}$ + $k\text{-}ŋiŋ^{42}$→$pa^{533}iŋ^{42}$

“无妨”二字在莆仙话中并不合音,“无”为常用字,“妨”只有文读音。若确有合音,按上面的一般反切法,也当是 $pɔŋ^{24}$(< po^{24}〔无〕+ $hɔŋ^{24}$〔妨〕),而不是 $mŋ^{453}$(连读中常变音为阳去调11)。可见,莆仙话“罔”的音读并不是由“无妨”合音的,至少不是根据莆仙话自身合音而来的。

由于莆仙话处于闽南话与闽东话的过渡地带,往往还有邻近方言的特征,加上"罔"的用法与邻近的福州话([muoŋ³³])极其相似,我们据此推测,莆仙话"罔"的读音很可能是借用福州话音读的结果,是莆仙话受闽东话深度渗透的又一例证。

闽语"罔"的合音至少有四五百年之久。我们查得闽南泉州话的早期剧本《明代嘉靖刊本〈荔镜记〉》书影及校订本有七处用"罔",且均表权且义。如:"[旦内白]不得做声,待伊罔唱。""[旦]鬼仔,你罔呾,我不听。"其他方言的合音年代应该与之相近或略迟。

六、小　结

综上,我们得出如下结论:① 闽语的"罔"的权且义和倚变义是闽语的重要特征。"罔"的并列义是闽东话和莆仙话的小区域特征。"来 A 来 B"表示倚变是莆仙话的一种具有标记性的表达式。② 莆仙话表示倚变的"罔 A 罔 B"与"来 A 来 B"同中有异。二者框式化的成因大致有三——相近的语义基础触发相近的演变,现代汉语"越 A 越 B"的类化作用,邻近闽东福州话的渗透与影响。③ "罔"的语义演化过程为"权且义 > 并列义 > 倚变义"。

附注

① 漳州话例[1]至[4]引自杨秀明著《漳州方言熟语歌谣》,其余为林颂育提供。福州话例引自李如龙等编《福州方言词典》。

② "哪"与"愈"的叠用均有倚变义,但表意微殊。如"伊哪来哪乖"暗示他原本不乖,随着时间推移变乖了;"伊愈来愈乖"是他原本就挺乖,随着时间推移更加乖巧了。感谢林颂育先生的宝贵意见。

③ 福州话和莆仙话亦可用"边 A 边 B"表示并列义。福州话还用"越 A 越 B"表倚变义。

参考文献

北京大学中文系汉语专业语言班(1997)《现代汉语虚词例释》,北京:商务印书馆。

陈泽平(1998)《福州方言研究》,福州:福建人民出版社。

汉语大字典编辑委员会编(1986—1990)《汉语大字典》,成都:四川辞书出版社/武汉:湖北辞书出版社。

李春晓(2013)海峡两岸闽南方言合音词研究,《中国方言学报》第3期。

李如龙等主编(1994)《福州方言词典》,福州：福建人民出版社。
李如龙(2014)论方言特征词的特征——以闽方言为例,《方言》第2期。
刘福铸(1995)莆仙方言中的合音词研究,《福建师大福清分校学报》第1期。
邵敬敏(2011)汉语框式结构说略,《中国语文》第3期。
王云路(2004)试论外族文化对中古汉语词汇的影响,《语言研究》第1期。
许宝华、宫田一郎主编(1999)《汉语方言大词典》,北京：中华书局。
杨秀明(2007)《漳州方言熟语歌谣》,福州：福建人民出版社。
张家合(2010)程度副词"越"、"越发"的语法化及相关问题,《汉语学习》第5期。
郑国权主编(2010)《荔镜记荔枝记四种(明代嘉靖刊本〈荔镜记〉书影及校订本)》,北京：中国戏剧出版社。
中国汉语大词典编辑委员会、汉语大词典编纂处编(1986)《汉语大词典》,上海：汉语大词典出版社出版。
中国社会科学院和澳大利亚人文科学院合编(1987)《中国语言地图集(第一版)》,香港：朗文出版。

(350108　福建福州,闽江学院方言研究所　caiguomei605@163.com)

江苏盐城话的持续体标记*

蔡华祥

提要 江苏盐城话有五个持续体标记——"著""著了""了块""块""了下"。"著""著了"既可以表示动作进行,也可以表示状态持续;"了块""块""了下"只能表示状态持续。同时,这五个持续体标记和不同语义类型的动词组合的情况有所不同,同类动词和不同体标记组合后产生的体意义也有一定的差异。文章还考察了持续体标记跟语气词"呢"、副词"紧呃""还"、方所结构"在块"等成分的同现情况。

关键词 盐城话;持续体;著(了);(了)块;了下

体(aspect),又叫动态,是描述动词存在方式的重要语法范畴。一般认为,普通话动词后的"着"表示持续,"了"表示完成,"过"表示经历。其中持续体有两种类型,一是动作的进行,如"小王正吃着饭呢","吃着"中的"吃"正在进行;二是动作结束后所产生状态的持续,如"门开着呢","开着"中的"开"不是正在开,而是处于敞开的状态。汉语持续体一直是汉语语法研究的热点和难点,而对汉语方言中持续体的研究有利于进一步加深对汉语的持续体乃至整个体范畴的认识。江苏盐城话是江淮方言的代表方言,具有"著""著了""块""了块""了下"等多个持续体的标记,功能复杂,形式多样,有一定的研究价值。文中的语料来自盐城市开发区步凤镇方言,该方言也是笔者的母语。

* 本研究得到国家社科基金重大项目(编号 12&ZD177)、国家哲学社会科学基金一般项目(编号 13BYY046)、教育部人文社会科学研究青年基金项目(编号 14YJC740004)、江苏省高校哲学社会科学研究重点项目(编号 2014ZDIXM032)的支持。

一、持续体标记的句法分布和意义

(一) 著[ts^hu^0]、著了[$ts^hu^0lə^0$]

"著"可以用在动词后面表示动作的进行,"V 著"后面一般还要跟着宾语。如:

(1) 小王吃著饭呢。(小王吃着饭呢。)

(2) 小王打著电话呢。(小王打着电话呢。)

"V 著 O"后面还可以跟一个动词。如:

(3) 小王在那块抿著嘴笑。(小王在那里抿着嘴笑呢。)

(4) 小王红著脸说,明呃子不来了。(他红着脸说,明天不来了。)

(5) 小王领著细的外出了。(小王领着孩子出去了。)

"V 著 O"构成的小句可以做定语,如:

(6) 小王打著电话的时候跌了个跟头。(小王在打电话的时候摔了一跤。)

形容词后附加"著"可以表示相关状态的持续,但是在句子里只能充当定语、状语等修饰性成分。[①]如:

(7) 亮著灯的时候写字。(灯亮着的时候写字。)

(8) 这个事是她红著脸跟我说的。(这件事儿是她红着脸跟我说的。)

"A 著 O"不能直接充当谓语。如:

(9) *家内亮著灯(呢)。(家里亮着灯呢。)

(10) *她红著脸(呢)。(她红着脸呢。)

"著了"的语法意义和"著"基本一致,"V 著了"主要用在句末,并且一般要和语气词"呢[$nɪ^0$]"同现。如:

(11) 小王吃著了呢。(小王正吃着呢。)

(12) 小王玩著了呢。(小王正玩着呢。)

(13) 小王讲著了呢。(小王正讲着呢。)

"V 著了"跟"V 著"一样,也可以带宾语。如:

(14) 小王吃著了饭呢。(小王正吃着饭呢。)

(15) 小王玩著了球呢。(小王正玩着球呢。)

(16) 小王讲著了课呢。(小王正讲着课呢。)

“V 著了”也可以跟动词性成分构成连谓结构。如:

(17) 小王嘴抿著了笑呢。(小王抿着嘴笑呢。)

形容词后面附着“著了”可以做谓语。如:

(18) 她脸还红著了呢。(她脸还红着呢。)

(19) 家内灯还亮著了呢。(家里灯还亮着呢。)

“V 著了”后面也可以接动词性成分,构成连谓结构。如:

(20) 小王紧㧟忙著了烧夜饭呢。(小王正忙着烧晚饭呢。)

“著了”可分别用在两个动词后面,表示两个动作同时进行。如:

(21) 小王笑著了说著了。(小王一边笑,一边说。)

(22) 饭吃著了特著了。(一边吃着饭,一边掉着米粒。)

(23) 他打著了骂著了。(他一边打,一边骂。)

单独的“著”没有这种功能。如:

(24) *饭吃著特著。

即使 V 著后带上宾语,也不能成立。如:

(25) *他打著人骂著人。

形容词是不能进入“X 著了 X 著了”格式的,因为“V 著了 V 著了”是动态的,表示两个动作的同时进行,而形容词涉及的状态是静态的。

“著”和“著了”的语法意义较为一致,但是句法分布不完全相同。“V 著”不是一个自足的成分,后面必须跟上其他成分,该成分可实可虚。即“V 著”后面一般要出现宾语,如“吃著饭”;或者“V 著”后面直接加虚词“了”,构成“V 著了”,如“吃著了”。“了”在“V 著了”中没有明确的语法意义,更不表示完成,只是和“著”组合在一起,表示动作的进行。当然,“著”和“著了”也有相同的句法分布,如:

(26) 小王吃著饭呢。(小王吃着饭呢。)

(27) 小王吃著了饭呢。(小王吃着饭呢。)

(28) 小王在那块抿著嘴笑。(小王在那儿抿着嘴笑。)

(29) 小王抿著了嘴笑呢。(小王抿着嘴笑呢。)

(30) 她还红著脸呢。(她还红着脸呢。)

(31) 小李红著了脸说:“东西是她买的。”(小李红着脸说:“东西是她买的。”)

但是这两种句法格式在盐城话中的使用情况不一样。就目前的情况来看,“V 著 O”句的使用较为优势,而“V 著了 O”句是后起的格式,目前较为弱势。实际上,在盐城话中使用最为优势的是“S 著了”格式。如:

(32) 小王吃著了呢。

(33) 小王嘴抿著了笑呢。

(34) 她脸还红著了呢。

在语境允许的情况下,句中的话题或主语常常可以省去不说,如“吃著了呢”“玩著了呢”“走著了呢”等。我们推测新兴的“V 著了 O”格式是“V 著 O”和“S 著了”竞争接触下产生的,“S 著了”更为强势,使“V 著 O”增加了一个“了”,成为叠合的“V 著了 O”,并且这种竞争并没有完成,在部分句法格式中只能使用“V 著 O”或“S 著了”,还没有产生“V 著了 O”。如:

(35) 亮著灯的时候写字。(灯亮着的时候写字。)

(36) 灯亮著了的时候写字。(灯亮着的时候写字。)

(37) *亮著了灯的时候写字。

“A 著了”的使用甚至比“A 著”更为广泛,如:

(38) 小王紧疕忙著了烧夜饭呢。(小王正忙着烧晚饭呢。)

(39) *小王紧疕忙著烧夜饭呢。

(二)“块”[k^hue^0]、“了块”[$lə^0k^hue^0$]、“了下”[$lə^0xɒ^0$]

“块”音[k^hue^0],还可进一步弱化为[k^he^0];“了块”也有两个语音变体,分别是[$lə^0k^hue^0$]和[$lə^0k^he^0$]。“了块”和“块”的语法功能基本一致,都可以用在动词后,表示动作相关状态的持续,语速较快时,更倾向于说“块”。如:

(40) 眼睛睁(了)块呢。(眼睛睁着呢。)

(41) 手举(了)块呢。(手举着呢。)

“V(了)块 O”可以构成存在句。如:

(42) 墙上挂(了)块一幅画。(墙上挂着一幅画。)

(43) 纸上写(了)块两行字。(纸上写着两行字。)

“V(了)块”也可以后接谓词性成分。如:

(44) 还是躺(了)块惬意。(还是躺着舒服。)

(45) 躺(了)块难过凶呢。(躺着难受极了。)

(46) 小王伏(了)块望书。(小王趴着看书。)

(47) 你先坐(了)块吃。(你坐着吃。)

(48) 站(了)块说比坐(了)块说好。(站着说比坐着说好。)

“(了)块”还可以用在性质形容词后面,如:

(49) 他脸还肿(了)块呢。(他的脸一直肿着。)

(50) 教室内灯还亮(了)块呢。(教室里的灯一直亮着。)

“块”和“了块”在表现持续体意义的时候功能基本一致,可以看做是一对自由变体,只是在语速较快时,更倾向于使用“V 块”,可见“V 块”是语法化的方向,并且更为经济。盐城话的“块”[k^hue^{35}]可以用作量词,如“三块砖头”(三块砖)、“两块钱”(两元钱);可以做处所词,如“块块是水”(到处是水)、“块块是人”(哪儿都是人)。当“块”和指示词“这”“那”一起组成“这块”“那块”,表示“这里、那里”或“这儿、那儿”的意思时,语音已经弱化为轻声,即[$ʦəʔ^5k^hue^0$][$loʔ^5k^hue^0$]或[$ʦəʔ^5k^he^0$][$loʔ^5k^he^0$],和持续体标记“块”的语音相同。蔡华祥(2007)指出盐城话存在“V + 了 + $O_{处所}$”这样的结构,如:

(51) 书放了在桌子上。(书放在桌子上。)

(52) 他伏了桌子上睡觉。(他趴在桌子上睡觉。)

蔡华祥(2007)还指出,句子中的“了”跟完成体没有关系,只是动词和方所短语连接的一个标记,如下列句子一样可以成立:

(53) 书没要放在桌子上。(书没有放在桌子上。)

(54) 他没要伏了桌子上睡觉。(他没有趴在桌子上睡觉。)

句子中的“了”可以和否定词“没有$_{没要}$”同现,显然这里的“了”并不表示完成。同理,“V + 了 + $O_{处所}$”中的处所宾语也可以出现“这块”“那块”,如:

(55) 书放了这块吧。(把书放这儿吧。)

(56) 他伏了那块睡觉。(他趴在那儿睡觉。)

并进一步简化成:

(57) 书放了块吧。

(58) 他伏了块睡觉。

例(55)、例(56)句和例(57)、例(58)句的区别有两点:一是例(55)句中“了”必须出现,是强制性标记,而例(57)句中的“了”可以不出现,不是强制性标记,例(57)句还可以说成“书放块吧”。二是“书放(了)块”“他伏(了)块睡觉”中的“(了)块”已经十分虚化,表示“这里”或“那里”的意思已经不明确,逐渐演化成一个持续体标记,可以用在形容词后面表示相关状态的持续。作为连接动词和处所宾语的“了”在动作状态持续的“V(了)块”结构中出现,仅仅是因为两者有一定的语法化的关系,并不必然意味着“了”后的成分一定表示实在意义的处所。

“了下”跟“(了)块”的用法和意义基本一致,不过“了下”的使用范围没有“(了)块”广,如:

(59) 眼睛睁了下呢。(眼睛睁着呢。)

(60) 手举了下呢。(手举着呢。)

(61) *墙上挂了下一幅画。(墙上挂着一幅画。)

(62) *纸上写了下两行字。(纸上写着两行字。)

(63) 还是躺了下惬意。(还是躺着舒服。)

(64) ? 躺了下难过凶呢。(躺着难受极了。)

(65) 小王伏了下望书。(小王趴着看书。)

(66) ? 你先坐了下吃。(你坐着吃。)

(67) ? 站了下说比坐了下说好。(站着说比坐着说好。)

(68) 他脸还肿(了)块呢。(他的脸一直肿着。)

(69) 教室内灯还亮(了)块呢。(教室里的灯一直亮着。)

“了下”和“了块”的构造相仿,其中的“了”来源于连接动词和处所宾语的标记。“下”在盐城话中有动词和方位词两种用法,“了下”中的“下”来源于方位词“下”。盐城话里有“底下”[$\text{ʨi}^{213}\text{xɒ}^{0}$](下面)“地下”[$\text{ʨ}^{h}\text{i}^{31}\text{xɒ}^{0}$](地上)(“底下”“地下”在语流中还可以进一步弱化为[$\text{ʨi}^{213}\text{ə}^{0}$][$\text{ʨ}^{h}\text{i}^{31}\text{ə}^{0}$]),语音上和“了下”的“下”相同。但是,“V 了下”目前在盐城话中似乎已经凝固化,没有像“V 了块”有逐渐演变成“V 块”的趋势。如下列句子去掉“了”就不能成立了:

(70) *眼睛睁下呢。

(71) *手举下呢。

(72) *他脸还肿下呢。

(73) *教室内灯还亮下呢。

从语法化的角度看,“了块”“了下”来源于处所结构“了这块”“了那块”或“了这下”“了那下”,不过盐城话中的“了块”“了下”的语法化的程度较高,已经没有明显的指示远近的意义了。

“块”“了块”“了下”在祈使句中的使用情况也不相同。如:

(74) 站块!(站住!)

(75) *站了块!

(76) *站了下!

(77) 你把包先放块吧。(你把包先放下吧。)

(78) 你把包先放了块吧。(你把包先放下吧。)

(79) *你把包先放了下吧。

从这一点来看,“V块”分布范围最广。

(三) 小结

盐城话的三类持续体标记共五个——“著”“著了”“块”“了块”“了下”。这些持续体标记都可以用在动词的后面,其中“著”“著了”既可以表示动作的进行,也可以表示状态的持续,而“块”“了块”“了下”只能表示状态的持续。“著”“著了”“块”“了块”“了下”都可以用在形容词后面表示相关状态的持续。如:

(80) 眼睛睁著了呢。/眼睛睁(了)块呢。/眼睛睁了下呢。(眼睛睁着呢。)

(81) 手举著了呢。/手举(了)块呢。/手举了下呢。(手举着呢。)

(82) 他脸还肿著了呢。/他脸还肿(了)块呢。/他脸还肿了下呢。(他的脸还肿着呢。)

(83) 教室内灯还亮著了呢。/教室内灯还亮(了)块呢。/教室内灯还亮了下呢。(教室里灯还亮着呢。)

二、持续体标记的组合类型

(一) 持续体标记和动词的组合

不同语义类型的动词和持续体标记的组合能力是不一样的,也不是所有语义类型的动词都能和持续体标记组合,如下面两类动词是不能和持续体标记组合的。

a. 是　姓　有　没得(没有)

b. 死　来　去　进　出　熄　忘　准　到　发现　承认

a类是表示关系或属性的动词,本身没有动作性,只是在句法上具有动词的属性,和一般动词完全不同,不能和盐城话中的三类持续体标记组合。

b 类属于结束性动词，瞬间产生变化并产生结果，动作内部的开始点和结束点完全重合，又称之为“非持续性动词”或“点结构动词”（马庆株 1981，郭锐 1993），这类动词也不能和持续体标记组合。

下面我们详细考察盐城话中能和持续体标记组合的动词。

A. 踢　眨　点（~头）　摇　抖　拍　磕　踩　啃　挖　敲　搉[$k^ha?^5$]（击打）

这一类动词动作性强，动作瞬间发生并重复多次，在续段上成异质的状态。可以和“著（了）”组合，如：

（84）他踢著球呢。（他正在踢球。）

（85）他踢著了呢。（他还在踢呢。）

（86）他踢著了唱著了。（他一边踢，一边唱。）

（87）他点著头说：“我同意。”（他点着头说：“我同意。”）

A 类动词和“著（了）”组合都表示动作反复进行，即使是在“V_1著 OV_2”结构中，“V_1”动作性很强，既可以理解成连动结构，也可以理解成“V_1”是“V_2”的伴随动作。

B. 挂　系（~鞋带）　安　垫　托　摆（放）　拦　堆　园（藏）　扣　捆　卷　戴　写　画　刻

B 类动词既可以表示动作行为，也可以表示动作本身所处的状态。因此，B 类动词和持续体标记的结合面最宽，可以和“著（了）”“（了）块”“了下”分别组合，但是所表达的体意义有所不同。如：

（88）我挂著衣裳呢。（我正在挂衣服。）

（89）衣裳我挂著了呢。（我正在挂衣服。）

（90）衣裳挂（了）块呢。（衣服挂着呢。）

（91）衣裳挂了下呢。（衣服挂着呢。）

“挂”后接“著（了）”表示“挂”这个动作正在进行，而接“（了）块”“了下”表示“衣裳”处于“挂”这个动作所产生的状态。

B 类动词也可以用在“V 著了 V 著了”和“V_1著 OV_2”结构中，如：

（92）他写著了画著了。（他一边写，一边画。）

（93）他戴著帽子想呢。（他戴着帽子思考。）

B 类动词可以用在“V_1著了 V_2”结构中，不能用在“V_1（了）块 V_2”结构中，如：

(94) 他帽子戴著了想呢。(他戴着帽子思考。)

(95) *他帽子戴(了)块想呢。

C. 端　拿　拎　挑　扛　抱　拉

C类动词的语义类型跟B类不同,C类除了可以表示动作所产生的状态外,其本身就是一种位移的动作。王健(2006)以普通话为例,说明两种的不同。以B类的“挂”和C类的“拎”为例。如:

(96) 那幅画在墙上挂着呢。

(97) 提包我拎着呢。

(98) 那幅画我挂到那里了。

(99) 提包我拎到那里了。

例(96)句中的“那幅画”和例(97)句中的“提包”都分别处于“挂”和“拎”的状态,表示动作所产生状态的持续;但是,例(98)句中的“那副画”还处于“挂”的状态,而例(99)句中的“提包”却不一定还处于被拎着的状态,只能说明“提包”被位移到了另外一个地方。因此C类动词和B类动词,它们与持续体标记的组合情况也不同。

(100) 他端著盘子呢。(他端着盘子呢。)

(101) 盘子他端著了呢。(盘子他端着呢。)

(102) *盘子他端(了)块呢。

(103) 盘子他端了下呢。(盘他端着呢。)

C类动词和“著(了)”组合表示的是动作产生状态的持续,而B类动词和“著(了)”组合表示的是动作在进行中。C类动词不能和“了(块)”组合表示状态的持续,而B类则可以。另外,只有具有较为明确的处所义的词语才能出现在C类动词的后面。如:

(104) 盘子他端了这块来了。(盘子他端到这儿来了。)

(105) 盘子他端了那块去了。(盘子他端到那儿去了。)

上两句中的“这”“那”都不可以省略,“了”更不可以省略。

C类动词可以用在“V_1著OV_2”或“V_1著了V_2”,不能在“V_1(了)块V_2”结构中使用。比如:

(106) 他拿著话筒唱呢。(他拿着话筒唱呢。)

(107) 他话筒拿著了唱呢。(他拿着话筒唱呢。)

(108) *他话筒拿(了)块唱呢。

D. 看　望　听　推　搀　等　拖　哭　帮　住　找　涨　指　奔　走　说　唱　吃　喝

D 类动词的动作性相对不强，在时间轴上占据了一个时段，内部一般呈较为匀质的状态。D 类动词和 A 类动词一样，都可以跟“著（了）”组合，不能和“（了）块”“了下”组合。但是 A 类动词和“著（了）”组合时是指动作的反复进行，D 类动词和“著（了）”组合时是指动作在进行过程之中。如：

（109）他踢著球呢。（他踢着球呢。）

（110）球他踢著了呢。（他踢着球呢。）

（111）他看著书呢。（他看着书呢。）

（112）书他看著了呢。（他看着书呢。）

D 类动词也可以用在“V_1著了 V_2著了”“V_1著 OV_2”或“V_1著了 V_2”结构中，如：

（113）他推著了唱著了。（他一边推着〔车〕，一边唱着〔歌〕。）

（114）他推著车子唱呢。（他推着车唱歌。）

（115）他车子推著了唱呢。（他推着车唱歌。）

E. 想　怕　瞒　烦　慌　巴（指望）　信（相信）　嫌（嫌弃）　恨　急　怪　计较　难过

E 类动词是心理活动类动词，和 A 类动词、D 类动词一样都只能跟“著（了）”组合。如：

（116）他还信著你呢。（他一直相信你。）

（117）他嫌著了呢，你不要找他。（他还在嫌弃你，你不要再找他了。）

E 类动词也可以用在“V_1著了 V_2著了”“V_1著 OV_2”或“V_1著了 V_2”结构中，如：

（118）他想著了怕著了。（他一边想，一边怕。）

（119）他瞒著我说，……（他瞒着我说，……）

（120）我他瞒著了说，……（他瞒着我说，……）

跟 A 类动词和 D 类动词相比，E 类动词和“著（了）”组合能力较弱。这表现在盐城话中有更多的 E 类动词不能跟持续体标记“著（了）”组合，这样的动词有：

认　懂　相信　抱歉　晓得（知道）　挖苦　佩服　服气　有意　除疑（怀疑）　觉识（觉到）　过意（惬意）　邪意（意识）　吃乎（怕）生怕　认生

体谅　梦(做梦)　在乎　猜

F. 醒　松　停　弯　合　皱　蓬　饼(结成饼状)

F 类动词表示动作产生的一种绵延的状态,动作性很弱,不能和"著(了)"组合,能和"(了)块"和"了下"组合。如:

(121) 他醒(了)块呢。(他醒着呢。)

(122) 他醒了下呢。(他醒着呢。)

(123) 腰弯(了)块呢。(弯着腰呢。)

(124) 腰弯了下呢。(弯着腰呢。)

(125) 头发蓬(了)块呢。(头发蓬松着。)

(126) 头发蓬了下呢。(头发蓬松着。)

F 类动词还可以用在"V_1(了)块 V_2"或"V_1了下 V_2"结构中。如:

(127) 他是醒(了)块说的。(他是醒着说的。)

(128) 他是醒了下说的。(他是醒着说的。)

(129) 腰弯(了)块拾花。(弯着腰采棉花。)

(130) 腰弯了下拾花。(弯着腰采棉花。)

(131) 头发蓬(了)块照。(蓬松着头发照相。)

(132) 头发蓬了下照。(蓬松着头发照相。)

盐城话的各类动词和持续体标记组合的情况大致如表 1 所示。

表 1

	A	B	C	D	E	F
著(了)	+	+	+	+	+	−
(了)块	−	+	−	−	−	+
了下	−	+	+	−	−	+

从表 1 推算可以看到,三个标记之间的关系是:

(了)快——了下——著(了)

"著(了)"和"(了)快"分别代表两个极端,两者除了 B 类动词外,并无交集。在 C 类动词中,"了下"与"著(了)"有共同特性;在 F 类动词中,"了下"与"(了)快"有共同特性。因此"了下"是居于其间的。

(二) 持续体标记和形容词的组合

盐城话的形容词可以作谓语,有不少形容词可以和持续体标记组合,表示相应状态的持续。

A. 横 歪 斜 正 反 亮 荒 空 红 紫 青 黑 阴

A 类形容词和 F 类动词的功能类似,可以和"(了)块""了下"组合,不能和"著(了)"组合。如:

(133) 桌子横(了)块呢。(桌子横着呢。)

(134) 桌子横了下呢。(桌子横着呢。)

(135) 桌子横(了)块摆酒席。(横着桌子摆酒席。)

(136) 桌子横了下摆酒席。(横着桌子摆酒席。)

B. 香 酸 甜 尖(灵敏)细 呆 灵 愣 邪 蛮 灵动(有灵气) 干净

B 类形容词正好与 A 类相反,只能和"著了"组合,不能和"(了)块""了下"组合。如:

(137) 花香著了呢。(花香着呢。)

(138) 鼻子尖著了呢。(鼻子一直很灵敏。)

(139) 教室内干净著了呢。(教室里干净着呢。)

这类句子除了表示与形容词相关的状态处于持续之中,还有一定的强调的意味。

C. 光 绿 板实 满 酥 闹人 奘(粗) 齁 疯 生 颠 亲 得胜(趾高气昂状) 愣 异怪(使人有不舒服的感觉) 哼蹭(性子慢) 拉大(性子慢) 臭 清爽 老眼(相貌比实际年龄大)实在 周正(正派) 贤惠 本分 鬼(小气) 方 好过(舒服) 逸当(安稳) 孬 野 快 快当(快)

C 类形容词不能和持续体标记组合。

(三) 持续体标记和其他成分的同现情况

盐城话的持续体标记经常和句末语气词"呢"同现,比如:

(140) 外头下著雨呢。(外面下着雨呢。)

(141) 外头雨下著了呢。(外面雨正下着呢。)

(142) 衣裳挂(了)块呢。(衣服挂着呢。)

(143) 手举了下呢。(手举着呢。)

(144) 灯亮(了)块呢。(灯亮着呢。)

(145) 灯亮了下呢。(灯亮着呢。)

盐城话的持续体标记还经常和副词"紧呃"(正在)、"还"等副词同现。比如:

(146) 外头紧呃下著雨呢。(外面正在下着雨呢。)

(147) 外头雨紧呃下著了呢。(外面雨正下着呢。)

(148) 衣裳还挂(了)块呢。(衣服挂着呢。)

(149) 手还举了下呢。(手举着呢。)

(150) 灯还亮(了)块呢。(灯亮着呢。)

(151) 灯还亮了下呢。(灯亮着呢。)

大致的区别是:"著(了)"和"紧呃"同现,表示动作进行;"(了)块""了下"和"还"同现,表示状态持续。

盐城话的持续体标记还经常跟方所结构"在块""在下""蹲块""神块"等同现,都是在这儿或在那儿的意思。以"在块"为例:

(152) 他在块做著作业呢。(他在那儿做作业呢。)

(153) 他在块做著了呢。(他在那儿做着呢。)

但是,"在块"等方所结构不能和"(了)块""了下"同现。

从盐城话持续体标记的同现成分来看,句末语气词"呢"在表达动作进行时强制出现的程度最高,其他成分包括持续体标记都不是必要出现的。但是在一定语境条件下,"呢"也可以不出现。比如:

(154) 问:他做尼呢?(他干嘛呢?)答:吃饭。(吃饭。)

不过,"(了)块""了下"在标记持续体时,一般都要求强制出现。"著了"在句子里标记持续体时也是强制性的,如"酒喝著了呢"(正在喝酒)不能说成"酒喝呢"或"酒喝"。表示两个动作同时进行的"V_1著了 V_2著了"结构中的"著了"更是要强制性出现的。

三、结　语

从前面的研究可以发现,江苏盐城话的持续体标记具有较强的丰富性和复杂性,并且还处在不断的演变过程中。盐城话中表示动作进行的体标记主要使用"著(了)",但是表示状态持续时,"著(了)""(了)块""了下"都可以使用,这明显不符合语言的经济性。其中,"(了)块"和"了下"的语法功能有较强的一致性,并且"了下"的使用已经表现出了衰退。至于为什么盐城话具有如此多样的持续体标记？笔者推测是由于方言间的接触造成的，其形成的机制还需要进一步研究。“了块”“了下”中的“了”已经初步证明是由连接处所短语的“了”语法化而来，但是“著了”中“了”的性质是一个极其虚化的语气词，还是已经与“著”高度融合，形成了一个整体的“著了”，是什么原因导致了“著了”的出现，还需要进一步研究。

附注

① 匿名专家提出：“确实不可以吗？如加‘还’是否就可以说？下文有类似例句。”我们发现“家内还亮著灯了呢”也不成立，只能说“家内灯(还)亮著了呢”，其中“还”正起话题标记作用，“灯”要做话题才行。

参考文献

蔡华祥(2007)江苏盐城话的“了”，《苏州大学学报》第5期：82—84。

陈振宇(2007)《时间系统的认识模型与运算》，上海：学林出版社。

刘宁生(1985)论“着”及其相关的两个动态范畴，《语言研究》第2期：117—128。

刘一之(2001)《北京话中的“着(·zhe)”字新探》，北京：北京大学出版社。

罗自群(2006)《现代汉语方言持续标记的比较研究》，北京：中央民族大学出版社。

马希文(1987)北京方言里的“着”，《方言》第1期：17—22。

沈家煊(1994)“语法化”研究综观，《外语教学与研究》第4期：17—24。

王　健(2008)从苏皖方言体助词“著”的表现看方言接触的后果和机制，《中国语文》第1期：48—57。

吴福祥(2005)汉语体标记“了、着”为什么不能强制性使用，《当代语言学》第3期：237—250。

朱德熙(1982)《语法讲义》，北京：商务印书馆。

Comrie, B. (1976) *Aspect, an Introduction to the Study of Verbal Aspect and Related Problems*. Cambridge: Cambridge University Press.

(226019　南通，南通大学文学院　475667729@qq.com)

元语否定的两个层次*

钱　鹏

提要　元语否定需要区分两个层次：元$_1$是对句子的语义命题层、言语行为层等所有可能内容的否定；实质上是对比否定，既可能是常规否定，也可能是非常规的否定；而元$_2$是非常规的否定方式，即对言语行为的某一方面的否定。如果忽视了元$_1$在否定范畴中的理论地位，就难以用系统的理论框架来解释不同语言的否定范畴中元$_2$错综复杂的语义语用现象。我们认为，否定在语篇中有两种布局策略——独立格局（$Neg_0 + S$）与对比格局（$[Neg_0 + S] + S'$）。随着交际现场性的弱化，独立格局受"量原则"推动，倾向于表示常规的描述否定。原先表示元$_1$层次的对比格局，则逐渐浮现出与描述否定的语义性质相反的元$_2$层次。当然，不同语言的对比格局在进一步的语法化过程中，采取了不同的参数和路径，元$_2$的语法化程度也不尽相同。元$_2$的浮现本质可以很好地揭示其语义特征的不稳定性，同时也能够对类型学的材料提供较为充分的解释。

关键词　元语否定$_1$；元语否定$_2$；浮现；语篇格局；语法化

一、已有的研究与问题

（一）元语否定的研究历史

句子否定结构最常规、最基本的语义功能，就是对小句命题的真值进行反转操作，或者是对小句的某一部分进行成分否定。但在句子否定中还存

* 本研究得到国家社科基金重点项目"现代汉语及方言中的否定问题研究"（批准号 12AYY001）、教育部人文社会科学规划基金项目"现代汉语句法与语义计算研究"（批准号 13YJA740005）的资助。

在着一类特殊的、有标记的、非常规的语言现象，如下面的一组来自真实语料的例句所示：

(1) 如果可以的话，我想对你说，我不喜欢你了，因为我爱你。

(2) 开始注意“其仕·盛和祥”的房子是因为从抚顺回来开车路过浑南这片儿，看到它家这个在路灯上的广告语写的还不错，“不是房子，是家”觉得特别温馨。(2014 年 3 月 11 日搜房网其仕盛和祥业主论坛帖，主题为“我买的不是房子而是家，是可以避风的港湾”)

(3) 坎昆会议：不是只有半杯水，杯子都碎了

(4) 他不在弹钢琴，他在制造噪音！

(5) 这里不是大埔[p^hu^{214}]，是大埔[pu^{51}]。

(6) 침대는 가구가 아닙니다. 과학입니다（韩国某家居品牌的宣传语“床不是家具，是科学”）

(7) It’s not the miles, it’s how you live them. (Volkswagen Smiles Commercial Videos)

(8) It’s not an upgrade to your phone. It’s an upgrade to yourself. (HTC 广告)

(9) (Esker too ah coo-pay luh vee-and?)

Non, je n’ai pas ‘coo-pay lun vee-and’— j’ai coupé la viande. (Horn 1985)

法国语言学家 Ducrot(1972：37)首次提出描述否定(Négation descriptive)和元语否定(Négation métalinguistique)的概念。常规否定就是描述性否定，不过他的所谓的非常规否定(元语否定)，主要是指对预设的否定(Kempson 1975;Gazdar 1979 等也对此类否定预设的现象予以了讨论)。到了 Horn (1985)，他虽然继承了 Ducrot 的术语体系，但把目光从否定预设投向了否定范畴中更为复杂的那些非常规否定现象，并做了深入的归纳和分析。自此，“元语否定”成了否定范畴中一个重要的组成部分。

在汉语学界，沈家煊(1993)分析了各种非常规否定的特殊语义语用性质，具有开创之功，但他当时并没有直接采用西方的术语，而是把这类否定称为“语用否定”。随后，国内不少汉语研究者也开始关注这一特殊的否定现象，“元语否定”的概念也逐渐为汉语学界所接受。王志英(2011)曾对国内学者的相关研究加以述评，指出沈家煊(1993)、徐盛桓(1994)、张克定

(1999)等都基本认同 Horn 的观点,将各类有关含义、语体风格、语音形式和预设的否定都归结为元语否定。张克定(1999)从词义、结构等角度分类分析了制约汉语元语否定解读的因素。Wible 和 Chen(2000)提出了汉语元语否定解读的 M-制约原则,即当否定语素与谓词核心形成了一个即时性紧密成分时,元语否定的解读方式就会被阻碍。除了结合汉语实例研究元语否定,国内学者的部分研究(何春燕 2002)还关注元语否定的修辞效果和交际色彩,将元语否定视作一种话语策略手段。

(二) 元语否定研究中的争议

然而,Horn 关于元语否定的定义,以及它在否定范畴中的理论地位的观点,引发了许多争论。Seuren(1988,1990,2000)、McCawley(1991)、Carston(1995,1996,1998,1999)、Burton-Roberts(1989,1990,1999)等学者都对 Horn 的观点质疑,并一度引发了热烈的学术讨论。争议主要是围绕以下几个问题。

第一,元语否定概念的出现对逻辑研究提出了新的挑战。有的学者认为自然语言的否定具有语义歧义性,而有的学者则指出这一歧义是语用现象而非语义现象(Horn 1985),否定的语用歧义表现的是自然语言否定的非真值函数性质。还有的学者则坚持认为,自然语言的否定算子和二值逻辑中的否定算子一样都具有真值函数性质(Carston et al. 1995)。另外一批学者则致力于改造逻辑系统(Seuren 1990,2000),发展出了多值逻辑以迎合自然语言中的这类特殊的否定现象。

第二,不少研究者从真实的语料出发(Pitts 2007;Lee 2010;Davis 2011;Yoshimura 2013),质疑 Horn 设定的理论框架,并对元语否定的概念及内部层次划分提出了新的看法。Lee 认为,有关取消预设和取消会话含义的否定,既涉及对于概念内容的否定,又具有像元语否定一样的修辞效果,所以实际是介于描述性否定和元语否定之间的具有过渡状态的否定类型。Pitts 通过研究分析国际英语口语语料库中的否定句,认为 Horn 所提出的元语否定范畴内部应当进一步细分为不同的层次,提出了一个包括元语言、元语用、元概念及描述性否定的四个层次的系统。Davis 则认为,把元语否定描述成习语性用法可能更为合适,他认为表示非常规意义的元语否定是习语性的,并且这种非常规意义已经得到了规约化。Yoshimura 通过分析日语中的三种否定形式,指出 Horn 提倡的二分法是值得商榷的。

第三,Horn(1985)认为不仅英语的否定词 not 具有元语否定的用法,甚至语言中其他的连接符也同样具有描述性和元语性的双重用法。因此,在针对否定的问题上,Horn 坚持认为否定确实是有歧义的。只不过这种歧义不是语义歧义,而是语用歧义。与 Horn 不同的是,McCawley(1991)认为英语的“not X but Y”结构本质上并不是元语性的用法,而就是最普通的对比结构。对比否定和元语否定之间的关系也仅仅在于对比否定使得元语否定的解读更为容易。McCawley 引用了其他语言的例子说明在这些语言中实际存在的是对比否定的标记。

第四,Carston(1996)总结了之前各个研究者归纳出的元语否定的性质和特征,共有五条:(1) 标准的元语否定会引发特殊的语调模式,在紧随其后的修正句上,被替换的对象会有对比重音。(2) 元语否定的句子在标准情况下总是与对应的肯定形式联合出现。(3) 元语否定是花园幽径句,会引发双重处理效应。(4) 从字面意义上看,元语否定句包含的两个小句在逻辑上是矛盾的。(5) 否定辖域内的内容时被提及而不是被使用。所谓“提及”,只是元表征、引用或者回声性使用。

对于这些曾被视为元语否定标准属性的特征,Carston 一一加以反驳,尤其是针对 Horn 所强调的花园幽径效应予以质疑。相对于常见的“先否后肯”的元语否定格式,Carston 举出了“先肯后否”的元语否定句。其论述指出,调换否定句和修正句的顺序并不能改变元语否定的本质,但是此时整个句子在处理上缺乏了明显的花园幽径效应,或者说所谓的双重处理效应变得模糊。由此,Carston 进一步认为只有最后一个特征才真正是元语否定的根本属性,而前四个特征仅仅是由元语否定中的辖域内成分的元表征性质带来的。元语否定的本质表现在否定的对象是用语言表征的另一个表征,而不是用语言表征的某一个状态。为了有力地证明“元语否定具有真值函数性”这一观点,Carston 和 Noh 还对韩语的否定进行了调查和分析,并指出韩语的短型否定和长型否定均具有真值函数性质,而且既可以在描述性否定中使用,也可以在元语否定(即回声否定)中使用,只不过长型否定更容易获得元语否定式的解读而已。

第五,当代的元语否定研究进入了一个新的局面。越来越多的非英语研究者开始关注元语否定现象(Martins 2012,2014;Moeschler 1992;Mughazy 2003;Yoshimura 2013)。尽管英语中只有一个否定词,但是如果其他语言中存在着专门用于描述否定和元语否定的不同的否定结构,似乎就能印证 Horn 把元语否定视作一种特殊的否定的观点。然而这一考察并不那么顺利。Mughazy(2003)考察了埃及阿拉伯语的连续与分裂否定形式,Yoshimura(2013)分析了日语中的三种否定形式。无论他们对 Horn 的理论抱什么观点,语料事实上更倾向于 Horn 的对手们的分析。

汉语研究在经历了最初的引介之后,也开始反思 Horn 元语否定理论的不足。袁毓林(2000)针对所谓取消预设的元语否定提出了新的见解,批评了单调逻辑的分析方法,主张句子中的否定结构不能否定自身的预设,对预设的否认实际上由后文的修正句来完成;景晓平(2002)介绍了 Carston 的回声论观点,并指出"语言使用"和"语言提及"的区别,加强回声论的解释力;高航(2003)主张元语否定仍是一种真值否定。另外,赵旻燕(2007)援引董秀芳(2003)的观点,指出汉语中可以使用"不是"构成元语否定结构,主要是满足相应的一些特征,即整个句子无焦点凸显标记,被否定的 X 邻接否定算子,而且被否定项 X 具有极差性。这样一来,所谓的汉语元语否定标词"不是",也仅仅是通过"是"起到标记焦点的作用,"不是"就是一个普通的否定算子而已。

二、元语否定的两个层次

(一) 元语否定$_1$与元语否定$_2$

我们认为,要想真正理解当前元语否定的研究现状,就必须站在一个新的高度,从更宏观的层面重新审视否定范畴及以往学者所使用的元语否定的概念意义。本文的观点是:有关元语否定的讨论实际上需要区分两个不同的概念层次。

第一个层次的元语否定(元$_1$)是对句子所有可能的内容的否认,包括常规与非常规的、语义与言语行为的,它包含了一般描述性否定的功能,也包括对言语行为的某一特征进行非常规否定的功能。它的基本概念实际上是"对比",即表示肯定否定对比的句式或标记,从对比中知道究竟在否定什么。

第二个层次的元语否定(元$_2$)则是作为与描述性否定不同的一类特殊的否定形式。描述性否定(Descriptive negation)遵从常规的语义运算法则,仅对命题中的焦点内容进行真值反转，也称为“一般否定”(Ordinary negation)。元$_2$则必须是对句子命题以外的内容加以否认，不遵从常规的语义运算法则。它就是Horn(1985)提出的表示非真值函数性质的、表示拒绝一个言语陈述的元语否定。

元$_1$就是McCawley等研究者说的“对比否定”。从表面上看，它与元$_2$是相互独立的，但实际上并非如此。二者不但在认知上，也在语法化上存在着必然的联系。

当前的元语否定研究，大多是按照Horn歧义论的观点来界定研究对象。Horn从功能的角度区分元语否定和描述否定，其界定的元语否定实际上是元$_2$。Horn过度地关注了元语否定$_2$的特殊性和标记性，但是忽略了一点——功能的标准往往是不稳定的评判准则，它会随着句子使用的语境(包括语言使用者的言谈习惯)而发生中和、弱化等现象。

强调功能标记的观点，直接导致国内很多学者着力寻找所谓的双重处理效应的根本动因，却在实际研究中发现判断一个句子是否为元语否定句成了一件不确定的甚至困难的事情。如景晓平(2002)认为语言成分的“提及”是元语否定的根本特征，但他也发现“由于‘提及’在元语否定中的隐含性，没有统一的形式标记，使我们在实际操作中有一定的困难，有时无法判断一个语言单位是‘提及’还是‘使用’”。张克定(1999)在论述元语否定限制条件的时候，也说“语用否定的基本结构形式是本句加义句。本句和义句中的两个对应成分x和y，除了要具有相同的词汇性质和语法功能外，还要受到词义上的限制。如果x和y只具有相同的词汇性质和语法功能，而无词义上的联系，那么，所构成的否定只能是一般否定，而不是语用否定”。然而，很多情况下，词和词之间的语义差别和边界不是那么地清晰。

正是在这一层意义上，Carston意识到了功能标记性的不稳定性，并对Horn总结出的元语否定的标准特征加以反驳，指出“所谓特别的元语否定之所以让我们觉得很特别，并不在于它具有某种特别的语言学地位或者语用上的地位，而仅仅是因为它独特高效的修辞能力”。

在探寻元语否定的形式标记这方面，McCawley的分析很有启发意义。他取消了元语否定单独作为否定范畴内部的一个与一般否定平行独立的子类的地位，而是提出把元语否定作为对比否定在进行语义语用解读时的一种功能。我们觉得这一思路是正确的,它有利于观察元语否定的一些更具根本性的特征。这些特征,在我们看来,正是驱动元$_2$层次产生乃至进一步语法化的基本因素。

(二) 浮现范畴

元$_2$层次的产生是"浮现"(Emergence)的结果。"浮现"指某个特殊的言语形式,受到会话中的篇章框架等语用动因的驱动,在特定的言语场景下逐渐显现出原本没有的特定意义。这种意义具有强烈的突显性,就像从暗色的背景中浮现出亮斑,一开始是淡淡的、若隐若现,而到后来则愈发清晰,直至最后这一形式被用来专门表示这一意义。自此,一个新的构式或范畴就彻底形成了。

Hopper(1987)提出了"浮现语法"的基本框架,看到了语言学知识与语言使用的双向交互关系。他认为,会话中的每一个参与者,在对其他参与者语言直觉的充分性和可靠性进行衡量与评判时,只有语用标准是可及的。正因此,语法本身是动态的、变化的、交际性的。沈家煊(2006)也介绍了由"概念整合"而导致的浮现意义。我们在这里则引入另一种由"系统调整"而导致的浮现意义。

在古代汉语中,"不"也可以用于"动态否定""现实否定",如:

(10) 老妇不闻也。(《战国策·赵策》)(老妇没有听说)

(11) 臣闻以德和民,不闻以乱。(《左传·隐公四年》)(没有听说)

但在出现了专门用于表示"动态否定""现实否定"的"未、没(有)"等否定词后,"不"就被它们逐渐排除出动态与现实用法,从而浮现出今天"不"作为非动态、非现实事件的否定范畴标记的情况。

(三) 语篇格局的语法化及元语否定$_2$的浮现

我们认为,语言中的结构不是孤立的,而是始终处在一定的语篇格局之中。所谓的语篇格局,实际上就是某一特定语境中构成语篇的各个结构要素和言语行为要素在线性语流中投射出的排布顺序和功能联系。一个特殊的语篇格局可能是说话人采取的某种话语策略,承担特殊的功能。

我们认为,元语否定$_2$是一个浮现范畴。元$_2$层次的特殊语义主要是在语篇格局所承担的功能发生分化的时期从元$_1$中慢慢浮现出来的。

具体说来,当一种语言中产生出了(至少一个)句子否定形式 Neg_0时,它在语用层面上同时带来了两种不同的语篇格局:一为独立格局(Neg_0 + S),

即单独使用否定句的语篇布局；二为对比格局（〔Neg_0 + S〕+ S′），包括否定句及与之共现的肯定句。

独立格局与对比格局从初始的语用策略逐步语法化为句法语义框架，从而发展出描述性否定和元语否定$_1$。这一语法化过程需要经历多个阶段，并且每一种语言在各阶段所采取的参数值也不同。

第一阶段：初期，言语交际活动的强现场性保证了独立格局与对比格局都具有否定句子一切语义语用内容的能力，即它们都有元$_1$功能，两者的不同仅仅是语用策略的差异，即对比格局比独立格局承担的信息更多，否定的明确性更强。

第二阶段：随着交际活动现场性的逐渐弱化，独立格局受语用的量原则（参看 Horn 2001）推动，发生进一步的语法化，倾向于表示遵守一般语用原则的语义内容，即仅对句子命题的焦点意义加以否认，这也就是一般所说的描述性否定的开始。与此相对的是，弱化的现场性并不影响对比格局的功能，它仍然通过否定句 S 与相关联的肯定句 S′构成的对比语篇，清楚地提示出被否定对象的具体内容。对比格局的较高的语义透明度使之仍具有否认句子内容各个方面的能力，即保持其元$_1$功能。

第三阶段：随着独立格局的趋近成熟，语言使用者进一步区分这两种格局的功能，包括以下方面：

1）因为在表述一般描述性否定时，趋向于用独立格局。于是在使用对比格局时，趋向于用来表示与一般否定不同的否定能力，这就初步凸显出它的元$_2$的功能（如英语）。当然，这仅仅是一种倾向。

2）一个语言若发展出多个否定形式（Neg_1，Neg_2...Neg_i），它们便开始功能专门化，处于句法结构外围的 Neg_i倾向于用来表达元$_1$，即容易出现在对比格局中，如汉语的“不是”“并非”等；处于句法结构内层的 Neg_i则倾向于描述性否定，即容易出现在独用格局而非对比格局中。如汉语的“不”。这一倾向性在某些语言中会发展到多个 Neg_i在语法功能上几乎完全对立互补的格局，如埃及阿拉伯语（Mughazy 2003）；而在有的语言中，用于句法外围的否定词还可能在语用功能上作进一步细分，如日语（Yoshimura 2013）。

值得说明的是，这里的规律是：否定词项的语义作用范围要足够地大，才能更为自由地进行对比否定。所谓的“足够大”，指的是否定词必须作用于全句,而不能只是针对其中的一个成分,如汉语的“不是”就比“不、没”更多用于对比语境。

另外,如果一个否定形式的命题性太强,用于对比格式就不那么自然,如例(12)中的a、c;而一个否定形式与言语活动关系越密切,越容易用于对比格式,如例(12)中的b、d:

(12) 甲:你昨天是不是联系过陈教授?

乙a:? 不/没有,我联系了陈副教授。

乙b:我不是联系了陈教授,而是联系了陈副教授。

乙c:? 我昨天哪里联系陈教授了? 我联系的是陈副教授!

乙d:什么陈教授啊? 是陈副教授!

对比格局进一步语法化出紧缩结构,具体表现为缩减非对比成分并通过一些特殊的连词连接元语否定$_1$中的对比项,如汉语的“不是……而是”,英语的“not... but”结构,马来语/印度尼西亚语中的Bukan... melainkan/tetapi,希腊语中的oxi... ala等。这类紧缩结构可能是否定词加表示纠正意义的对比连词,也可能表现为肯定形式加上隐含否定意义的对比连词,如汉语的“(是)……而不是”,英语的rather than,希腊语中的para(Giannakidou 2011)。

另外,在一些语言(如马来语)中,衍生出专门表示对比意义的否定词bukan,它已不用于一般描述性否定,即不可用于独用格局。

第四阶段:专用于表示对比的否定形式进一步发展,可能会成为非常规否定的标记,即只用于或基本上用于表示元$_2$的功能。但就目前而言,我们很难找到这样的例子,欧洲葡萄牙语中的lá/agora语法化程度相当高,已不能用于常规的描述性否定,也许可以算吧。

不过,大多数语言的对比格局仍保留其元$_1$功能。请注意,所谓的保留实际上就是元$_2$范畴浮现过程的不彻底。

最后,独立格局和对比格局的分化,表现在语言形式上,还可以是对比重音作为一种标记手段在对比项隐含的情况下起到标记元语否定$_1$的作用。所以,这类含有对比重音的独立否定看似有着与描述否定相仿的形式,但实际上已经构成了隐性的对比格局,应算在对比否定中。

据此,我们可以大致地描绘出语用格局与否定范畴交互演化的路径如图1。

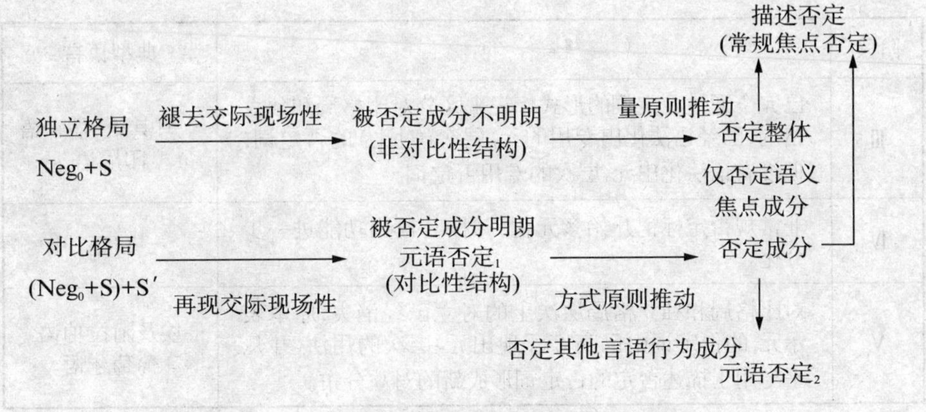

图1　语用格局与否定范畴交互演化的路径

三、各语言在元语化等级中的位置

虽然类型学研究者们力图寻找有关元语否定理论的跨语言证据或反例,但他们往往都忽略了一点,即从英语中归纳出的理论很可能不能够解释同一共时平面上其他语言的元语否定分布情况。这主要是由于语言自身的语法化程度不同,而且各种语言在参数选择上也是不同的。只有从浮现范畴的角度,才能正确地看待各具体语言在元语否定方面的特性与共性。

我们考察了不同类型语言中的否定范畴,尝试归纳出多否定词语言在发展过程中所处的不同阶段,见表1。

表1　各语言否定词对比层次元语化等级的类型学考察

阶段	特　　征	典型语言
Ⅰ	尚未形成通过否定词的形式标记来严格区分对比格局和独立格局的倾向,几乎所有的否定词都可以自如地出现在对比格局中,而仅仅是部分否定词更倾向于用在对比语境中,语用对比格局框架仍起到非常强的控制作用。	英语 韩语、现代汉语
Ⅱ	已通过否定词的形式标记来区分对比格局和独立格局,但元$_1$层次的否定词尚未完全成为专用的形式标记,语用的对比格局框架仍起到较强的控制作用。	希腊语

(续表)

阶段	特　征	典型语言
Ⅲ	已完全通过否定词的形式标记来区分对比格局和独立格局,已经语法化出专用的元$_1$层次(对比)的否定词,但没有语法化出元$_2$层次的专用否定词。	土耳其语、马来语 印尼语
Ⅳ	非常规否定标记开始多元化,并按其语用功能进一步分化。	日语
Ⅴ	对比格局和独立格局层次上的对立已经消失,原本表示元$_1$的否定词中已高度浮现出元$_2$层次的用法,并几乎与用于描述否定的否定词形成新的对立分布。	埃及阿拉伯语 葡萄牙语

(一) 阶段Ⅰ

这一阶段的语言如英语和现代汉语,其基本否定词都可以自由地用于对比格局,如:

(13) 你别在学校上晚自习,在家上晚自习吧。

他不在学校上晚自习,而是在家上晚自习。

他没有在学校上晚自习,他在家上晚自习。

但是,汉语的复合否定词"不是"似乎正在浮现出较为突显的对比意义,如:

(14) ?? 我们不是讨厌流行音乐。

我们不讨厌流行音乐。

我们不是讨厌流行音乐(,而是还不大习惯)。

当句子否定采用否定词"不是"的时候,如果仅仅用在独用格局中,有时会给人一种话未说完的感觉。我们认为这说明否定词"不是"已经开始在向元$_1$标记发展。

值得一提的是,汉语在历史上似乎就不曾通过专门的否定标记来严格区分对比格局和独用格局,但都有多多少少的倾向性。古代汉语中的"非"类否定词一般用于非谓词否定和外部否定,而"不"类否定词常用于谓词否定,两者都有可能出现在对比格局中,但是"非"类否定词更容易用于对比格局,我们统计了《论语》中的"非",发现33.3%用于对比,如:

(15) 冉求曰:"非不说子之道也,力不足也。"

(16) 子曰:"孟之反不伐,奔而殿,将入门,策其马,曰:'非敢后也,马不进也。'"

(17) 孔子曰:"非敢为佞也,疾固也。"

(18) 子曰:"回也视予犹父也,予不得视犹子也。非我也,夫二三子也。"

我们还统计了《论语》中的"不",发现只有12.23%的"不"用在对比格局中,如:

(19) 子曰:"骥不称其力,称其德也。"

(20) 子曰:"君子病无能焉,不病人之不已知也。"

(21) 子曰:"君子谋道不谋食,耕也,馁在其中矣,学也,禄在其中矣。君子忧道不忧贫。"

(22) 子曰:"……吾恐季孙之忧,不在颛臾,而在萧墙之内也!"

我们统计了《红楼梦》中的"不是",发现38.9%用于对比,如:

(23) 只见他虽然用金簪划地,并不是掘土埋花,竟是向土上画字。

(24) 红玉笑道:"我不是笑这个,我笑奶奶认错了辈数了。我妈是奶奶的女儿,这会子又认我作女儿。"

(25) 贾母笑道:"姨太太今儿也过谦起来,想是厌我老了。"薛姨妈笑道:"不是谦,只怕行不上来倒是笑话了。"

(26) 忽见走出一个人来接水,二人看时,不是别人,原来是小红。

(27) 湘云起身笑道:"我也不是作诗,竟是抢命呢。"

(28) 凤姐道:"这些话倒不是可笑,倒是可怕的。咱们一日难似一日,外面还是这么讲究。俗语儿说的,'人怕出名猪怕壮',况且又是个虚名儿,终久还不知怎么样呢。"

处于这一阶段的语言很多。如韩语中的短型否定 an 和长型否定-ci an-h-a 一般情况下既可以用于独立格局,也可以用于对比格局,如例(29)和例(30)都是短型否定形式表示元语否定的例子:

(29) X: Ku salam neui sensayng i-ci?
that man your teacher be-Q
那个人是你的老师吗?

Y: Ku salam-un naui sensayng-i **an**-i-ko, sensayngnim i-ta.
that man-TOP my teacher-NM not-be-QT, teacher(hon) be
那个人不是我的老师,是我的老师(敬语)。

(30) wuli-nun aitul-ul **an** coaha-p-ni-ta; kutul-ul salangha-p-ni-ta.

we-TOP children-AC not like-AH – ID – DC they-AC love-AH – IN – DC

我们不是喜欢孩子,我们爱孩子。

只有当主动词为系词的时候,才必须使用短型否定,如例(29)。因此,韩语中也并没有语法化出专用于元语否定的否定词,只是长型否定确实更多地用在对比格局里(Carston et al. 1996)。

(二) 阶段Ⅱ

处在这一阶段的语言如希腊语。在希腊语中,句子否定词 δέν(Dhen)一般用于常规的描述否定,但也可以表示元语否定$_1$的含义,只要 δέν(Dhen)处在一个对比框架(…ala…)中即可。例如(引自 Giannakidou 2011):

(31) Dhen m′ aresi to psari ala to kotopulo.

我不喜欢鱼肉而是喜欢鸡肉。

但与此同时,希腊语也形成了只表示对比否定含义的元$_1$否定词 όχι (oxi)。όχι 可以直接构成([Neg_0 + S] + S′)的对比格局,无需任何连接词。如(Giannakidou 2011; Mackridge 1987):

(32) όχι έδώ, έκεί

不是这里,是那里。

(33) όχι ή Πόπη, ή Ρένα

不是 Poppy 而是 Rena。

(34) μια άπλή, όχι σημαντική προσαρμογή

一个简单的而不重要的调整。

(35) όχι ένα, μά δέκα Νόμπελ θά πάρεις

你会得到不是一个而是十个诺贝尔奖。

(36) όχι τή θαυμάζω, τή λατρεύω

不是我欣赏她,是我崇拜她。

此外,όχι(oxi)还可以还与连接词άλλά(ala)形成对比结构,如:

(37) μού δήλωσε πώς όχι ζήτημα γάμου, άλλά ούτε μόνιμου συνδέσμου μπορεί νά υπάρξει μεταξύ μας

他告知我,并非仅是我们之间的婚姻不可能,而是连永久的性关系都不可能。

(38) έπρεπε όχι νά είδοποιήσω, άλλά σχεδόν νά πάρω τήν άδειά του

我的义务不是简单地通知他，而是几乎获得他的允准。

(39) Ine *oxi* eksipnos *ala* ergatikos.

他不是聪明而是刻苦。

(40) Sinithos taksidevi *oxi* me aeroplano *ala* me treno.

Usually travels. 3sg not with the airplane but with the train.

他通常不坐飞机而是坐火车出行。

oxi 必须用在对比格局中，当句子中使用这个特殊的元语否定标记词的时候，句子绝对不可以是非对比语境。例(41)中，由于没有对比的语境，所以 oxi 在这里就是不合法的使用：

(41) # Ine oxi eksipnos.

他不是聪明。

(三) 阶段Ⅲ

处在这一阶段的语言如马来语/印度尼西亚语。马来语/印尼语中的否定词 tidak 用于常规的描述否定，不能用在对比语境。另一个否定词 bukan 则相反，一般不可以出现在非对比格局中，故例(46)不成立(Kroeger 2014)：

(42) Dia bukan tidur, tetapi ber-baring sahaja.

3SG NEG sleep but MID-lie. down only

他不是在睡觉，而只是躺下来。

(43) Saya tidak/bukan membeli buku, tetapi saya membeli pensil.

1SG NEG buy book but 1SG buy pencil

我没有买书，但我买了铅笔。

(44) Saya membeli pensil, bukan/ * tidak membeli buku.

1SG buy pencil NEG buy book

我买铅笔而不是书。

(45) Dia pergi ke hulu, bukan/ * tidak ke kuala.

3SG go to upstream NEG to river. mouth

他去了上游，不是去了河流的入口。

(46) #Saya bukan membeli buku.

1SG NEG buy book

我不是买书。

请注意,bukan 还可用于表示判断的无谓词句中,如例(47),这一点和汉语的否定动词"非、不是"有共通性,说明它们的元$_1$标记或准元$_1$标记都是从否定判断标记语法化而来的。

(47) Dia bukan/ * tidak guru.

3SG NEG teacher

她不是老师。

Sneddon(1996:195)在《印度尼西亚语参考语法》中也举出了印尼语中有关否定词 bukan 的例子,并且指出了 bukan 的一些具体的使用环境。如:

(48) Mereka tinggal di rumah yang besar, bukan rumah yang kecil.

他们住在一个大房子里而不是小房子里。

表示数量的小句被否定的时候,一般用 tidak,但是在有对比意义的时候用 bukan,如:

(49) Penggemarnya bukan satu dua orang melainkan ribuan.

她的粉丝不是一两个而是上千名。

Sneddon(1996:358)特别说明,在由 bukan... melainkan 所构成的对比结构中,bukan 是作用于外围,而不在小句中。因此,bukan 构成双重否定句中的外围否定。

(50) Bukannya saya tidak mau membeli rumah, tetapi uang saya tidak cukup.

不是我不想买房子,是我没有足够的钱。

当修正结构处在一个隐含的对比格局中,也就是修正的内容可以从语境中明显推知的时候,第二个小句也是可以省略的:

(51) Saya bukan tidak percaya kepadamu.

我不是不相信你。(我是相信你的。)

有意思的是,以往学者纠缠不休的预设否定(即"法国国王不是秃子"一类),在 Horn(1985)那里归结为元语否定,而在马来语中却是要求用非对比否定词 tidak。此时,用对比否定词 bukan 反而变得有些不合适了。

(52) Irwan tidak/?? bukan menyesal menjadi Gubernur Sumbar,

(name) NEG regret become Governor Sumbar

Irwan 不后悔成为 Sumbar 的管理者,

karena sebenarnya dia belum pernah menjadi gubernur.

因为他事实上从来就没有担任过 Sumbar 的管理者。

也许这恰恰说明,标准的预设否定本质上并不是元语否定。元语否定强调的是对比性,而预设否定涉及的是语义语用完备性的问题(见袁毓林2000;陈振宇、钱鹏2014)。这似乎与Ducrot从预设否定入手提出"元语否定"概念的研究道路不同,这一问题尚需进一步研究。

(四)阶段Ⅳ

如日语中一般否定词nai只能用于描述性否定,也就是起反转真值的功能。如果要表达拒绝或者反对先前话语,则不适用该词,而要使用node wa nai,例如(Yoshimura 2013):

(53) Kippu ga mitsukar-a nai / #mitsukar-u node wa nai.(在检票窗口,翻找手提包)

ticket SUBJ be-found not/be-found it is not that...

我没找到票。/*不是我找到票。

例(53)中,元语否定结构node wa nai并不处于对比格局中,因此用它不合适。

除了nai和node wa nai之外,日语中还有一种外部否定形式wake de wa nai,也用于对比格局,如:

(54) A: Naze issho-ni kite kure nai-n da. Kimi ga Tokyo ni nokori-tai riyuu wa nan na-n da.

Why together with come not you SUBJ Tokyo in stay-want reason SUB what be

你为什么不跟我走?你想待在东京的原因是什么?

B: Tokyo ni nokori-tai node/wake de wa nai no. Issho ni ike nai dake na no.

Tokyo in stay-want it is not/does not follow that... with go not just

我{不是/没}想待在东京,我只是不能跟你去。

但两种对比否定方式是有区别的,对言语行为成分的合适度的否定,用node wa nai不用wake de wa nai,说明前者进一步发展为更专注于元$_2$的标记。如:

(55) Tom wa ox o 2-hiki kat-te i-ru node/ *wake de wa nai. 2-tou kat-te i-ru n da.

Tom$_{TOP}$ ox $_{OBJ}$ 2$_{(wrong)CLS}$ have it is not/ *does not follow that...2 $_{(correct)CLS}$

have

汤姆不是/＊没有两只牛,他有两头牛。

我们认为,这是元$_2$浮现的进程中否定词功能发生系统调整的一种表现。

(五) 阶段V

处在这一阶段的语言如埃及阿拉伯语。埃及阿拉伯语研究者 Mughazy(2003)指出,当句子中有动词的时候,连续型否定"meʃ V"表示元语否定$_2$,分裂型否定"ma-V-eʃ"一般用于常规描述否定。两者的功能几乎没有重叠,如:

(56) a. #abu: -h meʃ ma-falsaʕ-ʃ.
father-his NEG NEG-kicked the bucket-NEG
他的父亲不是没有翘辫子(,他的父亲确实死了)。

b. abu: -h meʃ ma-falsaʕ-ʃ lessa – huwwa ma-twaffa: -ʃ lessa
father-his NEG NEG-kicked the bucket-NEG yet – he NEG-passed away-NEG yet
他的父亲不是还没有翘辫子,是还没有去世。

(57) a. da ali meʃ ħab sami: ra – da ka: n bejmu: t fi: -ha kama: n.
that ali NEG loved Samira – that$_{(comp)}$ was dies. 3s in-her too.
阿里不是爱萨米拉,他是和她疯狂地坠入爱河。

b. #Ali ma-ħabb-eʃ sami: ra – da ka: n bejmu: t fi: -ha kama: n.
Ali NEG-loved-NEG Samira – that$_{(comp)}$ was dies. 3s in-her too.
阿里不爱萨米拉,他是和她疯狂地坠入爱河。

由此可见,meʃ 在做谓词否定时必须用在对比格局中,表示非常规的元$_2$的含义。

当句子中没有动词的时候,必须要使用连续型否定形式 meʃ,这时否定就有了两种解读的可能性。Mughazy 举出了如下的例子:

(58) a. sami: ra meʃ zakejja abadan – hejja ʁabijja
Samira NEG intelligent at all – she stupid
Samira 一点儿也不聪明,她很笨。

b. da sami: ra meʃ zakejja – di ʕabqarejja
that$_{(comp)}$ Samira NEG intelligent – that. f genius

Samira 不是聪明,她是个天才。

我们认为,这并不是 Mughazy 所说的具有歧义的解读,因为实际上,当 meʃ 表示元$_2$意义时,必须使用一定的标句词 da/di。这个标句词正是起到了将对比项进行元表征的功能。

葡萄牙语也处于这一阶段。欧洲葡萄牙语中存在着没有歧义的元语否定标记 lá/agora,如(Martins 2014):

(59) a. 'Ah, não trouxe a carteira. Pagas-me o café?'
ah not brought-1SG the wallet pay-2SG-me-DAT the coffee
啊,我没有带钱包来。你能付一下我的咖啡钱吗?

b. #Ah, trouxe lá/agora a carteira. Pagas-me o café?
ah brought-1SG MN-marker the wallet pay-2SG-me-DAT the coffee
哎呀,不是我带了钱包来。你能付一下我的咖啡钱吗?

(60) a. Hoje não estás com boa cara. O que se. passa?
today not are-2SG with good face. the what is-going-on?
你今天看上去不好,怎么了?

b. #Hoje estás lá/agora com boa cara. O que se. passa?
today are-2SG MN-marker with good face. the what is-going-on?
你今天看上去不是好,怎么了?

(61) A: Estás um pouco preocupado?
are-2SG a little worried
你是不是有点着急?

B: Estou lá/agora um pouco preocupado, estou morto de preocupação.
am MN-marker a little worried am dead of worry
我不是有点着急,我是急死了。

(62) a. Tiveste uma sorte do diabo
had-2SG a good-luck of-the devil(PPI)
你幸运得要死!

b. #Não tiveste uma sorte do diabo
not had-2SG a good-luck of-the devil(PPI)
你没有幸运得要死!

c. Tive lá/agora uma sorte do diabo

Had-1SG a good-luck of-the devil(PPI)

我不是幸运得要死。

我们可以看到,元语否定标记 lá/agora 语法化程度相当高,只能用于元语否定,允准肯定极性词(PPI),而一般否定词 Não 没有任何元语否定$_2$的用法。

四、余　论

本文从元语否定的本质入手,区分元$_1$和元$_2$这两个层次,充分考量类型学材料的共性与差异,秉持动态调整的观念,重视语用因素对语法化进程的影响,并从语篇布局和意义浮现的视角来划定元语否定$_1$的边界,解释元语否定$_2$的复杂性和不稳定性。

值得注意的是,元语否定错综复杂的语义性质,本质上反映的是稳定浮现与临时浮现的交替作用。所谓"稳定浮现",指的是由已经语法化的元语否定结构成分所触发的元$_2$语义解读,而"临时浮现",是指原来的表示一般否定的形式,在处于特殊语境中或有相关标记提示时,临时浮现出元语否定意义。

我们发现,一种语言即使已有相当成熟的元$_1$或元$_2$标记,也可能会使用一般否定词来临时地浮现元语意义,如埃及阿拉伯语。虽然埃及阿拉伯语已经产生了相对来说完全对立互补的描述否定和元$_2$分布形式,但在特殊的情况下,仍然可以用所谓的描述性否定形式 ma-V-ʃ 来表示元语否定$_2$,例如(Mughazy 2003):

(63) A: ʔol-li, itʔa: belt-u: ?

告诉我,你们见面了吗?

B: iħna ma-itʔa: bel-na-: ʃ... iħna itʔa: belna w-itkallemna w-itʕaʃe: na.

we NEG-met-1st. pl. NEG... we met-pl. and-talked-pl. and-had dinner

我们没有见面……我们是见面交流而且吃了晚餐。

Mughazy 对于这种现象的说明沿用了传统的意见,即言语使用者为了故意引发一种双重处理效应,所以采用了表示描述否定的分裂型否定形式。

再如在汉语中,"不是、并非"更趋向于用于对比否定,它们也比"不"更易理解为元$_2$否定,但是确实有一些用"不"的临时浮现,如开篇所举的例子:

(64) 如果可以的话,我想对你说,我不喜欢你了,因为我爱你。

国内外众多汉语研究者(张克定 1999;赵旻燕 2007;Wible & Chen 2000)认为这里的"不"与"喜欢"紧密结合,不能产生元语否定的解读。但是,我们在互联网上确实搜索到了这条语料,与之相对应的英文语料"I don't like you. I love you"也有出现。在实际调查中,我们请汉语为母语者评判这句话的可接受度,大部分人都认为在男女恋人关系的情境下,这句话是可以接受的。当然,这句话的使用必然会带来特殊的言语色彩,有点"故意搞怪"的意味。

最后,需要说明的是,当今元语否定理论过多关注对比格局也有一定的问题,因为它可能遮蔽了元语否定的其他来源。如"什么 X"否定性感叹句式的发展,它并不是来源于对比句式,而是对前一话轮中所说内容的否定。我们尚未看到对它的元语否定功能的研究,不过语料显示,在当代汉语中,它似乎越来越多地被用于元$_2$意义的浮现,只不过语法化程度还不够高,如:

(65) 志国:绝对不会。我在机关待了十几年,太清楚啦!老实讲,像您这种情况,过了 65 岁了,又让您不明不白的在局里混了两三年,已属非常破例,这要在我们机关早打发啦!

(66) 和平:什么叫打发啊?你把咱爸当要饭的啦?爸,他们那儿不要您咱们这儿要您,欢迎您回家主持日常工作,也让我松快松快。

参考文献

陈振宇、钱　鹏(2015)蕴含、预设与完备性,《当代语言学》第 1 期。
董秀芳(2003)"不"与所修饰的中心词的粘合现象,《当代语言学》第 1 期。
方　梅(2012)会话结构与连词的浮现义,《中国语文》第 6 期。
高　航(2003)元语否定的认知语用分析,《四川外语学院学报》第 2 期。
何春燕(2002)语用否定的类型及使用动机,《解放军外国语学院学报》第 3 期。
景晓平(2002)元语否定机制简论,《山西师大学报》第 1 期。
孔庆成(1995)元语否定的类型,《外国语》第 4 期。
沈家煊(1993)"语用否定"考察,《中国语文》第 5 期。
——(2006)概念整合与浮现意义,《修辞学习》第 5 期。
王志英(2011)元语否定研究述评,《外语学刊》第 6 期。

徐盛桓(1994)新格赖斯会话含意理论和含意否定,《外语教学与研究》第4期。

袁毓林(2000)论否定句的焦点、预设和辖域歧义,《中国语文》第2期。

赵旻燕(2007)汉语元语否定制约,《华中科技大学学报》第6期。

——(2010)汉韩"元语言否定标记"研究,《解放军外国语学院学报》第5期。

——(2010)元语言否定歧义说商榷——对以"不"为否定载体的汉语元语言否定的考察,《东北师大学报》第5期。

张克定(1999)汉语语用否定的限制条件,《河南大学学报》第1期。

Biq, Y. O. (1989) Metalinguistic Negation in Mandarin. *Journal of Chinese Linguistics*, 17(1): 75-95.

Burton-Roberts, N. (1989) On Horn's Dilemma: Presupposition and Negation. *Journal of Linguistics*, 25(1): 95-125.

——(1990) Trivalence, Gapped Bivalence, and Ambiguity of Negation: A Reply to Seuren. *Journal of Linguistics*, 26(2): 455-470.

——(1999) Presupposition-cancellation and Metalinguistic Negation: A Reply to Carston. *Journal of Linguistics*, 35(2): 347-364.

Fraassen, van B. (1969) Presuppositions, Supervaluations, and Free Logic. In K. Lambert, k. (ed.) *The Logical Way of Doing Things*. New Hven: Yale University Press: 67-91.

Gazdar, G. (1979) *Pragmatics: Implicature, Presupposition and Logical Form*. New York: Academic Press.

Giannakidou, A. (1998) *Polarity Sensitivity as (Non) veridical Dependency*. Amsterdam and Philadelphia: John Benjamins.

Giannakidou, A. & Suwon Y. (2011) The Subjective Mode of Comparison: Metalinguistic Comparatives in Greek and Korean. *Natural Language Linguistic Theory*, 29: 621-655.

Hopper, P. (1987) Emergent Grammar. *Proceedings of the Thirteenth Annual Meeting of the Berkeley Linguistics Society*: 139-157.

Horn, L. (1985) Metalinguistic Negation and Pragmatic Ambiguity. *Language*, 61: 121-175.

——(2001) *A Natural History of Negation*. Stanford: CSLI Publications.

Iwata, S. (1998) Some Extensions of the Echoic Analysis of Metalinguistic Negation. *Lingua*, 105(1): 49-65.

Kempson, R. (1975) *Presupposition and Delimitation of Semantics*. Cambridge: Cambridge Universiy Press.

Kim, D. B. (1991) Metalinguistic Negation, Neg-raising, and *Nun* in Korean. *Chicago Linguistic Society*, 27: 125-139.

Kroeger, P. (2014) External Negation in Malay/Indonesian. *Language*, 90(1): 137 - 184.

Lee, C. (2010) Information Structure in PA/SN or Descriptive/Metalinguistic Negation: with Reference to Scalar Implicatures. In Shu, D. F. & Furner, K. (eds.) *Contrasting Meaning in Languages of the East and West*. Berne: Peter Lang, 33 - 73.

Mackridge, P. (1987) *The Modern Greek Language: A Descriptive Analysis of Standard Modern Greek*. New York: Oxford University Press.

Martins, A. M. (2012) Deictic Locatives, Emphasis, and Metalinguistic Negation. *Parameter Theory and Linguistic Change*, 2: 214.

——(2014) How much syntax is there in metalinguistic negation? *Natural Language & Linguistic Theory*, 32(2): 635 - 672.

McCawley, J. D. (1991) Contrastive Negation and Metalinguistic Negation. *The proceedings of the 27th Annual Meeting of the Chicago Linguistics Society*.

Mughazy, M. (2003) Metalinguistic Negation and Truth Functions: the Case of Egyptian Arabic. *Journal of Pragmatics*, 35(8): 1143 - 1160.

Noh, Eun-Ju, Koh, S. & Yoon, S. O. (2012) The Markedness of Metalinguistic Negation: An Eye-tracking Study. *Korean Journal of Linguistics*, 37(2): 325 - 343.

Noh, Eun-Ju, Choo, H. & Sungryong Koh, S. (2013) Processing Metalinguistic Negation: Evidence from Eye-tracking Experiments. *Journal of Pragmatics*, 57: 1 - 18.

Oswald, D. (1972) *Dire et Ne Pas Dire*. Paris: Hermann.

Pitts, A. (2007) The International Corpus of English (GB): A Study of Negation. *Presentation at Corpus Linguistics*.

Robyn, C. (1996) Metalinguistic Negation and Echoic Use. *Journal of Pragmatics*, 25(3): 309 - 330.

——(1998) Negation, "Presupposition" and the Semantics/Pragmatics Distinction. *Journal of Linguistics*, 34(2): 309 - 350.

——(1999) Negation, Presupposition and Meta-representation: A Response to Noël Burton-Roberts. *Journal of Linguistics*, 35: 365 - 389.

Robyn, C. & Noh, Eun-Ju. (1995) Metalinguistic Negation is Truth-functional Negation, with Evidence from Korean. *UCL Working Papers in Linguistics*, 7: 1 - 26.

Robyn, C. & Noh, Eun-Ju. (1996) A Truth-functional Account of Metalinguistic Negation, with Evidence from Korean. *Language Sciences*, 18: 485 - 504.

Seuren, P. A. M. (1988) Presupposition and Negation. *Journal of Semantics*, 6: 175 - 226.

——(1990) Burton-Roberts on Presupposition and Negation. *Journal of Linguistics*, 26(2): 425 - 453.

——(2000) Presupposition, Negation and Trivalence. *Journal of Linguistics*, 36(2): 261-297.

Siobahn, C. (1996) Some Observations on Metalinguistic Negation. *Journal of Linguistics*, 32(02): 387-402.

Sneddon, J. N., Adelaar, A., Djenar, D. N. & Ewing, M. C. (1996) *Indonesian Reference Grammar*. London: Routledge.

Weber, T. (1997) The Emergence of Linguistic Structure: Paul Hopper's Emergent Grammar Hypothesis Revisited. *Language Science*, 19(2): 177-196.

Wible, D. & Chen, E. (2000) Linguistic Limits on Metalinguistic Negation: Evidence from Mandarin and English. *Language and Linguistics*, 1(2): 233-255.

Wayne, D. A (2011) "Metalinguistic" Negations, Denial, and Idioms. *Journal of Pragmatics*, 43: 2548-2577.

Yoshimura, A. (1998) Procedural Semantics and Metalinguistic Negation. In Carston, R. & Uchida, S. (eds.) *Relevance Theory: Applications and Implications*: 105-122.

——(2013) Descriptive/Metalinguistic Dichotomy? Toward a New Taxonomy of Negation. *Journal of Pragmatics*, 57: 39-56.

(201203 上海,复旦大学计算机科学技术学院 pqian11@fudan.edu.cn)

CONTENTS

Abstract: This paper is an analysis of Karlgren's model of Chinese evolution and some methodological issues in his study on Chinese history through comparative studies on similarities and differences among Karlgren's and Maspero's. Secondly, after an in-depth analysis of Karlgren's view and his research methods, this paper also points out Karlgren's flaws, and proposes a new model of Chinese evolution and some new research methodologies.

Key words: Karlgren; Qieyun, Etudes sur la phonologie chinoise; Middle Chinese; Proto-Chinese

Abstract: Klas Bernhard Johannes Karlgren pointed out that Chinese, as a monosyllabic isolating language, had involved from completed form in early stage and was superior to English. Chinese is complex in semantic, flexible in grammar, and lack in morphology. A monosyllabic word can be a noun, verb and adjective all in one. Ellipsis and metaphor are common in rhetoric. He thought that if one can understand the formation of Chinese character and know some pictographs, it would be easy to learn 1 000 to 2 000 Chinese characters. Chinese and its character interact and develop and the written language makes it possible to communicate with the ancients. Klas Bernhard Johannes Karlgren thought that vernacular writing was good but alphabetization as impossible because Chinese and its character suit very much. As a foreigner to Chinese without bias or prejudice, he made an incisive analysis on Chinese with good knowledge to Indo-European and Chinese languages.

Key words: Klas Bernhard Johannes Karlgren; Chinese; Chinese character; feature

Abstract: Bernhard Karlgren's Epoch making works *Etudes sur la phonologie chinoise* made great contributions to Chinese dialectology especially in the following five aspects, 1, Initiated the methodology of reconstructing ancient Chinese phonology with modern Chinese dialects; 2, Invented the phonetic signs ɿ、ʅ、ʮ、ʯ for apex vowels; 3, Invented the phonetic sign ɦ for initial murmur of a syllable; 4, Invented the phonetic sign ʔ for ancient initial yu (喻母) and ying(影母) or glottal stop of vowel ending; Established the concepts of broad and narrow transcriptions.

Key words: Bernhard Karlgren; *Etudes sur la phonologie chinoise*, Chinese dialetology; apex vowels; the phonetic sign ɦ

Abstract: The tone values were not specifically proposed in Karlgren's phonological system of Middle Chinese. He just produced a number of guesses as following: *ping* tone 'level and non-abrupt', *shang* tone 'rising and non-abrupt', *qu* tone 'falling and non-abrupt', *ru* tone 'abrupt'. But since *shang* tone was a rising tone why did the tone merger among *yangshang* and *qu* happen in the middle Tang time? By evidence from the traditional recorded I propose the tone value of *shang* is short rising, while the *qu* tone is long falling. I also propose that the tone value of the stressed tone of *shang* tone in the Wenzhou dialect is rising and falling, and that is the reason that Y. R. Chao recorded the tone value as 241. In the Yongkang dialect, there is a variation of *shang* tone between 24 and 241, and those tone values are very

this study reviews the current pronunciation patterns and historical stratums of affricate initials in Middle-Min dialect, Mingxi dialect and Western-Xiang Xiang dialect.

Key words: Affricate initials in Middle Chinese; Zhi-group-second-class characters; historical stratum; Middle-Min dialect; Mingxi dialect; Western-Xiang Xiang dialect

Abstract: The phenomenon of acute-grave divergence of the first open division characters also exists in Xie and Xiao rhyme groups as in Shan and Xian rhyme groups. The parallel evolution characteristics of ShanXianXieXiao not only exists in Jin dialect, also exists in other non Mandarin dialects in the south. Which shows that the phenomenon of acute-grave divergence of the first open division characters is an important step in the merger process of first and second division in outer rhyme groups, because the adjoint feature is that the first open division characters with lingua-dental initials merger with the second division but the characters with velar and labial initials not. So we can say that in the merger process of the first and second division in the outer rhyme groups with all four divisions, the first open characters with lingua-dental initials merger with the second division firstly which is the result of the back-rounded vowel move forward at the effect of the front characteristics of lingua-dental initials, secondly, the first open characters with velar initials merger with the second division. Jin dialect and the non Mandarin dialects in the south provide the evidence in modern dialects for us to understand the merger process of first division and second division.

Key words: Xie rhyme group; Xiao rhyme group; Outer rhyme group; Jin dialect; Mandarin

Abstract: The materials in the excavated texts in the regions including Chu,

Qin and Qi kingdoms during the middle and late warring States Period show the phonological alternation between nasal (m-/n-/ŋ-) and guttural fricative h-. The phenomenon can also be found in the colloquial layers in Southern Min dialects and Kam-Tai languages at present. It has been widely acknowledged that there exists closed historical relationship between Min, Kam-Tai and ancient Chu language. Therefore, the above-mentioned phonological feature appeared in Kam-Tai and Min should come directly from ancient Chu language, but not be explained in light of phonetic series in extant historical documents or other excavated texts like Qin or Qi, etc. Besides, the phenomenon is called some "areal feature" in the history of Sinitic languages.

Key words: nasal initial; guttural fricative; areal feature; excavated texts; Kam-Tai languages; Min dialects

Abstract: A comparative dictionary is one of a principal way which summarizes the study of a language history. However, in the field of Chinese dialectology, no one has tried to compile a comparative dictionary so far. This paper is a preliminary discussion on the compilation of the comparative dictionary of Chinese dialects, with seven examples form the *The Eastern Min Comparative Dictionary*, which the author is going to compile.

Key words: comparative dictionary; language history; Eastern Min

Abstract: In terms of language contact, we propose the Transparency Principle relied on the Chinese character during the process of code-switching in dialect contact. As suggested by observations of code-switching between Mandarin Chinese and its dialects, an assumption is that it's easy for the morpheme with a higher transparency in both languages to switch from Mandarin to the native language; but is relatively difficult for the one with a lower transparency due to various morphemes represented by a same Chinese character in different dialects. Moreover, based on case studies of the Shanghai urban dialect and the Jinjiang Min, we further argue that the Transparency Principle may play a key role in synchronic variations in a lot of dialects.

Key words: Transparency Principle; code-switching; language contact; language stratum; Chinese character

The Initial Exploration on the First Generation Immigrants of the Acquisition of /E/Rhyme in Shanghai Urban Dialect

Abstract: Some interesting language variables surged during the period of Shanghai urban dialect coming into being. For example, /E/ rhyme has the variant of [ei], which is never observed in the native's accent of Shanghai dialect. The thesis tries to make an initial exploration on the first generation immigrants of the acquisition of /E/ rhyme by the methods of experimental Phonetics and Socioliguistics. Three findings are: (1) The immigrants of numerical superiority sustain native language features, while the immigrants without numerical superiority intend to merge into /E/. (2) The female immigrants show more inclined to merge into /E/; (3) the general trend is merging into /E/, the immigrants without numerical superiority and female immigrants merge earlier and faster.

Key words: the first generation immigrants; /E/ rhyme; F1; F2

The Importance of *HANYU YUFA FENXI WENTI* and *ZHUDU*、*DUJIE*

Abstract: *HANYU YUFA FENXI WENTI* has a great influence on the History of Chinese Grammar. Around *HANYU YUFA FENXI WENTI*, *LÜ SHUXIANG ZHU HANYU YUFA FENXI WENTI ZHUDU* was published in 2000, and *LÜ SHUXIANG ZHU HANYU YUFA FENXI WENTI DUJIE* was published in 2015. The importance, characteristic and relationship of these three books are worth studying.

Key words: *HANYU YUFA FENXI WENTI*; *ZHUDU*; *DUJIE*

A Survey of Argument Structure under the Light Verb Hypothesis

Abstract: Argument structure is the most controversial topic in linguistic theorization. Under the framework of Light Verb Hypothesis, which overturns most of the hypotheses of theta theory in the old Government and Binding framework, argument structure and argument structure changing operations are recast as syntactic components and as a consequence, the lexical redundancy, which used to be an inevitable issue within the traditional Lexical Projection framework can be eliminated, conforming to the philosophy of Minimalism (Chomsky 1995). The new framework has almost achieved uniform acceptance especially among Chinese theoretical linguists. However, it still remains an issue as to how to strike the balance between theoretical elegancy and empirical adequacy considering the complex language phenomenon observed in Chinese. This paper surveys the most influential theories and their recent advances concerning argument structure from a syntactic perspective. I will mainly discuss the implications of these theories and how they can account for the crucial facts of argument structure alternations.

Key words: argument structure; light verb hypothesis; lexicon; lexicon-syntax interface

Abstract: As two commonly used adverbs in Mandarin Chinese, *youshi* and *ouer* are typically categorized as frequency adverbs or quantifying adverbs. While in the paper, we have found that there are both syntactic and semantic differences between the two. It is proved that *ouer* denotes an objective quantification to the frequency of the event; whereas *youshi* expresses a subjective statement to the truth of the proposition and should be categorized as a subclass of speaker-oriented adverbs or epistemic adverbs. The difference of the two adverbs is also reflected in the (in) compatibility of veridical/non-veridical semantic environments. The subjective and objective distinction exists universally in quantifying adverbs in Mandarin Chinese.

Key words: *youshi*; *ouer*; subjective statement; objective quantification

Abstract: The paper compares the semantic and syntactic differences of *ge* + *ge* "CL + CL" and *yi* + *ge* + *yi* + *ge* "*one* + *CL* + *one* + *CL*" in Mandarin Chinese and aims to give a formal account of the distributive effect of the two constructions and the temporal ordering requirement of the latter. *Ge* + *ge* always associates with a plurality to its left and introduces multiple assignment functions to assign values to individuals in the plurality, while *yi* + *ge* + *yi* + *ge* associates with the VP denotation and controls how a plurality participate in an event in the VP denotation by regulating the corresponding thematic role function. Moreover, *yi* + *ge* + *yi* + *ge* imposes a weak temporal ordering requirement on the subevents of an event in the VP denotation. The work in this paper is conducted in an event-based framework and can shed light on further research in the field of distributivity, quantification and events.

Key words: reduplicative; event-based semantics; thematic role; temporal ordering; leftward/rightward association

Abstract: Some scholars believe that Wei-constrution in ancient Chinese sentences are not passive form. We hold that it is a mature passive construction which evolves in a period about 300 years from *Zuo Zhuan* to *Shi Ji*; and many philologists ,such as Jia Yi and Mao Heng in the Western Han and some others in Tang, song, and Ming and Qing dynasty also treated this construction as passive one. Based on the syntactic and semantic analysis of the concrete examples, this Wei-constrution should be considered as passive, and the word *Wei* should be pronounced in falling tone, which originated from the cause preposition *Wei* .

Key words: old Chinese; the passive sentence; the wei-constrution

Abstract: This paper conducts an analysis on *WA*-ending sentences in Chengdu Dialect from multiple aspects; applies "weighted least edge map" for automatic clustering analysis on survey data; and demonstrates that *WA*-ending sentences could be used for non-interrogative statement, exclamation and imperative with extremely complicated transitions, in addition to interrogation. Tendentious interrogation should be the starting point of grammaticalization for *WA*-ending sentences; later, in the wake of strengthening sentence unexpectedness, the negative function enhanced; and finally *WA*-ending sentences stepped over the border to form up the exclamation-dominated usages.

Key words: *WA*-ending sentence; scenario testing; automatic clustering; grammaticalization; un-expectedness

Abstract: The comparative correlative constructions of "wang(罔) A wang (罔)B" and "lai(来) A lai(来) B" are very frequent in the Puxian dialect, both of which means that the phrase B changes according to the phrase A. However, they are somewhat different. The two types of constructions evolved respectively from the modal verb, "wang(罔)" and the directional verb, "lai (来)". There are three reasons behind this evolution: 1) similar semantic bases trigger similar evolutions; 2) analogy between the Mandarin "yue(越) A, yue(越)B" construction; 3) the pervasive influence from the Eastern Min dialect. The "tentative" and "correlative" meanings of "wang(罔)" are important features of Min Dialects. Its semantic evolution, therefore, is: tentativeness > juxtaposition > correlative change.

Key words: Puxian dialect; discontinuous; construction; coordinating; reliance change; feature word

Abstract: There are five durative aspect markers in the Yancheng dialect—— *zhu*(著), *zhule*(著了), *lekuai*(了块), *kuai*(块), *lexia*(了下). In Yancheng dialect *zhu*(著) *and zhule*(著了) can both mark progressive action and continuous state, but *lekuai*(了块), *kuai*(块) and *lexia*(了下) can mark continuous state, they can not mark progressive action. And also this article discuss the collocation of verbs of different semantic types with these durative aspect markers, and it find that some different aspect meanings with the the combination of different markers and same verb. Finally, it show the co-occurrence of durative the aspect markers with the modal word *ne*(呢), adverb *jine*(紧呃), adverb *hai*(还), positional phrase *zaikuai*(在块)。

Key words: Yancheng dialect; durative aspect; *zhule*(著了); *lekuai*(了块); *lexia*(了下)

Abstract: It is important to differentiate two hierarchies of metalinguistic negation (MN): MN_1 and MN_2. MN_1 refers to the negation of all the possible semantic contents of the propositional level or the speech level of a sentence. MN_1 is comparative negation in essence. It can be used as the ordinary negation or the non-ordinary negation. On the contrary, MN_2 refers to the non-ordinary negation, which only operates on the speech level of a sentence. It is difficult to account for the complicated linguistic phenomena of MN if we do not differentiate these two hierarchies of metalinguistic negation. We propose that there are two possible pragmatic strategies to arrange the negation structure in discourse, which are the Independent Pattern (Neg_0 + S) and the Comparative Pattern ((Neg_0 + S) + S′). Motivated by the pragmatic Quantity-principle, Independent Pattern tends to be used as the ordinary descriptive negation as a result of the weakening of the context. The non-ordinary negation of MN_2, therefore, naturally emerges from the Comparative Pattern, which originally represents MN_1. Different languages have adopted different parameters during the process of the grammaticalization of MN_2. The theoretical framework of the emergence of MN_2 can reveals the linguistic essence of the metalinguistic negation, which helps to account for the various typological materials about MN.

Key words: metalinguistic negation$_1$ (MN_1); metalinguistic negation$_2$ (MN_2); emerge; discourse pattern; grammaticalization

稿　约

一、《语言研究集刊》刊登语言学各领域的学术论文、评论，每年出版两辑，每辑30万字左右。

二、本集刊欢迎国内外学者赐稿。来稿投电子文本即可，请寄编辑部邮箱：yuyanxue@ fudan. edu. cn；或登录《语言研究集刊》网站（http：//yjjk. chinajournal. net. cn/）在线投稿。请勿寄编委会或编辑成员个人，以免遗失或延误。如作者本人认为需寄纸质文本，请寄：中国上海市邯郸路220号，复旦大学中文系《语言研究集刊》编辑部（邮编200433）。稿件一经刊出，即致薄酬和样书二册。

三、来稿一般不超过15 000字，题目、作者名、单位、提要和关键词均需中英文对照。电子文本请寄简体中文版word版和PDF版两种。本刊实行双向匿名评审，所以PDF版请投两份，一份有作者信息，另一份则不出现作者本人信息、基金项目（如有）、“参拙著”之类提示性文字。Word版只需一份，具有作者信息。正文末请附e-mail联系地址。除必须使用繁体字、异体字外，请使用简体字。

四、来稿请勿用word中的自动格式（如章节、例句排序等）。撰写格式如下：

1. 题目为宋体小二号加粗占1行居中，作者名为楷体小四号占1行居中。“提要”2字和“关键词”3字为黑体五号，提要、关键词内容为宋体五号；提要和关键词部分两端各缩进两个字符。正文为宋体五号。

2. “提要”2字和“关键词”3字顶格，后分别空1格，然后续写提要和关键词，关键词之间用分号隔开。正文首行空2格，单独成段的引文和例句采用仿宋体，不用引号，且首行空2格，回行不空格。

3. 大的章节，请用“一、二、三”等编序，序号和标题用楷体四号占3行居中。小节用“（一）、（二）、（三）”和“1.、2.、3.”等编序，序号和小标题用黑体五号顶格,占1行。例句如需编序,请用“(1)、(2)、(3)”等,并全文统一编号。

4. 国际音标请用IPAPANNEW字体,并用“[ ]”标明,声调用数码上标。

5. 行文中如需注明观点或引文、例句的出处,应采用以下格式:

赵元任(1934)指出……

“…………”(王力1958:17—19)

“…………”(段玉裁《说文解字注》)

6. 图表请在左上方用“图1”、“表2”等排序,黑体小五号顶格。附在文末的图表在图表左上方加注“附图1”、“附表3”等。

7. 正文后隔开2行附参考文献。“参考文献”4字黑体小五号顶格,所列文献用宋体小五号,并依作者姓名的拼音字母顺序编排,首行顶格,回行空2格。西文文献排在中文文献、日文文献后。现代文献的编辑依次为:作者名、括注发表或出版年份、文章题目(西文用正体)或书名(中文加书名号,西文用斜体)、期刊名(中文加书名号,西文用斜体)期数或出版社名。作者名勿用简称。古代文献的编辑依次为:作者名、括注朝代、书名。同一作者的文献,按发表或出版时间先后排列。文章题目或书名与期刊名或出版社之间用逗号分开,最后加句号。参考文献只列正文实际涉及的文献。

8. 除基金项目、鸣谢等需脚注外,注释请一律用尾注形式(在正文和参考文献之间),并用带圈数字表示序号,如①、②等。

以上各条可参考本刊近期已发表的论文(纸质或图片形式。期刊网上下载的本刊论文格式均已改变)。

五、请勿一稿多投。文责由作者自负。

六、来稿审读时间约为三至六个月,不论录用与否,一般不退原稿。是否录用,由编辑部通过e-mail通知。来稿如无特别声明,为了统一体例、格式等,本刊可能会对稿件做技术性的修改或删节,并请作者审阅校样。

七、本刊已加入“中国知网”电子期刊出版系统,所发文章均可在期刊网(www. cnki. net)上检索并下载。凡给本刊投稿的作者,均视为已知晓并接受其论文上线发表。

八、文章一经发表,版权属《语言研究集刊》所有。在其他出版物上转载、选编已发表的论文,需特别注明“本文首发于《语言研究集刊》第×辑”字样。

图书在版编目(CIP)数据

语言研究集刊. 第十七辑/复旦大学汉语言文字学科《语言研究集刊》编委会编. —上海：上海辞书出版社,2017.1
ISBN 978-7-5326-4159-8

Ⅰ.①语… Ⅱ.①复… Ⅲ.①语言学—丛刊 Ⅳ.①H0-55

中国版本图书馆 CIP 数据核字(2017)第 017893 号

责任编辑 李潇潇 马 沙
装帧设计 杨钟玮

语言研究集刊
第十七辑
复旦大学汉语言文字学科《语言研究集刊》编委会编
上海世纪出版股份有限公司
上 海 辞 书 出 版 社 出版、发行
(上海市陕西北路 457 号 邮政编码 200040)
电话：021—62472088
www.ewen.co www.cishu.com.cn
常熟文化印刷有限公司印刷

开本 787 毫米×1092 毫米 1/16 印张 18 $\frac{6}{18}$ 字数 329 000

2017 年 1 月第 1 版 2017 年 1 月第 1 次印刷
ISBN 978-7-5326-4159-8/H·654
定价：68.00 元

如发生印刷、装订质量问题，读者可向工厂调换
联系电话：0512—52219025